Ulrich Brinkmann · Karoline Krenn · Sebastian Schief (Hrsg.)

Endspiel des Kooperativen Kapitalismus?

Ulrich Brinkmann · Karoline Krenn
Sebastian Schief (Hrsg.)

Endspiel des Kooperativen Kapitalismus?

Institutioneller Wandel unter den Bedingungen des marktzentrierten Paradigmas

VS VERLAG FÜR SOZIALWISSENSCHAFTEN

Bibliografische Information Der Deutschen Nationalbibliothek
Die Deutsche Nationalbibliothek verzeichnet diese Publikation in der Deutschen Nationalbibliografie; detaillierte bibliografische Daten sind im Internet über <http://dnb.d-nb.de> abrufbar.

1. Auflage November 2006

Lektorat: Frank Schindler

Der VS Verlag für Sozialwissenschaften ist ein Unternehmen von Springer Science+Business Media.
www.vs-verlag.de

Umschlaggestaltung: KünkelLopka Medienentwicklung, Heidelberg
Druck und buchbinderische Verarbeitung: Krips b.v., Meppel
Gedruckt auf säurefreiem und chlorfrei gebleichtem Papier

ISBN-10 3-531-15325-0
ISBN-13 978-3-531-15325-4

„Seine Wort' und Werke
Merkt ich und den Brauch"

(aus: Der Zauberlehrling,
Johann Wolfgang von Goethe)

Paul Windolf,

zum 60. Geburtstag

Inhalt

Ulrich Brinkmann, Karoline Krenn und Sebastian Schief

Einleitung: Endspiel des Kooperativen Kapitalismus?

Als Windolf/Beyer im Jahr 1995 ihre Thesen zum Kooperativen Kapitalismus veröffentlichten, war noch nicht absehbar, welches Ausmaß der Wandel – bzw. die wissenschaftliche Antizipation des Wandels – dieser Formation in der folgenden Dekade annehmen würde. Für all diejenigen ForscherInnen, die sich seither mit der deutschen Variante des Rheinischen Kapitalismus (Albert) beschäftigten, geriet ihr Gegenstand immer mehr zu einem *moving target*. Gewiss erscheinen einige Diskursbeiträge der letzten Jahre zum Ausmaß des Umbruchs überzogen, aber es ist dennoch auffällig, dass in immer mehr Spezialdisziplinen die traditionellen Konzepte und Kategorien, mit denen man diese Variante des Rheinischen Kapitalismus beschrieben hatte, kritisch hinterfragt werden. So ist die Personen- und Kapitalverflechtung zwischen den Großunternehmen – damals als ein geradezu konstitutives Merkmal des Kooperativen Kapitalismus identifiziert – seither einem deutlichen Wandel unterworfen – mit den bekannten Folgen für die Rolle der Banken, Rating Agenturen und Investmentfonds (Windolf 2002). Aber auch in der Management- und Arbeitsmarktforschung sowie in der Organisations- und Industriesoziologie, um nur einige Beispiele zu nennen, werden neue Leitbilder und empirisch überprüfbare Strukturbrüche konstatiert.

Jüngste Fälle wie die Schließung von Traditionsunternehmen wie AEG, Fusionen wie die zwischen Siemens und Nokia, der Abbau von Arbeitsplätzen bei Deutscher Bank, Allianz sowie Deutscher Telekom und Volkswagen AG verweisen darauf, dass ein tragendes Prinzip der Organisation des deutschen Kapitalismus, der Stakeholder-Value, zunehmend unter Druck gerät. Die kurzfristige Befriedigung der Eigentümerinteressen wird auch hierzulande immer mehr zum treibenden Motiv. Und mehr noch: Das Eindringen der Marktlogik in ehemals kooperativ koordinierte und organisierte Arenen wie interorganisationale Verflechtungen, Unternehmensfinanzierung und industrielle Beziehungen wird als Indiz für die Auflösung der gewachsenen Organisationsmuster gedeutet.

Im globalen Wettbewerb, so eine These, wird die liberale Marktwirtschaft zur dominanten *Mutation*, der sich auf lange Sicht auch die kooperative Spielart des Kapitalismus nicht widersetzen können wird. Beispiele finden sich bei Streeck/Höpner (2003), die belegt durch zahlreiche Fallstudien die „Deutschland AG“ bereits in Abwicklung befindlich sehen.

Optimistischer hinsichtlich der Vielfalt von Corporate Governance-Systemen ist die „Varieties of Capitalism“-Literatur (Hall/Soskice 2001). Im Konzept der institutionellen Komplementaritäten finden die Synergieeffekte wechselseitiger institutioneller Abstimmung dabei eine herausgehobene Betrachtung.

Ob sich eine institutionelle Ausprägung in der kulturellen und ökonomischen Selektion, im Wettbewerb der Kapitalismen durchsetzen mag, ist dabei ähnlich ungewiss wie die Suche nach Ursachen für die gegenwärtigen Umbrüche. Sind sie eher endogener Natur, also etwa auf die Krise der jeweiligen Ausprägung der fordistischen Produktionsweise, hierarchischer Organisationsstrukturen, korporatistischer Regulierung, der Unternehmensfinanzierung bzw. des Tarifvertragswesens zurückzuführen? Oder liegt der Ausgangspunkt möglicherweise in der Eigenlogik einer verschärften Globalisierung nach dem Zusammenbruch des Staatssozialismus, die vielfältige Prozesse der Marktzentrierung in Gang gesetzt und damit der klassischen Regulierung von Konkurrenz auf Arbeits-, Produkt- und Finanzmärkten im Kooperativen Kapitalismus ein Ende bereitet?

In seinem Drama „Endspiel", das wir als Motto für unseren Titel ausgeliehen haben, lässt Samuel Beckett seine ratlosen Protagonisten fragen:

> *„Endet es?*
> *Wird es enden?*
> *Oder ist es bereits zu Ende?"*

Diese elementaren Fragen dienen auch dem vorliegenden Band über das vermeintliche oder tatsächliche Ende des Kooperativen Kapitalismus als Leitmotiv. Zu ihrer Beantwortung fächern sich die Beiträge zunächst in allgemeine Betrachtungen zu Corporate Governance-Theorien und zum Wandel des Kooperativen Kapitalismus auf. Im Anschluss werden spezifische wirtschafts-, organisations- und industriesoziologische Einzelfragen diskutiert, u.a. die Transformation hin zu einem Finanzmarktkapitalismus, der Wandel der Unternehmenssteuerung, das Aufscheinen neuer Leitbilder in Unternehmen (z.B. „Intrapreneur"), der Machtverlust der Gewerkschaften und Verschiebungen zwischen den Systemen industrieller Beziehungen in der Europäischen Union in Folge ihrer Erweiterung. Diskutiert werden die Flexibilisierung der sozialen Sicherungssysteme ebenso wie Fallbeispiele zur informationstechnologischen Grundlagenforschung oder zur Porsche-Beteiligung an Volkswagen. Insbesondere die Fallbeispiele lassen Rückschlüsse auf inkrementelle oder bruchartige Anpassungsleistungen zu. Die Summe aller Beiträge vermittelt einen breiten Einblick in den Zustand des Kooperativen Kapitalismus zu Beginn des 21. Jahrhunderts – und sie vermittelt Interpretationsangebote über Art und Ausmaß der zu erwartenden Änderungen.

Den Anfang macht *Susanne Lütz*, die in ihrem Beitrag einen Überblick über Zweige der Governance-Diskussion und die aktuelle Kontroverse um die Wandelbarkeit des modernen Kapitalismus gibt. Lütz kommt zu dem Schluss, dass der Governance-Ansatz für die Erklärung kapitalistischer Transformation nur dann nutzbar ist, wenn er stärker handlungstheoretisch fundiert wird und auch die kognitive Dimension von Transformationsprozessen mitberücksichtigt. Sie plädiert daher vehement für die Weiterentwicklung dieser Perspektive. Denn „analytisch sinnvoll und normativ wünschenswert erscheint eine auf die ‚institutionelle Steuerung von Wirtschaft' ausgerichtete Analyseperspektive nicht zuletzt, weil auch in Zeiten offenkundigen Vordringens des Marktparadigmas ökonomische Produktionszusammenhänge immer auch nicht-marktförmig strukturiert sind und sich über die Art und Weise der institutionellen Einbettung von Wirtschaft potenziell politische Gestaltungsspielräume öffnen."

Jürgen Beyer geht in seinem Beitrag dem Ausmaß und den Ursachen des Wandels vom Kooperativen zum Finanzmarkt-Kapitalismus empirisch auf den Grund. Er untersucht, ob die Veränderungen im deutschen Netzwerk der Unternehmensverflechtung auf die Verbreitung einer im amerikanischen Kontext entstandenen aktionärsorientierten Leitvorstellung zurückzuführen sind. Und der Autor findet Indizien, die diese Vermutung bestätigen, kann er doch zeigen, dass die Ablaufmuster institutionellen Wandels in den USA und Deutschland sehr ähnlich sind. Der Siegeszug finanzmarktorientierter Konzepte hat zu einer starken Reduzierung der Verflechtung deutscher Unternehmen geführt. Dieser Siegeszug kann als länderübergreifender Prozess verstanden werden, der trotz der institutionellen Unterschiede marktwirtschaftlicher Systeme wirksam war.

Ausgehend von John Maynard Keynes „General Theory“ (1936) beschäftigt sich der Beitrag von *Christoph Deutschmann* mit den Opportunitäten und Restriktionen eines finanzmarktgetriebenen Wirtschaftswachstums. Der Autor beschreibt darin, wie es durch die institutionellen Veränderungen im Zuge dessen, was bei Paul Windolf (2005) unter dem Begriff Finanzmarktkapitalismus zusammengefasst wurde, zu einer „Restauration der Macht der Rentiers“ kommt. Die von Berle/Means (1932) illustrierte Trennung von Eigentum und Kontrolle im Managerkapitalismus löst sich im Shareholderkapitalismus wieder auf. Die Interessen der Aktionäre werden von Fondsgesellschaften gebündelt, und so kehrt der Eigentümer – wenn auch nur mittelbar – auf den Markt für Unternehmenskontrolle zurück. Die sozio-ökonomischen Folgen des Aufstiegs der Fondsgesellschaften werden in diesem Beitrag auf mehreren Ebenen kritisch reflektiert und die Richtigkeit der keynesianischen Krisendiagnose mit Einschränkungen herausgestellt. Die Strukturen des Finanzmarktkapitalismus, so Deutschmann, stehen sowohl den Prinzipien erfolgreichen Unternehmertums als auch denen wirtschaftlicher Innovation entgegen.

Der Vergleich der Innovationspotentiale koordinierter und liberaler Marktwirtschaften ist im Weiteren zentraler Ausgangspunkt des Beitrages von *Hans-Willy Hohn*. Darin wird aufgezeigt, dass sich auch das deutsche Forschungssystem weitgehend komplementär zur kooperativen Anreizstruktur des Rheinischen Kapitalismus verhält. Zugleich erweist sich dieses System aufgrund seiner föderalen Struktur als weitgehend resistent gegenüber institutionellem Wandel. Der Beitrag demonstriert dies am Beispiel einer gescheiterten Reform der informationstechnischen Forschung, die zum Ziel hatte, typische Schwächen des deutschen Innovationssystems durch den Aufbau eines funktional äquivalenten organisationalen Regimes für das angloamerikanische Innovationssystems zu kompensieren. Vor dem Hintergrund dieser Fallstudie erscheint es sehr wohl möglich, dass die gegenwärtigen inkrementellen An- und Umbauten am deutschen Innovationssystem seine traditionellen Stärken schwächen, ohne seine Schwächung deutlich zu mindern.

Der Beitrag von *Neil Fligstein* und *Jennifer Choo* wiederum diskutiert den Einfluss stabiler politischer Verhältnisse und rechtlicher Rahmensetzungen auf die Corporate Governance. Der vorherrschenden Agency-Theorie, die bestehende Corporate Governance-Systeme als Resultat der jeweils effizientesten Lösung von Principal-Agent-Problemen betrachtet und den amerikanischen Typus als Modell propagiert, werden alternative Zweige aus der Denktradition des amerikanischen Neo-Institutionalismus als Erklärungsmodelle gegenübergestellt. Danach prägen weniger die Entscheidungen rationaler ökonomischer Akteure die institutionelle Ausgestaltung auf Unternehmensebene, viel bedeutender ist die Formation der Basisinstitutionen. Mutmaßungen über einen möglichen *one best way* werden somit zurückgewiesen. Fligstein und Choo benennen als notwendige Faktoren wirtschaftlicher Prosperität soziale Stabilität, ein eindeutiges Rechtssystem und entwickelte Finanzsysteme. Die konkrete Ausformung in einem Corporate Governance-System kann aber sehr unterschiedlich ausfallen, wie die Performance einer Vielzahl unterschiedlicher kapitalistischer Systeme zeigt. Der Beitrag gießt damit Wasser auf die Mühlen der Divergenztheoretiker.

Richard Hyman zeichnet am Beispiel der aktuellen Entwicklungen in der Europäischen Union das Spannungsfeld zwischen ökonomischer Globalisierung und bestehenden Formen der Arbeitsregulierung auf nationaler Ebene nach. Das aus den Fugen geratene

Machtgleichgewicht zwischen den sozialen Kräften in Europa ist dabei sein heuristischer Fokus und gleichzeitig Ansatzpunkt für politisches Handeln. Neben der Politik, der er eine strukturelle Handlungs*möglichkeit* (gegen das Argument, es handele sich bei der neoliberalen Globalisierung um eine naturgesetzliche Teleologie) zur Grenzsetzung eines entfesselten Kapitals attestiert, sieht er die Gewerkschaften in der Pflicht, europäisch strategie- und handlungsfähig zu werden, ohne sich allzu schnell als willfähriger „Sozialpartner" anzubieten.

Realwirtschaftliche Umbrüche bedürfen – selbst wenn sie sich als Naturgewalten deklarieren – einer legitimatorischen Absicherung. *Ulrich Brinkmann* und *Klaus Dörre* legen in ihrem Beitrag dar, dass sich mit dem Intrapreneur, also dem „Unternehmer im Unternehmen", ein mögliches neues konzeptives Rollenmodell für Beschäftigte herausschält, das die vom früheren Leitbild des „fordistischen Normalarbeiters" zurückgelassene Leerstelle ausfüllen möchte. Die Vertreter dieses Ansatzes, der in einigen Managementphilosophien mittlerweile eine prominente Rolle spielt, propagieren offensiv Freiheitsversprechen „internen Unternehmertums" gegen bürokratische Verkrustungen und beschwören innovative win-win-Konstellationen für Beschäftigte und Unternehmen. Der Beitrag deutet den Ansatz dagegen als spezifische Variante organisationaler Marktgrenzenverschiebung und zeigt seine Entstehungsgeschichte, Grenzen, Zumutungen und Widersprüche, wozu geradezu groteske Rollenanforderungen, Risikoverlagerungen und Entmachtungsprozesse gehören, kritisch nach.

Walther Müller-Jentsch wirft die Frage auf, ob Gewerkschaften nach dem Ende des „Kuschelkapitalismus" (Lambsdorff) überhaupt noch eine geschichtlich relevante Rolle spielen können; ob also nach einer Erfolgsgeschichte ohnegleichen in einer neuen Formation von ihrem „Siechtum" auszugehen sei. Die konzeptionelle Grundüberlegung in der Argumentation ist dabei die Annahme, dass Gewerkschaften mit relevanten ökonomischen Effekten in kapitalistischen, das heißt marktwirtschaftlichen Systemen agieren, „ohne aber eine genuin marktwirtschaftliche beziehungsweise systemkonforme Institution dieser Wirtschaftsform" zu sein. Seine dogmengeschichtliche (Liberalismus, Keynesianismus, Soziale Marktwirtschaft) einerseits und realgeschichtliche (liberaler, fordistischer und neoliberaler Kapitalismus) Analyse der Rolle der Gewerkschaften andererseits führt ihn zu der Schlussfolgerung, dass gewerkschaftliche Machtentfaltung stets Reaktionen auf Seiten des Staates und des Kapitals provoziert hat. „Mit Gewerkschaften, die weder zurückgedrängt noch ignoriert werden können, muss man verhandeln und sich arrangieren" - dies hat gerade erst das Schmettern des „gallischen Hahns" (Marx) verdeutlicht. Daher sein Plädoyer für eine Erneuerung der Gewerkschaften über einen Zugewinn an organisatorischer Macht und an politischer und ökonomischer Kompetenz im internationalen Kontext.

Wie sich das Gefüge industrieller Beziehungen in Europa durch die Erweiterung der Europäischen Union insgesamt verändert hat, untersucht der Beitrag von *Sebastian Schief*. Der Autor greift eine ältere Arbeit von Crouch (1996) wieder auf und aktualisiert dessen Typologie der Systeme industrieller Beziehungen innerhalb der Europäischen Union unter den geänderten Bedingungen der Erweiterung. Schief zeigt, wie sich das Gewicht innerhalb der Europäischen Union weg von korporatistischen Systemen hin zu losen, dezentralen Systemen angelsächsischer Prägung verschoben hat. Diese Verschiebung der Gewichte kann einen zunehmenden Veränderungsdruck auf die korporatistischen Systeme entstehen lassen, der auf lange Sicht in einen *competing down*-Prozess (Chase-Dunn 1990) zwischen den EU-Mitgliedern münden könnte. Vermittelt wird dieser Druck zur Anpassung nach unten über einen vermeintlichen oder tatsächlichen Standortwettbewerb innerhalb der Europäischen Union.

Michael Nollert geht indes in seinem Beitrag der Frage nach, in wie weit der paradigmatische Anspruch des Flexicurity-Konzeptes, wie er u.a. von der Europäischen Union formuliert wird, in den Ländern der EU und darüber hinaus in die Tat umgesetzt wurde. Des Weiteren analysiert Nollert den Einfluss flexibilisierter Arbeitsmärkte auf die soziale Exklusion. Er stützt sich bei seiner Analyse auf zahlreiche gut eingeführte Indizes zum Bereich Flexicurity, Arbeitsmarkt und Exklusion und zeigt, dass neben Dänemark und der Niederlande, den Musterbeispielen für Flexicurity, auch Schweden eine konsequente Flexicurity-Politik implementiert hat. Über das Konzept der Flexicurity kann der Konflikt zwischen Flexibilisierung auf der einen Seite und Exklusion bzw. Ungleichheit auf der anderen Seite der Meinung des Autors nach entschärft werden.

Markus Pohlmann setzt mit seinen Ausführungen an der Überlegung an, dass sich – selbst unter Absehung von Effekten technischer Rationalisierung – in vielen entwickelten Kapitalismen die Notwendigkeit formeller Erwerbsarbeit weiter reduzieren wird. Er konstatiert dem gegenüber, dass die Arbeitsgesellschaft darauf in einer Weise reagiert, die aus krisenanfälligen Modernisierungskonstellationen erst krisenhafte werden lassen. Insbesondere die Eliten sind so sehr an althergebrachten Mustern arbeitsgesellschaftlicher Strukturierung orientiert, dass sie die „Chancen neuer gesellschaftlicher Entwicklung zu verspielen und das Risiko einer Krise zu erhöhen drohen“. Die Überlegung, dass weltweite Industrialisierung und demographischer Wandel die westlichen Arbeitsgesellschaften auf eine Weise herausfordern, die mit althergebrachten Mitteln nicht bearbeitbar ist, unterfüttert er mit einer projektiven Analyse weltweiter Industrialisierungsprozesse und ihren Folgen für Arbeits- und Lebenszeit, bevor er im zweiten Teil des Beitrags unter Rückgriff auf Ergebnisse der Elitesoziologie und der Sozialstrukturanalyse darlegt, dass der anstehende Generationswechsel eine Verschiebung von naturwissenschaftlich-technischen hin zu ökonomischen Qualifikationen im Management sowie „offenere und verschlungenere Karrierepfade“ nach sich ziehen wird. Er warnt abschließend vor den möglichen Folgen einer damit einhergehenden „Ökonomisierung der Vernunft“, denn eine solche kann den aufgezeigten Problemkonstellationen nicht gerecht werden.

Dieter Kulkes Beitrag wirft den Blick zurück auf einen Scheidepunkt der Entwicklung des deutschen Modells: die 1990 begonnene und bis 1995 weitgehend vollzogene Privatisierung der ostdeutschen Betriebe. Die Rolle und der Wandel des Managements in der ostdeutschen Transformation werden von ihm auf ihre Bedeutung für die Privatisierung und für die Entwicklung dieser Kapitalismusvariante hin befragt. Auf der Suche nach einer Antwort auf die Frage „Does management matter?“ untersucht er die Abhängigkeit der (Implikationen der) Herkunft der ManagerInnen für die „Befriedung der Transformationsbetriebe“. Auf der Basis der Analyse eines großen quantitativen Individualdatensatzes ostdeutscher Manager kommt der Autor zu dem Schluss, „dass gerade in den Personen der Manager Momente liegen können, die wichtige innerbetriebliche Prozesse entscheidend beeinflussen können“. Unterschiedliche Erfolge zwischen ost- und westdeutschen Managern in der „Befriedung“ der Belegschaft lassen sich auf Basis der Daten weitgehend mit – zugeschriebenen oder tatsächlichen – Eigenschaften in den Personen der Manager und durch den mit der Belegschaft gemeinsamen sozialen und kulturellen Hintergrund erklären. Der Autor zieht daraus den anti-strukturalistischen Schluss, dass dem „Faktor Mensch“ im

Management bei der Analyse organisationaler Umbruchprozesse ein hoher Stellenwert eingeräumt werden muss.

Den Abschluss dieses Bandes bildet der Beitrag von *Karoline Krenn,* der die Anpassungsfähigkeit der Institutionen des Kooperativen Kapitalismus auf die für ihn typische Eigentumskonzentration hin analysiert. Mit der Diskussion der Ereignisse rund um die Porsche-Beteiligung an Volkswagen wird die Frage nach der Modellfunktion der deutschen Automobilindustrie und der Volkswagen AG für ein deutsches Produktionsregime neu aufgeworfen. Die Autorin argumentiert, dass es sich in diesem Fallbeispiel um mehr als nur eine weitere strategische Allianz handelt, sondern die Entwicklung in Richtung der Stärkung bestehender institutioneller Strukturen im globalen Wettbewerb weist, jedoch zugleich auf eine Öffnung für eine Profitorientierung innerhalb der bestehenden kooperativen Organisationslogik hindeutet. Mit der Beteiligung der Ferdinand Porsche AG an VW wurde ein Fallbeispiel gewählt, welches die Möglichkeit konträrer Entwicklungspfade und damit die Ambivalenz in Bezug auf prognostizierten sowie real eingetretenen Wandel in der Formation des Kooperativen Kapitalismus belegt.

Im Motiv der Ambivalenz wird das Gemeinsame im Unterschiedlichen der Beiträge in diesem Band eingefangen. Einerseits wird dargelegt, dass tatsächlich tragende Säulen des Kooperativen Kapitalismus ins Wanken geraten sind und neue Leitbilder die öffentliche Debatte bestimmen, beispielsweise in den Bereichen der Kapitalverflechtung, der sozialen Sicherungssysteme und der industriellen Beziehungen. Auf der anderen Seite werden neben theoretischen auch empirisch begründete Zweifel sowohl am Eintreten als auch an der Effizienz eines fundamentalen Strukturwandels schlüssig dokumentiert.

Unser Dank gilt dem VS Verlag für Sozialwissenschaften für die Unterstützung des Buchprojekts sowie der Hans Böckler Stiftung für die Finanzierung der Übersetzung der Beiträge von Neil Fligstein und Jennifer Choo sowie Richard Hyman. Ein besonderer Dank geht an Frederic Speidel für die Übersetzung dieser Beiträge.

Literatur:

Albert, Michel (1992): *Kapitalismus contra Kapitalismus.* Frankfurt a M/New York: Campus.

Berle, Adolf/Gardiner Means (1997 (1932)): *The Modern Corporation and Private Property.* New Brunswick: Harcourt, Brace & World, Inc.

Chase-Dunn, Christopher (1990): Global Formation: Structures of the World Economy: Cambridge, Basil Blackwell.

Crouch, Colin (1996): Revised Diversity: From the Neo-Liberal Decade to Beyond Maastricht. Joris van Ruyssefeldt und Jelle Visser: Industrial Relations in Europe: Traditions and Transitions. London; Thousand Oaks, Sage Publications: 358-375.

Hall, Peter A./David Soskice (Hg.) (2001): *Varieties of capitalism. The institutional foundations of comparative advantage.* Oxford/New York: Oxford University Press.

Keynes, John M. (1973(1936)): The General Theory of Employment, Interest and Money, London: Macmillan.

Windolf, Paul (2002): *Die Zukunft des Rheinischen Kapitalismus* In: Jutta Allmendinger/Thomas Hinz (Hg.): Organisationssoziologie. Sonderheft der Kölner Zeitschrift für Soziologie und Sozialpsychologie. Wiesbaden: Westdeutscher Verlag: 414-442.

Windolf, Paul (2005): Was ist Finanzmarkt-Kapitalismus? In: ders. (Hg.): Finanzmarkt-Kapitalismus. Analysen zum Wandel von Produktionsregimen, Sonderheft 45 der Kölner Zeitschrift für Soziologie und Sozialpsychologie, Wiesbaden: VS-Verlag: 20-57.

Windolf, Paul/Jürgen Beyer (1995): *Kooperativer Kapitalismus. Unternehmensverflechtungen im internationalen Vergleich.* In: Kölner Zeitschrift für Soziologie und Sozialpsychologie 47 (1): 1-36.

Susanne Lütz

Zwischen Pfadabhängigkeit und Wandel

„Governance" und die Analyse kapitalistischer Institutionenentwicklung

1 Einleitung[1]

Der „Governance"-Begriff hat in der Politikwissenschaft, der Soziologie und auch der Ökonomie in den letzten Jahren wachsende Popularität erfahren. Im Kern richtet sich das Interesse der Governance-Debatte auf die Art und Weise, wie kollektives Handeln in der Politik, der Gesellschaft oder auch der Ökonomie koordiniert wird und wie leistungsfähig unterschiedliche Formen institutioneller Arrangements diesbezüglich sind (vgl. Benz 2004, Lange/Schimank 2004, Miller 2005). Der auf die institutionelle Steuerung der Wirtschaft gerichtete Zweig der Governance-Forschung geht davon aus, dass wirtschaftliche Transaktionen nicht nur über den Markt, sondern durch eine Vielzahl von nicht-marktförmigen Koordinationsstrukturen organisiert werden können. Neben der Unternehmenshierarchie gerieten Netzwerke, Verbände und natürlich auch der Staat als Institutionen der Koordination ökonomischer Transaktionen in den Blickpunkt der Betrachtung.

Kapitalistische Ökonomien können also mehr oder weniger stark von nicht-marktförmigen Governance-Formen durchdrungen sein. In den 1970er- und frühen 1980er-Jahren wuchs das wissenschaftliche Interesse an der Ausgestaltung kapitalistischer Diversität, weil gerade die „institutionenreicheren" Industrieländer offenbar besser in der Lage waren, Probleme von Inflation und Arbeitslosigkeit zu bewältigen. Aus Sicht der Neokorporatismusdiskussion lag die Ursache für den wirtschaftlichen Erfolg organisierter Ökonomien in den skandinavischen Ländern, den Niederlanden oder in Österreich maßgeblich in der zentralisierten Organisationsstruktur von Gewerkschaften und Arbeitgeberverbänden, welche eine über verschiedene Industriesektoren hinweg koordinierte Industrie- und Arbeitsmarktpolitik unterstützte, die dem keynesianischen Leitbild einer gesamtwirtschaftlichen Nachfragesteuerung verhaftet war (Goldthorpe 1984, Lehmbruch/Schmitter 1982).

Mit der Wende zu einer „angebotsorientierten" Wirtschaftspolitik in den 1980er Jahren wurden die Möglichkeiten für Nationalstaaten eingeschränkt, kompensatorische Wirtschaftspolitik keynesianischer Prägung zu betreiben. Deregulierung und Privatisierung der Wirtschaft wurden zunächst in liberalen Ökonomien wie Großbritannien und den USA zum Programm und avancierten zur Leitlinie des europäischen Binnenmarktes wie auch zum Leitmodell der Wirtschaftstransformation in Osteuropa. Zu Beginn der 1990er Jahre hatten sich die Vorzeichen verkehrt – verschiedene Länder des früheren kontinentaleuropäischen Erfolgsmodells haben seitdem mit hohen Arbeitslosenraten, steigender Inflation und wachsenden Haushaltsdefiziten zu kämpfen. Demgegenüber kam es zur Wiederbelebung der amerikanischen Wirtschaft, begleitet von niedriger Inflation und Arbeitslosigkeit sowie Erfolgen bei der Förderung von Hochtechnologiesektoren.

[1] Für konstruktive Kritik danke ich Arthur Benz, Thomas Eimer und Sebastian Schief.

Welche Chancen bestehen vor dem Hintergrund des offenkundigen Vordringens des Marktes jedoch für die Aufrechterhaltung kapitalistischer Vielfalt? Wie reagieren nationale Ökonomien auf den im Zuge der globalen Integration von Güter- und Kapitalmärkten gewachsenen Wettbewerb zwischen Produktionsregimen? Dies sind die Fragen, die im Mittelpunkt aktueller Kontroversen in der Governance-Debatte stehen.

Vertreter der Konvergenzthese interpretieren die gegenwärtigen Veränderungen als Prozess durchgreifender Liberalisierung und Durchsetzung eines hegemonialen neoliberalen Kapitalismusmodells, welches lediglich die Entstehung von „Varieties of Neoliberalism" und damit „Diversität innerhalb von Konvergenz" zulasse (vgl. Soederberg et al. 2005).

Andere Autoren gehen eher von der relativen Stabilität nationaler Institutionen gegenüber externem Anpassungsdruck aus. Diese resultiert zum einen aus der Vorstellung, einzelne Funktionselemente des Kapitalismus seien einander komplementär, weshalb einzelne Elemente auch nicht einseitig aus dem institutionellen Rahmen herausgelöst werden könnten. Zudem wird der Fortbestand bestehender Governance-Konfigurationen auch im Sinne des „historischen Institutionalismus" (vgl. Thelen/Steinmo 1992) mit historischen Pfadabhängigkeiten begründet. Weil diese Konfigurationen historisch gewachsen sind, etwa vom jeweiligen Zeitpunkt der Industrialisierung oder der Staatsentwicklung abhängen, konstituierten sie relativ beständige nationale Pfade, die den Weg der Anpassung einzelner Nationalstaaten an neue Rahmenbedingungen maßgeblich vorbestimmen.

Mittlerweile hat sich eine dritte Perspektive entwickelt, die die Wandlungsprozesse in kapitalistischen Ökonomien akzeptiert und den Blick auf die neuen Mixturen richtet, die sich in Governance-Konfigurationen unterschiedlichster Produktionszusammenhänge abzeichnen (Morgan et al. 2004, Crouch et al. 2004, Streeck/Thelen 2005). Zusammengenommen scheinen nationale politische Ökonomien unter zugespitztem Wettbewerbsdruck immer stärker zu „institutionellen Hybriden" (Beyer 2003, Yamamura/Streeck 2003, Dyson/Padgett 2005) zu mutieren, die in ihrer neuen Gesamtkonfiguration zwar wiederum einzigartig sind, in ihren Teilen jedoch anderen (liberalen) Modellen einer Marktwirtschaft ähnlicher werden.

Der vorliegende Beitrag setzt sich, nicht zuletzt vor dem Hintergrund der aktuellen Kontroverse, mit den Möglichkeiten und Grenzen der Governance-Perspektive zur Erklärung kapitalistischer Strukturen und deren Transformation auseinander. Abschnitt 2 vermittelt einen Überblick über die Zweige der Economic Governance-Forschung. Nachfolgend werden die aktuelle Kontroverse um „Pfadabhängigkeit" oder „Wandel" kapitalistischer Institutionen behandelt (Abschnitt 3) sowie drei mögliche Dimensionen unterschieden, aus denen Anstöße für die Reorganisation von Governance-Konfigurationen hervorgehen können – Institutionen, Akteure und Ideen. Der Governance-Ansatz, so die These des Beitrages, bietet eine hilfreiche Heuristik zur Analyse des Institutionengefüges kapitalistischer Produktionszusammenhänge. Für die Erklärung von Wandel und Dynamik im modernen Kapitalismus ist der Ansatz jedoch nur dann nutzbar, wenn er stärker handlungstheoretisch fundiert wird und auch die kognitive Dimension von Transformationsprozessen mitberücksichtigt. Anknüpfend an die gegenwärtige Debatte um die Inkohärenz kapitalistischer Institutionen als mögliche Antriebskraft von Wandlungsprozessen lassen sich jedoch fruchtbare forschungsleitende Hypothesen entwickeln.

2 Dimensionen der „Economic Governance" Forschung

Die auf die Wirtschaft gerichtete Governance-Forschung betrachtet das einzelne Unternehmen, seine Binnenstrukturen, vor allem jedoch seine Transaktionen mit der Umwelt. Die Ebenen solcher „sozialen Systeme der Produktion" (Hollingsworth/Boyer 1997), „sozioökonomischer Regime" (Hollingsworth et al. 1994: 5) oder Formen „industrieller Ordnung" (Herrigel 1996) sind damit je nach funktionaler Einheit eines Produktionszusammenhanges unterschiedlich. Drei Dimensionen einer Governance-orientierten Betrachtung der Wirtschaft lassen sich unterscheiden: die nationale Makroebene, die sektorale oder regionale Mesoebene und die betriebliche Mikroebene.

Governance-Studien, die den Blick auf die *nationale Makroebene* richten, sind in der auf ökonomische Strukturen gerichteten Governance-Forschung sicher die prominentesten. Konstitutiv ist hierbei die Vorstellung, dass eine nationale politische Ökonomie durch eine spezifische Konfiguration von Institutionen gekennzeichnet ist und es entsprechend nicht eine einheitliche Form von Kapitalismus gibt, sondern viele mögliche. Vergleichende institutionelle Governance-Ansätze ordnen nationale politische Marktwirtschaften mit hinreichender institutioneller Ähnlichkeit in dieselbe Kategorie. Wichtige Grundlagen für eine Typologie nationaler Marktwirtschaften auf der Basis ihrer institutionellen Verfasstheit legten die Arbeiten von Rudolf Hilferding (1910) und Andrew Shonfield (1965). Beide zeigten, dass ökonomische Planungs- und Lenkungskapazitäten sowohl durch Selbstorganisation von Wirtschaft und Finanzkapital als auch durch Intervention des Staates in das Wirtschaftsgeschehen aufgebaut werden konnten.

Michel Alberts „Capitalisme contre Capitalisme" (1991) brachte (aus Sicht eines Praktikers) erstmals den Begriff der „varieties of capitalism" in die Debatte ein. Albert unterscheidet zwei Grundtypen des Kapitalismus – das durch Prinzipien wie Individualismus, Präferenz für kurzfristige Erträge und Flexibilität gekennzeichnete angelsächsische Modell und das „rheinische" (auch Japan miteinschließende) Kapitalismusmodell, welches auf längerfristigen Verpflichtungen und Konsensorientierung basiert. Vivien Schmidts Typologie differenziert wiederum zwischen „market, managed and state capitalism" (Schmidt 2002), wohingegen Vertreter der Regulationsschule „marktbasierte, sozialdemokratische, kontinentaleuropäische, asiatische und Mittelmeermodelle" des Kapitalismus ausmachen (Amable 2003, Hollingsworth/Boyer 1997).

Bei dem hinsichtlich seiner Heuristik am weitesten entwickelten, gleichzeitig auch am heftigsten umstrittenen Ansatz handelt es sich um die „Varieties of Capitalism" (VoC)-Perspektive von Peter A. Hall und David Soskice (Hall/Soskice 2001a, b). Anknüpfend an die Institutionenökonomik werden kapitalistische Strukturen als Lösungen für Probleme kollektiven Handelns begriffen. Nationale Varianten des Kapitalismus begründen sich demnach durch die Art und Weise, wie Unternehmen ihre Koordinationsprobleme lösen. Letztere entstehen, wenn Firmen bestrebt sind, ihre Kernkompetenzen zu entwickeln, die es ihnen ermöglichen, Güter und Dienstleistungen profitabel auf dem Markt anzubieten. Die Förderung von Kernkompetenzen, so die Annahme, macht es erforderlich, erfolgreich Beziehungen zu anderen Akteuren zu unterhalten. Innerhalb des Unternehmens zählen hierzu Beschäftigte und Aktionäre; in den Außenbeziehungen spielen Kontakte zu Zulieferern, Kooperationspartnern im Bereich von Forschung und Entwicklung, Gewerkschaften, Verbänden oder auch zum Staat eine wichtige Rolle. Ausgehend von dieser „relationalen Sicht des Unternehmens" unterscheidet der VoC-Ansatz Produktionssphären, in denen Koordinationsprobleme zu lösen sind, die in engem Zusammenhang mit der Förderung unternehmerischer Kernkompetenzen stehen: im Bereich der *industriellen Beziehungen* geht es um die Abstimmung mit Arbeitnehmern über Löhne und Arbeitsbedingungen; im Bereich der *Aus- und Weiterbildung* müssen Unternehmen sich der Frage stellen, wie sie die hinreichende Qualifikation ihrer Beschäftigten sicherstellen; die Sphäre der *Unternehmensverfassung und -kontrolle* umfasst die Beziehungen zwischen einem Unternehmen und seinen Eigentümern, aber auch externen Kapitalgebern. Bei den *zwischenbetrieblichen Beziehungen* sind Kontakte zu Zulieferern, Abnehmern, aber auch zu Forschungseinrichtungen oder solchen der Technologieförderung gemeint. Zusammengenommen bilden diese einzelnen Produktionssphären funktional zusammenhängende und einander komplementäre Subsysteme, die in ihrer nationalen Konfiguration einen komparativen Leistungsvorteil ausmachen. Nationale Marktwirtschaften unterscheiden sich, je nachdem, wie besagte Koordinationsprobleme institutionell bearbeitet werden. In den liberalen, unkoordinierten, angelsächsischen Ökonomien dominieren wettbewerbliche Marktmechanismen und hierarchische Kontrolle die Governance-Konfiguration; demgegenüber sind koordinierte, organisierte Ökonomien vorwiegend durch nicht-marktförmige Koordinationsformen gekennzeichnet, wobei das jeweilige Mischungsverhältnis national zwischen Netzwerken, Verbänden und Staat variieren kann.

Die auf *Sektoren* oder *regionale Produktionszusammenhänge* gerichtete Governance-Forschung hat verglichen mit der Diskussion um nationale Kapitalismustypologien bislang weniger Aufmerksamkeit erfahren. Bezogen auf Wirtschaftssektoren interessieren unter Governance-Aspekten die Normen und Institutionen, die die Koordination von Transaktionen und produktiven Tätigkeiten innerhalb von Sektoren und über Sektorgrenzen hinweg befördern. Die „Governance of Industries" wurde in der amerikanischen Wirtschaftssoziologie zu Beginn der 1990er Jahre ein Thema (Campbell et al. 1991, Hollingsworth et al. 1994). In Deutschland richtete sich das Interesse der sektoralen Governance-Forschung auf die Konfiguration und Transformation sogenannter „staatsnaher Sektoren", gesellschaftlicher Funktionsbereiche, die nicht zum Kernbestand hoheitlicher Staatsfunktionen gehören, für die der Staat jedoch ein Maß an Verantwortung übernommen hat, das weiter geht als eine ordnungs-, konjunktur- oder strukturpolitische Intervention, aber weniger weit geht als eine unmittelbare Leistungserbringung durch den Staatsapparat (Mayntz/Scharpf 1995: 13, Czada/Lehmbruch 1998). Inhaltlich handelt es sich dabei um höchst heterogene Dienstleistungsbereiche wie Bahn, Post, Telekommunikation, Energieversorgung, Rundfunk und Fernsehen, vom Bildungswesen über die Verkehrssysteme bis zur Agrarwirtschaft. Quantitativ – gemessen in Anteilen an der Gesamtbeschäftigung oder im Beitrag zum Sozialprodukt – haben diese Sektoren in den hochentwickelten westlichen Gesellschaften während der Nachkriegsjahrzehnte ein Gewicht erreicht, das dem der marktwirtschaftlich verfassten Sektoren nahe kommt.

Mit Bezug auf regionale Produktionszusammenhänge hat sich seit Mitte der 1990er Jahre ein international vergleichend ausgerichteter Forschungszweig herausgebildet, der regionale Ökonomien als lokale Produktionssysteme begreift, in denen überwiegend mittelständische Firmen mit komplementären Teilaufgaben kooperieren. Durch den Verbund können sich KMUs als komplexe Einheit gegenüber der denkbaren Alternative eines vertikal integrierten Großunternehmens behaupten. Allerdings mangelt es Klein- und Mittelbetrieben häufig an spezifischen Ressourcen (wie etwa Know-How bei der Technologieeinführung, Informationen über Kapitalbeschaffung oder Marktentwicklungen), um ihre Wettbewerbsvorteile auch tatsächlich zur Geltung zu bringen. Im Rahmen einer regionalen Ökonomie lassen sich solche Defizite jedoch durch die Bereitstellung „kollektiver Wettbewerbsgüter" ausgleichen, die auf diese Weise zur Erhöhung der Wettbewerbsfähigkeit der beteiligten Unternehmen beitragen (Voelzkow 1999: 56f, Crouch et al. 2001 und 2004).

Die *Mikroebene* der Unternehmensorganisation wird in der momentan wieder aufgelebten, interdisziplinär besetzten *Corporate Governance*-Debatte zum Thema. In den Innen- und Außenbeziehungen von Unternehmen sind spezifische Muster der Koordination und Aufteilung von Macht und Einfluss zwischen Managern, Anteilseignern, Kreditgebern, Beschäftigten, kooperierenden Unternehmen und nicht zuletzt dem Staat festgelegt. (vgl. Goyer 2001, Hopt/Prigge 1998, O'Sullivan 2001). Inhaltlich geht es dabei um Bestimmungen, die den unternehmensinternen Entscheidungsprozess aufgliedern, die Zusammensetzung und Kompetenzverteilung zwischen Entscheidungsgremien festlegen und die Offenlegung von Informationen über Entscheidungsprozesse und -ergebnisse gegenüber Aktionären und der Unternehmensöffentlichkeit regeln. Analog zur Unterscheidung zwischen dem marktorientierten, angelsächsischen Modell und dem koordinierten Kapitalismus der kontinentaleuropäischen Staaten differenziert die vergleichende sozial- und wirtschaftswissenschaftliche Forschung zwischen *marktorientierten „Outsider"-Systemen* und *netzwerkorientierten „Insider"-Systemen* (Franks/Mayer 1995, Hall/Soskice 2001a, van den Berghe 2002). Im ersten Modell befördern marktbasierte Steuerungs- und Kontrollmechanismen die Ausrichtung der Unternehmenspolitik an möglichst hohen Dividenden; im zweiten Modell sind Unternehmen und Management verankert in einem breiteren Netzwerk von Interessen und Akteuren, was sich in einer stärker kollektiv orientierten Unternehmensstrategie niederschlägt, welche oft auch sozial- oder industriepolitischen Zielen Rechnung trägt.

3 Pfadabhängigkeit und Transformation von Governance-Strukturen

Die Vorstellung, nationale Governance-Konfigurationen seien wandelbar, ist zunächst recht voraussetzungsvoll, denn teils implizit, teils explizit, gründen sich Ansätze nationaler Kapitalismusregime auf der Annahme ihrer stetigen Reproduktion und damit auf Pfadabhängigkeitsvorstellungen (David 1985, Arthur 1994, vgl. als Überblick Beyer 2005). Ein pfadabhängiger Prozess ist gekennzeichnet durch eine sich selbst verstärkende Sequenz von Ereignissen (vgl. Pierson 2000, Mahoney 2000). Jedes Ereignis oder ein Punkt mit strategischen Wahloptionen gibt die Richtung nachfolgender Ereignisse vor und schließt dabei gleichzeitig andere aus. Frühe Ereignisse und Festlegungen auf einem Pfad haben insofern größere Bedeutung als die nachfolgenden, weil sie die Wahl alternativer Optionen für die Akteure verteuern und diese somit zunehmend unattraktiv machen. Ein Pfad beginnt mit einer Zäsur (*critical juncture*), einem Zeitpunkt, an dem mindestens zwei verschiedene Pfade zur Verfügung stehen, jedoch einer eingeschlagen wird. Mahoney (2000) argumentiert, dass dieser erste Schritt (*initial move*) als kontingent betrachtet werden sollte, d.h. nicht durch frühere Ereignisse oder initiierende Bedingungen erklärt werden sollte. Der erste Schritt in eine Richtung wird verstärkt durch selbstverstärkende Mechanismen und positive Rückkopplungseffekte, die den Nutzen eines bestimmten Pfades für die beteiligten Akteure erhöhen (*increasing returns*). Diese werden erzeugt durch hohe Startkosten der Initiierung des Pfades (*large set-up oder initial costs*); sobald Akteure erhebliche Investitionen in einen gegebenen Pfad getätigt haben, haben sie starke Anreize, diesen zu erhalten, um ihre Kosten zu amortisieren; *Lerneffekte* können den Pfad verstärken, denn Akteure lernen, die Institutionen, die diesen Pfad konstituieren, effektiver zu nutzen; *Koordinationseffekte* setzen ein, wenn andere Akteure den initiierenden in ihrer Verpflichtung auf die Verfolgung des Pfades folgen und auf diese Weise den Nutzen der Pfadeinhaltung für alle Beteiligten erhöhen; und schließlich sind *adaptive Erwartungen* eine vierte Quelle positiver Rückkopplung, wenn Akteure einen bestimmten Pfad unterstützen, weil sie erwarten, dass andere dies auch tun (Arthur 1994: 112f, Pierson 2000). Ist die Bedingung der „increasing returns" erfüllt, setzt sich unter verschiedenen Alternativen nicht unbedingt die effizienteste durch; ist jedoch ein Gleichgewichtspunkt innerhalb eines eingeschlagenen Pfades erreicht, kann dieser kaum noch verlassen werden (*lock-in*). Geringfügige Ereignisse (*small events*) und Zufälligkeiten können einen großen Einfluss auf die Durchsetzung einer Alternative haben, da ein eingeschlagener Entwicklungspfad jeweils verstärkt wird.

Ein im Sinne kapitalistischer Idealtypen kohärentes Institutionensystem kann nun die Entstehung der genannten selbstverstärkenden Mechanismen begünstigen. Whitley (2004) beispielsweise definiert Kohärenz als den Grad, zu dem soziale Institutionen Anreize für ökonomische Akteure setzen, sich in ähnlicher Weise zu verhalten und die wechselseitigen Effekte auf Systeme der Kontrolle und Koordination in der Ökonomie zu verstärken. Hall/Soskice (2001b) übersetzen Kohärenz im Wesentlichen mit dem Vorhandensein institutioneller Komplementaritäten, welche dann vorliegen, wenn die Existenz (Effizienz) einer Institution die Gewinne bzw. deren Effizienz durch eine andere erhöht (Hall/Soskice 2001b: 17). Beiden Definitionen liegt die Annahme zugrunde, dass die Koexistenz einander „passförmiger" Institutionen die strategischen Optionen von Akteuren beeinflusst oder auch deren Fähigkeit steigert, ihre Ziele zu erreichen.

Wie ist angesichts dieser ausgeprägten Pfadabhängigkeitsannahme dann institutioneller Wandel möglich? Vorstellungen sehr weitgehender Pfadabhängigkeitskonzeptionen zufolge (vgl. Pierson 2000, Hall/Soskice 2001b: 62 ff.) ändert nur ein exogener Schock, ein Ereignis außerhalb des Pfades, die Anreize oder Restriktionen der Akteure auf dem Pfad; unabhängig davon sei nur inkrementeller Wandel innerhalb des vorgegebenen Weges möglich. Als Beispiel für ein solches diskontinuierliches Muster von Wandel (*punctuated equilibrium*) wird oftmals der Übergang des fordistischen, durch industrielle Massenproduktion und vertikal integrierte Firmen gekennzeichneten Musters industrieller Produktion zu „postfordistischen", durch Dezentralisierung und flexible, zwischenbetriebliche Unternehmensnetzwerke gekennzeichneten Strukturen diskutiert. Piore/Sabel (1985) machen rapiden technologischen Wandel sowie Veränderung der Energiepreise und der Marktnachfrage als die Hauptursachen dieser Transformation von Modellen industrieller Produktion aus.

Douglass North (1990) sieht institutionellen Wandel vor allem als inkrementelle, evolutionär und kontinuierlich ablaufende Veränderung innerhalb eines eingeschlagenen Pfades, die von individuellen Akteuren und insbesondere von Organisationen vorangetrieben wird. North teilt damit grundsätzlich Pfadabhängigkeitsannahmen, liefert jedoch noch andere Begründungen für das Auftreten von „increasing returns": nach seiner Vorstellung ergeben sich diese durch die Wechselbezüge unterschiedlicher Institutionalisierungsprozesse (North 1990: 95), was einmal mehr auf die bereits genannten „Komplementaritäten" in institutionellen Konfigurationen verweist. Ursache für Pfadabhängigkeitsverläufe sind nun einmal die Folgen der stets gegebenen begrenzten Rationalität der Akteure (*bounded rationality*) und andererseits die hohen Transaktionskosten der Veränderung einer einmal bestehenden institutionellen Ordnung. Pfadwechsel erscheinen insofern nicht unmöglich, sondern sind lediglich mit hohen Transaktionskosten behaftet.

Die neuere Debatte zum Thema institutioneller Wandel sieht auch in graduell, inkrementell ablaufenden Prozessen Chancen für nachhaltige Transformation und Pfadwechsel (vgl. etwa Deeg 2004, Beyer 2005, Ebbinghaus 2005, Streeck/Thelen 2005). Thelen (2000, 2002, 2004) argumentiert, dass auf einem gegebenen Pfad gleichzeitig Mechanismen wirken können, welche die Reproduktion des Pfades bewirken und solche, die Wandel induzieren. Über einen längeren Zeitraum hinweg können sich die Wandel begünstigenden Mechanismen gegenüber den auf Reproduktion gerichteten verstärken und zu grundlegender Pfadabkehr führen. Streeck und Thelen (2005) unterscheiden fünf Varianten institutionellen Wandels, die allesamt einer Form von „bricolage" entsprechen, einem Prozess, in dem Akteure mehr oder weniger intendiert lokal verfügbare institutionelle Prinzipien und Praktiken rekombinieren (Campbell 2004: 69ff.):

Displacement bezeichnet die Auflösung bestehender Institutionen und ihren Ersatz durch andere. Eine solche Dynamik zeigt sich im Bereich der Finanzbeziehungen zwischen Großbanken und -unternehmen in Systemen des koordinierten Kapitalismus. Hier ist eine stärkere Abkehr vom bisherigen Modell der eher längerfristig ausgerichteten, kredit- und daher bankbasierten Unternehmensfinanzierung zu beobachten, zugunsten wachsender Bedeutung des Kapitalmarktes und damit eher kurzfristig ausgerichteter, risikosensitiver und insgesamt marktförmiger Finanzbeziehungen (vgl. Lütz 2005, Windolf 2005, Deeg 2006). Allerdings bedeutet „displacement" nicht notwendigerweise die Dominanz eines neuen Modells, sondern kann auch den graduellen Einbau „fremder" Modellelemente in das Institutionensystem einer politischen Ökonomie bedeuten.

Layering erfolgt dann, wenn Akteure vorhandenes institutionelles Material nutzen, jedoch in neuer Form kombinieren oder neue Institutionen bestehenden hinzufügen (vgl. Thelen 2000: 106). Beispiel hierfür wäre die Einführung einer privaten Säule der Rentenversicherung in das deutsche System der sozialen Sicherung.

Als *Drift* bezeichnen Streeck/Thelen die graduelle Modifikation von Institutionen. Diese resultiert nicht aus dezidiertem politischem Manövrieren, sondern vielmehr aus den Abweichungen herrschender Praktiken von den allgemeinen Regeln oder aus so genannten non-decisions. Hacker nennt als Beispiel für drift das Zurückfahren von Sozialleistungen auf Seiten amerikanischer Arbeitgeber, die damit auf veränderte Anreize reagierten und auf diese Weise einen Prozess der „Privatisierung von Risiken ohne Privatisierung des Wohlfahrtsstaates" mit angetrieben haben (Hacker 2005).

Conversion entspricht der Beibehaltung von bestehenden Institutionen, welche jedoch ihre inhaltliche Ausrichtung und Funktion verändern. Jonah Levy (2005) zeigt, dass der französische Staat seine dirigistischen Interventionsinstrumente nicht mehr wie noch in den 1980er Jahren zur Kapitallenkung bei gleichzeitiger Ausgrenzung von Arbeitnehmern nutzt, sondern einsetzt, um die Marktkräfte zu fördern und gleichzeitig die Verlierer industrieller Restrukturierung mittels umfangreicher Sozialprogramme zu kompensieren.

Mit *Exhaustion* wird schließlich der Zusammenbruch oder der Untergang von Institutionen bezeichnet. Dieser kann eintreten, wenn Institutionen Dynamiken auslösen, die gewissermaßen die Saat für ihren Zusammenbruch enthalten. So beschreibt Christine Trampusch (2005) die Frühverrentung in Deutschland als institutionelles Element, das zum Anstieg der Lohnnebenkosten und damit auch zur wachsenden Arbeitslosigkeit beitrug. Das Instrument war ursprünglich in einer Zeit der Vollbeschäftigung nur für eine begrenzte Zahl von Fällen konzipiert worden, wurde jedoch im Zuge der deutschen Vereinigung überstrapaziert und zur Abfederung von Restrukturierungsprozessen eingesetzt.

4 Antriebskräfte für institutionellen Wandel

Im folgenden Abschnitt werden die möglichen Quellen und Antriebskräfte institutioneller Dynamiken diskutiert. Analytisch werden drei Dimensionen unterschieden, aus denen Anstöße für den Umbau von Governance-Konfigurationen kommen können: Wandel kann durch Spannungen im *Institutionengefüge* selbst entstehen, *Akteure* initiieren Umbauprozesse und treiben sie voran; schließlich können *Ideen* und Paradigmen eine zentrale Rolle bei der Transformation politisch-ökonomischer Institutionen spielen. Letztlich ist es immer das Zusammenspiel der unterschiedlichen Faktoren, das in Prozessen des Umbaus berücksichtigt werden muss; aus analytischen Gründen werden diese drei Dimensionen jedoch getrennt voneinander diskutiert.

Institutionen als Quelle von Dynamiken
Spannungen zwischen unterschiedlichen Dimensionen bzw. Subsystemen kapitalistischer Systeme können die Quelle institutioneller Dynamik darstellen. Colin Crouch hat in verschiedenen Beiträgen hervorgehoben, dass die interne Differenzierung, Inkohärenz und letztlich Heterogenität in institutionellen Strukturen die Grundlage für die Überwindung von Pfadabhängigkeiten sein kann. Akteure haben Alternativen zur Verfügung, wenn etablierte Wege blockiert sind, und können Ordnungselemente unterschiedlicher Pfade miteinander kombinieren (Crouch 2005, Crouch/Farrell 2002, Crouch et al. 2005). Dieses Argument ist letztlich Teil einer allgemeineren Kritik an der systemischen und auf die interne Kohärenz kapitalistischer Strukturen gerichteten Sicht des Varieties of Capitalism-Ansatzes.

Institutionelle Heterogenität in nationalen Modellen des Kapitalismus gerät dann ins Blickfeld, wenn weniger der (angelsächsische oder rheinische) Idealtyp, sondern die Mixtur aus Governance-Mechanismen hervorgehoben wird, die letztlich in jedem Typ von Kapitalismus vorzufinden ist. Praktisch stellen alle fortgeschrittenen Ökonomien Mischsysteme (Hybride) der drei elementaren Governanceformen Markt, Unternehmenshierarchie und Staat dar. In Ökonomien des kontinentaleuropäischen Typs spielten zumindest bislang zudem Verbände und Netzwerke eine zentrale Rolle, wobei die Intervention des Staates sich auf einem Kontinuum von substantieller, mit Zwangsmitteln ausgestatteter Regulierung (Frankreich) bis hin zu eher prozeduraler, Verfahren und rechtliche Rahmenbedingungen vorgebender Steuerung (Deutschland) erstrecken kann. Selbst im minimalen Hybridmodell stünde Unternehmen also eine gewisse *requisite variety* an institutionellen Elementen zur Verfügung, die unter bestimmten Bedingungen rekombiniert werden können.

Institutionelle Heterogenität ergibt sich zudem daraus, dass Governancemodi nach Sektoren, regionalen Standorten oder Unternehmensgröße variieren können. So spielt die Unternehmenshierarchie (im Vergleich zu Märkten oder auch Netzwerken und Verbänden) dort eine geringere Rolle, wo hauptsächlich kleine Unternehmen agieren. In staatsnahen Sektoren (wie der Telekommunikation oder dem Elektrizitätssektor) hat der Staat nach wie vor eine größere Bedeutung als in anderen Sektoren, auch wenn sich hier ein Form- und Funktionswandel staatlicher Intervention vollzogen hat, der den Staat weniger als Eigentümer oder Gewährleister für die Bereitstellung von Infrastruktur, sondern vielmehr als Regulierer eines privatisierten Marktes unter Aspekten der Sicherung von Wettbewerb und Verbraucherschutz vorsieht (Grande/Eberlein 1999, Czada et al. 2003). Und schließlich zeigen jüngere Arbeiten zur Governance regionaler Wirtschaftscluster, dass es auch auf regionaler Ebene institutionelle Abweichungen vom nationalen Kapitalismusmodell geben kann, die durchaus produktiv sind und die die Funktionsweise des Gesamtsystems nicht unbedingt gefährden müssen (Glassmann/Voelzkow 2006).

Institutionelle Inkohärenz ergibt sich schließlich auch dann, wenn davon ausgegangen wird, dass einzelne Funktionselemente eines Kapitalismusmodells durch unterschiedliche Governancemodi strukturiert sein können und sich Veränderungen in einem Subsystem auch unabhängig von der relativen Stabilität anderer Subsysteme einstellen können. Beispiel hierfür wäre die bereits an anderer Stelle erwähnte Vermarktlichung des Subsystems der Unternehmensfinanzierung in Deutschland, die mit der relativen Stabilität des verbandlich organisierten Systems der Berufsbildung kontrastiert (Deeg 2006).

Zusammengenommen verweisen alle diese Punkte darauf, dass die dem Varieties of Capitalism-Ansatz zugrunde liegende Annahme der Komplementarität einzelner Produktionssphären und ihrer Institutionen gelockert werden sollte. Nicht zufällig werden in der theoretischen Debatte um die Plausibilität der Komplementaritätsannahme (vgl. Crouch et al. 2005) unterschiedliche Argumente für eine eher „lockere Kopplung" einzelner kapitalistischer Subsysteme präsentiert.[2] Wolfgang Streeck und Robert Boyer beispielsweise betonen, dass Institutionen nicht als komplementär zueinander konzipiert werden, sondern oftmals durch einen Prozess der Improvisation, des Experimentierens und der stetigen Modifikation entstehen. Rückblickend mag das institutionelle Design kohärent und ökonomisch effizient erscheinen – dies ist jedoch noch keine Erklärung für die Art und Weise seiner Genese. Institutionen in unterschiedlichen Produktionssphären werden oftmals durch unterschiedliche Eliten kontrolliert, weshalb ein Konsens über erwünschte oder gar effiziente Formen institutioneller Komplementarität gar nicht besteht. Manche Sektoren oder auch Produktionssphären sind beispielsweise internationalisierter als andere, weshalb sich ein nationales Produktionsregime auch nicht leicht durch ein hierarchisches Zentrum steuern lässt. Richard Deeg (2004) wiederum plädiert dafür, von „variablen Komplementaritäten" auszugehen, d.h. von der Annahme, dass Subsysteme nicht wie die Teile eines Puzzles nur auf eine bestimmte Weise zueinander passen, sondern einander auf verschiedene Weise und unter verschiedenen Bedingungen ergänzen können. Während ein Subsystem sich „pfadkonform" verhält, könnte sich ein anderes verändern. Gleichwohl könnte die Systemkohärenz insgesamt dann erhalten bleiben, wenn das pfadkonforme Element neue komplementäre Strukturen zu dem modifizierten Systemelement ausbildet (Deeg 2004: 34f).

---

[2] Ein ähnliches Argument wird auch in der politikwissenschaftlichen Governance-Debatte hinsichtlich des Zusammenwirkens unterschiedlicher Handlungsebenen in politischen Mehrebenenstrukturen formuliert. So hat Arthur Benz auf die Unterscheidung zwischen „loser" und „enger Kopplung" von Ebenen aufmerksam gemacht, die sich im Vergleich zwischen europäischer Regionalpolitik und deutschem Föderalismus beobachten lässt. Während Strukturen der „losen Kopplung" von Handlungsebenen in der europäischen Regionalpolitik einer Diffusion von Innovationen förderlich sind, führen die engen Abstimmungszwänge zwischen Bund und Ländern im deutschen Föderalismus oftmals zu Entscheidungen auf dem kleinsten gemeinsamen Nenner oder gar zu Blockaden im Sinne der bekannten „Politikverflechtungsfalle" (Benz 1998, Scharpf et al. 1976).

Akteure als Antriebskräfte institutioneller Reorganisation
Institutionen stellen aus Sicht funktionalistischer bzw. utilitaristischer Theorieperspektiven (wie der dem Governance-Ansatz unterliegenden Institutionenökonomik oder der Rational Choice-Theorie) Lösungen für Probleme kollektiven Handelns dar und erlauben es Akteuren, kollektive Gewinne durch Kooperation und Austausch zu erzielen. Die Entstehung von Institutionen ist aus dieser Perspektive ein Problem kollektiven Handelns. Eine Institution wie eine soziale Konvention beispielsweise entsteht spontan, wenn eine hinreichend große Anzahl von Akteuren einen Nutzen in ihr sieht und bereit ist, zur Produktion eines kollektiven Gutes beizutragen. Ein solcher Koordinationseffekt kann durch Netzwerkexternalitäten entstehen; je mehr Nutzer an einem Netzwerk teilnehmen, desto größer der Nutzen für alle Beteiligten. Netzwerkexternalitäten können sich auch durch regionale Agglomerationen einstellen (Agglomerationseffekt). Beispielsweise siedelte sich eine Reihe von Computerfirmen im Silicon Valley an; mit zunehmender Zahl von Firmen wurde die regionale Konzentration ein positiver Standortfaktor, welcher immer weitere Computerfirmen anzog. Ein Pfadwechsel könnte durch abnehmende Skalenerträge oder auch durch die Änderung des Zwecks eines Netzwerks erfolgen. Im Fall der regionalen Agglomeration könnten sich Wachstumsgrenzen durch „Übervölkerung" einstellen. „Politische Unternehmer" an anderen Standorten könnten gezielt ein konkurrierendes Netzwerk mit ähnlichen Skaleneffekten aufbauen, etwa, wenn öffentliche Politiken hierfür finanzielle Anreize bereitstellen (Ebbinghaus 2005: 22f). Utilitaristische Ansätze institutioneller Entwicklung werden im Allgemeinen dafür kritisiert, dass sie von den identifizierbaren Funktionen und Effekten einer Institution auf die ursprünglichen Präferenzen der Akteure schließen, welche am Aufbau der Institution beteiligt waren. Ob es eine solche Verbindung zwischen Intentionen und Funktionen gibt, ist letztlich eine empirische Frage.

Demgegenüber betrachten Theorieperspektiven, die auf Machtressourcen und deren Verteilung zwischen Akteurkonstellationen abstellen, Institutionen als Ausdruck sozialer Konflikte und Ergebnis strategischer Verhandlungen zwischen soziopolitischen Schlüsselgruppen (vgl. Knight 1992, Garrett 1998) und nicht in erster Linie unter dem Aspekt ihrer ökonomischen Performanz. Institutionelle Strukturen spiegeln nicht zuletzt Machtasymmetrien wider, die entstehen, wenn mächtige Akteure ihre Präferenzen schwächeren Akteuren oktroyieren. Ein einmal eingeschlagener Pfad, welcher keine kollektiven Gewinne mehr abwirft, kann durchaus solange weiterverfolgt werden, wie er den Interessen der mächtigsten Akteure entspricht. Institutioneller Wandel entsteht erst dann, wenn die herrschenden Akteure die Chance sehen, diesen zielgerichtet in der gewünschten Weise zu beeinflussen oder wenn kein Interesse besteht, Wandel zu verhindern. Auch Verschiebungen innerhalb der dominanten Kräftekonstellation können zur Pfadabkehr beitragen. Beispiel hierfür könnte der nicht zuletzt durch internationale Marktveränderungen begünstigte Bedeutungszuwachs von Finanzmarktakteuren (Banken, institutionelle Investoren, Rating-Agenturen und weitere professionelle Gruppen) im Verhältnis zu Vertretern der Wirtschaft und der Arbeitnehmerseite sein, der zumindest im deutschen Modell des koordinierten Kapitalismus seit Beginn der 1990er Jahre zu beobachten ist. Der im Zuge von Globalisierung erfolgte Aufstieg finanzmarktbezogener Schlüsselakteure wird nicht zuletzt als Ursache für die Transformation koordinierter Ökonomien zum Modell des „Finanzmarktkapitalismus" (Windolf 2005) betrachtet bzw. als Triebfeder für die durchgängige Kommodifizierung von Wirtschafts- und Finanzbeziehungen gesehen (Soederberg et al. 2005).

Deeg (2004) wiederum sieht in Koordinationsproblemen zwischen politischen und ökonomischen Akteuren, die sich aus fallweise unterschiedlichen Anreizstrukturen und Zeithorizonten ergeben, ein Hauptproblem beim Anstoß von Pfadwechseln. Marktakteure haben tendenziell einen kürzeren Zeit- und Planungshorizont als politische Akteure; allerdings kann dieser bei letzteren, je nach Zeitpunkt innerhalb der Legislaturperiode, ebenfalls sehr kurzfristig ausgerichtet sein. Marktakteure sind an Profit und Effizienzgewinnen interessiert und sehen sich ökonomischem Wettbewerbsdruck ausgesetzt, welcher das Aufschieben institutioneller Reorganisationsprozesse durchaus bestrafen kann. Demgegenüber unterliegen politische Akteure dem politischen Wettbewerb um die Wählergunst, welcher den Umbau von institutionellen Strukturen nicht unbedingt belohnt. Paul Pierson hat darauf hingewiesen, dass der Abbau des Wohlfahrtsstaates nicht unbedingt derselben Logik folgt wie der Aufbau. Im Zuge der wohlfahrtsstaatlichen Expansion sind „nested interests" entstanden, die am Erhalt und Ausbau von Transferleistungen interessiert sind und den Rückbau des Wohlfahrtsstaates mit dem Entzug ihrer Wählergunst bestrafen (Pierson 1994, 1996). Die im Prinzip unterschiedlichen Interessen von Politik und Wirtschaft schließen natürlich nicht aus, dass sich, wie im Fall der Reorganisation des Finanzplatzes Frankfurt, teilweise sehr breite Koalitionen aus Wirtschaft, Finanzsektor und Politik bilden, welche den institutionellen Umbau vorantreiben (vgl. Lütz 1997). Im Einzelfall sind solche Bündnisse jedoch immer erklärungsbedürftig.

Ein Pfadwechsel hängt aus Sicht der Akteure nicht zuletzt von der Verfügbarkeit vorhandener Alternativen ab. Akteure können beispielsweise in ihre Vergangenheit zurückblicken und bislang verborgene oder in ihrem Repertoire ungenutzte Alternativen aktivieren (Crouch 2005: 120). Wenn Akteure in verschiedenen Arenen gleichzeitig agieren, können sie Lösungen ihrer Nachbarn imitieren und so zur (internationalen) Diffusion von „best practices" beitragen. Auf diese Weise werden nicht selten exogene Einflüsse, die in Form globaler Marktveränderungen oder Veränderungen im politischen Kontext auf nationale Akteure einwirken, endogenisiert und finden Eingang in nationale Restrukturierungsprozesse.

Umgekehrt nutzen nationale Akteure das europäische Institutionensystem auch strategisch, um Reformprozesse auf nationaler Ebene voranzutreiben. Susanne Schmidt (2006) beschreibt, wie die Liberalisierung von Versicherungsdienstleistungen durch Liberalisierungsbefürworter nicht zuletzt unter Rückgriff auf das europäische Wettbewerbsrecht gegenüber Reformgegnern wie der Versicherungswirtschaft oder den deutschen Bundesländern durchgesetzt wurde.

Kollektive Akteure wie Verbände hingegen tragen zu wachsender Heterogenität im nationalen Institutionengefüge auch durch Doppelstrategien bei, die durch Verbandsspitze und Verbandsmitglieder betrieben werden. Dort, wo es nützlich erscheint, werden bestehende Systemelemente etwa auf der Ebene der Verbandsspitze verteidigt, während gleichzeitig auf der Mitgliedsebene das nationale Modell verlassen wird. Menz (2005) skizziert die in Deutschland sehr liberale Reaktion auf die europäische Entsenderichtlinie, die mit einer Doppelstrategie der Arbeitgeberseite einherging: Während der BDA die Einführung eines Mindestlohns ablehnte und auf diese Weise bestehende Regelungen verteidigte, unterliefen die Unternehmen das bestehende Lohnniveau durch die Bestellung ausländischer Unterauftragnehmer (Menz 2005: 191). Eine ähnliche Strategie zeigt sich auch beim Umgang mit dem Instrument des Flächentarifvertrags in Deutschland: Während die Spitzen von Arbeitgeberverbänden und Gewerkschaften das Instrument an sich aufrechterhalten, nutzten Unternehmen und Betriebsräte Öffnungsklauseln im Modell des Flächentarifvertrags, um auf einzelbetrieblicher Ebene Haustarifverträge oder „betriebliche Bündnisse" abzuschließen, welche Fragen der Personalpolitik, Lohnfindung, Regulierung der Arbeitsbedingungen und auch die Ausgestaltung der betrieblichen Mitbestimmung selbst betreffen. Nach Ansicht von Britta Rehder (2003) ist diese Strategie der institutionellen Überlagerung (layering) jedoch mittlerweile in einen marktorientierten Umbau des Flächentarifvertragssystems umgeschlagen. Aufgrund von Abwehrstrategien der Gewerkschaften wurden die tarifvertraglichen Öffnungsklauseln juristisch und politisch aufgewertet.

Häufig spielen institutionelle „Vermittler" bzw. „Unternehmer" (Campbell 2004: 74) eine Schlüsselrolle in Prozessen „institutioneller bricolage", indem sie Scharnierfunktionen zwischen verschiedenen politischen Ebenen (Lütz 2002) oder funktionalen Subsystemen einnehmen und scheinbar unvereinbare Elemente miteinander koppeln. Deeg (2005: 196) wiederum verweist darauf, dass ein Pfadwechsel auch aktiv unterstützt, gewissermaßen „kultiviert" werden muss, insbesondere, wenn der mögliche Nutzen des Pfadwechsels für die beteiligten Akteure noch unklar ist. In dem Maße, wie sich ein neuer Pfad stabilisiert hat, nimmt der Bedarf an Kultivierung entsprechend ab.

Ideen und institutioneller Wandel

Kulturell-soziologische Ansätze betonen die Bedeutung kognitiver und normativer Aspekte des Handelns für die institutionelle Genese, Reproduktion und auch für institutionellen Wandel. Institutionen verkörpern kollektiv definierte kulturelle Verständnisse, „Skripte", der Art und Weise, wie die Welt funktioniert (Meyer/Rowan 1991). Dominante Verhaltensnormen der Gesellschaft werden als kognitive Schemata internalisiert und als soziale Routinen akzeptiert, die nicht mehr in Frage gestellt werden (Zucker 1977, Powell/DiMaggio 1991). Institutionen stellen weder die Lösung kollektiver Handlungsprobleme dar, noch reflektieren sie die Machtverteilung in der Gesellschaft. Vielmehr spiegeln sie ein geteiltes kulturelles Verständnis dessen wider, was als effizient, moralisch oder legitim betrachtet wird. Entsprechend tritt Wandel dann ein, wenn ein dominierendes „Skript" durch ein anderes ersetzt oder überformt wird.

Aus meiner Sicht verstellt ein Verständnis von Institutionen als „geteilte Skripte" letztlich den Blick auf Akteurstrategien und Konflikte zwischen sozialen Gruppen. Gleichwohl erscheint die kognitive Dimension dann bedeutsam in Prozessen institutionellen Wandels, wenn sie nicht als unabhängiger und umfassender Kausalfaktor angesehen, sondern an Akteurkonstellationen und deren materielle Interessen rückgebunden wird. In Anlehnung an Campbell (2004: 93 ff.) werden nachfolgend drei Dimensionen von Ideen unterschieden: Paradigmen, Programme und Frames.

Paradigmen sind kognitive Hintergrundannahmen, die den Rahmen verfügbarer und als nützlich empfundener Entscheidungsalternativen für politische Eliten einschränken. Peter Hall (1992 und 1993) beschäftigte sich mit dem Wandel vom Keynesianismus in den 1960er Jahren hin zum Monetarismus der späten 1970er Jahre in der britischen Wirtschaftspolitik, den er als Beispiel eines radikalen Paradigmenwechsels im Sinne eines „punctuated equilibrium" interpretiert. Damit hat er als einer der ersten Vertreter des historischen Institutionalismus die Bedeutung der kognitiven und normativen Dimensionen von politisch-institutionellen Entscheidungsprozessen thematisiert. Aus Sicht von Hall umfasst ein Paradigma ein Bündel von Ideen und Standards, die wiederum drei Dinge benennen: Ziele, wie die Bekämpfung von Inflation oder der Arbeitslosigkeit, strukturelle Vorgaben, wie höhere oder niedrigere Steuersätze oder Zinsen und schließlich Instrumente, wie Steuer- oder Geldpolitik, die Politiker als nützlich erachten. Während die Anpassung von Instrumenten und strukturellen Vorgaben als inkrementelle Veränderung innerhalb eines gegebenen Paradigmas angesehen wird, ist ein Wandel der politischen Ziele als Paradigmenwechsel zu sehen, welcher die Wahrnehmung der Politiker hinsichtlich der anstehenden Probleme und verfügbaren Lösungen verändert und damit auch strukturelle Vorgaben und Instrumente transformiert. Ist ein Paradigmenwechsel erst einmal vollzogen, kommt es wiederum lediglich zu inkrementellem Wandel innerhalb des eingeschlagenen Pfades. Halls Argument wurde mit dem Vorwurf kritisiert, die Stabilität bzw. das Gleichgewicht überzubetonen, welches zwischen den Momenten paradigmatischer Umbrüche herrscht; dort, wo Hall eine revolutionäre Veränderung ausmachte, sahen andere eher eine evolutionäre Anpassung (Hay 2001).

Programme können als kognitive Konzepte und Theorien verstanden werden, die Entscheidungsfindung und institutionellen Wandel ermöglichen, indem sie Entscheidungsträgern gewissermaßen Handlungsanleitungen zur Lösung spezifischer Probleme vermitteln; insofern determinieren Programme noch sehr viel direkter als Paradigmen, wie sich Institutionen verändern (sollen): Goldstein (1993) beispielsweise hat argumentiert, dass Programme umso eher angenommen werden wie sie klare „Wegbeschreibungen" (roadmaps) enthalten, die Auswege aus einem Dilemma skizzieren oder „focal points" für die Mobilisierung politischer Koalitionen darstellen. Mark Blyth (2002) wiederum geht davon aus, dass Entscheidungsträger offen für Programme sind, die sie als „Waffen" in der politischen Auseinandersetzung um Macht und Ressourcen einsetzen können (Blyth 2002: 39). In seiner Studie des Wandels hin zum Neoliberalismus in der schwedischen Wirtschafts- und Sozialpolitik zeigt er, dass politische Entscheidungsträger aller Parteien in der ökonomischen Krise der 1970er und 1980er Jahre keynesianische Programmvorstellungen nicht aufgeben wollten. Erst als konservative Politiker und Unternehmensvertreter alternative Programmkonzepte thematisierten, die auf den Annahmen des neoklassischen Wirtschaftsparadigmas basierten, gelang es, bestehende policies auf einen neuen Pfad zu lenken.

Frames sind normative Konzepte, die es Eliten erleichtern, ihre Programme und institutionelle Veränderungen gegenüber Bürgern zu legitimieren (Campbell 2004: 98). Vivien Schmidt beispielsweise verweist auf „kommunikative Diskurse", welche Eliten benötigen, um neoliberale Politik gegenüber ihren Bürgern zu rechtfertigen (Schmidt 2002: 210). Dabei knüpfen sie rhetorisch an nationale Traditionen, Werte, Normen und kollektive Erinnerungen an. So legitimierte die britische Regierung erfolgreich Margaret Thatchers radikalen Neoliberalismus der 1980er Jahre, indem sie an die britische Tradition des ökonomischen Liberalismus und begrenzter Staatsintervention anknüpfte. Diesen Weg konnten die französischen Eliten aufgrund der nationalen Tradition von Wirtschaftsplanung und ausgeprägter Staatsintervention nicht gehen. Stattdessen legitimierten sie neoliberale Politik, indem sie an die europafreundliche Haltung des Landes anknüpften und nationale Liberalisierungsmaßnahmen mit den liberalen, offenen und marktorientierten Prinzipien der EU in Verbindung brachten.

5 Schlussfolgerungen und weitere Forschungsperspektiven

Die Governance-Perspektive beleuchtet Strukturen und Modi von Koordination innerhalb und zwischen Organisationen. Analytisch sinnvoll und normativ wünschenswert erscheint eine auf die „institutionelle Steuerung von Wirtschaft" ausgerichtete Analyseperspektive nicht zuletzt, weil auch in Zeiten offenkundigen Vordringens des Marktparadigmas ökonomische Produktionszusammenhänge immer auch nicht-marktförmig strukturiert sind und sich über die Art und Weise der institutionellen Einbettung von Wirtschaft potenziell politische Gestaltungsspielräume eröffnen. Das Wissen über die mit verschiedenen institutionellen Governance-Konfigurationen verbundenen Vor- und Nachteile ist somit sicher ein Schlüssel für die gesellschaftliche Gestaltung der Rahmenbedingungen von Wirtschaft.

Die Analyseperspektive des Governance-Ansatzes erlaubt es zudem, Debatten zusammenzuführen, die Probleme der „Einbettung von Wirtschaft" aus unterschiedlichster Sicht thematisieren, jedoch üblicherweise nicht voneinander Kenntnis nehmen. Dies gilt beispielsweise für die Regionalökonomie, die auf Sektortransformation fokussierte Governance-Debatte oder auch für die neuere sozialwissenschaftliche Corporate Governance-Forschung. Zwar behandeln diese Diskussionen unterschiedliche Untersuchungsgegenstände, jedoch steht in allen Debatten die Frage nach der Struktur von Governance-Konfigurationen, ihrer Funktionsweise und/oder Dynamik bzw. ihrer Transformation im Mittelpunkt des Interesses. Ansätze, die auf Ländertypologien abstellen, bieten zudem eine Heuristik, die als Ausgangspunkt für Ländervergleiche genutzt werden kann, auch wenn die mangelnde Vollständigkeit der bestehenden Systematik, wie beim VoC-Ansatz, immer wieder Anlass für Kritik bietet.

Wo liegen nun die Grenzen der Anwendbarkeit der Governance-Perspektive? Das Hauptproblem des Ansatzes liegt sicher in der Erfassung und vor allem Erklärung von *Prozessen* kapitalistischer Transformation. Mit der Governance-Systematik lassen sich Mixturen von Governance-Elementen im Sinne „institutioneller Gleichgewichte" beschreiben, die den jeweiligen Anfangs- und Endpunkt von Transformationsprozessen markieren; nicht erfasst werden hingegen die Kausalmechanismen, die die Transformation von Punkt A nach Punkt B antreiben. Governance-Analysen sind nicht selten durch einen impliziten Funktionalismus gekennzeichnet, der nicht zuletzt auf die institutionenökonomische Tradition des Ansatzes zurückgeht. Wenn Institutionen als „geronnene Lösung" für die Koordinationsprobleme wirtschaftlicher Akteure betrachtet werden, geraten die Prozesse, vor allem jedoch die Konflikte, welche zur Genese, Reproduktion, aber auch Transformation von Governance-Strukturen führen, aus dem Blickfeld. Diese Sichtweise zeigt sich sehr ausgeprägt im „Varieties of Capitalism"-Ansatz, welcher einzelne kapitalistische Produktionssphären und deren Institutionen als systemisch miteinander verbunden und insofern als schwer veränderbar ansieht. Die Systemperspektive geht hier in einen Strukturdeterminismus über, welcher das Handeln der Akteure maßgeblich durch die Anreize und Restriktionen des nationalen Governance-Gefüges bestimmt sieht und wenig Raum für institutionelle Spannungen, Präferenzänderungen der Akteure oder Umbrüche von Leitbildern lässt. Diese Einwände müssen jedoch nicht gegen die Anwendbarkeit des Governance-Ansatzes zur Analyse kapitalistischer Transformationsprozesse sprechen; gefordert ist allerdings eine Erweiterung des betrachteten Variablenspektrums. Dazu gehört vor allem ein stärkerer Akteurbezug der Analyse im Sinne der Annahme, dass Strukturen eben auch das Ergebnis von Strategien, Konflikten, nicht-intendierten Effekten oder auch dominanten Paradigmen darstellen und sich entsprechend wandeln können. Veränderungen in der Governance-Struktur der nationalen politischen Ökonomie werden außerdem durch politisch-institutionelle Rahmenbedingungen beeinflusst, welche die Bildung von Reformkoalitionen zwischen staatlichen und Marktakteuren begünstigen oder behindern können. Studien zur Reform des Wohlfahrtsstaates zeigen, dass die Reichweite von Reformen nicht zuletzt von der parteipolitischen Zusammensetzung der Regierung, vom Verbändekorporatismus und vom Ausmaß gegenmajoritärer Vetopositionen im politischen System abhängt (vgl. Czada 2003). Governance, so mein vorläufiges Fazit, bietet ein Instrumentarium zur Beschreibung der institutionellen Konfiguration von Produktionszusammenhängen und kann auch zur Analyse dynamischer Prozesse dienen, sofern die berücksichtigten Variablen über die bloße Strukturbetrachtung hinaus erweitert werden.

Die in der derzeitigen Debatte vertretene These, dass inkohärente Institutionen eine höhere Wandlungsfähigkeit aufweisen als kohärente, scheint mir eine fruchtbare Ausgangsüberlegung für die weitere Governance-Forschung zu sein. Institutionelle Heterogenität kann sich hier einmal auf das Mischungsverhältnis von Governance-Mechanismen beziehen. Welche Mixturen von Governance-Elementen sind besonders instabil und anfällig für Wandlungsprozesse, welche besonders robust und widerstandsfähig gegenüber Anpassungsdruck? Lassen sich hier über die jeweilige empirische Untersuchungseinheit (Nation, Sektor, Region) hinweg Verallgemeinerungen treffen? Im Sinne der Forderung nach stärkerer akteurtheoretischer Unterfütterung von Analysen institutionellen Wandels sollten zukünftige Governance-Studien systematischer den Zusammenhang zwischen Typen von Governance-Konfigurationen, Akteurkonstellationen und Typen institutionellen Wandels (im Sinne von Streeck/Thelen 2005) beleuchten – welche Interaktionsstrukturen führen auf der Basis welcher Prozesslogiken zum Umbau welcher Mixturen von Governance-Elementen?

Ein zweite Lesart institutioneller Heterogenität bezieht sich auf das Verhältnis der einzelnen Subsysteme (im Sinne von Hall/Soskice 2001a) einer modernen Marktwirtschaft untereinander – welche Subsysteme erweisen sich als eher stabil, welche sind eher im Umbruch begriffen? Die auf die deutsche politische Ökonomie bezogenen Forschungsergebnisse deuten auf erhebliche Dynamik im Bereich der Unternehmensfinanzierung, der Corporate Governance, aber auch der industriellen Beziehungen hin, wohingegen sich das System der beruflichen Aus- und Weiterbildung durch größere Stabilität auszeichnet (vgl. Deeg 2006). An dieser Stelle wären weitere Studien gefragt, die die Tragfähigkeit dieser Befunde im Ländervergleich untersuchen.

Anknüpfend an die Frage nach der relativen Dynamik einzelner Subsysteme ist von Bedeutung, inwieweit sich (vormals komplementäre) Beziehungen zwischen den Subsystemen qualitativ verändern. Übt ein stärker marktförmig organisiertes System der Unternehmensfinanzierung und –verfassung einen Anpassungsdruck in Richtung auf zunehmende Dezentralisierung der industriellen Beziehungen aus, lösen sich vormals komplementäre Strukturen zwischen Subsystemen auf, stellen sich Spannungen zwischen Subsystemen ein, die durch relative Stabilität oder relative Dynamik gekennzeichnet sind oder bilden diese neue Komplementaritäten heraus?

Die mittelfristig größte Herausforderung für die auf die politische Ökonomie ausgerichtete Governance-Forschung scheint mir jedoch darin zu liegen, das Verhältnis zwischen globalen, nationalen, sektoralen, regionalen oder auch unternehmensbezogenen Produktionszusammenhängen und deren Governance-Strukturen zu beleuchten. Wenn im Zuge von

Globalisierung nationale Institutionengefüge zunehmend inkohärenter werden, Unternehmensstrategien sich je nach Unternehmensgröße, -sektor und Weltregion zunehmend ausdifferenzieren und auch die Handlungsspielräume für die nationale Politik, ökonomische Rahmenbedingungen zu setzen, je nach Politikfeld sehr unterschiedlich groß sein können, stellt sich die Frage nach der relevanten Ebene von Produktionsregimen. Betrachtet man nach wie vor die nationale Ebene und damit den nationalen Kapitalismustyp als prägendes Institutionengefüge und richtet den Blick auf die in diesem Modell entstehenden „Inkohärenzen"? Sollte im Mittelpunkt der Betrachtung eher der Wirtschaftssektor oder vielmehr ein global tätiges Unternehmen und deren national variierenden Konfigurationen von Governance-Elementen stehen? Nicht nur unter analytischen Gesichtspunkten, sondern auch unter dem Aspekt der politischen Gestaltbarkeit wirtschaftlicher Rahmenbedingungen ist die Identifikation der in Zukunft relevanten „Einheit" von Produktionsregimen eine zentrale Aufgabe der zukünftigen Governance-Forschung.

Literatur

Albert, Michel (1991): Capitalisme contre capitalisme. Paris, Seuil.

Amable, Bruno (2003): The Diversity of Modern Capitalism. Oxford, Oxford University Press.

Arthur, W.B. (1994): Increasing Returns and Path Dependency in Economics. Ann Arbor, University of Michigan Press.

Benz, Arthur (1998): Politikverflechtung ohne Politikverflechtungsfalle – Koordination und Strukturdynamik im europäischen Mehrebenensystem. Politische Vierteljahresschrift 39 (3): 558-589.

Benz, Arthur (Hrsg.) (2004): Governance – Regieren in komplexen Regelsystemen. Eine Einführung. Wiesbaden, VS-Verlag.

Berghe, Lutgart van den (2002): Corporate Governance in a Globalising World: Convergence or Divergence? A European Perspective. Boston, MA., Kluwer Academic Publishing.

Beyer, Jürgen (Hrsg.) (2003): Vom Zukunfts- zum Auslaufmodell? Die deutsche Wirtschaftsordnung im Wandel. Wiesbaden, Westdeutscher Verlag.

Beyer, Jürgen (2005): Pfadabhängigkeit ist nicht gleich Pfadabhängigkeit! Wider den impliziten Konservatismus eines gängigen Konzeptes. Zeitschrift für Soziologie 34 (1), 5-21.

Blyth, Mark (2002): Great Transformations. Economic Ideas and Institutional Change in the Twentieth Century. Cambridge, Cambridge University Press.

Campbell, John L., J. Rogers Hollingsworth und Leon L. Lindberg (1991) Governance of the American Economy. Cambridge u.a., Cambridge University Press.

Campbell, John L. (2004): Institutional Change and Globalization. Princeton/Oxford, Oxford University Press.

Coase, Ronald H (1937): The nature of the firm. Economica N.S. 4: 386-405.

Crouch, Colin (2005): Die Bedeutung von Governance für Vielfalt und Wandel im modernen Kapitalismus. Max Miller (Hrsg.), Welten des Kapitalismus. Institutionelle Alternativen in der globalisierten Ökonomie. Frankfurt am Main, Campus: 101-127.

Crouch, Colin und Henry Farrell (2002): Breaking the Path of Institutional Development? Alternatives to the New Determinism, MPIfG-Discussion Paper 02/5.

Crouch, Colin, Patrick Le Galès, Carlo Trigilia, und Helmut Voelzkow (2001): Local Production Systems in Europe: Rise or Demise? Oxford, Oxford University Press.

Crouch, Colin, Patrick Le Galès, Carlo Trigilia and Helmut Voelzkow (2004): Changing Governance of Local Economies. Oxford, Oxford University Press.

Crouch, Colin, Wolfgang Streeck, Robert Boyer, Bruno Amable, Peter A. Hall und Gregory Jackson (2005): Dialogue on „Institutional complementarity and political economy". Socio-Economic Review 3: 359-382.

Czada, Roland (2003): Der „selektive" Korporatismus als institutionelles Arrangement. Sonja Buckel, Regina-Maria Dackweiler, Ronald Noppe (Hrsg.), Formen und Felder politischer Intervention. Zur Relevanz von Staat und Steuerung. Festschrift für Josef Esser. Münster, Westfälisches Dampfboot: 69-87.

Czada, Roland und Gerhard Lehmbruch (Hrsg.) (1998): Transformationspfade in Ostdeutschland. Beiträge zur sektoralen Vereinigungspolitik. Frankfurt am Main, Campus.

Czada, Roland, Susanne Lütz und Stefan Mette (2003): Regulative Politik. Zähmungen von Markt und Technik. Reihe Grundwissen Politik, Band 28. Opladen, Leske+Budrich.

David, Paul A. (1985): Clio and the Economics of Querty. American Economic Review 75: 332-337.

Deeg, Richard (2004): Path Dependency, Institutional Complementarity, and Change in National Business Systems. Glenn Morgan/ Richard Whitley/ Eli Moen (Hrsg.), Changing Capitalism? Internationalization, Institutional Change, and Systems of Economic Organization. Oxford, Oxford University Press: 21-52.

Deeg, Richard (2005): Change from Within: German and Italian Finance in the 1990s. Wolfgang Streeck/ Kathleen Thelen (Hrsg.), Beyond Continuity. Institutional Change in Advanced Political Economies. Oxford, Oxford University Press: 169-202.

Deeg, Richard (2006): Governance and the Nation-State in a Global Era. Susanne Lütz (Hrsg.): Governance in der politischen Ökonomie. Reihe „Governance". Wiesbaden, VS-Verlag (im Erscheinen).

Dyson, Kenneth/ Stephen Padgett (Hrsg.) (2005): The Politics of Economic Reform in Germany: Global, Rhineland or Hybrid Capitalism? Special Issue of German Politics 14 (2).

Ebbinghaus, Bernhard (2005): Can Path Dependence Explain Institutional Change? Two Approaches Applied to Welfare State Reform. MPIfG Discussion Paper 05/2.

Franks, Julian und Colin Mayer (1995): Ownership and Control. Horst Siebert (Hrsg.), Trends in Business Organization: Do Participation and Cooperation Increase Competitiveness? Tübingen, Mohr.

Garrett, Geoffrey (1998): Partisan Politics in the Global Political Economy. New York, Cambridge University Press.

Glassmann, Ulrich und Helmut Voelzkow (2006): Regionen im Wettbewerb: Die Governance regionaler Wirtschaftscluster. Susanne Lütz (Hrsg.): Governance in der politischen Ökonomie. Reihe „Governance". Wiesbaden, VS-Verlag (im Erscheinen).

Goldstein, Judith (1993): Ideas, Interests and American Trade Policy. Ithaca, Cornell University Press.

Goldthorpe, John (ed.) (1984): Order and conflict in contemporary capitalism. London/ Oxford, Oxford University Press.

Goyer, Michel (2001): Corporate Governance and the Innovation System in France. Industry and Innovation 8 (2): 135-158.

Grande, Edgar und Burkard Eberlein (1999): Der Aufstieg des Regulierungsstaates im Infrastrukturbereich. Roland Czada/ Hellmut Wollmann (Hrsg.): Von der Bonner zur Berliner Republik, Leviathan-Sonderheft 19. Opladen, Westdeutscher Verlag: 631-651.

Hacker, Jacob S. (2005): Policy Drift: The Hidden Politics of US Welfare State Retrenchment. Wolfgang Streeck/ Kathleen Thelen (Hrsg.), Beyond Continuity. Institutional Change in Advanced Political Economies. Oxford, Oxford University Press: 40-83.

Hall, Peter A. (1992): The Movement from Keynesianism to Monetarism: Institutional Analysis and British Economic Policy in the 1970s. Sven Steinmo et al. (Hrsg.), Structuring Politics, New York, Cambridge University Press: 90-113.

Hall, Peter A. (1993): Policy Paradigms, Social Learning and the State. Comparative Politics 25: 275-296.

Hall, Peter A. und David Soskice (Hrsg.) (2001a): Varieties of Capitalism. The Institutional Foundations of Comparative Advantage, Oxford, Oxford University Press.

Hall, Peter A. und David Soskice (2001b): An Introduction to Varieties of Capitalism. Peter A. Hall/ David Soskice (Hrsg.), Varieties of Capitalism. The Institutional Foundations of Comparative Advantage. Oxford, Oxford University Press: 1-68.
Hay, Colin (2001): The 'Crisis' in Keynesianism and the Rise of Neoliberalism in Britain: An Ideational Institutionalist Approach. John L. Campbell/ Ove K. Pedersen (Hrsg.), The Rise of Neoliberalism and Institutional Analysis. Princeton, Princeton University Press: 193-218.
Herrigel, Gary (1996): Industrial Constructions. The sources of German industrial power, Cambridge, Cambridge University Press.
Hilferding, Rudolf (1910): Das Finanzkapital. Eine Studie über die jüngste Entwicklung des Kapitalismus. Wien, Ignaz Brand & Co.
Hollingsworth, J. Rogers und Robert Boyer (Hrsg.) (1997): Contemporary Capitalism. The Embeddedness of Institutions. Cambridge, Cambridge University Press.
Hollingsworth, J. Rogers, Philippe C. Schmitter und Wolfgang Streeck (Hrsg.) (1994): Governing Capitalist Economies. Performance and Control of Economic Sectors. New York/ Oxford, Oxford University Press.
Hopt, Klaus und Stefan Prigge (1998): Vorwort. Klaus Hopt et al. (Hrsg.), Comparative Corporate Governance. The State of the Art and Emerging Research. Oxford, Oxford University Press: v-x.
Knight, Jack (1992): Institutions and Social Conflict. New York, Cambridge University Press.
Lange, Stefan und Uwe Schimank (Hrsg.) (2004): Governance und gesellschaftliche Integration. Wiesbaden, VS-Verlag für Sozialwissenschaften.
Lehmbruch, Gerhard und Philippe C. Schmitter (Hrsg.) (1982): Patterns of Corporatist Policy-Making. Beverly Hills, Sage.
Levy, Jonah (2005): Redeploying the State: Liberalization and Social Policy in France. Wolfgang Streeck/ Kathleen Thelen (Hrsg.), Beyond Continuity. Institutional Change in Advanced Political Economies. Oxford, Oxford University Press: 103-127.
Lütz, Susanne (1997): Die Rückkehr des Nationalstaates? Kapitalmarktregulierung im Zeichen der Internationalisierung von Finanzmärkten. Politische Vierteljahresschrift 38 (3): 475-498.
Lütz, Susanne (2002): Der Staat und die Globalisierung von Finanzmärkten. Regulative Politik in Deutschland, Großbritannien und den USA. Frankfurt am Main, Campus.
Lütz, Susanne (2005): Von der Infrastruktur zum Markt? Der deutsche Finanzsektor zwischen Deregulierung und Reregulierung. Paul Windolf (Hrsg.), Finanzmarktkapitalismus. Analysen zum Wandel von Produktionsregimen. Sonderheft der Kölner Zeitschrift für Soziologie und Sozialpsychologie 45. Wiesbaden, VS-Verlag: 294-315.
Mahoney, J. (2000): Path Dependence in Historical Sociology. Theory and Society 29: 507-548.
Mayntz, Renate und Fritz W. Scharpf (1995): Steuerung und Selbstorganisation in staatsnahen Sektoren. Renate Mayntz und Fritz W. Scharpf (Hrsg.), Gesellschaftliche Selbstregelung und politische Steuerung. Frankfurt am Main, Campus: 9-38.
Menz, Georg (2005): Varieties of Capitalism and Europeanization. National Responses to the Single European Market. Oxford, Oxford University Press.
Meyer, J. W. und B. Rowan (1991): Institutionalized Organizations: Formal Structure as Myth and Ceremony. Walter W. Powell und Paul DiMaggio (Hrsg.), The New Institutionalism in Organizational Analysis. Chicago, University of Chicago Press: 41-62.
Miller, Max (2005): Einleitung. Ders. (Hrsg.), Welten des Kapitalismus. Institutionelle Alternativen in der globalisierten Ökonomie. Frankfurt am Main/ New York, Campus: 11-45.
Morgan, Glenn, Richard Whitley und Eli Moen (Hrsg.) (2004): Changing Capitalisms? Internationalization, Institutional Change, and Systems of Economic Organization. Oxford, Oxford University Press.
North, Douglass C. (1990): Institutions, Institutional Change and Economic Performance. Cambridge, Cambridge University Press.
O'Sullivan, Mary A. (2001): Contests for Corporate Control. Corporate Governance and Economic Performance in the United States and in Germany. Oxford, Oxford University Press.

Pierson, Paul (1994): Dismantling the Welfare State: Reagan, Thatcher, and the Politics of Retrenchment in Britain and the United States. Cambridge, Cambridge University Press.
Pierson, Paul (1996): The New Politics of the Welfare State. World Politics 48 (2), 143-179.
Pierson, Paul (2000): Increasing Returns, Path Dependence, and the Study of Politics. American Political Science Review 95: 251-267.
Piore, Michael J. und Charles F. Sabel (1985): Das Ende der Massenproduktion. Berlin, Wagenbach.
Powell, Walter W. und Paul DiMaggio (Hrsg.) (1991): The New Institutionalism in Organizational Analysis. Chicago, University of Chicago Press.
Rehder, Britta (2003): Konversion durch Überlagerung. Der Beitrag betrieblicher Bündnisse zum Wandel der Arbeitsbeziehungen. Jürgen Beyer (Hrsg.), Vom Zukunfts- zum Auslaufmodell? Die deutsche Wirtschaftsordnung im Wandel. Wiesbaden, Westdeutscher Verlag: 61-77.
Scharpf, Fritz W., Bernd Reissert und Fritz Schnabel (1976): Politikverflechtung. Theorie und Empirie des kooperativen Föderalismus in der Bundesrepublik. Kronberg/Ts., Athenäum.
Schmidt, Susanne K. (2006): „Governance of Industries" – die Transformation staatsnaher Wirtschaftssektoren im Zuge von Liberalisierung und Europäisierung. Susanne Lütz (Hrsg.): Governance in der politischen Ökonomie. Reihe „Governance". Wiesbaden, VS-Verlag (im Erscheinen).
Schmidt, Vivien A. (2002): The Futures of European Capitalism. Oxford, Oxford University Press.
Shonfield, Andrew (1965): Modern Capitalism. The Changing Balance of Public and Private Power, London/Oxford, Oxford University Press.
Soederberg, Susanne, Georg Menz und Philip C. Cerny (Hrsg.) (2005): Internalizing Globalization: The Rise of Neoliberalism and the Erosion of National Models of Capitalism. London, Palgrave.
Streeck, Wolfgang und Kathleen Thelen (Hrsg.) (2005): Beyond Continuity. Institutional Change in Advanced Political Economies. Oxford, Oxford University Press.
Thelen, Kathleen (2000): Timing and Temporality in the Analysis of Institutional Evolution and Change. Studies in American Political Development 14 (Spring), 101-108.
Thelen, Kathleen (2002): How Institutions Evolve. Insights from Comparative Historical Analysis. James Mahoney/ Dietrich Rueschemeyer (Hrsg.), Comparative Historical Analysis in the Social Sciences. Cambridge, Cambridge University Press: 208-240.
Thelen, Kathleen (2004): How Institutions Evolve. The Political Economy of Skills in Germany, Britain, the United States, and Japan. Cambridge, Cambridge University Press.
Thelen, Kathleen und Sven Steinmo (1992): Historical Institutionalism in comparative politics. Sven Steinmo et al. (Hrsg.), Structuring Politics. Historical Institutionalism in Comparative Analysis. Cambridge, Cambridge University Press: 1-32.
Trampusch, Christine (2005): Institutional Resettlement: The Case of Early Retirement in Germany. Wolfgang Streeck/ Kathleen Thelen (Hrsg.), Beyond Continuity. Institutional Change in Advanced Political Economies. Oxford, Oxford University Press: 203-229.
Voelzkow, Helmut (1999): Die Governance regionaler Ökonomien im internationalen Vergleich: Deutschland und Italien. Gerhard Fuchs, Gerhard Krauss und Hans-Georg Wolf (Hrsg.): Die Bindungen der Globalisierung. Marburg, Metropolis: 48-91.
Windolf, Paul (Hrsg.) (2005): Finanzmarktkapitalismus. Analysen zum Wandel von Produktionsregimen. Sonderheft der Kölner Zeitschrift für Soziologie und Sozialpsychologie 45. Wiesbaden, VS-Verlag.
Yamamura, Kozo und Wolfgang Streeck (Hrsg.) (2003): The End of Diversity? Prospects for German and Japanese Capitalism. Ithaca, Cornell University Press.
Zucker, Lynne G. (1977): The Role of Institutionalism in Cultural Perspective. American Sociological Review 42: 726-743.

Jürgen Beyer

Vom „kooperativen Kapitalismus" zum Finanzmarktkapitalismus – eine Ursachenanalyse*

I.

Die über Anteilskapital und Personen realisierte starke Verflechtung von Unternehmen gehörte in der Vergangenheit zu den augenfälligen Merkmalen der deutschen Marktwirtschaft.[1] Im Gegensatz zum angloamerikanischen „Konkurrenz-Kapitalismus" war in Deutschland eine über Unternehmens- und Konzerngrenzen hinausreichende Koordination und Kontrolle möglich: Unwillkommene Unternehmensübernahmen aus dem Ausland konnten gemeinschaftlich abgewehrt, Unternehmenskrisen koordiniert aufgefangen und strukturelle Schieflagen ganzer Wirtschaftszweige mittels von Banken gesteuerter Restrukturierung beseitigt werden. Darüber hinaus ließ sich auch die Konkurrenz zwischen den inländischen Wettbewerbern regulierend begrenzen. Die deutsche Wirtschaftsordnung war daher prägnantes Beispiel einer nicht primär auf Konkurrenz beruhenden, *kooperativen* Variante des Kapitalismus (Windolf/Beyer 1995).

Die Ursprünge des kooperativen Kapitalismus reichen hierbei weit in die Vergangenheit zurück. Während in den USA im Sherman Act von 1890 Preiskartelle und andere „konspirative" Absprachen zwischen Unternehmen unter Strafe gestellt wurden, entschied das deutsche Reichsgericht im Jahre 1897, dass Kartellverträge als rechtlich bindend anerkannt wurden, selbst wenn darin Wettbewerbsbeschränkungen vertraglich vereinbart waren (Chandler 1990: 72). Die Verflechtung von Unternehmen wurde in Deutschland hierdurch entscheidend begünstigt. Vor dem Reichgerichtsurteil waren Kartelle häufig instabil, weil die ehemals gegebene Rechtsunsicherheit die Möglichkeit des raschen Wechsels von der „kooperativen" Koordination zur „kompetitiven" Abweichung mittels Vertragsbruch offen hielt. Die unterschiedlich ausgefallenen Rechtsakte prägten die anschließende Entwicklung in nachhaltiger Weise, so dass sich daraus ergebende Strukturunterschiede zwischen der Unternehmensverflechtung in Deutschland und derjenigen der amerikanischen Marktwirtschaft bis in die Jetztzeit hinein nachweisen lassen. Diese und andere historische Schlüssel-

* Mein Dank gilt der Deutschen Forschungsgemeinschaft, für die (Weiter-)Förderung des Projekts „Verfestige institutionelle Vielfalt", Martin Höpner, Philipp Klages und Guido Möllering für ihre hilfreichen Kommentare und Literaturhinweise, sowie Natalia Besedovsky, für ihre Forschungsassistenz bei der Erhebung der Vorstandsvergütungen.

[1] Bemerkenswert war insbesondere die hohe Verflechtungsdichte innerhalb von Wirtschaftszweigen, die, kombiniert mit anderen Merkmalen des Netzwerkes, die Kooperationschancen deutscher Unternehmen erhöht hatte. Neben der intrasektoralen Verflechtung wirkten die hohe Konzentration des Eigentums, welche die Beherrschung von Unternehmen durch Unternehmen zum Regelfall werden ließ; die zur Kapitalverflechtung parallel laufende und diese erweiternde personelle Verflechtung; die Schlüsselstellung der Finanzunternehmen; sowie die Personalunion zwischen den formalen Interessenorganisationen (BDI, BDA) und den am stärksten in das Netzwerk integrierten Personen jeweils begünstigend für konzertiert abgestimmtes unternehmerisches Handeln (Windolf/Beyer 1995). Den strukturellen Kern des komplexen deutschen Unternehmensnetzwerkes bildete ein *Verflechtungszentrum*, das die größten deutschen Unternehmen in ein enges Beziehungsgeflecht einband, das in dieser Geschlossenheit in kaum einem anderen westlichen Industriestaat zu finden war (Stokman/Wasseur 1985: 31).

entscheidungen bzw. „critical junctures“ (Collier/Collier 1991) ermöglichten einen pfadabhängigen Verlauf des institutionellen Wandels (Bebchuk/Roe 1999, Beyer 2005, North 1990), sodass die kooperative Spielart des Kapitalismus auch einschneidende politische Wechsel (wie das „Dritte Reich“) und rechtliche Änderungen (wie das seit 1957 gesetzlich festgeschriebene Verbot von Kartellen) überdauern konnte. Die Unternehmensverflechtung wurde zum komplementären Bestandteil der bundesdeutschen Wirtschaftsordnung,[2] die zwischenzeitlich nicht nur national, sondern auch international als vorbildliches Modell gepriesen wurde (Beyer 2003a).

Heute ist der einstige Glanz weitgehend verblasst und neben den differenten Spielarten des Kapitalismus sind inzwischen verstärkt institutionelle Entwicklungen in den Fokus der wissenschaftlichen Diskussion gerückt, die sich gleichermaßen auf verschiedene Marktwirtschaften beziehen. Mit dem Begriff „Finanzmarktkapitalismus“ (Windolf 2005a) wird ein solcher systemübergreifender Trend benannt, der auch den Bestand des kooperationserleichternden deutschen Netzwerks der Unternehmensverflechtung in Frage gestellt hat. In den Vereinigten Staaten fand ein finanzmarktorientierter Umbruch der Unternehmenskontrolle in den achtziger Jahren statt (Fligstein 2001). Ein entsprechender Wandel setzte in Deutschland hingegen erst Mitte der neunziger Jahre ein (Beyer/Höpner 2003, Streeck 2003).

Wie konnte es im Kontext von institutionell differenten Wirtschaftssystemen zu gleichgerichteten finanzmarktorientierten Entwicklungen kommen? Im Folgenden wird eine organisationssoziologische Deutung der Prozesse geprüft.[3] Zunächst werden in Teil II die Ausgangsannahmen bezüglich des institutionellen Wandels benannt. Daran anschließend wird in Teil III analysiert, ob die in den neunziger Jahren eingetretene Änderung der Unternehmensverflechtung den Ausgangserwartungen entspricht. Die Wechselwirkungen zwischen der Unternehmensverflechtung und den Qualifikationen von Unternehmensmanagern sind Thema des vierten Teils. Abschließend wird in Teil V das empirische Ergebnis der Analyse im Hinblick auf die Bedeutung der verbliebenen „kooperativen Strukturen“ bewertet.

II.

Gemäß der Theorieströmung des organisationssoziologischen Institutionalismus wird umfassender institutioneller Wandel durch die Änderung von *Leitvorstellungen* herbeigeführt, wobei längere Phasen der institutionellen Stabilität von kürzeren Umbruchphasen unterbrochen werden. Die Akteure orientieren sich bei der Übernahme von Leitvorstellungen an so genannten „organizational fields“ (DiMaggio/Powell 1983), die bei Unternehmen bei-

[2] Einige Elemente des deutschen Wirtschaftssystems weisen ein hohes Maß an institutioneller *Komplementarität* auf (Hall/Gingerich 2004). Die Komplementarität zwischen den deutschen industriellen Beziehungen, dem System der beruflichen (Weiter-)Bildung, der langfristigen Unternehmensfinanzierung und der unternehmensübergreifenden Koordination über Verflechtungsnetzwerke erschwert radikale Wandlungsprozesse, verunmöglicht sie aber nicht.

[3] Mit dem Fokus auf organisationssoziologische Aspekte treten institutionelle Änderungen der Rahmenbedingungen in den Hintergrund der Betrachtung. In den neunziger Jahren wurden auch eine Fülle rechtlicher Änderungen vollzogen (Finanzmarktförderungsgesetze, Gesetze zur Erhöhung der Unternehmenstransparenz, Steuerbefreiung von Veräußerungsgewinnen etc.) auf deren Bedeutung an anderer Stelle hingewiesen wurde (Beyer/Höpner 2003). Von diesen kann man in organisationssoziologischer Perspektive abstrahieren, weil diese alle Großunternehmen gleichermaßen betreffen, während die organisationssoziologische Deutung spezifische Annahmen bezüglich bestimmter Unternehmen und Personenkreise entwickelt.

spielsweise Wettbewerber, Unternehmen gleicher Gesellschaftsform oder Größe, aber auch alle anderen Unternehmen umfassen können. Der Prozess der Institutionalisierung wird begriffen als:

> „(...) construction over time of a social definition of reality such that certain ways of action are taken for granted as the ‚right' if not the only way to do things" (Scott/Meyer 1994: 234).

Im Prozess der Institutionalisierung entwickelt sich im organisationalen Feld ein gemeinsam geteiltes Verständnis bezüglich der Effizienz oder Modernität von Praktiken. Die Leitvorstellungen müssen keineswegs optimal für alle Akteure oder Organisationen sein. „Konformes" Verhalten ergibt sich vielmehr aus der hohen Unsicherheit der Abweichung. Die einen Umbruch herbeiführende Abkehr von einer Leitvorstellung hängt in der Regel mit deren „Erschöpfung" oder mit Krisen zusammen, welche die althergebrachte Wirklichkeitsdeutung in Frage stellen. Vonnöten ist aber auch eine Alternative, wobei die Konsistenz der neuen Leitvorstellung und deren Überzeugungskraft in der Deutung relevanter Handlungssituationen von wesentlicher Bedeutung sind. Darüber hinaus ist die Entscheidungsentlastung wichtig, da Stabilisierung und Diffusion einer neuen Leitvorstellung auch von der Praktikabilität der „Handlungsskripte" abhängt (Gioia/Poole 1984).

Neue Leitvorstellungen können (a) auf Innovatoren zurückgehen, deren erfolgreiche Abweichung Beispiel für die Übernahme neuer Praktiken gibt (Womack et al. 1990), sie können (b) auf abstrakten *Ideen* basieren (Campbell 1998), die aufgrund theoretischer Plausibilität einen Perspektiven- oder Paradigmenwechsel herbeiführen oder auch (c) Ergebnis von Machtkämpfen sein, bei denen sich organisationsinterne Akteursgruppen mit ihren Überzeugungen gegen vorher Etablierte durchsetzen (Fligstein 2001: 77). Im Hinblick auf im Wettbewerb stehende Unternehmen ist die ökonomische Effizienz der Unternehmensführung zwar auch von hoher Relevanz, sie ist aber kein unabhängiger Prüfmaßstab, da die Performanzkriterien selbst sozial konstruierter Teil von Leitvorstellungen sind.[4]

In einem Kapitel seines Buches „The Architecture of Markets" deutet Neil Fligstein den Wechsel *amerikanischer* Unternehmen zur „shareholder value conception of control" aus organisationssoziologischer Sicht (Fligstein 2001: 147-169). Für einen Vergleich mit dem institutionellen Wandel in Deutschland lassen sich aus dieser Interpretation konkrete Erwartungen ableiten.

Gemäß Neil Fligstein waren die ökonomische Krise Amerikas und die wachsende Konkurrenz ausländischer Unternehmen in den siebziger Jahren Ausgangspunkte für die Infragestellung der bislang vorherrschenden Praxis der Unternehmensführung.[5] Die Krise ließ sich mit Hilfe der zu jener Zeit neuartigen finanzwissenschaftlichen „agency theory" deuten (Fama 1980, Fama/Jensen 1983), die zugleich eine aktionärsorientierte Praxis der Unternehmensführung als alternative Handlungsorientierung anbot. Die Diffusion des neuen Führungsideals wurde durch ein vergleichsweise einfaches, hinreichend plausibles und

---

[4] Leitvorstellungen können selbsterfüllenden Charakter haben. Hierauf weisen Fabrizio Ferraro, Jeffrey Pfeffer und Robert I. Sutton hin, wobei sie insbesondere auf die nächträgliche "Bestätigung" ökonomischer Theorien verweisen: „theories can „win" in the marketplace for ideas, independent of their empirical validity, to the extent their assumptions and language become taken for granted and normatively valued, therefore creating conditions that make them come ‚true'." (Ferraro et al. 2005: 8)

[5] In den Vereinigten Staaten löst die „shareholder value conception" die sogenannte „finance conception of control" ab (Fligstein 1990), die in Deutschland nicht in derselben Weise verbreitet war.

hoch instruktives „Handlungsskript“ begünstigt, das Fligstein (2001: 148) folgendermaßen beschreibt:

> „The key idea in the shareholder value conception of the firm is that the only legitimate purpose of firms is to maximize shareholder value. (...) The main indicator of whether or not management teams are maximizing shareholder value is the share price of the firm on the stock market. Managers who fail to maximize shareholder value fail to raise the share price of the firm. They deserve to be ousted by boards of directors. (...) To raise share prices in the 1980s, managers were told that they needed to divest unproductive product lines, make investments in core businesses in which they were dominant (often through mergers), repurchase their stock to reduce its supply and therefore increase demand for it, and take on debt to force managers to cut costs.”

Für die neue Leitvorstellung machten sich, so Fligstein, zunächst insbesondere Investmentbanker und die Fondsmanager institutioneller Investoren stark. Diese waren zwar schon vor der weitgehenden Verbreitung der „shareholder value conception of control“ einflussreich, aber die Definitionshoheit zur Durchsetzung einer bestimmten Art der Unternehmensführung und -kontrolle hatten sie noch nicht erreicht. In der ökonomischen Krise gewannen sie diese, weil ihre finanzwissenschaftlich begründeten Vorstellungen und Ideen bei den Managern in den Finanz- und Controllingabteilungen Anklang fanden. Aufgrund der Plausibilität der neuen Leitvorstellung und der wachsenden Unterstützung hatten die innovativen Finanzmanager alsbald größere Chancen zur Übernahme der operativen Gesamtführung, sodass sich in einer anschließenden Verbreitungsphase auch Manager mit anderem Qualifikationshintergrund an den finanzwissenschaftlichen Ideen und den entsprechenden Praktiken zu orientieren begannen:

> „... management teams recognized that a new form of financial analysis was sweeping across firms. If managers wanted to keep their independence, they needed to go along with the strategies consistent with that analysis. Actors came to adopt the shareholder value perspective, and it spread across the population of the largest firms. Managers either picked up the mantra and strategies of shareholder value or found themselves without jobs.” (Fligstein 2001: 149)

Der umfassende Verbreitungsprozess war in den Vereinigten Staaten hierdurch an sein Ende gekommen und die „shareholder value conception of control“ hatte sich als neue dominante Leitvorstellung der Unternehmenskontrolle etabliert.

Von Entwicklungen in amerikanischen Unternehmen wird die Leitung und Kontrolle deutscher Unternehmen nicht zwangsläufig beeinflusst. Trotz langanhaltender historischer Prägungen und dem beschreiten eigener „Pfade“ sind die verschiedenen Varianten des Kapitalismus aber auch nicht völlig voneinander entkoppelt, so dass manche Wandlungsprozesse mehrere Marktwirtschaften gemeinsam erfassen können.[6] Möglich wäre es also, dass der von Fligstein beschriebene Verbreitungsprozess – den institutionellen Differenzen des kooperativen Kapitalismus zum Trotz – auch in Deutschland seine Fortsetzung fand. Für diese Interpretation würde sprechen, wenn sich ein vergleichbarer Ablaufmodus der Entwicklung nachweisen ließe und auch dieselben Akteure (Investmentbanker, Finanzmanager) als Unterstützer identifiziert werden könnten.

[6] Eine übergreifende Entwicklung war beispielsweise die Einführung einer auf Arbeitsteilung und Technisierung beruhenden, tayloristisch-fordistischen Produktionsweise, die dann in der Folgezeit wieder zur Grundlage von institutionellen Differenzen (z.B. japanisches Lean-Production-System) und erneuten Verbreitungsschüben wurde.

Zur Überprüfung dieser Ausgangserwartung wurde neben der strategischen Entwicklung im deutschen Bank- und Versicherungswesen (vgl. Beyer 2003b) auch das Verflechtungsnetzwerk der einhundert größten deutschen Unternehmen des Zeitraums zwischen 1996 und 2002 untersucht. Die zugrunde gelegten Verflechtungsinformationen stammen aus den Hauptgutachten der Monopolkommission, welche die Netzwerkbeziehungen als potentiell konzentrationsrelevanten Tatbestand wertet und kontinuierlich erhebt. Die Daten der Monopolkommission wurden mit Informationen aus den Lebensläufen der Vorstandsvorsitzenden der Unternehmen kombiniert (z.B. Alter, Bildungsweg, frühere Verantwortlichkeiten). Unabhängig von Fligsteins Interpretation wurden noch Informationen zur Vergütung des Managements erhoben, da die Höhe der Vorstandsgehälter derzeit in der öffentlichen Diskussion um Unternehmenskontroll-Fragen in der Kritik steht. Der so kombinierte Datenbestand wurde mit dem Ziel der Identifizierung von Determinanten der Unternehmensentflechtung sowie anderer Wechselwirkungen untersucht.

III.

Im Untersuchungszeitraum zwischen 1996 und 2002 zeigen die Daten der Monopolkommission einen deutlichen Rückgang der Unternehmensverflechtung, was sowohl die Verflechtung über Anteilskapital, als auch die personelle Verflechtung von Vorständen und Aufsichtsräten betrifft. Der obere Teil von Schaubild 1 veranschaulicht den Rückgang der Kapitalverflechtung in den Jahren 1996, 1998, 2000 und 2002 anhand (1) der Anzahl der Kapitalbeteiligungen zwischen den einhundert größten Unternehmen, der (2) Anzahl der Unternehmen im Kreis dieser größten Unternehmen, an denen andere beteiligt sind, sowie (3) der Anzahl der Anteilseignerunternehmen.[7] In allen drei Indikatoren schlägt sich der Prozess der abnehmenden Verflechtung nieder, wobei die Anzahl der Kapitalbeteiligungen von 143 im Jahr 1996 auf 67 im Jahr 2002 besonders stark zurückgegangen ist.

Der untere Teil von Schaubild 1 veranschaulicht die Entwicklung der personellen Verflechtung im gleichen Zeitraum. Als Indikatoren wurden verwendet: (1) die Summe der „outdegrees" der einhundert größten Unternehmen, die (2) Summe der „outdegrees" der Finanzunternehmen und (3) die Anzahl der Unternehmen, die Vorstandsmitglieder in den Aufsichtsrat anderer Unternehmen entsenden.[8] Der Rückgang der Verflechtung zeigt sich

[7] Die Zusammensetzung der hundert größten Unternehmen (Größenkriterium ist jeweils die Wertschöpfung der Unternehmen) hat sich durch Auf- und Abstiege in der Wertschöpfungsrangfolge, Fusionen und Ausgliederungen über die Zeit verändert. Der festgestellte Rückgang der Verflechtung ist hierauf aber nicht rückführbar, was noch in den später im Text angesprochenen Regressionsanalysen deutlich werden wird. Der Rückgang lässt sich auch nicht als Ergebnis eines Konzentrationsprozesses deuten, da die Indikatoren der Monopolkommission sowohl einen Rückgang bei der Unternehmensverflechtung als auch einen Rückgang bei der Konzentration anzeigen.

[8] Der netzwerkanalytische Begriff der „outdegrees" bezeichnet die Anzahl der von einem Unternehmen ausgehenden *gerichteten* Beziehungen. Bei der personellen Verflechtung empfiehlt sich die Unterscheidung zwischen gerichteten und ungerichteten Verflechtungsbeziehungen (vgl. Beyer 2004). Sitzt ein Vorstand bzw. ein Geschäftsführer eines Unternehmens in dem Aufsichtsrat eines anderen Unternehmens, so ist die Verflechtungsbeziehung zwischen diesen beiden Unternehmen gerichtet, weil es sich um eine asymmetrische Beziehung handelt, bei welcher der Vorstand/Geschäftsführer als Repräsentant des einen Unternehmens im Aufsichtsrat des anderen Unternehmens Kontrollrechte wahrnehmen kann. Sitzt eine Person in den Aufsichtsräten zweier Unternehmen, dann ist die Verflechtungsbeziehung zwischen diesen beiden Unternehmen hingegen ungerichtet, weil keinem Unternehmen ein Kontrollpotential gegenüber dem anderen Unternehmen zufällt. Für den Aspekt der Unternehmenskontrolle sind daher insbesondere die gerichteten Beziehungen bedeutsam. In der Vergangenheit wurden die Vertreter von Finanzunternehmen besonders häufig in Aufsichtsräte berufen, weshalb die „outdegrees" der Finanzunternehmen besondere Beachtung verdienen.

Schaubild 1: Rückgang der Unternehmensverflechtung zwischen den 100 größten deutschen Unternehmen, 1996-2002

Kapitalverflechtung

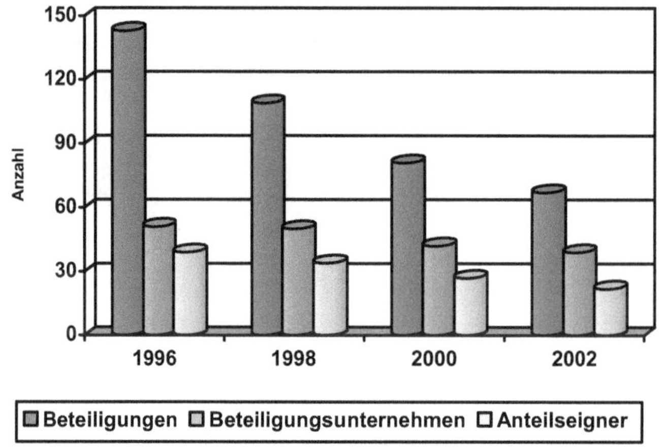

Personelle Verflechtung

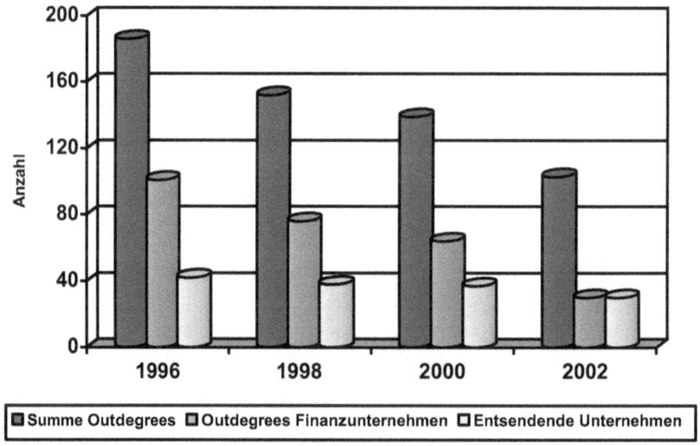

Quelle: Hauptgutachten der Monopolkommission, verschiedene Jahrgänge, eigene Berechnungen.

wiederum in allen drei Indikatoren, wobei sich die deutlichsten Veränderungen bei den Finanzunternehmen zeigen.

In den neunziger Jahren wurde Deutschland von einer ökonomischen Krise erfasst, in der das Land seine einstige Ausstrahlungskraft als *erfolgreiches* „Modell“ eingebüßt hat

(Kitschelt/Streeck 2004, Wiesenthal 2003). So, wie die Krise der siebziger Jahre in den Vereinigten Staaten zur Infragestellung der alten Leitvorstellungen geführt hatte, standen nun auch die deutschen Praktiken der Unternehmensführung und -kontrolle auf dem Prüfstand.

Die Diversifizierung deutscher Unternehmen war in den neunziger Jahren im internationalen Vergleich relativ hoch (Mayer/Whittington 1999). Vor der Verbreitung der „shareholder value conception of control" waren amerikanische Unternehmen gleichfalls hoch diversifiziert, so dass es Anknüpfungspunkte für dieselbe Problemdeutung gab, auch wenn keine eindeutigen empirischen Belege für ein Kontrolldefizit vorlagen. Weder die Verflechtungsintensität, noch die Art der Verflechtung hatten die Rentabilität signifikant negativ beeinflusst (Beyer 1996). Bei schlechten Unternehmensergebnissen verblieben die Manager deutscher Unternehmen nicht messbar häufiger im Amt als anderswo (Franks/Mayer 2001).

Deutliche Unterschiede zwischen den kompetitiven angloamerikanischen Ökonomien und dem kooperativen deutschen Modell zeigten sich allerdings im Grad der Aktienmarktkapitalisierung und in einer vergleichsweise höheren Börsenbewertung der angloamerikanischen Unternehmen (Höpner/Jackson 2001). Dies wurde vielfach als Beleg für eine in Deutschland schwächer ausgeprägte Unternehmenskontrolle gewertet. In anderer Deutung sind diese Unterschiede aber lediglich ein Hinweis auf eine andere *Art der Unternehmenskontrolle*. Im Gegensatz zu den „common law"-Ländern USA und Großbritannien ist der rechtliche Kleinaktionärsschutz in Deutschland und in anderen kontinentaleuropäischen „civil law"-Ländern weniger umfassend. Das Risiko der Unternehmen, von zivilrechtlichen Klagen der Aktionäre belangt und mit (zum Teil exorbitant) hohen Schadensersatzforderungen konfrontiert zu werden, ist dadurch erheblich niedriger. Kleinaktionäre haben in „civil law"-Ländern dementsprechend höhere Investitionsrisiken (LaPorta et al. 1997), so dass diese nur vergleichsweise selten mehrheitlich im Aktionärskreis vertreten sind. Die Kontrollaufgabe fällt hierdurch nicht primär den Manager- und Aktienmärkten oder dem „Markt für Unternehmenskontrolle" zu (vgl. Fama 1980), sondern wird im Netzwerk der Unternehmensverflechtung vor allem von Finanzunternehmen und Großaktionären übernommen. Diese haben im Gegensatz zu Kleinaktionären ausgeprägte Interessen an einer *aktiven* Kontrolle (Berle/Means 1968, Kotz 1979, Shleifer/Vishny 1986) und bedürfen daher in geringerem Maße einer rechtlichen Sicherung für den Schadensfall.

In der Perspektive der „agency theory", die sich auch in Deutschland als dominante finanzwissenschaftliche Theorie durchzusetzen begann,[9] ist diese Art der Kontrolle allerdings dubios. In Deutschland sind die Großaktionäre nämlich überwiegend nicht „klassische Eigentümer" wie Einzelunternehmer oder Familien, sondern vor allem andere Unternehmen. Damit hat sich die Verfügungsmacht der leitenden Unternehmensmanager mit der Kontrollmacht des Eigentums verbunden (Windolf 1997), ohne dass die Unternehmensmanager tatsächlich Eigentümer wären. Aus Sicht der „agency theory" ist die Bildung einer Interessenallianz zwischen den Großaktionären und dem leitenden Management *gegen* die Interessen der übrigen Aktionäre möglich oder gar wahrscheinlich und die aktionärsorientierte Kontrolle des Managements hierdurch eingeschränkt (LaPorta et al. 1999). Die Großaktionäre können außerdem feindliche Übernahmen erheblich erschweren oder gar verhindern und so den marktgeregelten Austausch von Managementteams einschränken.

---

[9] Betriebswirtschaftliche Kritik an der Dominanz der „agency theory" üben in jüngster Zeit u.a. Thomas/Nicolai (2002) und Osterloh/Frey (2005).

Bei den Finanzunternehmen, die als Kreditgeber agieren, kann aus Sicht der „agency theory“ zwar angenommen werden, dass sie opportunistisches Verhalten von Managern zu verhindern trachten – dies aber vor allem aus einem Kreditsicherungsinteresse, welches nicht identisch ist mit den Interessen von Aktionären.[10] Im Zweifelsfall, so die Annahme der „agency theory“, werden die Finanzunternehmen die aktionärsorientierte Unternehmensüberwachung gegenüber den Eigeninteressen an der Kreditsicherung hintanstellen, was als Schwächung der Unternehmenskontrolle gewertet wird (Baums/von Randow 1995).

Auch die Kontrolle durch Verflechtungsnetzwerke ist den Fürsprechern der finanzwissenschaftlichen „agency theory“ höchst suspekt. Die Strukturform des Netzwerks ist insbesondere zur Sicherung von Vertrauen geeignet (Coleman 1990), wodurch ökonomische Transaktionen erheblich erleichtert werden können. Andererseits sind Netzwerke in ihrer Wirkung ambivalent. Sie sind „multikausal und multifunktional“ (Ziegler 1984: 586), so dass sich vorteilhafte Aspekte auch rasch ins Negative wenden können. Zur „dunklen Seite“ von Netzwerken gehören beispielsweise soziale Schließungen und korruptes Verhalten. Aus Sicht der Vertreter der „agency theory“ wird die Unternehmensverflechtung daher meist nicht als Kontrolltypus einer Spielart des Kapitalismus aufgefasst, sondern als Abschottungsmechanismus *gegen* eine effektive Kontrolle des Managements (Wenger/Kaserer 1998a, 1998b).[11]

Betriebswirtschaftlich lässt sich die Verflechtung zwar u.a. mit Hilfe der „resource dependence theory“ als Mittel zur Reduzierung der Umweltunsicherheit legitimieren (Pfeffer/Salancik 1978, Schreyögg/Papenheim-Tockhorn 1995), letztlich trug die Verbreitung der „agency theory“ aber dazu bei, dass sich die öffentliche Diskussion um Aspekte der Unternehmenskontrolle in den neunziger Jahren vor allem um unkontrollierte „Nieten in Nadelstreifen“, ungezügelte Bankenmacht[12] und Management-Cliquen drehte und feindliche Übernahmen auch alsbald nicht mehr als Bedrohung, sondern ihr Fehlen als Mangel gedeutet wurde (Höpner/Jackson 2001).

Entsprechend der Schilderung Fligsteins (2001) waren es Investmentbanker, die als erste Gruppe von Praktikern die Leitvorstellungen der „agency theory“ zu übernehmen begannen. Sie waren es, die in den Vereinigten Staaten den Prozess der Verbreitung der „shareholder value conception of control“ in Gang setzten.

Im deutschen Universalbankensystem gab es im Unterschied zu den amerikanischen Verhältnissen keine größeren Finanzunternehmen mit reiner Ausrichtung auf das Investmentgeschäft. Trotzdem zeigt sich ihre Bedeutung aber auch in Deutschland. Die Investmentbanker verschafften sich in den führenden Finanzinstituten Gehör und setzten sich vielfach gegen kreditbankorientierte Traditionalisten durch. Eine bemerkenswert deutliche Hinwendung zum Investmentbanking vollzog beispielsweise die Deutsche Bank (Beyer

---

[10] Im Kreditsicherungsinteresse liegt insbesondere die Begrenzung riskanter Investitionen, die den Bestand des Unternehmens und damit die Rückzahlung der vergebenen Kredite in Frage stellen könnte. Aktionäre sind in dieser Hinsicht weniger risikoavers als kreditgebende Banken, da die Renditechancen riskanter Aktienanlagen deutlich höher liegen können und Desinvestitionen bei sich ändernder Ertragserwartung jederzeit möglich sind (Vgl. Kühl 2002).

[11] Wobei angemerkt werden muss, dass es vor allem deutsche Vertreter der Agency-Theorie sind, die ausschließlich die „dunkle Seite“ der Unternehmensverflechtung hervorheben. Eugene F. Fama und Michael C. Jensen (1983: 315), zwei amerikanische Größen der Agency-Theorie, stufen die Berufung einer begrenzten Anzahl an externen Direktoren aus anderen Unternehmen hingegen eher als unproblematisch ein.

[12] Die Diskussion um die Beschränkung der Bankenmacht kam nicht erstmalig in den neunziger Jahren auf, sondern ist wesentlich älter (z.B. Hilferding 1910). Durch die Verknüpfung mit neuen finanzwissenschaftlichen Überlegungen erhielten die Kritikpunkte allerdings weit mehr Nachdruck.

2003b). Das Londoner Investmenthaus „Morgan Grenfell" wurde von dieser im Jahr 1993 übernommen und vier Jahre später wurde auch die amerikanische Investmentbank „Bankers Trust" aufgekauft. Im selben Jahr wurde der zuvor mit dem Aufbau des Investmentgeschäfts beauftragte Rolf-Ernst Breuer zum Vorstandssprecher berufen. An seiner klaren Investmentbank-Orientierung ließ dieser in der Folgezeit wenig Zweifel aufkommen. Als Hauptziele seiner Vorstandstätigkeit sah er es an, „Investmentbanking am Hochreck" (Der Spiegel 14/1997: 91) zu bieten und die amerikanische Dominanz in diesem Geschäftsfeld zu brechen. Bei der feindlichen Übernahme von Mannesmann durch Vodafone hielt sich die Deutsche Bank auffallend zurück, was angesichts der vormals engen Beziehungen zu Mannesmann einem klaren Votum zugunsten der Übernahme gleichkam. Die Deutsche Bank verhielt sich nicht mehr wie eine traditionelle Hausbank, sondern wie eine Investmentbank. Im Aufsichtsrat von Mannesmann saß seinerzeit der derzeitige „chief executive officer" der Deutschen Bank Josef Ackermann. Unter dem als Investmentbanker ausgebildeten Ackermann wurde das Bankinstitut zunächst noch deutlicher auf das Investmentgeschäft ausgerichtet. Erst aufgrund des abflauenden Börsenbooms und des relativen Erfolgs der „Citigroup", einer Universalbank neuen Typs,[13] verschoben sich die Prioritäten der Deutschen Bank erneut, so dass derzeit auch Mitarbeiter der Investmentabteilung vom „Verschlankungsprozess" der Bank nicht verschont bleiben. An der Abkehr von der einstigen Kreditbankenorientierung änderte auch dieser neuerliche Strategiewechsel allerdings nichts.[14]

Umwälzungen vollzogen sich auch in anderen Finanzunternehmen, so etwa in der Dresdner Bank, in welcher der Machtzuwachs der Investmentbanker in den neunziger Jahren ähnlich groß war. Dies zeigte sich spätestens, als die eigentlich von den Konzernleitungen bereits beschlossene Fusion der Dresdner Bank mit der Deutschen Bank im allerletzten Moment scheiterte, weil sich diese gegen den Willen der Investmentbanker aus beiden Häusern nicht realisieren ließ.

Das in vielen Finanzunternehmen gewachsene Ansehen der Investmentbanker, das selbst öffentliche Banken wie die Westdeutsche Landesbank betraf, hing nicht zuletzt mit dem Erfolg der amerikanischen Investmentbanken zusammen, die von der Verbreitung der „shareholder value conception of control" profitiert hatten, weil dies einen wahren „mergers & acquisitions"-Boom ausgelöst hatte. Auch in Versicherungsunternehmen wurde umgedacht. Neben den privaten Großbanken gehörten Versicherungen wie die Allianz AG traditionell zu den besonders stark verflochtenen Kernunternehmen der „Deutschland AG" (Beyer 2003b). Doch auch in den Versicherungen rückten Investmentbanker wie Paul Achleitner in führende Positionen des Managements auf. Achleitner baut seit seiner Berufung als Finanzvorstand des Allianzkonzerns im Jahr 2000 die vormals umfangreichen Beteiligungen an deutschen Großunternehmen sukzessive ab.[15]

---

[13] Die „Citigroup" unterscheidet sich in ihrer strategischen Ausrichtung erheblich vom traditionellen deutschen Universalbankmodell. Im deutschen Universalbankenmodell hatte das Geschäft mit den Privatkunden (Retail Banking) „Geldsammelfunktion". Den Privatkunden wurden lediglich vergleichsweise niedrig verzinste Sparangebote gemacht, das gesammelte Geld wurde den Geschäftskunden dann höher verzinst langfristig zur Verfügung gestellt. In der Geschäftsstrategie der „Citigroup" sind die Privatkunden hingegen vor allem als Kreditnehmer oder Käufer von Wertpapieren relevant und bei den Geschäftskunden wird das mitunternehmerische Risiko langfristiger Kredite eher gescheut.

[14] Vgl. http://www.welt.de/data/2005/02/04/458239, „Sie schrumpft und schrumpft und schrumpft", Die Welt, 04.02.05 und „Ackermann: Keine Übernahmen und mehr Investment-Banking", Handelsblatt 8.9.2005: 23.

[15] Vgl. http://www.spiegel.de/wirtschaft/0,1518,337399,00, „Allianz verkauft Anteile an Bayer und RWE" Spiegel Online, 19.01.2005 und „Allianz verlässt die Deutschland AG" Handelsblatt 9.2.2005:23. Zum Verkauf von

Tabelle 1 veranschaulicht, dass sich im Zeitraum zwischen 1996 und 2000 vor allem Banken von ihren Kapitalanteilen an den 100 größten deutschen Unternehmen getrennt haben. Von der in diesem Zeitraum eingetretenen Reduzierung der wechselseitigen Kapitalanteile von 15,9 auf 9,3 sind allein 65,2 Prozent auf die Verringerung der Kapitalanteile bei Banken zurückzuführen. Im Vergleich zu den übrigen Unternehmen ist auch der Rückgang bei Versicherungen stärker ausgefallen. Bei diesen setzte der Rückzug aus der Unternehmensverflechtung aber später und weniger rasant als bei den Banken ein.

Tabelle 1: Kapitalanteile der 100 größten Unternehmen untereinander, aufgeschlüsselt nach Art der Anteilseigner, 1996 und 2002

		1996	2002	Differenz (Anteil)
Kapitalanteile in Besitz der 100 größten Unternehmen		15,9	9,3	6,6 (100%)
Davon:	Banken	5,8	1,5	4,3 (65,2%)
	Versicherungen	4,7	3,3	1,4 (21,2%)
	Übrige Unternehmen	5,4	4,5	0,9 (13,6%)

Quelle: Hauptgutachten der Monopolkommission, verschiedene Jahrgänge, eigene Berechnungen.

Der Einfluss, den der neue Geist in den deutschen Finanzunternehmen auf die traditionelle koordinierte Unternehmenskontrolle hatte, zeigt sich aber nicht nur in der Reduzierung der Kapitalanteile, sondern auch im sich verändernden Netzwerk der personellen Verflechtung. Tabelle 2 zeigt die Ergebnisse verschiedener Regressionsanalysen zur Struktur und zum Wandel der personellen Verflechtung. Als abhängige Variable wurden die logarithmierten „outdegrees" (Regressionen Nr. 1 und 2) und „indegrees" (4 und 5) der gerichteten Verflechtungsbeziehungen verwendet.[16] Die Regressionen 1 und 4 beziehen sich auf das Jahr 1996, die Regressionen 2 und 5 auf das Jahr 2002. In den Regressionen 3 und 6 wurde hingegen die absolute Differenz der „out-" bzw. „indegrees" zwischen 2002 und 1996 als abhängige Variable verwendet.

Beteiligungen durch andere Finanzunternehmen vgl. auch „Deutsche verkauft Tafelsilber", Handelsblatt 23.11.2005: 22 und „Bye-bye, Deutschland AG", Handelsblatt, 13.1.2005: 2.

[16] Es wurden, wie auch in anderen Regressionsanalysen zur Unternehmensverflechtung (vgl. z.B. Davies 1991, Fiss und Zajac 2004), der natürliche Logarithmus der „degrees" plus 1 verwendet, da die untransformierten Grunddaten schief verteilt sind.

Tabelle 2: Regressionsanalysen zum Wandel der personellen Verflechtung

Regression Nr.	(1)	(2)	(3)	(4)	(5)	(6)
Jahr / Veränderungszeitraum	1996	2002	2002-1996	1996	2002	2002-1996
Abhängige	„outdegrees" der gerichteten Beziehungen			„indegrees" der gerichteten Beziehungen		
Konstante	-2,700 **	-2,542 **	0,993	-0,156	-1,007 *	-0,893
	0,659	*0,466*	*3,716*	*0,518*	*0,423*	*1,688*
Wertschöpfung (log.)	0,377 **	0,369 **	-0,168	0,082	0,194 **	0,022
	0,079	*0,064*	*0,501*	*0,062*	*0,058*	*0,228*
Finanzunternehmen	0,891 **	0,437 **	-4,344 **	-0,137	0,220	1,297 *
	0,171	*0,149*	*1,187*	*0,135*	*0,136*	*0,601*
• 100 Größte	-0,002	0,001	0,005	0,010 **	0,011 **	-0,014
	0,004	*0,003*	*0,020*	*0,003*	*0,003*	*0,011*
• Ausland	-0,001	0,000	0,000	-0,001	0,000	-0,005
	0,003	*0,002*	*0,014*	*0,003*	*0,002*	*0,007*
• Öffentl. Besitz	-0,001	0,000	0,009	0,001	-0,003	-0,001
	0,003	*0,002*	*0,017*	*0,003*	*0,002*	*0,009*
• Person/Familie	0,001	0,001	0,005	-0,002	-0,002	0,005
	0,003	*0,002*	*0,016*	*0,003*	*0,002*	*0,008*
• Streubesitz	0,008 *	0,007 **	-0,009	0,010 **	0,004	-0,027 **
	0,003	*0,003*	*0,018*	*0,003*	*0,002*	*0,009*
Verflechtungsniveau			0,216			1,363 **
			0,665			*0,399*
R Quadrat	0,509	0,518	0,230	0,511	0,467	0,302
df (Total/Regr.)	99/7	99/7	72/8	99/7	99/7	72/8
F	13,640	14,117	2,386	13,750	11,514	3,468

Anm.: Die Analysen (OLS-Regressionen) beruhen auf den Verflechtungsinformationen, die die Monopolkommission in ihren jeweiligen Jahreshauptgutachten bezüglich der nach Wertschöpfung 100 größten Unternehmen veröffentlicht. Die abhängigen Variablen in den Regressionen sind die logarithmierten out- bzw. indegrees der

Unternehmen der Jahre 1996 (Regressions Nr. 1 und 4) und 2002 (Nr. 2 und 5) sowie die Veränderung der absoluten out- bzw. indegrees zwischen diesen beiden Jahren (Nr. 3 und 6). Angegeben sind die Regressionskoeffizienten und in kursiver Schrift die jeweilige Standardabweichung. * Signifikant auf dem 0,05 Niveau / ** 0,01 Niveau. • = Anteilseignerkategorie (Kapitalanteil in Prozent).

Aus früheren Untersuchungen zur personellen Verflechtung ist bekannt, dass diese mit der Unternehmensgröße variiert, Finanzunternehmen besonders stark verflochten sind und Kapitalverflechtungen häufig, wenn auch nicht immer, mit personellen Verflechtungen einhergehen (Windolf/Beyer 1995, Windolf/Nollert 2001, Ziegler 1984). Als Regressoren wurden daher die (logarithmierte) Wertschöpfung der Unternehmen als Größenindikator, eine Dummy-Variable zur Differenzierung zwischen Finanz- und Nichtfinanzunternehmen und die Eigentümerstruktur der Unternehmen verwendet. Die Eigentümerstruktur wurde nach verschiedenen Anteilseignern (Eigentümeranteil aus dem Kreis der einhundert Größten, aus dem Ausland, öffentlicher Besitz, von Personen oder Familien gehalten, in Streubesitz) aufgeschlüsselt, wobei jeweils der Kapitalanteil in Prozent als Variable verwendet wurde. In die Regressionen zur Veränderung der Verflechtungsstruktur (Nr. 3 und 6) wurde das Verflechtungsniveau als kontrollierende Variable hinzugenommen, um die größere Wahrscheinlichkeit des Verflechtungsrückgangs bei mehrfach verflochtenen Unternehmen auszugleichen. Die Fallzahl ist aufgrund der Veränderung der Zusammensetzung der einhundert größten Unternehmen geringer als in den anderen Regressionen, da nur Unternehmen, die in beiden Jahren zu den Größten gezählt haben, berücksichtigt werden konnten.[17] Die Ausprägung der verschiedenen Variablen je Unternehmen lässt sich den entsprechenden Hauptgutachten der Monopolkommission für die Jahre 1996 und 2002 entnehmen bzw. wurde aus den dortigen Angaben berechnet.

Bezüglich der gerichteten „outdegrees" zeigen die Regressionen folgendes: Sowohl im Jahr 1996 als auch im Jahr 2002 waren in der Tat die größten Unternehmen, sowie die Finanzunternehmen besonders stark verflochten. Darüber hinaus waren es insbesondere Unternehmen mit höherem Streubesitzanteil, die in beiden Jahren überproportional viele Vorstände in den Aufsichtsrat anderer Unternehmen entsandten. Sowohl 1996 und 2002 wirkten somit tendenziell die gleichen Faktoren.

Aus den Regressionen zur Veränderung der Verflechtungsbeziehungen geht hervor, dass der im Untersuchungszeitraum eingetretene Rückgang der Verflechtung vor allem auf die *Reduzierung der Einbindung der Finanzunternehmen* zurückzuführen ist. Die strategische Neuausrichtung vieler Finanzinstitute hat sich demzufolge erheblich auf die Struktur des Netzwerks der personellen Verflechtung ausgewirkt.

Die Regressionen zu den „indegrees" zeigen das Gegenbild der gerichteten Beziehungen: Im Jahr 1996 saßen Personen aus den einhundert größten Unternehmen insbesondere in jenen Unternehmen im Aufsichtsrat, die auch einen oder mehrere Anteilseigner aus diesem Kreis hatten (die oben angesprochene partielle Parallelität zwischen Kapitalverflechtung und personeller Verflechtung). Die Verflechtung hing zudem signifikant von der Höhe des Streubesitzanteils ab. Letzteres hat mit der Verflechtung der Finanzunternehmen zu tun, da sich deutsche Banken mittels des Depot- bzw. Vollmachtsstimmrechts Aufsichtsratsposten sichern konnten (Gottschalk 1988), was diese in der Mitte der neunziger Jahre noch

[17] Rechtsnachfolgende Unternehmen wurden mit berücksichtigt, um die Größendifferenz der Untersuchungsgruppen nicht zu groß werden zu lassen. Die Ergebnisse sind aber auch bei Exklusion der Fälle von Rechtsnachfolge robust.

ausgiebig genutzt hatten.[18] Letzteres war 2002 nicht mehr in gleicher Weise der Fall, so dass sich der zu verzeichnende Rückgang bei der „indegree"-Verflechtung insbesondere bei Streubesitzunternehmen niederschlägt. Zu einem Gutteil dürfte diese Veränderung auf Verschiebungen innerhalb der Kategorie „Streubesitz" zurückzuführen sein, da der Anteil der von Anlagefonds repräsentierten Streubesitzbeteiligungen deutlich gestiegen sein dürfte. Anlagefonds entsenden anders als Depotbanken in der Regel keine Personen in die Aufsichtsräte von Unternehmen.

Die zweite auffällige Veränderung bei den „indegrees" betrifft ebenfalls die Finanzunternehmen, denn zwischen 1996 und 2002 ist die Berufung fremder Vorstände in den Aufsichtsrat der Banken angestiegen. Traditionell war die personelle Verflechtung der Banken eine einseitige. Den eigenen Aufsichtsräten gehörten nur selten führende Persönlichkeiten aus Industrieunternehmen an; stattdessen wurden diese in die zumeist riesigen Beraterkreise verwiesen. Dieses Verflechtungsmuster wurde häufig als Ausdruck „hegemonialer" Beziehungen gewertet (Pappi et al. 1997). Wenn sich diese Asymmetrie bei den Finanzunternehmen nun nicht mehr zeigt, dann hängt dies aber nicht nur mit Machtverschiebungen zwischen Industrieunternehmen und Banken zusammen, sondern auch mit geänderten Geschäftspraktiken. Für Finanzunternehmen, die in starkem Maße über langfristige Kredite „mitunternehmerisch" tätig sind, birgt die Aufnahme von Vorständen aus Industrieunternehmen in den Aufsichtsrat das Risiko eines erhöhten „Schuldner-Opportunismus" (Windolf 2005b), da dann potentielle Schuldner die Kontrolle über die Bank als Gläubiger innehaben. In Finanzunternehmen, die das „mitunternehmerische" Risiko scheuen und eher im Anleihen- und Wertpapiergeschäft oder anderen Geschäftsbereichen tätig sind, die nichts mit langfristigen Unternehmenskrediten zu tun haben, tritt dieses Problem nicht auf.[19]

IV.

Inwiefern haben die Veränderungen in der Unternehmensverflechtung auch etwas mit den Eigenschaften, Merkmalen und Qualifikationen der Vorstandsvorsitzenden zu tun? In Fligsteins Erklärung der Verbreitung der „shareholder value conception of control" waren insbesondere wirtschaftswissenschaftlich ausgebildete Topmanager aus dem Finanz- und Controllingbereich von Unternehmen als Unterstützer der neuen Leitvorstellung bedeutsam. Manager aus den Finanzabteilungen sind es auch, die in amerikanischen Unternehmen derzeit am häufigsten zu „chief executives" ernannt werden, knapp gefolgt von Managern aus dem Unternehmensbereich Marketing und Vertrieb (vgl. SpencerStuart 2004).

Auch für Deutschland wurde ein *generationeller Wandel* zugunsten finanzmarktorientierter Manager bereits diskutiert (Gergs/Schmidt 2002, Pohlmann 2003). Martin Höpner (2004) zeigt in einer aktuellen Analyse, dass sich in einem Sample von 40 Unternehmen zwischen 1990 und 1999 merkliche Veränderungen in der Zusammensetzung der Vorstandsvorsitzenden nachweisen lassen, wobei auch der Anteil der Personen mit Finanzexpertise angestiegen ist. Dies ist allerdings kein eindeutiger Beleg dafür, dass die „Finanzherkunft" eine Rolle bei der Schwächung der kooperativen Verflechtungsbeziehungen gespielt hat. Zur Klärung der Zusammenhänge wurden daher weitergehende Analysen durchgeführt:

---

[18] Die Banker treten in diesem Fall formal als Vertreter der sie beauftragenden Kleinaktionäre auf. Ihr Handeln im Aufsichtsrat ist aber an keine Weisung gebunden.

[19] Vgl. zur Änderung der Praktiken der Finanzunternehmen: Beyer (2003b), Deeg (1999) und Lütz (2004).

Die hierfür untersuchten Lebensläufe der Vorstandsvorsitzenden der einhundert größten Unternehmen[20] bestätigen den relativ hohen Anteil an Managern mit einer „Herkunft" aus dem Finanz- und Controllingbereich. Als Klassifikationskriterium wurden frühere Verantwortungsfelder der Topmanager verwendet. Im Jahr 2003 hatten 32,6 Prozent aller Vorstandsvorsitzenden zuvor eine Karriere im Finanz- bzw. Controllingbereich durchlaufen, 27,4 Prozent wurden als Marketing- bzw. Vertriebsexperten klassifiziert und 26,3 Prozent kamen aus den Bereichen Produktion und Technik. Die verbliebenen 13,7 Prozent entstammen aus Unternehmensabteilungen, wie z.B. dem Personalbereich, aus denen nur vergleichsweise selten Vorstandsvorsitzende hervorgehen.[21]

Die Vorstandsvorsitzenden der einhundert größten Unternehmen haben zumeist eine Hochschulausbildung absolviert. Lediglich 5,2 Prozent haben keinen Universitätsabschluss. 60,4 Prozent der Abschlüsse wurden in der Fachrichtung Ökonomie erworben, 28,6 Prozent im Bereich Ingenieurwissenschaften, 20,9 Prozent in Jura, 9,9 Prozent in Naturwissenschaften und 8,8 Prozent in sonstigen Fächern. Die Angaben zur Fachrichtung addieren sich nicht auf einhundert Prozent, weil 27,5 Prozent aller Vorstandsvorsitzenden eine Doppelqualifikation erworben haben.[22] Die Mehrzahl aller Vorstandsvorsitzenden hat Erfahrungen in anderen Unternehmen gesammelt (61,1 Prozent), aber lediglich 9,9 Prozent sind von Außen berufen worden.

Tabelle 3 zeigt, inwiefern Merkmale und Qualifikationen der Vorstandsvorsitzenden die Einbindung der Unternehmen in das Netzwerk der personellen Verflechtung beeinflusst haben. Die „in-" und „outdegrees" der Verflechtung der Unternehmen wurden mit Variablen zum Profil des Vorstandsvorsitzenden korreliert. In der Tabelle sind die entsprechenden Korrelationskoeffizienten angegeben. Die Analyse belegt, dass die Indikatoren zur Unternehmensverflechtung nur sehr schwach und insignifikant mit dem Alter und dem Berufungszeitpunkt des Vorstandsvorsitzenden korrelieren. Dies spricht gegen bedeutsame Einflüsse des generationellen Wandels oder des Austauschs der Führungselite auf die Verflechtung von Unternehmen. Auch die Verweildauer im Unternehmen vor Erreichen des Vorstandsvorsitzes oder die in externen Unternehmen gemachte Erfahrung spielen offensichtlich keine Rolle.

Anders sieht es bei den Ausbildungsabschlüssen und der Art der unternehmerischen Expertise aus. In signifikanter Weise vom Durchschnitt weichen jene Unternehmen ab, die von einem Manager mit ökonomischer Hochschulausbildung geleitet werden. Sie sind deutlich geringer als andere Unternehmen verflochten. Ähnlich verhält es sich bezüglich der Expertise des Vorstandsvorsitzenden. Wird ein Unternehmen von einem Manager geleitet, der aus den Unternehmensbereichen Finanzen oder Controlling in die Verantwortung für das Gesamtunternehmen gerückt ist, dann entsendet dies weniger Personen in die Aufsichtsräte anderer Unternehmen. Dies spricht für eine Interpretation, wonach es insbesondere wirtschaftswissenschaftlich ausgebildete Manager aus dem Finanz- und Controllingbereich von Unternehmen waren, die vormals gültige Unternehmensführungs- und

[20] Die Lebensläufe der Vorstandsvorsitzenden wurden über eine Internetrecherche, die Auswertung von Lebensläufen des Munzinger Archivs sowie über die Kontaktierung der Unternehmen ermittelt.

[21] Für das Jahr 1994 geben Scheuch/Scheuch (1995: 29) noch die Reihenfolge Marketing vor Rechnungswesen und Produktion an und verweisen auf frühere Studien, in denen die Produktion und die Rechtsabteilung als ursprünglich typische Karrierestationen der Vorstandsvorsitzenden deutscher Unternehmen festgestellt wurden.

[22] Eine Doppelqualifikation wurde Personen zugesprochen, die mehrere Universitätsabschlüsse oder aber Schnittstellenqualifikationen (wie z.B. im Abschluss „Wirtschaftsingenieur") erworben haben.

-kontrollpraktiken aufgegeben und sich aus dem Verflechtungsnetzwerk zurückgezogen haben.

Tabelle 3: Personelle Verflechtung und Merkmale/Qualifikationen des Vorstandsvorsitzenden, Korrelationskoeffizienten (Pearson)

	N	„outdegrees"	„indegrees"
Geburtsjahr des VV	91	-0,149	-0,076
Vorstandsvorsitz inne seit	96	0,003	0,180
Dauer im Unternehmen bevor VV	89	0,106	0,019
Erfahrung in externen Unternehmen	93	-0,037	-0,049
Fachrichtung des Hochschulabschlusses:			
* Ökonomie	94	-0,267 **	-0,211 *
* Ingenieurwissenschaft	94	0,089	0,064
* Jura	94	0,124	0,044
* Naturwissenschaft	94	0,052	0,170
* Sonstiges	94	0,149	0,112
Expertise (frühere Verantwortlichkeit im Bereich):			
Finanzen/Controlling	93	-0,236 *	-0,107
Marketing/Vertrieb	93	0,004	-0,161
Produktion/Technik	93	0,122	0,213 *
Sonstige Expertise	93	0,157	0,077

Anm: Die Korrelationsanalysen beruhen auf den Verflechtungsdaten der Monopolkommission bezüglich des Jahres 2002 und auf Lebenslaufinformationen der Vorstandsvorsitzenden. Angegeben sind die jeweiligen Korrelationskoeffizienten und die Fallzahl (N) – da vollständige Informationen nicht für alle Vorstandsvorsitzenden zur Verfügung standen. * Signifikant auf dem 0,05 Niveau / ** 0,01 Niveau.

Eine signifikant *höhere* Verflechtung bei den „indegrees" weisen hingegen Unternehmen auf, deren Vorstandsvorsitzende früher Verantwortung in den Bereichen Produktion und Technik getragen haben. In der Perspektive der „resource dependence theory" ist die *Kooptation* von Vorstandsmitgliedern anderer Unternehmen in den eigenen Aufsichtsrat eine geeignete Strategie zur Sicherung anhaltender Ressourcenflüsse und zur Verringerung von „Umweltunsicherheiten", die von anderen Unternehmen ausgehen (Burt et al. 1980, Pfeffer 1987). Von Vorstandsvorsitzenden mit hoher Produktorientierung kann angenommen werden, dass ihnen die Sicherung eines anhaltenden Ressourcenflusses besonders wichtig ist und sie zur Erreichung dieses Zieles – häufiger als andere Manager – qualitätsorientierte dauerhafte Kooperationsbeziehungen mit anderen Unternehmen eingehen werden. Die Ergebnisse der Korrelationsanalyse bestätigen diese Erwartung.

Die gefundenen signifikanten Zusammenhänge sind vergleichsweise schwach. Um auszuschließen, dass es sich bei den Ergebnissen um reine Scheinzusammenhänge handelt, wurden ergänzende multivariate Analysen durchgeführt. Tabelle 4 zeigt zwei Regressionen, die verdeutlichen, dass die Variablen zur Qualifikation und Expertise der Vorstandsvorsitzenden auch unter Berücksichtigung anderer Determinanten erklärungskräftig bleiben. Bei der gerichteten „outdegree"-Verflechtung ist in multivariater Analyse insbesondere die Finanzexpertise des Vorstandsvorsitzenden weiterhin relevant (Nr.7), während bei der „indegree"-Verflechtung dasselbe für die Produktexpertise gilt (Nr.8).

Tabelle 4: Regressionsanalysen zum Einfluss des Vorstandsvorsitzenden und zum Aspekt der Vergütung

Regression Nr. Jahr	(7) 2002/3	(8) 2002/3	(9) 2002/3
Abhängige	„outdegrees"	„indegrees"	Vergütung
Konstante	-2,489 ** *0,510*	-0,922 * *0,453*	-30, 541 ** *6,517*
Wertschöpfung (log.)	0,372 ** *0,067*	0,184 ** *0,060*	5,521 ** *0,927*
Finanzunternehmen	0,507 ** *0,159*	0,353 * *0,147*	3,893 *2,175*
• 100 Größte	0,001 *0,003*	0,011 ** *0,003*	0,031 *0,051*
• Ausland	0,000 *0,002*	-0,001 *0,002*	-0,010 *0,040*
• Öffentl. Besitz	-0,001 *0,003*	-0,004 *0,002*	-0,075 *0,041*
• Person/Familie	0,002 *0,002*	-0,003 *0,002*	0,029 *0,038*
• Streubesitz	0,007 ** *0,003*	0,002 *0,002*	0,018 *0,042*
Expertise : Finanzen/Controlling	-0,262 * *0,116*	... ...	... ...
Expertise : Produktion/Technik	... ...	0,304 ** *0,112*	... ...
„Indegrees" (log.)	... ...	... ...	-4,678 ** *1,678*
R Quadrat	0,538	0,493	0,497
df (Total/Regr.)	92/8	92/8	62/8
F	12,224	10,119	6,664
Signifikanz	0,000	0,000	0,000

Anm.: Die Analysen (OLS-Regressionen) beruhen auf Verflechtungsinformationen der Monopolkommission, auf Lebenslaufinformationen bezüglich des jeweiligen Vorstandsvorsitzenden (Internetrecherche, Munzinger Archiv und Unternehmensinformationen) und auf Informationen zur Gesamtvergütung des Vorstandes (in Millionen Euro, Bezugsjahr 2003). Letztere stammen aus einem Bericht des „Manager Magazins" (7/2004: 106, 111), sowie aus Geschäftsberichten der Unternehmen. Die „in-" „outdegrees" sowie die Wertschöpfung wurden logarithmiert. * Signifikant auf dem 0,05 Niveau / ** 0,01 Niveau. • = Anteilseignerkategorie (Kapitalanteil in Prozent).

Die Ergebnisse der Korrelations- und Regressionsanalysen zum Einfluss von Alter, Berufungszeitpunkt und zur Qualifikation der Vorstandsvorsitzenden sprechen insgesamt für einen Prozess der Abkehr vom kooperativen Kapitalismus durch *Übernahme* neuer aktionärsorientierter Leitvorstellungen – und zwar durch dieselben Unterstützungsgruppen wie in den Vereinigten Staaten. Trotz der in den letzten Jahren vermehrten Übernahme von Vorstandsvorsitzen durch Manager aus dem Finanz- und Controllingbereich (Höpner 2004) basierte der Modus der Verbreitung nicht primär auf der Verdrängung „alter" Managementgruppen. Die Gruppe der Manager, die sich inzwischen an finanzmarktorientierten Praktiken orientiert, reicht im Übrigen wie in den Vereinigten Staaten inzwischen längst über den Kreis der Finanzexperten hinaus.[23]

Insofern drängt sich die Frage auf, was die Manager dazu bewegt hat, von bisherigen Vorstellungen abzurücken. Die Plausibilität der neuen Leitvorstellung und die Praktikabilität der Handlungsskripte dürfte einen Teil der Erklärung ausmachen, ebenso wie die Faktizität der gesellschaftlichen Entwicklungen, wie etwa das geänderte Auftreten von Fondsmanagern, Analysten, Rating-Agenturen und Aktionärsvertretern oder die vorher im deutschen Kontext kaum für möglich gehaltene Realisierung von feindlichen Übernahmen (Lübbert 1992).

Angesichts der in den letzten Jahren immens gestiegenen Vorstandsvergütungen macht es aber auch Sinn danach zu fragen, ob nicht vielleicht direkte materielle Anreize Bedeutung gehabt haben könnten. In nahezu allen Großunternehmen wurden variable Vergütungssysteme eingeführt. Durch diese können Vorstände *zusätzliche* Einkünfte erzielen, die das ursprüngliche Grundgehalt um ein Vielfaches übersteigen.[24] Das Ausmaß der erhöhten Vergütung ließ sich nur durch eine mehr oder minder direkte Kopplung der variablen Vergütungsbestandteile an den Aktienkurs und die Verpflichtung auf eine aktionärsorientierte Praxis der Unternehmensführung legitimieren. Die Abkehr vom kooperativen Unternehmenskontroll-System könnte somit von der Chance zur Erzielung höherer Vergütungen beeinflusst worden sein. Tabelle 4 zeigt das Ergebnis einer weiteren Regression (Nr. 9), die diesen Zusammenhang überprüft. Als abhängige Variable wurde die Gesamtvergütung des Vorstands in Millionen Euro des Jahres 2003 verwendet und als Regressoren die bereits mehrfach eingesetzten Variablen sowie die „indegrees" der gerichteten personellen Verflechtung. Die Regressionsanalyse zeigt, dass die Höhe der Vergütung zum einen von der Unternehmensgröße (gemessen anhand der Wertschöpfung) beeinflusst wurde, zum anderen aber eben auch durch die Einbindung des Unternehmens in das Verflechtungsnetzwerk. Die Vorstände von Unternehmen, die den Kontrollmechanismen des Verflechtungsnetzwerkes weniger stark ausgesetzt waren, erhielten im Durchschnitt höhere Vergütungen als die Vorstände besonders stark verflochtener Unternehmen. Dies verdeutlicht, dass die Übernahme und Verbreitung der finanzmarktorientierten Leitvorstellung wohl auch durch handlungsstrategische Überlegungen beeinflusst wurde. So, wie die Investmentbanker in

---

[23] So ist etwa der Vorstandsvorsitzende der Continental AG Manfred Wennemer, seines Zeichens Mathematiker und Technikexperte, ein Vertreter eines „sauberen" Kostenmanagements, der sein Prinzip der Unternehmensführung in einem Interview einmal folgendermaßen charakterisiert hat: „Keiner kann sagen: Ich bin ‚High Tech' und wachse und brauche deshalb keine Rendite bringen". Die Verbreitung der neuen Leitvorstellung auch im Kreis von Produktexperten oder Juristen dürfte eine wesentliche Ursache für die begrenzte Stärke der Korrelationskoeffizienten sein.

[24] Vgl. Hickel (2004), der feststellt, dass die Vergütungen der Vorstandsvorsitzenden börsennotierter Aktiengesellschaften auf das Hundertfache des durchschnittlichen Arbeitnehmereinkommens angestiegen sind, während vor kurzer Zeit noch maximal das Zwanzig- bis Dreißigfache üblich gewesen sei.

den Vereinigten Staaten und auch in Deutschland damit rechnen konnten, dass sich ihr Geschäftsfeld aufgrund der Etablierung der „shareholder value conception of control" vergrößern würde, konnten die deutschen Manager von Großunternehmen damit rechnen, dass die Abkehr vom bisherigen Unternehmenskontroll-System ihnen den Weg für Vergütungen frei machen würde, die in dieser Höhe zuvor nur in amerikanischen Unternehmen erzielbar waren.

V.

In den neunziger Jahren hat sich das deutsche Unternehmenskontroll-System in bemerkenswert radikaler Weise geändert. Kennzeichen dieser Entwicklung ist der starke Rückgang der Verbindungen im vormals dicht geknüpften Netzwerk der Unternehmensverflechtung. Das Ziel dieser Untersuchung war die Überprüfung der Anwendbarkeit einer organisationssoziologischen Deutung des institutionellen Wandels. Die Analyse hat die vermuteten Ähnlichkeiten zwischen der von Neil Fligstein (2001) beschriebenen amerikanischen Entwicklung und dem Ablauf des Wandels in Deutschland bestätigt. Wie im amerikanischen Fall gab eine ökonomische Krise Anlass zur Infragestellung von Praktiken der Unternehmenskontrolle. Hier wie dort waren es dieselben *finanzmarktorientierten* Ideen, die sich alsbald in den größten Unternehmen als neue „Leitvorstellung" durchzusetzen begannen. Deren Verbreitung wurde jeweils von Investmentbankern und Managern aus dem Finanz- und Controllingbereich vorangetrieben. Diese Entwicklung wirkte sich, wie die Analyse der Verflechtungsdaten gezeigt hat, in direkter Weise auf die Kontrollmechanismen des kooperativen Kapitalismus aus. Deutsche Banken haben ihre Verflechtungsbeziehungen ab Mitte der neunziger Jahre drastisch reduziert und es sind auch die von Finanzmanagern geleiteten Unternehmen, die sich inzwischen weniger stark in das Verflechtungsnetzwerk einbinden. Es spricht daher alles dafür, dass es sich bei der Verbreitung der „shareholder value conception of control" um einen Prozess institutionellen Wandels gehandelt hat, der – ungeachtet der institutionellen Vielfalt marktwirtschaftlicher Systeme – übergreifend wirksam war.

Das Ergebnis der Analyse korrespondiert mit anderen Untersuchungen. So haben etwa Peer C. Fiss und Edward J. Zajac festgestellt, dass Unternehmen, an denen die strategisch neuorientierten Großbanken Deutsche Bank, Dresdner Bank und Commerzbank beteiligt waren, in den neunziger Jahren signifikant häufiger als andere Unternehmen Praktiken der shareholderorientierten Unternehmenführung übernommen haben. Die Banken wirkten demzufolge als Verbreitungsinstanz auf anderen Unternehmen ein, so dass auch diese begannen, wertorientierte Unternehmenskennziffern (EVA, CFROI, Shareholder Value Added), Aktienoptionen als Vergütungsmethode sowie internationale Bilanzierungsstandards (US-GAAP bzw. IAS) anzuwenden (Fiss/Zajac 2004: 522). Richard Münch und Tina Guenther (2005) zeigen in ihrer qualitativ angelegten Analyse, dass die Verdrängung der einstmals naturwissenschaftlich ausgebildeten Führungskräfte durch finanzorientierte Betriebswirte eine strategische Neuausrichtung der Bayer AG möglich gemacht haben und Klaus Dörre und Ulrich Brinkmann (2005) heben in ihrer Untersuchung des sich wandelnden deutschen Produktionssystems gleichfalls die Diffusion der finanzmarktorientierten Praktiken hervor.

Was ist nun aber vom einstigen kooperativen Kapitalismus geblieben? Institutionelle Wandlungsprozesse, auch wenn sie, wie in diesem Fall, von einer überraschend hohen

Dynamik geprägt sind, ändern die Gegebenheiten in aller Regel nicht von jetzt auf gleich (Streeck/Thelen 2005). Das Netzwerk der Unternehmensverflechtung hat sich mehr und mehr aufgelöst, aber Differenzen zum amerikanischen Kontext, von dem aus sich die finanzmarktorientierten Vorstellungen verbreitet haben, sind weiterhin gegeben. Die Anteilseignerstruktur deutscher Unternehmen ist nach wie vor weniger breit gestreut, feindliche Übernahmen sind trotz öffentlicher „Heuschreckendebatten" rar und wie in früheren Tagen werden die zukünftigen Vorstandsvorsitzenden heute noch meist mit geringer Transparenz von Vorgängern oder von starken Aufsichtsratsvorsitzenden ausgewählt.[25] In manchen Unternehmen verweigert sich das Topmanagement auch den finanzmarktorientierten Unternehmenspraktiken. So lehnt der Vorstandsvorsitzende der Porsche AG Wendelin Wiedeking die Vorlage von Quartalsberichten ab, obgleich dies dem Unternehmen die Listung im Leitindex DAX versperrt. Dasselbe Unternehmen war auch zur Übernahme einer Kapitalbeteiligung an der Volkswagen AG bereit, welche eine feindliche Attacke auf den ansonsten gefährdeten Großkonzern verhindern hilft.[26] Auch in anderen Großunternehmen halten längst nicht alle Führungskräfte die Erhöhung des „shareholder value" für ihre Hauptaufgabe.

Dennoch spricht viel dafür, dass sich die finanzmarktorientierte Leitvorstellung als neue *soziale Definition der Realität* durchgesetzt hat. Die Einholung von Expertisen zur Ermittlung der Wahrscheinlichkeit einer Übernahme gehört inzwischen auch für deutsche Unternehmen zum Alltag; „roadshows" werden organisiert, um Investoren zu gewinnen; die Vorstandsvorsitzenden der Aktiengesellschaften stehen Fondsmanagern bereitwillig Rede und Antwort; sie beschließen immer häufiger den Aufkauf von Aktien des eigenen Unternehmens, statt in Größenwachstum zu investieren; sie trennen sich von Geschäftsbereichen und fokussieren die Geschäftstätigkeit auf bestimmte Kernkompetenzen; sie beklagen niedrige Aktienkurse oder verweisen mit Stolz auf deren Ansteigen; sie fühlen sich von „den Märkten" zu Rationalisierung und Standortverlagerungen getrieben und möglicherweise glauben sie auch daran, dass sie sich die höhere Vergütung ihrer Tätigkeit „verdient" haben.

In der neuen Leitvorstellung ist für eine kooperative Unternehmenskontrolle in Verflechtungsnetzwerken kein Platz. Nicht die Netzwerke, sondern die Finanzmärkte sind Orientierungsmaßstab des Handelns. Dort wo früher die Umgestaltung ganzer Wirtschaftszweige geplant wurde, hat man heute eine Rendite von 25 Prozent auf das eingesetzte Kapital als Ziel ausgegeben und dort, wo man sich einst als „Financier der deutschen Wirtschaft" (Borscheid 1990: 430) verstand, wandelt man sich nun zur Europäischen Aktienge-

[25] Die, von Franz Müntefering als „Heuschreckenplage" bezeichneten, international agierenden Kapitalanlagegesellschaften und Hedgefonds kaufen sich verstärkt in deutsche Unternehmen ein und bedienen sich auch hier ab und an des Mittels der feindlichen Übernahme (vgl. „Die Heuschrecken-Plage", Handelsblatt 31.8.2005: 29). In aller Regel wählen aber auch sie den in Deutschland gebräuchlichen Weg des ausgehandelten Eigentumstransfers. In traditionellen Bahnen vollzieht sich auch weiterhin die Selbstreproduktion der Wirtschaftselite (vgl. hierzu Hartmann 2002, Hartmann/Kopp 2001). Trotz einer im internationalen Vergleich nach wie vor relativ hohen Aktienanteilskonzentration in deutschen Unternehmen hat sich der Streubesitz in deutschen Unternehmen bereits merklich ausgeweitet. So ist der Streubesitzanteil in den DAX-Unternehmen von 72,4 Prozent im Jahr 2001 auf 81,5 Prozent im Jahr 2005 angestiegen (vgl. „Höherer Streubesitz erleichtert Übernahmen im Dax", Handelsblatt 19.-21.8.2005: 29).

[26] Zur Beteiligung der Porsche AG an der Volkswagen AG (Vgl. „Wiedekings Abschleppdienst", Die Zeit 29.9.2005: 25 und „Porsche greift nach Volkswagen", Handelsblatt 26.9.2005: 1).

sellschaft und befreit sich gleichzeitig weiter von nationalen Beteiligungen.[27] Auf zinsgünstiges „patient capital“ von deutschen Finanzunternehmen brauchen weder große noch kleine Unternehmen mehr zu hoffen, da die Kreditvergabe längst internationalen Praktiken folgt (Windolf 2002) und vielfach zum geschäftlichen Randgebiet der Bankentätigkeit geworden ist. Dass auch die Rettung von angeschlagenen Unternehmen nicht mehr erwartet werden kann, musste nicht nur die Kirch-Gruppe in jüngster Zeit schmerzlich erfahren. Ein um Finanzunternehmen und am „shareholder value“ orientierte Unternehmen „entkerntes“ Netzwerk kann keine gesamtwirtschaftliche Koordination mehr gewährleisten. Auch wenn der kooperative Kapitalismus noch Spuren hinterlassen hat, so ist er doch Geschichte.

Literatur

Baums, Theodor und Philipp von Randow (1995): Der Markt für Stimmrechtsvertreter. Die Aktiengesellschaft 40/4: 145-163.

Bebchuk, Lucian A. und Mark J. Roe (1999): A Theory of Path Dependence in Corporate Ownership and Governance. Stanford Law Review 52: 127-170.

Berle, Adolf A. und Gardiner C. Means (1968): The Modern Corporation and Private Property (Revised Edition). New York, Harcourt, Brace & World.

Beyer, Jürgen (1996): Governance Structures. Unternehmensverflechtung und Unternehmenserfolg in Deutschland. Horst Albach (Hrsg.) Governance Structures, Ergänzungsheft der Zeitschrift für Betriebswirtschaft 3/96, Wiesbaden, Gabler: 79-101.

Beyer, Jürgen (Hrsg.) (2003a): Vom Zukunfts- zum Auslaufmodell? Die deutsche Wirtschaftsordnung im Wandel. Wiesbaden, Westdeutscher Verlag.

Beyer, Jürgen (2003b): Deutschland AG a.D.: Deutsche Bank, Allianz und das Verflechtungszentrum des deutschen Kapitalismus. Wolfgang Streeck und Martin Höpner (Hrsg.), Alle Macht dem Markt? Fallstudien zur Abwicklung der Deutschland AG. Frankfurt, Campus: 118-146.

Beyer, Jürgen (2004): Personelle Verflechtungen. Georg Schreyögg und Axel von Werder (Hrsg.) Handwörterbuch Unternehmensführung und Organisation, Stuttgart, Schaeffer-Poeschel: 1141-1149.

Beyer, Jürgen (2005): Pfadabhängigkeit ist nicht gleich Pfadabhängigkeit! Wider den impliziten Konservatismus eines gängigen Konzepts. Zeitschrift für Soziologie 34/1: 5-21.

Beyer, Jürgen und Martin Höpner (2003): The Disintegration of Organized Capitalism: German Corporate Governance in the 1990s. West European Politics 26/4: S. 179-198.

Borscheid, Peter (1990): 100 Jahre Allianz. Hamburg, Glöss.

Burt, Ronald S., Kenneth P. Christman und Harold C. Kilburn (1980): Testing a Structural Theory of Corporate Cooptation: Interorganizational Directorate Ties as A Strategy for Avoiding Markets Constraints on Profits. American Sociological Review 45: S. 821-841.

Campbell, John L. (1998): Institutional Analysis and the Role of Ideas in Political Economy. Theory and Society 27/3: 377-409.

Chandler, Alfred D. (1990): Scale and Scope. Cambridge, Harvard University Press.

Coleman, James (1990): Foundations of Social Theory. Cambridge, Belknap Press.

Collier, Ruth B. und David Collier (1991): Shaping the Political Arena. Princeton, Princeton University Press.

[27] Zur Ankündigung einer angestrebten Eigenkapitalrendite vor Steuern von 25 Prozent durch den Vorstandsvorsitzenden der Deutschen Bank Josef Ackermann vgl. „Das magische Viertel“, Die Zeit 3.2.2005: 19; zum Umbau der Allianz AG zur Europäischen Aktiengesellschaft vgl. „Erweiterter Horizont“, Handelsblatt 13.9.2005: 2 und „Allianz-Umbau verunsichert“, Handelsblatt 14.12.2005: 27.

Davis, Gerald F. (1991): Agents without Principles? The Spread of the Poison Pill through the Intercorporate Network. Administrative Science Quarterly 36: 583-613.
Deeg, Richard (1999): Finance Capitalism Unveiled: Banks and the German Political Economy. Ann Arbor, University of Michigan Press.
DiMaggio, Paul und Walter W. Powell (1983): The Iron Cage Revisited: Institutional Isomorphism and Collective Rationality in Organizational Fields. American Sociological Review 48/2: 147-160.
Dörre, Klaus und Ulrich Brinkmann (2005): Finanzmarkt-Kapitalismus: Triebkraft eines flexiblen Produktionsmodells? Paul Windolf (Hrsg.) Finanzmarktkapitalismus, Sonderheft 45 der Kölner Zeitschrift für Soziologie und Sozialpsychologie: 85-116.
Fama, Eugene (1980): Agency Problems and the Theory of the Firm. Journal of Political Economy 88/2: 288-307.
Fama, Eugene und Michael C. Jensen (1983): Separation of Ownership and Control. Journal of Law and Economics 26: 301-325.
Ferraro, Fabrizio, Jeffrey Pfeffer und Robert I. Sutton (2005): Economics Language and Assumptions: How Theories can become self-fulfilling. Academy of Management Review 30/1: 8-24.
Fiss, Peer C. und Edward J. Zajac (2004): The Diffusion of Ideas over Contested Terrain: The (Non)adoption of a Shareholder Value Orientation among German Firms. Administrative Science Quarterly 49: 501-534.
Fligstein, Neil (1990): The Transformation of Corporate Control. Cambridge, Harvard University Press.
Fligstein, Neil (2001): The Architecture of Markets – An Economic Sociology of Twenty-First-Century Capitalist Societies. Princeton, Princeton University Press.
Franks, Julian und Colin Mayer, 2001: Ownership and Control of German Corporations. Review of Financial Studies 14: 943-977.
Gergs, Hans-Joachim und Rudi Schmidt (2002): Generationswechsel im Management ost- und westdeutscher Unternehmen. Kommt es zu einer Amerikanisierung des deutschen Managementmodells? Kölner Zeitschrift für Soziologie und Sozialpsychologie 54/3: 553-578.
Gioia, Dennis A. und Peter P. Poole (1984): Scripts in Organizational Behavior. Academy of Management Review 9/3: 449-459.
Gottschalk, Arno (1988): Der Stimmrechtseinfluß der Banken in den Aktionärsversammlungen von Großunternehmen. WSI-Mitteilungen 5/88: 294-304.
Hall, Peter A. und David W. Gingerich (2004): „Spielarten des Kapitalismus" und institutionelle Komplementaritäten in der Makroökonomie – eine empirische Analyse. Berliner Journal für Soziologie 14/1:5-23.
Hartmann, Michael (2002): Der Mythos von den Leistungseliten. Frankfurt / New York, Campus.
Hartmann, Michael und Johannes Kopp (2001): Elitenselektion durch Bildung oder durch Herkunft? Promotion, soziale Herkunft und der Zugang zu Führungspositionen in der deutschen Wirtschaft. Kölner Zeitschrift für Soziologie und Sozialpsychologie 53: 436-466.
Hickel, Rudolf (2004): Sind die Manager ihr Geld wert? Blätter für deutsche und internationale Politik 10/2004: 1197-1204.
Hilferding, Rudolf (1910): Das Finanzkapital. Eine Studie über die jüngste Entwicklung des Kapitalismus. Wien, Verlag der Wiener Volksbuchhandlung.
Höpner, Martin (2004): Was bewegt die Führungskräfte? Von der Agency-Theorie zur Soziologie des Managements. Soziale Welt 55/3: 263-282.
Höpner, Martin und Gregory Jackson (2001): Entsteht ein Markt für Unternehmenskontrolle? Der Fall Mannesmann. Leviathan 29: 544-563.
Kitschelt, Herbert und Wolfgang Streeck (Hrsg.) (2004): Germany: Beyond the Stable State. London/Portland, Frank Cass.
Kotz, David (1979): The Significance of Bank Control over Large Corporations. Journal of Economic Issues 13: 407-426.

Kühl, Stefan (2002): Konturen des Exit-Kapitalismus. Wie Risikokapital die Art des Wirtschaftens verändert. Leviathan 30, 195-219.

LaPorta, Rafael, Florencio Lopez-de-Silanes, Andrei Shleifer und Robert W. Vishny (1997): Legal Determinants of External Finance. Journal of Finance 52/3: 1131-1150.

LaPorta, Rafael, Florencio Lopes-de-Silanes und Andrei Shleifer (1999): Corporate Ownership Around the World. Journal of Finance 54: 471-517.

Lübbert, Harald (1992): Der Markt für Unternehmenskontrollen – Chancen und Risiken für Wettbewerb und Konzentration. Helmut Gröner (Hrsg.), Der Markt für Unternehmenskontrollen, Berlin, Duncker und Humblodt: 119-127.

Lütz, Susanne (2004): Von der Infrastruktur zum Markt? Der deutsche Finanzsektor zwischen Regulierung und Deregulierung, Working Paper Polis Nr. 59/2004. Hagen, FernUniversität Hagen.

Mayer, Michael C.J. und Richard Whittington (1999): Strategy, Structure and 'Systemness': National Institutions and Corporate Change in France, Germany and the UK, 1950-1993. Organization Studies 20/6: 933-960.

Münch, Richard und Tina Guenther (2005): Der Markt in der Organisation. Von der Hegemonie der Fachspezialisten zur Hegemonie des Finanzmanagements. Paul Windolf (Hrsg.) Finanzmarktkapitalismus, Sonderheft 45 der Kölner Zeitschrift für Soziologie und Sozialpsychologie: 394-417.

North, Douglass C. (1990): Institutions, Institutional Change and Economic Performance. Cambridge, Cambridge University Press.

Osterloh, Margit und Bruno S. Frey (2005): Corporate Governance: Eine Prinzipal-Agenten-Beziehung, Team-Produktion oder ein Soziales Dilemma. Georg Schreyögg, Peter Conrad und Jörg Sydow (Hrsg.) Institutionenökonomik als Managementlehre? Bd. 15 Managementforschung, Wiesbaden: Gabler, im Erscheinen.

Pappi, Franz Urban; Peter Kappelhoff und Christian Melbeck (1997): Die Struktur der Unternehmensverflechtungen in der Bundesrepublik. Kölner Zeitschrift für Soziologie und Sozialpsychologie 39: 693-717.

Pfeffer, Jeffrey (1987): A Resource Dependence Perspective on Intercorporate Relations. Mark S. Mizruchi und Michael Schwartz (Hrsg.) Intercorporate Relations. The Structural Analysis of Business. Cambridge: Cambridge University Press: 25-55.

Pfeffer, Jeffrey und Gerald R. Salancik (1978): The External Control of Organizations: A Resource Dependence Perspective. New York, Harper & Row.

Pohlmann, Markus (2003): Der Generationswechsel und die neue „Weltklasse" des Managements. Anmerkungen zum Zusammenhang von demographischen und gesellschaftlichen Wandel. ISO-Mitteilungen Nr. 2: 50-64.

Scheuch, Erwin K. und Ute Scheuch (1995): Bürokraten in den Chefetagen. Reinbek, Rowohlt.

Schreyögg, Georg und Heike Papenheim-Tockhorn (1995): Dient der Aufsichtsrat dem Aufbau zwischenbetrieblicher Kooperationsbeziehungen. Zeitschrift für Betriebswirtschaft 65: S. 205-230.

Shleifer, Andrei und Robert Vishny (1986): Large Shareholders and Corporate Control. Journal of Political Economy 94: S. 461-488.

Scott, W. Richard und John W. Meyer (1994): The Rise of Training Programs in Firms and Agencies. W. Richard Scott und John W. Meyer (Hrsg.) Institutional Environments and Organizations: Structural Complexity and Individualism. Thousand Oaks, Sage: 228-254.

SpencerStuart, (2004): 2004 CEO Study: A Statistical Snapshot of Leading CEOs, http://content.spencerstuart.com/sswebsite/pdf/lib/Statistical_Snapshot_of_Leading_CEOs_relc.pdf.

Stokman, Frans N. und Frans W. Wasseur (1985): National Networks: A Structural Comparison. Frans N. Stokman, Rolf Ziegler und John Scott (Hrsg.) Networks of Corporate Power. Oxford, Polity Press: 20-44.

Streeck, Wolfgang (2003): The Transformation of Corporate Organization in Europe: An Overview. Jean-Philippe Touffut (Hrsg.) Institutions, Innovation and Growth. Cheltenham, Edward Elgar: 4-44.

Streeck, Wolfgang und Kathleen Thelen (Hrsg.) (2005): Beyond Continuity: Institutional Change in Advanced Political Economies. Oxford, Oxford University Press.
Thomas, Thomas W. und Alexander T. Nicolai (2002): Jenseits des Agency-Problems: Unternehmensstrategische Konsequenzen der engeren Kapitalmarktkopplung, Arbeitsbericht 05/02 aus dem ‚Institute for Mergers and Acquisitions', Universität Witten/Herdecke.
Wenger, Ekkehard und Christoph Kaserer (1998a): The German System of Corporate Governance – A Model Which Should not be Imitated. Stanley W. Black und Mathias Moersch (Hrsg.) Competition and Convergence in Financial Markets. Amsterdam, Elsevier: 41-78.
Wenger, Ekkehard und Christoph Kaserer (1998b): German Banks and Corporate Governance – A Critical View. Klaus J. Hopt et al. (Hrsg.) Comparative Corporate Governance – The State of the Art and Emerging Research. Oxford, Oxford University Press: 499-536.
Wiesenthal, Helmut (2003): German Unification and ‚Model Germany': An Adventure of Institutional Conservatism. West European Politics 26/4: 37-58.
Windolf, Paul (1997): Eigentum und Herrschaft. Elite-Netzwerke in Deutschland und Großbritannien. Leviathan 25: 76-106.
Windolf, Paul (2002): Die Zukunft des „Rheinischen Kapitalismus". Jutta Allmendinger und Thomas Hinz (Hrsg.) Organisationssoziologie. Sonderheft 42/2002 der Kölner Zeitschrift für Soziologie und Sozialpsychologie. Wiesbaden, Westdeutscher Verlag: 414-442.
Windolf, Paul (2005a): Was ist Finanzmarkt-Kapitalismus? In: Ders. (Hrsg.) Finanzmarktkapitalismus, Sonderheft 45 der Kölner Zeitschrift für Soziologie und Sozialpsychologie. Wiesbaden, VS Verlag, 20-57.
Windolf, Paul (2005b): Unternehmensverflechtung im organisierten Kapitalismus, Deutschland und USA im Vergleich 1896-1938, Manuskript.
Windolf, Paul und Jürgen Beyer (1995): Kooperativer Kapitalismus. Unternehmensverflechtungen im internationalen Vergleich. Kölner Zeitschrift für Soziologie und Sozialpsychologie 47: 1-36.
Windolf, Paul und Michael Nollert (2001): Institutionen, Interessen, Netzwerke. Unternehmensverflechtung im internationalen Vergleich. Politische Vierteljahresschrift 42: 51-78.
Womack, James P., Daniel T. Jones und Daniel Roos (1990): The Machine That Changed the World: The Story of Lean Production. New York, Rawson.
Ziegler, Rolf (1984): Das Netz der Personen- und Kapitalverflechtungen deutscher und österreichischer Wirtschaftsunternehmen. Kölner Zeitschrift für Soziologie und Sozialpsychologie 36: S. 557-584.

Christoph Deutschmann

Keynes und der Finanzmarkt-Kapitalismus

Einleitung

Fragt man Wirtschaftswissenschaftler nach ihrer Einschätzung der Ursachen der aktuellen Massenarbeitslosigkeit in vielen entwickelten Industrieländern, so lautet die Antwort häufig: Es liege vor allem an der Überregulation der Arbeitsmärkte, die Löhne und Sozialleistungen auf einem zu hohen Niveau fixiere und die Flexibilität der Beschäftigung zu stark einschränke. Die Ursachen für die Arbeitsmarktprobleme immer im Arbeitsmarkt selbst zu suchen, sei ähnlich intelligent, so spottete Robert Solow einmal, wie wenn jemand behauptete, dass das Loch in einem defekten Reifen immer unten sein müsse – weil nämlich dort der Reifen platt ist (zit. nach Ganssmann 2004: 176). Das Loch kann sich sehr wohl auch an anderen Stellen des Reifens befinden.

Der klassische theoretische Ansatz, der zeigt, warum dies gerade bei der Analyse des Arbeitsmarktes zu bedenken ist, stammt bekanntlich von John Maynard Keynes (1973/1936). Keynes lokalisiert die Ursache der Arbeitslosigkeit nicht in der Verfassung der Arbeitsmärkte, sondern in der der Kapitalmärkte. Mit steigendem Einkommen und wachsender Kapitalausstattung einer Volkswirtschaft sinkt, wie er annimmt, die erwartete Rentabilität („Grenzleistungsfähigkeit") des Kapitals. Weil das Kapital seinen Knappheitswert verliert, wird die Rendite immer geringer und unsicherer. Dann kann eine Situation entstehen, in der die Kapitaleigentümer es vorziehen, ihr Vermögen nicht zu investieren, sondern es in liquider Form vorzuhalten. Der Rückgang der Investitionen wiederum hat einen Rückgang des Einkommens und der Beschäftigung zur Folge – solange, bis ein neues Gleichgewicht erreicht ist, das jedoch nicht länger dem Vollbeschäftigungsgleichgewicht entspricht. Nicht in dem hartnäckigen Insistieren der Arbeiter auf zu hohen Löhnen, sondern in dem hartnäckigen Insistieren der Vermögenseigentümer auf einer den Liquiditätsvorteil mindestens kompensierenden Rendite trotz abnehmender Knappheit des Kapitals sah Keynes die Hauptursache der Arbeitslosigkeit.

Im letzten Kapitel seiner berühmten „General Theory" leitete Keynes aus diesem Modell einige Schlussfolgerungen bezüglich der langfristigen wirtschaftlichen Entwicklung der Industrieländer ab. Er befürchtete, dass die Überakkumulation finanzieller Vermögen zu einem Dauerproblem der entwickelten Volkswirtschaften werden könnte. Um dem entgegenzuwirken, müsse von einigen traditionell bewährten Prinzipen der Wirtschaftspolitik Abschied genommen werden. So sei es nicht länger sinnvoll, die Spar- und Akkumulationsneigung der Wohlhabenden durch eine Politik niedriger Steuern und hoher Zinsen weiter zu fördern. Im Gegenteil müsse eine behutsame Egalisierung der Verteilung der Einkommen und Vermögen angestrebt werden, um die Konsumneigung zu erhöhen. In einer Wohlstandsgesellschaft, die über Kapital im Überfluss verfüge, seien deutliche Unterschiede der Einkommen und Vermögen zwar noch immer gerechtfertigt, „but not such large disparities as exist today" (Keynes 1973: 374). Angesichts der sinkenden Kapitalrenditen sei auch eine tendenzielle Senkung der Zinsen zu erwarten. Ja, es müsse sogar eine „euthanasia of the rentier, and, consequently, the euthanasia of the cumulative oppressive power of the capitalist to exploit the scarcity-value of capital" (1973: 376) ins Auge gefasst werden, um den Zustand der Vollbeschäftigung auf Dauer erhalten zu können. Im Zusammenhang damit müsse es auch zu einer „somewhat comprehensive socialization of investment" (1973: 378) kommen.

Die Keynes'sche Diagnose stieß in der ökonomischen Zunft zunächst auf Zustimmung, die jedoch nicht lange anhielt. In der Zeit nach dem zweiten Weltkrieg entwickelte sich ein Streit zwischen verschiedenen Interpretationsrichtungen der Keynes'schen Lehre. Neoklassisch orientierte Autoren (Hicks, Samuelson, Clower) bemühten sich darum, die Keynes'sche Theorie mit der überkommenen Mikro-Analyse zu versöhnen und sie als einen bloßen Spezialfall des allgemeinen, güterwirtschaftlich konzipierten Gleichgewichtsmodells zu deuten. Die keynesianische Orthodoxie (Leijonhufvud, Minsky, Riese) dagegen insistierte auf dem originär geldtheoretischen Gehalt der Lehren des Meisters, geriet aber mit ihrer Position zunehmend ins Hintertreffen gegenüber dem die akademische Lehre wie die wirtschaftspolitische Praxis zunehmend dominierenden neoklassischen „mainstream" (im Überblick: Dietrich et al. 1987). Vorgeworfen wurde ihr und den anderen Schulen des Postkeynesianismus vor allem, dass es ihr an einer dem allgemeinen Gleichgewichtsmodell vergleichbaren konsistenten theoretischen Analyse mangele.

In den ersten Jahrzehnten nach dem Zweiten Weltkrieg konnten die Keynesianer sich gegen diese Angriffe noch mit dem Argument der Praxisnähe und größeren wirtschaftspolitischen Kompetenz ihrer Lehre verteidigen. Solange die wirtschaftlichen Wachstumsraten hoch und die Arbeitslosigkeit niedrig blieben, wie das in den fünfziger und sechziger Jahren in den entwickelten Industrieländern der Fall war, blieb die praktische Autorität des Keynesianismus unangefochten. Schon damals hatte die durch Keynes inspirierte antizyklische Konjunkturpolitik freilich nicht, wie in der Theorie vorgesehen, zu einem Ausgleich der in Rezessionen entstandenen Defizite der Öffentlichen Haushalte durch anschliessende Überschüsse in der Hochkonjunktur geführt, sondern zu einer tendenziellen Kumulierung der Defizite, insbesondere in den USA (Stamm 1969). In den siebziger Jahren kam es dann überall zu einem deutlichen Rückgang der wirtschaftlichen Wachstumsraten. Dank des noch immer hohen Beschäftigungsstandes gelang es den Arbeitnehmern aber weiterhin, Reallohnsteigerungen durchzusetzen und an der steigenden Produktivität zu partizipieren. Das führte zu einer Zunahme der Lohnquote und einem komplementären „profit squeeze" (Glyn/Sutcliffe 1972). Die Investitionen gingen zurück und mit ihnen auch das Wirtschaftswachstum. Der Lohnkostendruck hatte einen Anstieg der Inflationsraten zur Folge, der trotz der deutlichen Zunahme der Arbeitslosigkeit nach 1973 anhielt. Mit dem damit entstehenden Dilemma der „Stagflation" waren der keynesianischen Konjunkturpolitik in ihrer überkommenen Form die Hände gebunden. Der Effekt einer expansiven Fiskalpolitik schien, ebenso wie der einer Politik niedriger Zinsen, nur noch in steigenden Preisen, nicht länger in einer Zunahme der Beschäftigung zu bestehen. Damit war der Keynesianismus auch in der praktischen Politik mit seinem Latein am Ende.

Gleichwohl entsprach die Situation, die in den siebziger Jahren entstanden war, durchaus in gewisser Weise den langfristigen Voraussagen von Keynes. Die Inflationsraten waren in vielen Ländern auf ein Niveau gestiegen, das an die Nominalzinsen heranreichte oder sogar über sie hinausging. Im Jahresdurchschnitt 1971-80 betrugen die kurzfristigen Realzinsen in Japan 0,2, in den Ländern der EU –1,7, in den USA – 0,1 Prozent (Huffschmid 2002: 147-153). Die von Keynes vorausgesehene „Euthanasie des Rentiers" war damit Wirklichkeit geworden. Den Eigentümern finanzieller Vermögen schien das Schlimmste bevorzustehen: die Aufzehrung ihrer Vermögen durch die Inflation. Auch die starke Zunahme der öffentlichen Investitionen und der Staatsquoten – auch dies ein durchgehender internationaler Trend in den Jahrzehnten nach dem Zweiten Weltkrieg – liess sich als eine Bestätigung der Keynes'schen Prognosen bezüglich der „Sozialisierung der Investitionen“ interpretieren. Hinsichtlich seiner *langfristigen* Voraussagen ging Keynes also keineswegs fehl: Die Profitabilität des Kapitals war stark gefallen, die realen Zinssätze lagen bei Null oder im negativen Bereich, die privaten Unternehmen nahmen ihre Investitionen zurück. Die Arbeitslosigkeit stieg. Aber genau in dieser Situation seiner eigentlichen Bewährungsprobe konnte das von Keynes entwickelte Konzept fiskalpolitischer Steuerung offenbar keine Lösung mehr bieten.

Die Folge war bekanntlich das Umschwenken der Wirtschaftspolitik – in Theorie und Praxis – von der Keynes'schen Lehre hin zur so genannten „Angebotspolitik“. In Verbindung damit kam es zu einer Serie von institutionellen Reformen des internationalen Wirtschaftssystems, die zum großen Teil auf das genaue Gegenteil der Keynes'schen Programme abzielten: Liberalisierung statt Kontrolle der internationalen Kapitalmärkte, marktliche Selbstregulierung statt staatlicher Steuerung, Privatisierung statt Sozialisierung der Investitionen, Rückbau statt Ausbau des Sozialstaates, Marginalisierung statt Integration der Gewerkschaften. In ihrer Summe liefen diese Reformen – dies ist die These, die in diesem Beitrag vertreten und belegt werden soll - auf eine eindrucksvolle Restauration der Macht genau jener sozialen Figur hinaus, deren „sanften Tod“ Keynes offensichtlich voreilig angekündigt hatte: des Vermögensrentners. In ökonomischer Hinsicht kann Keynes keineswegs der Vorwurf der Realitätsferne gemacht werden, wohl aber in politischer. Die Rentiers ließen sich nicht einschläfern, im Gegenteil: Aufgeschreckt durch die „Stagflations“krise der siebziger Jahre begannen sie, ihre Macht auf politischer und gesellschaftlicher Ebene neu zu organisieren und errichteten ein hegemoniales Regime, von dem Keynes sich nichts hätte träumen lassen.

Der Kern und die Hauptstütze dieses Regimes stellen, wie heute – zu Beginn des 21. Jahrhunderts – deutlich wird, die globalisierten Finanzmärkte dar. Um es zu bezeichnen, erscheint daher der von Paul Windolf (2005) vorgeschlagene Begriff „Finanzmarkt-Kapitalismus“ angemessen. Im Folgenden werden wir die Stellung des Vermögensrentners im System der Finanzmarkt-Kapitalismus genauer untersuchen. Wenn sich die These von der Schlüsselstellung des Vermögensrentners belegen lässt, folgt daraus, dass Keynes in politischer Hinsicht irrte und die Durchsetzungsmacht der Rentiers offensichtlich stark unterschätzte. Aber ist deshalb auch seine langfristige ökonomische Krisenanalyse falsch? Ist der Finanzmarkt-Kapitalismus imstande, eine bessere Lösung der von Keynes analysierten ökonomischen Dilemmata anzubieten, als Keynes selbst es konnte? Die Vertreter des ökonomischen „mainstreams“ behaupten dies zwar. Die mit dem Ende des Systems von Bretton Woods beginnende Liberalisierung der internationalen Finanzmärkte und die an sie anschliessende Liberalisierung und Deregulierung der Produkt-, Dienstleistungs- und Arbeitsmärkte werden als Ausgangspunkt einer unternehmerischen Revitalisierung des Kapitalismus hingestellt. Tatsächlich bedeutet der Finanzmarkt-Kapitalismus indessen, wie hier gezeigt werden soll, die Herrschaft der Rentiers *über* die Unternehmer, mit der Folge einer faktischen Lähmung, nicht einer Stimulierung der innovativen Kräfte der Gesellschaft. Obwohl in politischer Hinsicht verkürzt und soziologisch stark erweiterungsbedürftig, ist die langfristige ökonomische Krisendiagnose von Keynes alles andere als falsch.

Der Aufstieg der Fondsgesellschaften und seine gesellschaftliche Hintergründe

Mit seiner Erwartung, dass der Vermögensrentner einen baldigen „sanften Tod“ erleiden werde, stand Keynes zu seiner Zeit nicht allein. In ihrer vielbeachteten Studie über „The Modern Corporation and Private Property“ konstatierten Berle und Means (1932) eine fortschreitende Zersplitterung und Atomisierung der Eigentumsverhältnisse in den großen Kapitalgesellschaften, mit der Folge, dass der faktische Einfluss der Eigentümer auf die Unternehmenspolitik immer mehr zurückging und die Macht der Manager stieg. Ähnlich diagnostizierte Joseph A. Schumpeter (1942) eine schleichende Expropriation der bürgerlichen Eigentümer durch die Entwicklung des modernen, durch Manager kontrollierten Großunternehmens. Die Figur des Vermögensrentners selbst stellte sich ihm als eine Schrumpfform des aus der Produktion verdrängten Unternehmers dar, deren soziale Legitimität immer brüchiger werde. James Burnham (1941) ging so weit, eine „Revolution der Manager“ zu prophezeien, die das bürgerliche Eigentum eliminieren und eine Planwirtschaft nach den Vorbildern Sowjetrusslands und des nationalsozialistischen Deutschland errichten werde. Dass die Eigentümer vor allem in den USA als eine so schwache Partei wahrgenommen wurden, hing vor allem mit der starken Zersplitterung des Aktienbesitzes zusammen, die sie unfähig machte, ihre Interessen auf Unternehmensebene in koordinierter Weise zur Geltung zu bringen. Diese Zersplitterung war durch den 1933 erlassenen Glass-Steagall-Act, der die institutionelle Trennung von Kapitalbeteiligungen und Kreditgeschäft vorschrieb und damit die Position der Banken schwächte, zunächst weiter gefördert worden. Noch 1960 befanden sich 88 Prozent des Aktenkapitals in den USA im Besitz von Kleinaktionären und Familien (Windolf 2005: 24).

Die Situation begann allerdings schon damals sich zu verändern. Als Folge des gesetzlichen Verbots der Koppelung von Kapitalbeteiligungen und Kreditgeschäften entstanden auf das Emissions- und Anlagegeschäft spezialisierte Investmentfonds, die die Vermögen privater Anleger sammelten und professionell verwalteten. Hinzu kamen kapitalgedeckte betriebliche Pensionsfonds, die sich nach dem Zweiten Weltkrieg rasch entwickelten, auch dank der Unterstützung der amerikanischen Gewerkschaften (O‘ Sullivan 2000: 156f.). Der seit den 1950er Jahren zu beobachtende Aufstieg der sog. „institutionellen Investoren“, zu denen neben Investment- und Pensionsfonds auch Versicherungsgesellschaften gehörten, wirkten der in den angelsächsischen Ländern herrschenden Atomisierung des Kapitaleigentums entgegen. Die Fondsgesellschaften machten sich zu Agenten der Aktionäre und sahen ihre Rolle darin, die Interessen ihrer Kunden gegenüber dem Unternehmensmanagement zu vertreten.

In Frankreich und Westdeutschland waren die Verhältnisse wegen der hier starken Stellung der Banken, des Staates und wegen der großen Bedeutung von Unternehmensnetzwerken und Überkreuzverflechtungen seit jeher anders gewesen (Windolf 2002); das gleiche gilt auch für Japan mit seinem „Keiretsu“- System durch Banken kontrollierter Unternehmenskonglomerate (vgl. Okamura 1998). Die starke Kapitalkonzentration in den Händen der Konzerne und Banken verhinderte hier die Erosion der Eigentümermacht. Aber der „koordinierte Kapitalismus“ rheinischer und japanischer Prägung hatte einen anderen Nachteil, der sich am Ende des 20. Jahrhunderts offenbaren sollte: Er blieb trotz seiner Exporterfolge an die jeweiligen nationalen Kapitalmärkte als seine Basis gebunden, während die US-amerikanischen Investmentfonds ihre Chance gerade in einer internationalen Öffnung der Finanzmärkte erblickten und diese mit Erfolg betrieben.

Die Reorganisation der Eigentümermacht in den Händen global operierender institutioneller Investoren stellt den Kern des neuen Systems des Finanzmarkt-Kapitalismus dar, das sich nach dem Zusammenbruch des Bretton-Woods-Systems im Jahr 1973 entwickelte. Wie Banken sammeln die Fondsgesellschaften das Kapital der Anleger und konkurrieren um deren Gunst, indem sie ihnen möglichst hohe – oft unrealistisch hohe – Renditen versprechen. Anders als Banken verleihen die Fonds ihre Mittel nicht in Form von Krediten, sondern kaufen Aktien, Anleihen oder andere handelbare Schuldpapiere. Aktien und Anleihen verdrängen den Kredit als zentrales Instrument der externen Finanzierung der Unternehmen. Die Konkurrenz um die Gunst der Anlager zwingt die Fonds, eine Strategie der Profitmaximierung zu verfolgen und in den kontrollierten Unternehmen durchzusetzen. Um ihre Anlageentscheidungen zu treffen, sind die Investoren auf umfassende Informationen angewiesen. Da sie aus der Ferne operieren und es ihnen an lokalem Kontextwissen fehlt, müssen diese Informationen durch elektronische Medien und Datenerfassungssysteme bereitgestellt werden. Die Fonds dringen auf eine detaillierte Ausgestaltung und weltweite Standardisierung der Rechnungslegungsvorschriften und treiben die Informatisierung der betriebswirtschaftlichen Steuerungssysteme voran. Sie nutzen die Dienste von Analysten und Rating-Agenturen, um die Komplexität der anstehenden Entscheidungen zu reduzieren. Welche Objekte über- und welche unterbewertet erscheinen, muss kontinuierlich und detailliert eingeschätzt werden. (Windolf 2005).

Die Gewinne der Fonds fließen nicht in voller Höhe den Anlegern zu; vielmehr zweigen die Fonds ansehnliche Gebühren und Erfolgsbeteiligungen für sich selbst, ihre Manager und Analysten ab. Gleichwohl war die Werbung der Fondsgesellschaften um Kunden und Einlagen in den beiden letzten Jahrzehnten des 20. Jahrhunderts außerordentlich erfolgreich. Die von den institutionellen Investoren verwalteten Vermögen nahmen kontinuierlich und mit raschem Tempo zu. In Relation zum jährlichen Bruttosozialprodukt gemessen, stieg ihr Volumen im Zeitraum 1980 bis 2001 in den USA von 69,9 auf 198 Prozent, in Großbritannien von 49,4 auf 212 Prozent, in Frankreich von 11,3 auf 131 Prozent, in Deutschland von 17,5 auf 81 Prozent; nur in Japan (Zahlen liegen erst ab 1990 vor) stagnierte ihr Anteil bei knapp 90 Prozent (OECD 2005).

Der Aufstieg der institutionellen Investoren muss vor dem Hintergrund des starken Wachstums der privaten Finanzvermögen selbst gesehen werden, die sich in allen westlichen Ländern beobachten lässt. In Westdeutschland etwa verfügten die privaten Haushalte im Jahr 1960 über ein Nettogeldvermögen von 131,6 Mrd. DM. Im Jahr 1977 war diese Summe auf eine Billion DM gestiegen, 1986 auf zwei Billionen, 1991 (Gesamtdeutschland) auf drei und 1998 auf 5,26 Billionen DM. Für den gesamten Zeitraum ergibt sich eine nominelle Steigerung um etwa das Vierzigfache (Stein 2004: 35). Obwohl die jährlichen Wachstumsraten der Vermögen sich tendenziell abflachten, wuchsen die Vermögensbestände damit mehr als doppelt so stark wie das Bruttoinlandsprodukt. Für Gesamtdeutschland hat die Bundesbank in ihrem Monatsbericht vom Juni 2005 neue Zahlen über den Zeitraum 1991 bis 2004 vorgelegt, die eine Fortsetzung der genannten Trends signalisieren. In Relation zum Bruttoinlandsprodukt gemessen stiegen die Vermögensbestände (netto) von 79,6 Prozent im Jahr 1991 auf 114,9 Prozent im Jahr 2004 (Deutsche Bundesbank 2005: 28). In den USA lässt sich eine ähnliche, allerdings weniger gleichmäßige Entwicklung beobachten: In den Jahren 1949 bis 1965 kam es zu einer Aktienhausse und zu einem stark überproportionalen Wachstum der privaten Vermögen; Philipps (2003: 118) spricht von der „zweiten Reichtumsexplosion des 20. Jahrhunderts“. Die Wirtschaftskrise und der starke Anstieg der Inflation in den Jahren 1966 bis 1982 bremste die weitere Expansion des Reichtums deutlich. Die „Reaganomics" der 80-er, sowie die Technologiemanie und die Spekulationsblase der 90-er Jahre brachten dann ein neues starkes Wachstum der privaten Vermögen. Zwischen 1982 und 1999 steigerten die 400 reichsten Amerikaner ihr Reinvermögen von durchschnittlich 230 Millionen auf 2,6 Milliarden Dollar, d.h. nominell um das Zehnfache. Auch die Vermögenskonzentration nahm in dieser Phase stark zu (Philipps 2003: 152).

Betrachtet man die zweite Hälfte des 20. Jahrhunderts in historischer Perspektive, so fällt eine Besonderheit ins Auge: Anders als noch in der ersten Hälfte des 20. Jahrhunderts und im 19. Jahrhundert waren die entwickelten kapitalistischen Länder weder von großen Kriegen, noch von galoppierenden Inflationen betroffen. Die früher immer wieder zu beobachtende Entwertung und Vernichtung der Vermögen fand nicht statt. In der Geschichte des modernen Kapitalismus ist eine so lange Phase weitgehend ungestörter Vermögensakkumulation, wie sie seit dem Zweiten Weltkrieg stattfand, einmalig. Mit dem Wachstum der Finanzvermögen wuchsen auch die Einkommen aus Zinsen und Dividenden. Der in der Zinseszinsautomatik ohnehin angelegte Selbstverstärkungseffekt des Vermögenswachstums wurde durch die Intervention der institutionellen Investoren noch gesteigert. Die Fonds sind bemüht, sich einen möglichst großen Teil der Erträge der von ihnen kontrollierten Unternehmen zu sichern, um ihre Kunden zu bedienen und ihre Mitarbeiter zu halten. Das durch die Politik der Fonds noch forcierte Wachstum der privaten Finanzvermögen ist die Grundtendenz, vor deren Hintergrund die mit dem Konzept des Finanzmarkt-Kapitalismus umschriebenen institutionellen Veränderungen in der zweiten Hälfte des 20. Jahrhunderts erklärt werden müssen.

Sozio-ökonomische Folgen des wachsenden Einflusses der Fondsgesellschaften

Finanzvermögen sind extrem ungleich verteilt. In den USA verfügte das reichste ein Prozent der Bevölkerung im Jahr 2000 über rund 40 Prozent der Haushaltsvermögen (Phillips 2003: 158). In Deutschland befanden sich im Jahr 2003 47 Prozent der Nettovermögen in den Händen der reichsten 10 Prozent der Gesellschaft. Die ärmeren 50 Prozent dagegen besaßen weniger als 4 Prozent (Lebenslagen in Deutschland 2005: 39). Das beträchtliche Gefälle in der Höhe der Privatvermögen hat zu einer entsprechenden Differenzierung zwischen den Fondsgesellschaften geführt: Auf der einen Seite operieren die Publikumsfonds, auf der anderen die sog. „Spezialfonds", die nur den reichsten Anlegern offenstehen.

Gleichwohl ist die wirtschaftliche Prosperität der Nachkriegszeit nicht nur den Spitzenverdienern zugute gekommen. Die Bildungsexpansion, aber auch die gut ausgebauten wohlfahrtsstaatlichen Systeme haben in den entwickelten Ländern für die Entstehung einer breiten Mittelschicht gesorgt, die ebenfalls beachtliche Vermögen bildete. Die Geldanlage in Fondsanteilen, Aktien und Anleihen wurde zu einem Massenphänomen. Selbst in einer traditionell der Aktienspekulation so abgeneigten Gesellschaft wie der deutschen stieg die Zahl der Besitzer von Aktien und Fondsanteilen im Jahr 2000 auf 11,8 Millionen, um bis 2004 auf 10,5 Millionen abzusinken (IW 2005: 64). Entstanden ist eine breite Schicht von Rentiers, deren Ego-Ideale sich an den durch die Medien verbreiteten Erfolgsgeschichten von Börsengurus und Milliardären orientieren. Die Börsenspekulation wird als eine Art „Leistungswettbewerb" verstanden, der die Faulen bestraft und die Tüchtigen belohnt (Fischer 2004). Kommt es freilich, wie nach dem Börsenkrach 2001-2003, zu einem Verlust der Vermögen, werden die Gerichte eingeschaltet, um das vermeintliche „Recht" auf Rendite einzuklagen.

Der gesellschaftliche Einfluss der institutionellen Investoren erklärt sich daraus, dass sie nicht nur die Interessen einer kleinen Gruppe von Spitzenverdienern bedienen, sondern sich als Dienstleister für breite Bevölkerungsschichten präsentieren. Das Fondssparen wurde als Weg zur Demokratisierung der Börse und zur Emanzipation des kleinen Mannes – und natürlich auch der Frau – propagiert; sogar Kinder sind bereits zur Zielgruppe geworden (Harmes 2001; Frank 2001). Die öffentliche Resonanz, die die Investoren mit diesen Inszenierungen finden, verleiht ihnen nicht nur wirtschaftlichen, sondern auch politischen Einfluss. Die Zunahme dieses Einflusses liess sich in den USA schon in den sechziger Jahren beobachten, später – vor allem nach dem Zusammenbruch des sozialistischen Lagers und der Technologieblase der neunziger Jahre – auch in zahlreichen anderen Ländern. Die Macht der Fonds zeigt sich auf verschiedenen gesellschaftlichen Ebenen: In der Währungspolitik (1), der Geld- und Fiskalpolitik (2), in der Sozialpolitik und den Veränderungen der Sozialstruktur (3), auf der Ebene der Unternehmen (4), sowie in den Medien (5):

(1) Der auf der Ebene der internationalen Währungspolitik entscheidende Durchbruch gelang den institutionellen Investoren bereits mit der Aufhebung des Systems von Bretton Woods im Jahre 1973. In Verbindung mit der Einführung flexibler Wechselkurse kam es in den folgenden Jahren zu einer sukzessiven Aufhebung der bis dahin geltenden Kapitalverkehrsbeschränkungen (Zinsregulierungen, Mengenbeschränkungen, Meldepflichten) in zahlreichen Ländern (vgl. die Übersicht bei Huffschmid 2002: 129). Zwar ist das Ende des seit 1944 geltenden Systems fester Wechselkurse nicht nur auf den Druck der Fondsgesellschaften, sondern auch auf dessen innere Widersprüche zurückzuführen, insbesondere auf die widersprüchliche Institutionalisierung des Dollar als internationale Reservewährung einerseits, als Instrument nationaler Wirtschaftspolitik andererseits. Aber die Liberalisierung der internationalen Devisen- und Kapitalmärkte schuf entscheidende Voraussetzungen für den Aufstieg der institutionellen Investoren, indem sie einen globalen Markt für Kapitalanlagen eröffnete und das Geschäftsfeld der Investoren erweiterte. „Da der Finanzsektor in den USA in den 1960er und 1970er Jahren weit besser entwickelt war als in Europa, war die Perspektive realistisch, durch Liberalisierung des Kapitalverkehrs erhebliche Marktanteile im ausländischen Finanzgeschäft erobern zu können, was ja vor allem in den 1980er und 1990ere Jahren besonders im Investmentgeschäft auch geschehen ist. Die USA gehörten daher von Anfang an zu den stärksten Befürwortern einer Liberalisierung der Kapitalmärkte" (Huffschmid 2002: 129).

(2) Die Liberalisierung der Kapitalmärkte entzog der bis dahin praktizierten keynesianischen Konjunktursteuerung den Boden und hatte die bekannten „disziplinierenden" Wirkungen auf die nationalstaatliche Geld- und Fiskalpolitik. Regierungen, die eine mit den Kapitalinteressen nicht konforme Politik betrieben, waren nun in ganz anderer Weise mit der „Exit"-Drohung der Vermögenseigentümer konfrontiert als unter dem Regime von Bretton Woods. Dank seiner neu gewonnenen Beweglichkeit auf den internationalen Finanzmärkten konnte das Kapital sich überall rar machen und damit die Politik unter Druck setzen – obwohl es, genau wie Keynes es vorausgesehen hatte, faktisch längst nicht mehr „knapp" war. Im Gegenteil wurde die Überliquidität an den Märkten und die durch sie

bewirkten spekulativen Aufblähungen der Vermögens- und Immobilienwerte zu einem immer drängenderen Problem.

In der *Geldpolitik* führte diese Konstellation dazu, dass die Zentralbanken trotz der wachsenden Arbeitslosigkeit die Zinsen erhöhten und auf einen rigiden Anti-Inflationskurs umschwenkten. Der in den siebziger Jahren drohenden Auszehrung der Finanzvermögen durch die Inflation wurde damit ein Riegel vorgeschoben. Die institutionelle Autonomisierung der Zentralbanken und die gleichzeitige Entstehung einer internationalen „financial and banking community", die Geldpolitik als gänzlich unpolitisches Metier der Wahrung der Geldwertstabilität versteht (Weinert 2002), haben diese Entwicklung gefördert. Wie die Enquetekommission des Deutschen Bundestages, gestützt durch eine Untersuchung von David Felix, gezeigt hat, stieg das Niveau der Realzinsen in den G 7-Ländern seit Beginn der 1980er Jahre über das der jährlichen Zuwachsraten des Bruttosozialprodukts. Finanzanlagen wurden dadurch gegenüber Investitionen in Sachwerte begünstigt. Obwohl die nominalen Zinssätze nach der Rezession von 2001 z.T. auf historische Tiefstände gesenkt werden mussten, dauerte diese Konstellation in Japan und Europa auch danach weiter an.

In der *Fiskalpolitik* hatte der Druck der Vermögensinteressen einen Wettlauf der Nationalstaaten um die Senkung der Unternehmens- und Vermögenssteuern sowie der Spitzensätze der Einkommenssteuer zur Folge. Im Durchschnitt der OECD-Länder sanken die durchschnittlichen Steuersätze für Unternehmen im Zeitraum 2000 bis 2004 von 33,6 auf 29,8 Prozent, der durchschnittliche Spitzensatz der Einkommenssteuer reduzierte sich von 47,1 auf 44 Prozent (OECD 2005). In Deutschland lässt sich schon seit Anfang der 1980er Jahre ein Trend zur Umschichtung der Steuerlasten von den Kapitalsteuern auf Arbeits- und Konsumsteuern beobachten: Während die Gesamtsteuerbelastung im Zeitraum 1981 bis 1997 konstant bei knapp 38 Prozent des BIP blieb, sanken die durchschnittlichen effektiven Steuersätze auf Kapital von 47,6 auf 36,4 Prozent, dagegen stiegen die Steuersätze auf Arbeit und Konsum von insgesamt 43 auf 46 Prozent (Ganssmann 2004: 170); eine Tendenz, die sich auch in den folgenden Jahren dank der Abschaffung der Vermögenssteuer und weiterer Steuerreformen fortgesetzt hat. Die durch die Steuergeschenke an die Vermögenden, aber auch durch das geringe Wirtschaftswachstum verursachten Einnahmeausfälle führten in zahlreichen Ländern zu Ausgabenkürzungen bei den Sozialbudgets, Personalreduktionen im Öffentlichen Dienst und Kürzungen der öffentlichen Investitionen. Durch Privatisierungen Öffentlicher Dienstleistungen und Verkäufe staatlichen Eigentums versuchten die Regierungen, ihre Finanznöte zu lindern. Allein zwischen 1990 und 1997 stiegen die Erlöse aus den Verkäufen staatlichen Eigentums weltweit von rund 33 auf 153 Mrd. Dollar (Huffschmid 2002: 79). Die Regierungen gaben damit zugleich dem Drängen der Investoren nach Erschließung neuer Kapitalanlagesphären nach. Betroffen waren in den neunziger Jahren vor allem die Bereiche Verkehr, Energie- und Wasserversorgung, Telekommunikation sowie Banken und Versicherungen. Weitere Sektoren, insbesondere das Bildungswesen und das Gesundheitswesen, sind bereits ins Visier genommen. Die Verschuldung der Öffentlichen Haushalte nahm trotzdem weiter zu. Sie lag im Jahr 2004 bei 64 Prozent des Bruttoinlandsprodukts in den USA, 163,7 Prozent in Japan und 70,9 Prozent im Euro-Raum (SVR 2004: 35, 50, 71). Auch von dieser Entwicklung profitierten die Rentiers in Form ständig steigender Zinszahlungen aus den öffentlichen Haushalten.

(3) Einen Schwerpunkt in der Arena der *Sozialpolitik* bildete die seit den Neunziger Jahren von den Investmentfonds mit Unterstützung der Weltbank geführte öffentliche Kampagne

gegen die umlagefinanzierten staatlichen Rentensysteme. Ziel war es, die in den staatlichen Systemen gebundenen Mittel auf die Konten der Fonds umzuleiten und die Umstellung der Rentenversicherung auf das Kapitaldeckungsprinzip auf breiter Front durchzusetzen. Die Zukunft der umlagefinanzierten Systeme wurde in düsteren Farben gemalt und ihre angeblich wachstumshemmenden Wirkungen angeprangert. Die Risiken der von den Fonds propagierten kapitalbasierten Systeme dagegen wurden verschwiegen oder kleingeschrieben. Während die Kampagne in den angelsächsischen Ländern, in den Niederlanden und in den einigen postkommunistischen Ländern Mittel- und Osteuropas beträchtliche Erfolge hatte (Blackburn 2002), blieb ihr in Frankreich und Deutschland (von der sog. „Riester-Rente" abgesehen) ein Durchbruch bislang versagt. Nach dem Börsenabsturz in den Jahren 2001-2003 und seinen zum Teil desaströsen Folgen für die Versicherten wurde die öffentliche Kampagne zunächst zurückgedreht. Die Strategie selbst wird jedoch – etwa in den Plänen der Bush-Regierung zur Reform der staatlichen Rentenversicherung in den USA – weiter verfolgt.

Ein Dauerthema der politischen Interventionen der Fonds und der ihnen angeschlossenen Consulting-Firmen war darüber hinaus die Forderung nach Kürzung staatlicher Sozialleistungen und nach dem generellen Abbau des angeblich überdimensionierten und nicht mehr zeitgemäßen Sozialstaats. Unter dem Druck der öffentlichen Finanznot sind zahlreiche Regierungen dieser Forderung nachgekommen: Trotz wachsender Arbeitslosigkeit wurden vielfach die Leistungen für Arbeitslose reduziert, darüber hinaus die Renten gekürzt oder auch die Beiträge zur Krankenversicherung erhöht. Die sinkende Durchsetzungsmacht der Gewerkschaften führt dazu, dass auch die realen Nettolöhne bestenfalls stagnieren, häufig sinken. Der bereits seit etwa 30 Jahren zu beobachtende Trend zu einer Verschärfung der Ungleichheit der Haushaltseinkommen in fast allen OECD-Ländern (Hradil 2005) ist zwar nicht allein, doch zu einem wichtigen Teil durch diese Entwicklungen bedingt. Dass die soziale Ungleichheiten gerade in den entwickelten Ländern zunimmt, wird auch durch den sinkenden Trend der bereinigten Lohnquoten in der EU, in den USA und in Japan (Huffschmid 2002: 147-153) belegt.

(4) Von besonderer Tragweite sind die durch den Vormarsch der institutionellen Investoren bedingten Veränderungen der Kontrollstrukturen auf *Unternehmensebene.* Schon seit Mitte der siebziger Jahre, stellt Paul Windolf fest, formiert sich in den Wirtschaftswissenschaften ein „Gegenparadigma" zur Managerherrschaft, das „den Eigentümern wieder zu einer uneingeschränkten Verfügung über ihr Eigentum verhelfen will". Mit der Internationalisierung der Kapitalmärkte hat sich ein „Markt für Unternehmenskontrolle entwickelt, auf dem Unternehmen oder Betriebsstätten gekauft, verkauft oder reorganisiert werden. ... Eine Firma, die Waren produziert, ist selbst zur Ware geworden" (Windolf 1994: 80/81). In den USA besitzen Pensions- und Investmentfonds heute 60 Prozent der Aktien an den 1000 größten Aktiengesellschaften (Windolf 2005: 23). Auch in den Ländern des „rheinischen Kapitalismus" kommt es zu einer Auflösung der Unternehmenskonglomerate, zu einem Rückzug der Banken aus ihren Industriebeteiligungen, der den institutionellen Investoren den Weg ebnet. Überdies greift der Einfluss der Fonds dank der Entwicklung des außerbörslichen Beteiligungsmarktes („Private Equity") über den Bereich der börsennotierten Unternehmen hinaus.

Die Rekonzentration der Eigentümermacht in den Händen der institutioneller Investoren brachte weitreichende Veränderungen im Verhältnis zwischen Managern und Eigentümern (für den Fall der „Deutschland AG“: Streeck/Höpner 2003). Die gestiegene kollektive Handlungfähigkeit der Eigentümer fand ihren sinnfälligsten Ausdruck in den sogenannten „feindlichen Übernahmen“. Je mehr der von den Investoren gehaltene Kapitalanteil an den Unternehmen stieg, desto mehr mussten die Manager nun mit der Möglichkeit einer solchen feindlichen Übernahme rechnen. Kümmerten sie sich nicht hinreichend um die Interessen der Aktionäre und fiel der Aktienkurs der Firma, so entstand ein Anreiz für die Fonds, solche „unterbewerteten“ Firmen aufzukaufen und die Führungskräfte auszutauschen: „Feindliche Übernahmen sind eine *virtuelle* Bedrohung. Sie müssen nicht tatsächlich durchgeführt werden, um ihre disziplinierende Wirkung zu entfalten“ (Windolf 2005: 47). Für die Manager wurde es deshalb wichtig, einen engen Kontakt mit den Eigentümern auch über die reguläre Berichterstattung hinaus zu halten. Zur Pflege der „investor relations“ wurden eigene Abteilungen aufgebaut. Die Manager mussten sich verpflichten, regelmäßig über die Erreichung der von den Investoren gesetzten Renditeziele Rechenschaft abzulegen und ihre Strategien zu erläutern. Um die Interessen der Manager stärker an die der Aktionäre zu koppeln, wurden die Vergütungen partiell auf Aktienoptionen umgestellt.

Die zahlreichen Betrugsfälle haben freilich inzwischen deutlich gemacht, dass die Kontrolle der Manager durch die Eigentümer auf Grenzen stößt. Übersehen wurden die Möglichkeiten der Manager, Aktienkurse und andere Performance-Kriterien zu manipulieren (Windolf 2003, Osterloh/Frey 2005). Die Gesetzgebung in den USA hat auf dieses Problem mit dem Sarbanes-Oxley-Act reagiert, der eine Verschärfung der Überwachung der Manager und der gesetzlichen Sanktionen vorsieht. Ob es auf diese Weise besser gelingen kann, den Opportunismus der Top-Manager einzudämmen, wird sich in der Praxis erweisen müssen. Die eigentliche Frage jenseits des Opportunismus-Problems ist jedoch, ob eine verstärkte Kontrolle der Manager durch die Eigentümer das leisten kann, woran den Fonds vor allem gelegen ist: Die Unternehmen auf einen Kurs zu führen, der höhere Gewinne und damit auch höhere Ausschüttungen an die Aktionäre (und darüber hinaus Kursgewinne an den Börsen) verspricht.

Höhere Gewinne können prinzipiell auf zwei verschiedene Weisen zustande kommen: Entweder durch eine höhere Wertschöpfung des Unternehmens, oder durch Umverteilung einer gegebenen Wertschöpfung zugunsten der Eigentümer. Im ersten Fall handelt es sich um ein Positivsummenspiel, bei dem alle Beteiligten – Manager, Eigentümer, Beschäftigte – profitieren können, im zweiten Fall um ein Nullsummenspiel, bei dem die höheren Ausschüttungen zugunsten der Aktionäre auf Kosten der beiden oder einer der beiden anderen Gruppen gehen. Welche Option ist die realistischere?

Das wichtigste Mittel, um eine höhere Wertschöpfung im Sinne der ersten Option zu erzielen, stellt zweifellos die erfolgreiche Entwicklung und Vermarktung neuer Produkte, Techniken oder Organisationskonzepte – „neue Kombinationen“ im Sinne Schumpeters – dar. Genau hierfür jedoch schaffen die Kontrollstrukturen des kapitalmarktbasierten Unternehmens ein eher ungünstiges Umfeld, wie ich an anderer Stelle unter Rückgriff auf die Untersuchungen von Lazonick (2000, 2003) und O'Sullivan (2003) ausführlicher gezeigt habe (Deutschmann 2005). Die Kontrolle des Unternehmens durch institutionelle Investoren erzwingt in aller Regel höhere Ausschüttungen und verhindert die Bildung interner Reserven, die es dem Management ermöglichen, die finanziellen Risiken innovativer Projekte aufzufangen. Die von den Investoren verordnete detaillierte finanzielle Rechenschaftspflicht der einzelnen Subsysteme kollidiert mit dem für erfolgreiche innovative Projekte unentbehrlichen Erfordernis organisatorischer und finanzieller Autonomie. Der segmentär orientierte Ansatz finanzmarktorientierter Unternehmenskontrolle behindert die für die Entwicklung neuer Ideen förderliche Synergie zwischen heterogenen Subsystemen. Schließlich sind die Renditeziele der Investoren angesichts der unsicheren Erfolgsaussichten innovativer Prozesse häufig zu ehrgeizig und zu kurzfristig angesetzt. Weder das Management, noch die Eigentümer sind in der Lage, das Problem der ungewissen Chancen neuer Produkte und Technologien aus der Welt zu schaffen. Innovation und Unternehmertum als Formen kreativen Handelns lassen sich nicht von außen her planen und kommandieren, sondern erfordern ein hohes Maß an Selbstorganisation der unmittelbar beteiligten Akteure. Dieses steht jedoch im Widerspruch zu dem Kontrollanspruch der Eigentümer und ihrem Interesse, einen möglichst hohen Anteil der Erträge des Unternehmens für ihre Klientel herauszuholen.

Das Regime der Fondsgesellschaften versetzt das Management in einen Zielkonflikt: Auf der einen Seite werden von ihm mehr und bessere unternehmerische Leistungen erwartet, auf der anderen Seite werden die zur Erbringung dieser Leistungen notwendigen Ressourcen beschnitten. Wie gehen die Führungskräfte mit diesem Dilemma um?

Das realistische, auch durch Fallstudien (Froud et al. 2000) belegte Szenario ist wohl, dass die Manager es lernen, doppelbödig zu agieren, d.h. symbolische Selbstdarstellung und praktisches Handeln zu entkoppeln. Rasch eignen sie sich die von den Eigentümern vorgegebenen Sprachspiele an und verstehen es, die Ergebnisse, Strategien und Perspektiven des Unternehmens in ein für die Börsenbewertung günstiges Licht zu rücken. Innovative Ideen, neue Produktlinien und Zukunftsmärkte werden effektvoll in Szene gesetzt, um „Kursphantasien“ zu stimulieren. In der Praxis dagegen kommt es in erster Linie darauf an, die mit den Investoren getroffenen Zielvereinbarungen bezüglich der Rendite zu erfüllen. Dabei sind Risikovermeidung und Kostensenkung oberste Gebote. Die Fertigungstiefe wird verringert, fixe Personalbestände und Kapitalinvestitionen werden soweit wie möglich vermieden. Wenn möglich, möchte man überhaupt nicht mehr die Rolle des Produzenten, sondern nur noch die des Dienstleisters übernehmen. Selbst industrielle Produktionsanlagen werden nicht mehr gekauft, sondern gemietet (Reindl 2002). Personal wird abgebaut, Löhne und Gehälter werden möglichst gedrückt, die Leistungsanforderungen und Arbeitszeiten nach oben geschraubt. Die Gewinne sind nicht länger „Residualeinkommen“ im traditionellen betriebswirtschaftlichen Verständnis, sondern verwandeln sich faktisch zu einer neuen Art von Kontrakteinkommen im Rahmen der Zielvereinbarungen zwischen Eigentümern und Management. Die Löhne und Gehälter dagegen sind nicht länger Kontrakteinkommen; tarifliche und arbeitsvertragliche Regelungen verlieren ihre Verbindlichkeit. Sie werden zu Residualeinkommen, d.h. die Beschäftigten bekommen nur noch, was übrig bleibt, nachdem die Anteilseigner ihre Forderungen befriedigt haben.

Mit dem Risiko wird freilich auch das Wertschöpfungspotential ausgelagert. Kapitalverwertung wird dann zu einem Nullsummenspiel, das kein wirtschaftliches Wachstum hervorbringt, sondern sich auf eine Umverteilung der gegebenen Wertschöpfung zugunsten der Kapitaleinkommen reduziert. Im Ergebnis spricht vieles dafür, dass das Regime der institutionellen Investoren Strategien der Gewinnerzielung begünstigt, die der oben skizzierten zweiten Option entsprechen, nicht der ersten. Von der noch berüchtigteren Methode des „Exit-Kapitalismus“ (Kühl 2005) – ein Unternehmen wird aufgekauft, mit dem alleinigen Ziel, seinen Börsenwert in die Höhe zu treiben und es dann wieder zu verkaufen – wird dabei noch ganz abgesehen.

(5) Das Zusammenspiel zwischen den Strategien der Fondsgesellschaften auf den verschiedenen gesellschaftlichen Ebenen könnte nicht funktionieren ohne eine kohärente *Ideologie* und ohne einen *Medienbetrieb*, der diese Ideologie kontinuierlich in der Gesellschaft verbreitet. Bei der Ideologieproduktion lassen sich zwei Schichten unterscheiden: Auf der einen Seite werden allgemeine Leitbegriffe wie Markt, Wettbewerb, Leistung, Selbstverantwortung in Umlauf gebracht, durch deren ständige Wiederholung ein sich selbst bestätigender Effekt entsteht. Wie diese Technik funktioniert, lässt sich an dem gängigen Verständnis von „Leistung" zeigen (Neckel/Dröge 2003): Obwohl Vermögensbesitz und Vermögenseinkommen zum größten Teil gar nicht durch eigene Leistung erworben werden, lässt die ideologische Rhetorik den Eindruck entstehen, die pure Faktizität der marktbedingten Einkommensverteilung sei durch individuelle „Leistung" bedingt. Die Konzepte „Leistung" und „Markterfolg" werden kurzgeschlossen: Wer Erfolg hat - so wird suggeriert - kann dies nur durch eigene Leistung verdient haben, wer nicht erfolgreich ist, erfährt eben darin die gerechte Strafe für seine mangelnde Leistungsbereitschaft. Schon der Begriff des institutionellen „Investors" selbst ist mit der in ihm angelegten Vermengung realer Anlageentscheidungen mit finanzwirtschaftlichen Operationen ein Beispiel für die herrschende Sprachverwirrung.

Die zweite Schicht der Ideologieproduktion besteht in Populärversionen der „Mainstream"-Ökonomie, die eine neuartige Form eines wissenschaftlich verbrämten Lobbyismus darstellen. Wie durch höhere Fügung laufen die im Fernsehen verkündeten wirtschaftspolitischen Empfehlungen der ökonomischen Berater und „Wirtschaftsweisen" (Verabsolutierung des Prinzips der Geldwertstabilität, Senkungen der Löhne, Steuern und Sozialabgaben, Liberalisierung der Märkte) regelmäßig auf eine stillschweigende Privilegierung der Rentierinteressen hinaus. Nicht die „Konsumenten", die ja in der Mehrzahl auch Arbeitnehmer sind und als solche auch negativ betroffen sind, profitieren von der Intensivierung des Wettbewerbs an den Arbeits- und Gütermärkten, wie irreführend behauptet wird. Die Hauptgewinner sind vielmehr die Eigentümer von Finanzvermögen. Sorgfältig werden die durch die Unternehmen und die Gesellschaft zu tragenden, immer höheren Zins-, Renten- und Dividendenlasten ausgeblendet. Die Folgen dieser Belastung dagegen werden als unvermeidliche „Sachzwänge" einer globalen Ökonomie inszeniert. Wohl nicht zufällig stoßen solche Inszenierungen in den politisch meinungsführenden Rentierschichten der gesellschaftlichen Mitte parteiübergreifend auf breite Zustimmung. Wiederum spielt der Verstärkereffekt der Medien, insbesondere des Fernsehens, dabei eine zentrale Rolle. Das Zusammenspiel von Fondsgesellschaften, Wissenschaftlern, Consulting-Firmen und der Medienindustrie ist ein Thema, das noch gründlicher Erforschung bedarf. [1]

Ist die Keynes'sche Krisenanalyse obsolet?

Überblickt man die Prozesse der Restauration der Macht der Rentiers nach der Krise der siebziger Jahre, so wird ein gesellschaftliches System von eindrucksvoller Geschlossenheit sichtbar. Genau genommen, liegt das Machtzentrum dieses Systems nicht bei den Rentiers selbst, sondern bei den Fondsgesellschaften, die gewiss nicht nur als selbstlose Agenten ihrer Kunden auftreten, sondern auch nicht zu unterschätzende Eigeninteressen verfolgen.

---

[1] Für einen ersten Einblick aus eher journalistischer Perspektive vgl. Leif 2006

Gleichwohl sind die Fonds nicht allmächtig; sie müssen um die Gunst der Anleger konkurrieren und sind auf ihr Vertrauen angewiesen. Dank der organisierenden Rolle der Fondsgesellschaften wird das strukturelle gesellschaftliche Gewicht der Rentierinteressen jedenfalls beträchtlich gestärkt. Die Bündelung der Interessen der Vermögenseigentümer in den Händen der Fonds ist deshalb so folgenreich, weil die Fondsgesellschaften mit den Finanzvermögen eine „Ressource" kontrollieren, von der moderne Gesellschaften in umfassender Weise abhängig sind. Geld ist alles andere als bloß ein „Schleier" über den „realen" wirtschaftlichen Vorgängen, wie die neoklassische Lehre unterstellt. Seine Bedeutung reduziert sich auch nicht auf die eines potentiellen Störfaktors des gesamtwirtschaftlichen Gleichgewichts, wie Keynes annahm. Geld ist in modernen Gesellschaften das „allgemeine Mittel" (Simmel 1989, Deutschmann 2001, Paul 2004), von dem das Funktionieren nicht nur der Wirtschaft, sondern direkt oder indirekt auch aller anderer Subsysteme der Gesellschaft - von der Familie, der Politik bis hin zur Wissenschaft - abhängt. Als allgemeines Mittel gewinnt es aber, wie Simmel hervorhob, einen inneren Wert und wird zum Träger gesellschaftlicher Privatmacht. Wenn es einer Gruppe kollektiver Akteure gelingt, diese Privatmacht zu bündeln, dann gewinnt sie damit einen beträchtlichen Einfluss auf die gesamte gesellschaftliche Entwicklung.

Sind die langfristigen Prognosen von Keynes damit widerlegt? In politischer Hinsicht sind sie widerlegt, weil Keynes das nicht nur wirtschaftliche, sondern auch politische und gesellschaftliche Eigengewicht des Geldes und mit ihm auch die potentielle Organisationsmacht der Rentiers stark unterschätzte. Ist deshalb aber auch seine ökonomische Krisendiagnose falsch? Die Vertreter des neoliberalen „mainstreams" der ökonomischen Theorie behaupten dies. Ihre These ist, dass der keynesianische Interventionsstaat kein Heilmittel gegen die Krisentendenzen des Kapitalismus ist, sondern im Gegenteil deren Ursache. Die Zurückdrängung des Staates durch den Finanzmarkt-Kapitalismus werde die unternehmerischen Kräfte beleben und das globale wirtschaftliche Wachstum fördern.

Zweifellos ist das Keynes'sche Modell nicht frei von Mängeln und Unklarheiten. Keynes konzentriert seine Krisenanalyse auf das Problem des Gleichgewichts an den Vermögensmärkten. Aber schon in diesem Punkt bleibt seine Analyse unvollständig, weil sie sich auf die kurzfristige Betrachtung beschränkt. In dynamischer Perspektive zeigt sich, dass im Gegensatz zu den Annahmen von Keynes auch eine vollständige Reinvestition der realisierten Gewinne und Ersparnisse ein hinreichendes Niveau der effektiven Nachfrage nicht sicherstellen kann. In einer wachsenden Wirtschaft sind Unternehmen, die durch den Verkauf ihrer Produkte einen Gewinn erzielen wollen, auf eine Nachfrage angewiesen, die *höher* ist als die, die sie selbst mit ihren Kostenzahlungen geschaffen haben. Über die Reinvestition der realisierten Ersparnisse muss eine durch Geldschöpfung und zusätzlichen Kredit finanzierte Nachfrage hinzukommen (Binswanger 1996, vgl. auch schon Kroll 1958 und Deutschmann 1973). Die in der wachstumspolitischen Rhetorik so häufig eingeforderte „Zukunftsorientierung" der Akteure hat einen harten Kern: die Bereitschaft von Unternehmen oder Haushalten, sich über ihre laufenden Erlöse und Einkommen hinaus zusätzlich zu verschulden. Eine solche Verschuldung ist unabdingbar, um die Dynamik in Gang zu halten. Bleibt sie aus, kommt es zu einem Mangel an effektiver Nachfrage und damit zur Gefahr einer kumulativen Abwärtsspirale.

Unter welchen Bedingungen kann sich eine solche Bereitschaft zu zusätzlicher Verschuldung entwickeln? Offensichtlich muss es Unternehmer oder Haushalte geben, die ihre wirtschaftlichen Perspektiven optimistisch einschätzen und zu entsprechenden Investitionen oder Ausgaben bereit sind. Auch in dieser Hinsicht bleibt Keynes' „psychologische" Analyse unbefriedigend und muss durch eine stärker soziologische Betrachtung ergänzt werden; dies kann hier nur angedeutet werden. Der gesellschaftliche Erfolg innovativer Ideen etwa hängt nicht nur von den „Instinkten" des Unternehmers ab, sondern auch – wie oben schon angemerkt - davon, ob die betriebliche Arbeitsorganisation und die Struktur der industriellen Beziehungen der Entwicklung kollektiver Kreativität der Mitarbeiter förderlich ist oder nicht. Über den Betrieb hinaus ist die Kommunikation zwischen Unternehmen, Forschungseinrichtungen, potentiellen Kunden u.a. bedeutsam. Technische „Leitbilder" oder „Paradigmen" (Dosi 1983, Dierkes et al. 1992), aber auch Konsummoden- und Marken (Hellmann 2003) spielen als Medien dieser Kommunikation eine wichtige Rolle (vgl. auch Deutschmann 2002: 80 f.). Sie vermitteln die Synergie zwischen heterogenen ökonomischen und gesellschaftlichen Subsystemen und können so bewirken, dass neue Ideen über ihre originären wissenschaftlichen Entdeckungszusammenhänge hinaus Resonanz in der Gesellschaft finden. Diese Resonanz ist freilich nicht nur ein Ergebnis der Medienkommunikation, sondern wird auch durch sozialstrukturelle Faktoren beeinflusst. Kulturelle Überlieferungen sind hier ebenso von Bedeutung wie der demografische Aufbau, die Sozialstruktur und das schon erreichte Wohlstandsniveau. Entwicklungsgesellschaften mit jugendlicher, stark wachsender Bevölkerung und großen, aber individuell überwindbaren sozialen Ungleichheiten stellen einen besseren Nährboden für die Entwicklung unternehmerischer Talente dar als alternde Wohlstandsgesellschaften mit breiten und saturierten Mittelschichten. Unternehmer sind Individuen, die sozialen Aufstieg nicht über die institutionalisierten Karrierewege einer Gesellschaft, sondern über die Bewährung am Markt anstreben. Dieser Typus aber verliert dort an Bedeutung wo, wie in den fortgeschrittenen Industriegesellschaften, viele Menschen bereits relativ komfortable soziale Positionen erreicht haben und der Anteil der wirtschaftlich aktiven Bevölkerung infolge der Alterung sinkt. Ist ein solcher Zustand einmal erreicht, lässt er sich nicht durch einen Abbau des Sozialstaates künstlich zurückdrehen. Unternehmerische Zukunftsorientierung und Verschuldungsbereitschaft sind emergente gesellschaftliche Phänomene, die sich weder durch Innovationsrhetorik, noch durch politisch inszenierten „Marktwettbewerb" manipulieren lassen.

Schon unter diesen sozialstrukturellen Gesichtspunkten spricht wenig dafür, dass der Finanzmarkt-Kapitalismus die Struktur der fortgeschrittenen Industriegesellschaften im Sinne einer Stärkung der unternehmerischen Kräfte verändert hat oder überhaupt verändern kann. Viel eher scheint es, dass die Rentiers und ihre Agenten eine Herrschaft *über* die Unternehmer errichtet haben. Die kapitalmarktorientierten Formen der Unternehmenskontrolle lassen, wie wir oben aufgezeigt haben, ein ungünstiges Umfeld für innovative Projekte entstehen. Die wirtschaftliche Dynamik wurde nicht gefördert, sondern gelähmt. Die jährlichen Wachstumsraten der Bruttoanlageinvestitionen nahmen in den achtziger Jahren in den EU-Ländern und in Japan zwar zunächst zu, gingen danach aber stetig zurück. In den USA zeigten die Bruttoanlageinvestitionen nur während des New-Economy-Booms der 1990-er Jahre deutliche Zuwächse. Rückläufig waren auch (wiederum mit Ausnahme der neunziger Jahre in den USA) die wirtschaftlichen Wachstumsraten. Der Aufschwung der „New Economy" in den neunziger Jahren, der seinerzeit als Musterbeispiel finanzmarktgetriebenen Wirtschaftswachstums galt, entpuppte sich als Scheinblüte. Über den gesamten Zeitraum 1969 bis 1995 hinweg ist in den G-7-Ländern ein Rückgang des Anteils extern finanzierter Investitionen bei den Unternehmen des Nichtbanken-Sektors festzustellen (siehe die Zusammenstellung der Daten bei Huffschmid 2002: 27, 147-153). Die Verschuldungsbereitschaft der Unternehmen ist nicht gestiegen, sondern gesunken. Die geplante Verschärfung der internationalen Eigenkapital-Richtlinien für Kreditgeschäfte („Basel II") droht trotz der inzwischen beschlossenen Abschwächungen die externen Finanzierungschancen kleiner und mittlerer Unternehmen weiter einzuschränken. Wenn aus der Privatwirtschaft überhaupt expansive Impulse kamen, dann war es die in einigen Ländern – insbesondere in den USA und Großbritannien – zu beobachtende starke Verschuldung der Privathaushalte, die jedoch inzwischen kritische Ausmaße angenommen hat. Den Hauptbeitrag zur Sicherung der Nachfragedynamik leistete die staatliche Finanzpolitik. In den G-7 Ländern hat sich der Trend zu zunehmender öffentlicher Verschuldung seit den 1970er Jahren kontinuierlich fortgesetzt. Teilweise – wie während der „Reaganomics" der 1980-er Jahre in den USA und in Japan in den 1990-er Jahren – wuchsen die staatlichen Schulden auch sprunghaft und in großen Schritten. Die vorübergehenden Konsolidierungserfolge in den USA in den späten neunziger Jahren wurden durch den anschließenden starken Wiederanstieg der Defizite vollständig zunichte gemacht (SVR 2003: 5).

Im Ergebnis zeigt sich, dass die Keynes'sche Krisendiagnose trotz ihrer analytischen Schwächen in die richtige Richtung weist. Mit der Stärkung der Position der Rentiers wurden mitnichten auch die unternehmerischen Kräfte in der Gesellschaft gestärkt. Die von Keynes aufgezeigten Krisenpotentiale – sinkende Investitionsneigung der Unternehmen einerseits, Überliquidität an den Finanzmärkten mit der Tendenz zur Bildung spekulativer Blasen andererseits – blieben vielmehr weiter virulent. Dass es gleichwohl bislang nicht zu einer massiven Krise wie in den 1930er Jahren kam, ist vor allem darauf zurückzuführen, dass der „Keynesianismus" trotz seiner offiziellen Verdammung stillschweigend in Gestalt der anhaltenden staatlichen Defizitfinanzierung weiter praktiziert wurde, besonders deutlich in den USA und Japan. Ganz im Sinne der Empfehlungen von Keynes verschuldete der Staat sich „stellvertretend" für die Unternehmen, aber er zahlte den Eigentümern auch „stellvertretend" aus Steuermitteln jene Renditen, die auf den privaten Kapitalmärkten nicht mehr zu erzielen gewesen wären. So wurde eine Eskalation der Krise und mit ihr auch eine drastische Entwertung der Vermögen verhindert. Aber die Krise wird so nur latent gehalten, ihre Ursachen bestehen weiter fort.

Das System des Finanzmarkt-Kapitalismus leidet an einem inneren Widerspruch. Es mobilisiert die privaten Finanzvermögen und organisiert die wirtschaftliche und politische Macht der Vermögensbesitzer. Bis weit in die gesellschaftliche Mitte hinein wird die Erwartung geweckt, es gebe so etwas wie ein „Naturrecht" auf Rendite. Die reale Voraussetzung dafür, dass Kapital sich verwertet, stellt jedoch der gesellschaftliche Prozess schöpferischer Zerstörung dar. Vermögen sind Kontrakte zwischen Gläubigern und Schuldnern. Wenn die Vermögen stärker als das Sozialprodukt wachsen, dann müssten entsprechend mehr Schuldner gefunden werden, die bereit sind, die Verbindlichkeiten mit Zins und Zinseszins abzuarbeiten. Der Anteil der nach dem Schema G-W-G' ablaufenden Transaktionen müsste immer mehr gegenüber Transaktionen des Typs W-G-W zunehmen. Um die anwachsenden Kapitalien zu verwerten, müsste die Gesellschaft immer mehr Unternehmer und innovative Leistungen hervorbringen, ihre wirtschaftlichen und sozialen Strukturen in immer rascherem Tempo umwälzen. Die Beratungsindustrie arbeitet zwar unablässig daran, solche Beschleunigungsszenarien zu konstruieren und zu popularisieren. Damit entfernt sie sich jedoch von der Wirklichkeit. Reale Gesellschaften müssen zunächst ihre Kontinuität und Reproduktion sichern. Sie können nicht unbegrenzt schöpferische Zerstörung betreiben, nur um die Erwartungen der Eigentümer zu befriedigen. Das gilt, wie oben schon angesprochen, erst recht für die alternden Wohlstandsgesellschaften Europas, Nordamerikas und Japans. Hier haben sich breite bürgerliche Schichten gebildet, die zwar Renten auf ihre Vermögen kassieren wollen, im Übrigen aber die Sicherheit ihrer Existenz schätzen und das hohe Lied der unternehmerischen Tugenden lieber anderen predigen. Werden aber nicht genug Schuldner gefunden, die die Erwartungen der Eigentümer erfüllen können, kommt es zu einem Rückgang der Investitionen. Die effektive Nachfrage sinkt; gleichzeitig steigt die Liquidität an den Finanzmärkten und mit ihr die Neigung zu spekulativen Aufblähungen der Vermögenswerte. Die Arbeitslosigkeit steigt; Löhne und Steuereinnahmen sinken. Kapitalverwertung wird zu einem Nullsummenspiel auf Kosten der Reproduktion der Gesellschaft.

Unternehmertum und wirtschaftliche Innovation sind Phänomene, die unter sehr spezifischen gesellschaftlichen und historischen Voraussetzungen entstehen und mit dem Verschwinden dieser Voraussetzungen zurückgehen. Sie lassen sich weder durch Manager oder Politiker anordnen, noch durch Innovationsrhetorik herbeireden. Unternehmertum lässt sich auch nicht erzwingen, indem die Bevölkerung von einem bereits erreichten Zustand des Wohlstandes künstlich in Armut und Existenzunsicherheit zurückversetzt wird, in der Erwartung, sie werde dann die Ärmel aufkrempeln und wieder von vorn anfangen. Wenn die gesellschaftlichen Voraussetzungen für den Prozess schöpferischer Zerstörung erodieren, dann kann eine rationale Antwort darauf vielmehr nur in die von Keynes gewiesene Richtung weisen: „Euthanasie" der Rentiers, Egalisierung der Verteilung der Einkommen und Vermögen, Stopp der Zinseszinsautomatik. Wenn Kapital nicht länger knapp ist, entfällt die Basis für den Renditeanspruch der Eigentümer. Die Vermögensansprüche und mit ihnen die Schulden müssten auf ein Ausmaß zurückgeführt werden, das von der Gesellschaft realistischerweise zu bewältigen ist, nicht nur von Hochleistungsträgern und Olympiamannschaften. Genau einer solchen Lösung der Probleme stehen die Strukturen des Finanzmarkt-Kapitalismus jedoch entgegen. Die Eigentümer geben sich der Utopie absoluten Reichtums hin, während sie mit ihrem faktischen Handeln die sozialen und ökologischen Voraussetzungen der Produktion realen Reichtums immer mehr untergraben. Die Selbstwidersprüche im Handeln der Rentiers sichtbar zu machen, ist daher eine wichtige aktuelle Aufgabe der Sozialwissenschaften, mit der sie einen Beitrag zur politischen Aufklärung leisten können.

Literatur:

Berle, Adolf und Gardiner C. Means (1932): The Modern Corporation and Private Property, New York: Macmillan.

Binswanger, Mathias (1996): Money Creation, Profits and Growth: Monetary Aspects of Economic Evolution, in: Ernst Helmstaedter (ed.): Behavioural norms, Technological progress, and Economic dynamics, Ann Arbor: The University of Michigan Press: 414-437.

Blackburn, Robin (2002): Banking on Death. Or, Investing in Life: The History and Future of Pensions, London: Verso.

Burnham, James (1962/1941): The Managerial Revolution, Harmondsworth: Penguin.

Deutsche Bundesbank (2005): Monatsbericht der Deutschen Bundesbank, Juni 2005.

Deutschmann, Christoph (1973): Der linke Keynesianismus, Frankfurt/M: Athenäum.

Deutschmann, Christoph (2001): Die Verheißung des absoluten Reichtums. Zur religiösen Natur des Kapitalismus, 2. Aufl., Frankfurt/M: Campus.

Deutschmann, Christoph (2002): Postindustrielle Industriesoziologie, Weinheim: Juventa.

Deutschmann, Christoph (2005): Finanzmarkt-Kapitalismus und Wachstumskrise, in: Paul Windolf (Hg.): Finanzmarkt-Kapitalismus. Analysen zum Wandel von Produktionsregimen, Wiesbaden: VS-Verlag: 58-84.
Dosi, Giovanni (1983): Technological paradigms and technological trajectories. The determinants and directions of technical change and the transformation of the economy, in: Chris Freeman (Hg.): Long Waves in the World Economy, London: Pinter: 78-101.
Dietrich, Karl, Hubert Hoffmann, Jürgen Kromphardt, Karl Kühne, Heinz D. Kurz, Hajo Riese und Bertram Schefold (1987): Postkeynesianismus. Ökonomische Theorie in der Tradition von Keynes, Kalecki und Sraffa, Marburg: Metropolis.
Dierkes, Meinolf, Ute Hoffmann, und Lutz Marz (1992): Leitbild und Technik. Zur Entstehung und Steuerung technischer Innovationen, Berlin: Sigma.
Fischer, Michael (2004): Erfolg zwischen Zufall und Leistung: Der Aktienmarkt, in: Leviathan 32/2: 203-224.
Frank, Thomas (2001): Das falsche Versprechen der New Economy. Wider die neoliberale Schönfärberei, Frankfurt: Campus.
Froud, Julie, Colin Haslam, Johal Suikdev und Karel Williams (2000): Shareholder Value and Financialization: Consultancy Promises, Management Moves, in: Economy and Society 29: 80-110.
Ganssmann, Heiner (2004): 30 Jahre Massenarbeitslosigkeit in der Bundesrepublik – ein deutscher Sonderweg, in: Leviathan 32: 164-184.
Glyn, Andrew und Robert Sutcliffe (1972): British Capitalism, Workers and the Profit Squeeze, Harmondsworth: Penguin.
Harmes, Adam (2001): Mass Investment Culture. New Left Review 9: 103-124.
Hellmann, Kai Uwe (2003): Soziologie der Marke, Frankfurt a. M.: Suhrkamp.
Hradil, Stefan (2005): Warum werden die meisten entwickelten Gesellschaften wieder ungleicher? In: Paul Windolf (Hg.): Finanzmarkt-Kapitalismus. Analysen zum Wandel von Produktionsregimen. Sonderheft 45/2005 der Kölner Zeitschrift für Soziologie und Sozialpsychologie, Wiesbaden, VS-Verlag: 460-483.
Huffschmid, Jörg (2002): Politische Ökonomie der Finanzmärkte, Hamburg: VSA.
Deutschland in Zahlen 2005, Köln: Institut der deutschen Wirtschaft
Keynes, John M. (1973/1936): The General Theory of Employment, Interest and Money, London: Macmillan.
Kühl, Stefan (2003): Exit. Wie Risikokapital die Regeln der Wirtschaft verändert, Frankfurt a.M.: Campus.
Kroll, Gerhard (1958): Von der Weltwirtschaftskrise zur Staatskonjunktur, Berlin: Duncker und Humblot.
Lazonick, William (2000): From Innovative Enterprise to National Institutions. A Theoretical Perspective on the Governance of Economic Development. Unter: www.insead.fr./projects/cgep.
Lazonick, William (2003): The Theory of the Market Economy and the Social Foundations of Innovative Enterprise, in: Economic and Industrial Democracy 24: 9-44.
Lebenslagen in Deutschland 2005. Zweiter Armuts- und Reichtumsbericht der Bundesregierung, Berlin.
Leif, Thomas (2006): Beraten und verkauft. McKinsey&Co.- der große Bluff der Unternehmensberater, München: Bertelsmann.
Neckel, Sighard und Kai Dröge (2003): Die Verdienste und ihr Preis: Leistung in der Marktwirtschaft, in: Axel Honneth (Hg.): Befreiung aus der Mündigkeit. Paradoxien des gegenwärtigen Kapitalismus, Frankfurt a. M.: Campus: 93-116.
OECD (2005): Organization for Economic Co-operation and Development, Statistics Portal, Institutional Investors Statistics. Unter: www.oecd.org/
Okumura, Hiroshi (1998): Japan und seine Unternehmen. Eine Einführung in gegenwärtige Strukturprobleme, München: Oldenbourg.

Osterloh, Margit und Bruno Frey (2005): Corporate Governance: Eine Prinzipal-Agenten-Beziehung, Team-Produktion oder soziales Dilemma, in: Bernd Schauenberg, Georg Schreyögg und Jörg Sydow (Hg.): Managementforschung 15, Wiesbaden: Gabler: 333-364.

O'Sullivan, Mary (2000): Contests for Corporate Control. Corporate Governance and Economic Performance in the United States and Germany, Oxford: Oxford University Press.

Paul, Axel (2004): Die Gesellschaft des Geldes. Entwurf einer monetären Theorie der Moderne, Wiesbaden: VS-Verlag.

Phillips, Kevin (2003): Die amerikanische Geldaristokratie. Eine politische Geschichte des Reichtums in den USA, Frankfurt a. M.: Campus.

Reindl, Josef (2002): Vom Produzenten zum Dienstleister: Irrweg oder Perspektive? Überlegungen zum deutschen Maschinenbau. Leviathan 30: 93-112.

Schumpeter, Joseph A. (1993/1942): Kapitalismus, Sozialismus und Demokratie, 7. Aufl. Tübingen: UTB.

Simmel, Georg (1989): Philosophie des Geldes, Gesamtausgabe Bd. 6, Frankfurt a. M.: Suhrkamp.

Stamm, Friedrich H. (1969): Die Bundesfinanzen der Vereinigten Staaten von Amerika, Stuttgart: Enke.

Stein, Holger (2004): Anatomie der Vermögensverteilung. Ergebnisse der Einkommens- und Verbrauchsstichproben 1983-1998, Berlin: Sigma.

Streeck, Wolfgang und Martin Höpner (Hg.): Alle Macht dem Markt? Fallstudien zur Abwicklung der Deutschland AG, Frankfurt a. M.: Campus.

SVR (2003): Jahresgutachten des Sachverständigenrates zur Begutachtung der gesamtwirtschaftlichen Entwicklung 2003/2004, Berlin: Heenemann GmbH

SVR (2004): Jahresgutachten des Sachverständigenrates zur Begutachtung der gesamtwirtschaftlichen Entwicklung 2004/2005, Berlin: Heenemann GmbH.

Weinert, Rainer (2002): Geld und Politik: Autonomisierung und Funktionswandel von Zentralbanken, in: Christoph Deutschmann (Hg.): Die gesellschaftliche Macht des Geldes. Leviathan-Sonderheft 21, Wiesbaden: Westdeutscher Verlag: 327-350.

Windolf, Paul (1994): Die neuen Eigentümer. Eine Analyse des Marktes für Unternehmenskontrolle, in: Zeitschrift für Soziologie Jg. 23/2: 79-92.

Windolf, Paul (2002): Corporate Networks in Europe and the United States, Oxford: Oxford University Press.

Windolf, Paul (2003): Korruption, Betrug und 'Corporate Governance' in den USA – Anmerkungen zu Enron, in: Leviathan, 31/2: 185-218.

Windolf, Paul (2005): Was ist Finanzmarkt-Kapitalismus? In: ders. (Hg.): Finanzmarkt-Kapitalismus. Analysen zum Wandel von Produktionsregimen, Sonderheft 45 der Kölner Zeitschrift für Soziologie und Sozialpsychologie, Wiesbaden: VS-Verlag: 20-57.

Hans-Willy Hohn

Der Kooperative Kapitalismus und sein Forschungssystem – Governance und Reformresistenz in der informationstechnischen Forschung

1. Vorbemerkung

Mit ihrer Behauptung, dass sich die Produktions- und Innovationssysteme der koordinierten und liberalen Marktwirtschaften der kontinental-europäischen bzw. angelsächsischen Länder als Folge institutioneller Komplementaritäten in jeweils pfadabhängiger Weise entwickeln werden, hat die Theorie der differentiellen Kapitalismen (Hall/Soskice 2001) eine lebhafte Diskussion über den Funktionswandel von Institutionen in modernen Kapitalismen ausgelöst. Diese Diskussion hat sowohl empirisch als auch theoretisch gute Gründe gegen die Prognose einer pfadabhängigen Entwicklung der nationalen Produktions- und Innovationsregimes angeführt. Auch das System des kooperativen Kapitalismus Deutschlands (Windolf/Beyer 1995) ist entgegen dieser Prognose institutionell in Bewegung geraten. So hat Paul Windolf gezeigt, dass der Grad der personellen Verflechtung der deutschen Großunternehmen untereinander sowie mit den großen Banken im Verlauf der 1990er Jahre signifikant zurückgegangen ist (Windolf/Nollert 2001). Dies und weitere Indikatoren für den Niedergang des kooperativen Kapitalismus haben andere Autoren bereits zu der These von der „Abwicklung der Deutschland AG" motiviert (Streeck/Höpner 2003). Dem zufolge sind die von den deutschen Großunternehmen traditionell verfolgten langfristigen Ziele von Wachstum und Beschäftigungssicherung seit den späten 1980er Jahren zunehmend kurzfristigen und kapitalmarktorientierten Strategien nach dem angelsächsischen Vorbild gewichen. In dem Maße wie dies zutrifft, kann dieser Wandel auch nicht ohne Folgen für die Strategie der „diversifizierten Qualitätsproduktion" (Streeck 1991) bleiben, auf dem die Wettbewerbsvorteile der deutschen Ökonomie bislang beruhen.

Dieser drohenden Schwächung traditioneller Stärken im internationalen Wettbewerb steht zugleich ein hoher institutioneller Immobilismus des deutschen Innovationssystems gegenüber, wenn es darum geht, seine Schwächen im Vergleich zu den angelsächsischen Regimes zu kompensieren. Erfolgsgeschichten über den Aufbau funktional äquivalenter Strukturen für die angelsächsischen Innovationsregimes in Deutschland sind rar, und auch der vorliegende Beitrag zur Festschrift für Paul Windolf kann keine solche vermelden. In diesem Beitrag geht es vielmehr darum, die Gründe für das Scheitern eines Versuchs zu analysieren, der darauf abzielte, das deutsche Forschungssystem im Bereich der Informationstechnik zu reformieren und dort eine funktional äquivalente Struktur für das angelsächsische Innovationsregime zu etablieren.

Zu diesem Zweck soll zunächst einmal aufzeigt werden, dass das Konzept der Komplementaritäten sogar weiter trägt, als dies die Theorie der differentiellen Kapitalismen selbst dargelegt hat und sich auch das Forschungssystem Deutschlands in hohem Maße komplementär zu den übrigen Kerninstitutionen seiner politischen Ökonomie verhält.

Zugleich wird aber auch am Beispiel der Forschungspolitik deutlich, dass diese komplementäre Struktur staatliche Maßnahmen nicht in pfadabhängiger Weise determiniert und nicht auf rein systemkonforme Interventionen beschränkt, wie dies die Theorie der differentiellen Kapitalismen postuliert. Wie in anderen Ländern, die dem Typus des koordinierten und kooperativen Kapitalismus zuzurechnen sind, gibt es auch in Deutschland forschungspolitische Reformversuche, die auf einen endogenen Pfadwechsel des Innovationssystems abzielen. Allerdings verhält sich das deutsche Forschungssystem in besonders hohem Maße resistent gegenüber institutionellem Wandel. Einem solchen Wandel stehen in Deutschland ein im internationalen Vergleich einmalig hoher Grad der Verflechtung des politischen Entscheidungssystems und faktische Vetopositionen der reformpolitischen Adressaten entgegen. In Deutschland stützt sich ein forschungspolitisch nur „semi-souveräner" (Katzenstein 1987) und „schwacher" Staat auf eine Reihe von „starken", weitgehend autonomen korporativen Akteuren, die jeweils auf bestimmte Typen von Forschung spezialisiert sind und über je spezifische intra-organisatorische Formen von Governance und Mechanismen der Ressourcenallokation verfügen. Die Vetomacht, die diesen Akteuren als Folge der Verflechtung des Entscheidungssystems in der Forschungspolitik zukommt, schließt fundamentale Reformen mit hoher Wahrscheinlichkeit aus. Sie konstituiert aber auch hohe Barrieren gegenüber inkrementellem Wandel, durch den funktional äquivalente Strukturen für die angloamerikanischen Innovationssysteme entstehen könnten. Aufgrund des hohen Spezialisierungsgrads der korporativen Akteure geraten auch bereits inkrementelle An- und Umbauten an den organisatorischen Strukturen des Forschungssystems mit den internen Governancemechanismen dieser Akteure in Konflikt, und sie verfügen zugleich auch über die Macht, der Forschungspolitik die Implementation erwünschter Veränderungen zu verweigern.

Diese politische Entscheidungslogik des föderalistisch und korporatistisch strukturierten Forschungssystems in Deutschland unterlag auch dem gescheiterten Versuch, die Organisation der informationstechnischen Forschung in Deutschland zu reformieren. Das Kernstück dieses Versuchs bestand in der im Jahr 2001 vollzogenen Fusion der Gesellschaft für Mathematik und Datenverarbeitung (GMD) als der früheren Großforschungseinrichtung des Bundes auf dem Gebiet der Informationstechnik mit der Fraunhofer-Gesellschaft (FhG). Mit dieser Fusion verfolgte die Politik explizit das Ziel, die informationstechnische Forschung in Deutschland dazu in die Lage zu versetzen, angebotsorientierte Forschungsstrategien nach dem Muster der angelsächsischen Innovationssysteme zu entwickeln. Sie sollte einerseits dazu dienen, die GMD stärker am Markt zu orientieren und andererseits die enge Spezialisierung der FhG auf die industrielle Vertragsforschung und damit auf nachfrageorientierte Strategien zugleich ein Stück weit zu lockern und auf eine angebotsorientierte Politik umzustellen. Da dies aber interne Verteilungskonflikte innerhalb der FhG heraufbeschworen hätte, die ihren Status als autonomen korporativen Akteur gefährdeten, traf die Reform auf den Widerstand der Gesellschaft, der es im Verlauf der Fusion gelang, die Federführung im Reformprozess zu übernehmen und dessen Ziel im institutionellen Eigeninteresse zu verändern.

Der nun folgende Abschnitt befasst sich zunächst aus der Perspektive der Theorie der differentiellen Kapitalismen mit den spezifischen technologischen Stärken und Schwächen des deutschen Innovationssystems. Daran schließt sich eine Analyse der institutionellen Struktur des Systems der außeruniversitären Forschung an, die zum einen zeigt, dass und warum sich dieses System in hohem Maße komplementär zur politischen Ökonomie des kooperativen Kapitalismus in Deutschland verhält, und die zum anderen die Gründe für die reformpolitischen Blockaden innerhalb dieses Systems herausarbeitet. In einem dritten Schritt geht es zunächst um die Entwicklung der informationstechnischen Forschung in Deutschland bis zu der Fusion von GMD und FhG, und schließlich rekonstruiert das Papier den Verlauf dieser Fusion und zeichnet ihre Resultate nach.

2. Das Innovationspotential koordinierter und liberaler Marktwirtschaften

Als Folge des Siegeszugs der neuen Technologien hat das Innovationssystem der USA eine weltweite Vorbildfunktion entwickelt. Noch in den 1980er Jahren herrschte angesichts der Krise des Fordismus die Auffassung vor, dass sich dieses System im internationalen Wettbewerb langfristig nicht behaupten könne. Unter dem Eindruck des Erfolgs der *lean production* sangen die berühmten Studien des *Massachusetts Institute of Technology* (MIT) geradezu ein Grabeslied auf das amerikanische Innovationssystem (Womack et al. 1992), während international vergleichende Untersuchungen dem japanischen Modell eine gleichsam optimale Struktur und überlegene Effizienz gegenüber den angelsächsischen Nationen attestierten (Freeman 1987). Dies galt auch für das deutsche Innovationssystem, das eine hohe Strukturaffinität zum japanischen Modell aufweist und mit seiner „diversifizierten Qualitätsproduktion" auch eine ähnliche Wettbewerbsstrategie ermöglicht (Streeck 1991).[1]

In den 1990er Jahren hat sich dieses Bild vom optimalen Innovationssystem dann ins genaue Gegenteil verkehrt. Im Verlauf dieses Jahrzehnts wurde deutlich, dass die Innovationssysteme à la Japan und Deutschland bei der Entwicklung und Kommerzialisierung grundlegend neuer Produkte und Verfahren mit den USA und anderen angelsächsischen Ländern nicht Schritt halten konnten und vor allem auf Gebieten wie der Informations- und Biotechnologie zurückfielen. Dies hat der schon recht betagten These von der Konvergenz der unterschiedlichen nationalen Wirtschaftsformen auf das marktorientierte angloamerikanische Modell (Kerr et al. 1960, Graubard 1964) nicht nur in der Öffentlichkeit, sondern auch in der sozialwissenschaftlichen Literatur neues Leben verliehen.[2]

Empirisch spricht jedoch wenig für diese Behauptung und auch theoretisch erscheint sie kaum plausibel. Die nationalen Innovationssysteme weisen empirisch nach wie vor robuste institutionelle Divergenzen und technologische Differenzen auf (Whitley 2000, 2003), und aus der theoretischen Perspektive lassen sich zunächst einmal sogar gute Gründe

[1] Vgl. ähnlich auch Gibbons mit seiner Unterscheidung von „technologisch dynamischen Systemen" in Ländern wie Japan oder Deutschland und den „myopischen" Innovationsregimes in den anglo-amerikanischen Nationen (Gibbons 1993: 5). Für Gibbons besteht kein Zweifel daran, dass die auf langfristigen Netzwerkbeziehungen beruhenden „dynamischen" Systeme in Japan und Deutschland klare Konkurrenzvorteile gegenüber den marktorientierten und „kurzsichtigen" Systemen der angelsächsischen Nationen besitzen. Sie sind in seinen Augen als Folge ihrer strategischen und kooperativen Orientierung dazu in der Lage, das für Innovationen erforderliche Wissen zu akkumulieren und breit zu streuen, und können ihre organisatorischen Ressourcen flexibel an neu aufkommende technologische Möglichkeiten anpassen, während die „myopischen" Systeme aufgrund ihrer Ausrichtung an kurzfristig realisierbaren Gewinnen solche Fähigkeiten nicht entwickeln können.

[2] Während sich ein neoliberalistisch inspirierter Teil dieser Literatur von der Notwendigkeit umfassender Deregulierungen als Folge der wachsenden globalen Regimekonkurrenz überzeugt zeigt (vgl. etwa Strange 1997), warnen vor allem Globalisierungsgegner vor einem ein sozialpolitischen, ethischen und kulturellen *race to the bottom*, das die Vielfalt nationaler Institutionen auf dem Altar einer eindimensionalen ökonomischen Effizienz opfert (zusammenfassend: Stehr 2003: 248-258).

für die Annahme mobilisieren, dass diese Unterschiede nicht verschwinden, sondern sich gerade als Folge der wirtschaftlichen Globalisierung noch intensivieren werden.

Wie die Studien zur *lean production* und zum japanischen Innovationssystem geht auch die These von der Konvergenz der nationalen Innovationssysteme von absoluten Wettbewerbsvorteilen aus. Demgegenüber hatte bereits Michael Porter gezeigt, dass es keinen *one best way* zur Erzeugung und Umsetzung von Innovationen gibt, sondern die einzelnen Länder spezifische technologische Stärken und Schwächen aufweisen und über relative *comparative advantages* verfügen (Porter 1990: 623). Peter Hall und David Soskice führen diese relativen Vorteile in Rahmen des Konzepts der *varieties of capitalism* wiederum auf die unterschiedlichen nationalen Strukturen der Kerninstitutionen wie der Bildungs-, Finanz- und Rechtssysteme, Arbeitsmärkte und industriellen Beziehungen in den jeweiligen politischen Ökonomien zurück (Soskice 1999, Hall/Soskice 2001). Sie unterscheiden in idealtypischer Weise koordinierte Marktwirtschaften und liberale Kapitalismen, für die Deutschland und die USA paradigmatisch stehen. In Marktwirtschaften wie der deutschen ist die Ökonomie in staatlich koordinierte Netzwerke von Verbänden und korporativen Akteuren eingebettet, die auf der Basis kooperativer Beziehungen und langfristiger Ziele die Bedingungen der Beschäftigung und Entlohnung, der Ausbildung und Qualifizierung, der Unternehmensfinanzierung und des Technologietransfers organisieren. Gegenüber diesen institutionell „reichen" (*institutionally rich*) Regimes operiert die Wirtschaft in den liberalen Kapitalismen in einer an Institutionen „armen" (*institutionally impoverished*) Umwelt von Märkten und Hierarchien (Hollingsworth/Streeck 1994), in der die Koordination des wirtschaftlichen Handelns, soweit sie nicht durch vertikale Integration erfolgt, auf Wettbewerb, Verträgen und eher kurzfristigen Beziehungen beruht (Sturgeon 1997, Hollingsworth/Boyer, 1997).

Diese unterschiedlichen institutionellen Strukturen bringen auch unterschiedliche und geradezu spiegelbildliche technologische Trajektorien in den koordinierten Marktwirtschaften und liberalen Kapitalismen hervor. Während die dichten, relationalen Netzwerke der Innovationssysteme in Japan und Deutschland langfristige, kontinuierliche und inkrementelle Neuerungen im Rahmen vorhandener Technologien begünstigen, stehen die eher kurzfristig angelegten Marktbeziehungen der angelsächsischen Regimes dem entgegen. Diese Regimes weisen hingegen dort Vorteile auf, wo es wie vor allem im Bereich der neuen Technologien um radikale Innovationen und die Bewältigung von diskontinuierlichem und „zerstörerischem" technologischen Wandel geht (Casper 2000).

Diese Differenzen in den technologischen Stärken und Schwächen der koordinierten und liberalen Marktwirtschaften erweisen sich umso robuster, als sich die Institutionen des Rechts, der Arbeitsmärkte, Bildungs- und Finanzsysteme etc. in den jeweiligen Ländern wechselseitig stützen und wie komplementäre Güter verhalten, indem die Anwesenheit oder Effizienz der einen Institution den Nutzen oder die Effizienz einer anderer steigert. So verhält sich das auf Eigenkapital und kurzfristigen Gewinnen basierende Finanzsystem der USA komplementär zu einem Bildungssystem mit generellen Qualifikationen, das seinerseits wiederum offene, externe Arbeitsmärkte mit hoher zwischenbetrieblicher Mobilität unterstützt und damit rasche Reaktionen der Unternehmen auf technologische Veränderungen zulässt. Dagegen begünstigt „geduldiges" Fremdkapital (*patient capital*) interne Arbeitsmärkte mit langfristigen Beschäftigungsverhältnissen und betriebsspezifischen Qualifikationen, auf deren Basis sich vorausschauende Produktstrategien entfalten können, die sich an einer kontinuierlichen Verbesserung der vorhandenen Technologien orientieren.

Auch die Forschungssysteme der jeweiligen Länder verhalten sich komplementär zu den unterschiedlichen Kerninstitutionen in den koordinierten und liberalen Kapitalismen und sind eng auf die jeweils spezifischen Strukturen der politischen Ökonomien abgestimmt (Archibugi/Pianta 1992 auch Guerrieri 1999). So konzentriert sich die öffentliche Forschungsförderung in den USA auf eine stark anwendungsorientierte Grundlagenforschung an den Hochschulen und auf staatliche „Missionen“ primär in den Bereichen Gesundheit und Verteidigung. Sie ist hauptsächlich an der Förderung von technologischen Durchbrüchen, weniger an der Diffusion von Technologien ausgerichtet und überlässt die Strukturierung der Forschungslandschaft weitgehend Marktkräften und dem freien Wettbewerb. Demgegenüber deckt die öffentliche Forschungsförderung in Deutschland das gesamte Spektrum von der Grundlagenforschung bis hin zur Organisation des Technologietransfers in die Industrie ab und unterhält eine staatlich koordinierte Infrastruktur von spezialisierten Forschungsorganisationen, die stark an der Diffusion von Technologien orientiert und eng mit der Industrie vernetzt sind.

Vor diesem Hintergrund prognostiziert die Theorie der differentiellen Kapitalismen eine pfadabhängige Entwicklung der nationalen Innovationssysteme, die sich durch die wirtschaftliche Globalisierung noch festigen wird. So ist seit einigen Jahren zu beobachten, dass gerade die international operierenden Unternehmen und *global players* die jeweiligen Vorteile der nationalen Systeme strategisch nutzen und damit die existierenden Muster verstärken (Berger/Dore 1996, Vogel 1996, Doremus et al. 1998). Vor allem aber, so Peter Hall und David Soskice, kann die Politik nur erfolgreich sein, wenn sie den unterschiedlichen institutionellen Bedingungen durch „anreizkompatible“ Veränderungen und Reformen in den koordinierten und liberalen Ökonomien Rechnung trägt und sich auf Maßnahmen beschränkt, die sich komplementär zu den Koordinationsmechanismen verhalten, in die sie eingebettet ist.[3]

Die Theorie der differentiellen Kapitalismen stellt gegenwärtig zweifellos den elaboriertesten und am weitesten fortgeschrittenen Ansatz in der Debatte um die Funktionsweise und Entwicklung der nationalen Innovationssysteme dar. Gleichwohl hat diese Theorie die Kritik auf sich gezogen, mit ihrer Behauptung einer pfadabhängigen Entwicklung der nationalen Innovationssysteme einem „neuen Determinismus“ das Wort zu reden (Crouch/Farell 2002, Crouch 2003).[4] In der Tat reduziert sie die institutionelle Vielfalt der unterschiedlichen politischen Ökonomien auf eine dichotomische Funktionslogik von liberalen und koordinierten Marktwirtschaften, durch sie sich den Blick auf nationale Besonderheiten und die interne Variabilität der Innovationssysteme verstellt. Sie behauptet vielfach eine zu enge Koppelung zwischen den Bildungs-, Arbeitsmarkt-, Finanz- und Innovationssystemen, zieht zudem nicht in Betracht, dass sich Institutionen funktional äquivalent verhalten können und sich ein Wandel ihrer Funktionen auch durch *bounded change* (Deeg

[3] „In liberal market economies, where coordination is secured primarily through market mechanisms, better economic performance may demand policies that sharpen market competition, while coordinated market economies may benefit more from policies that reinforce the capacities of actors for non-market coordination" (Hall/Soskice 2001: 46).

[4] „There is a recent tendency in the social sciences, and in political economy in particular, to emphasize how institutional systems tend to crystallize around coherent logics of ordering (Hall/Soskice 2001). However, such approaches may systematically overlook fruitful incoherencies within empirical social systems; institutional systems, far from being coherent, are characterized by redundancies, previously unknown capacities, and incongruities, which very frequently provide the means through which actors – whether firms, policy entrepreneurs or others – may seek to tackle new exigencies" (Crouch/Farell 2002: 7).Vgl. dazu grundsätzlich schon North (1990), auch Mahoney (2000) und Pierson (2000).

2001) oder *layering* (Thelen 1999, 2003, siehe auch Lütz in diesem Band) und mithin durch inkrementelle und begrenzte An- und Umbauten einstellen kann, die ihre Grundstruktur intakt lassen, ihnen aber innovative Elemente hinzufügen.

Empirischen Studien zufolge haben sich trotz robuster institutioneller Divergenzen in vielen Ländern, die dem kontinental-europäischen Modell zuzurechnen sind, mittlerweile „hybride" und funktional äquivalente Strukturen für das angelsächsische Modell herausgebildet (vgl. etwa Hakala 2003). Es spricht einiges dafür, dass sich in diesen koordinierten Marktwirtschaften ein endogener Pfadwechsel in Richtung auf das Modell der *triple helix* von Wissenschaft, Politik und Wirtschaft vollzogen hat (Etzkowitz/Leydesdorff 1998, 2000). Und auch in Deutschland gibt es eine Vielzahl von politischen Versuchen, die darauf abzielen, durch inkrementelle An- und Umbauten an den gegebenen institutionellen Strukturen funktionale Äquivalente für das angelsächsische System zu schaffen. Dies gilt etwa für die Programme des Bundes und auch einzelner Länder zur Förderung von *venture capital* (Deeg 2001). Auch die deutschen Hochschulen sind seit einigen Jahren in wachsendem Maße unter den politisch induzierten Reformdruck geraten, nach dem Muster der angelsächsischen Nationen und des *new public management* wettbewerbs-, anreiz- und leistungsorientierte Governancestrukturen in der Lehre und Forschung zu implementieren, die ihnen den Weg zur *entrepreneurial university* bahnen sollen (Schröder 2003). Und nicht zuletzt dienen auch die Einführung der programmorientierten Förderung im außeruniversitären Sektor und der Versuch, die informationstechnische Forschung durch die Fusion von GMD und FhG neu zu strukturieren, dem Ziel, durch *bounded change* und *layering* dem deutschen Innovationssystem solchermaßen „hybride" Funktionen zu verleihen.

3. Governance und politische Logik des außeruniversitären Forschungssystems

3.1 Institutionelle Architektur der außeruniversitären Forschung

Allerdings ist es gerade im Fall des deutschen Systems fraglich, ob diese Reformversuche ähnlich wie in anderen koordinierten Marktwirtschaften auch tatsächlich einen Pfadwechsel in Richtung auf das angelsächsische Modell bewirken können. So ist es der Politik trotz großer Anstrengungen und anfänglicher Teilerfolge bislang nicht gelungen, in Deutschland einen stabilen und sich selbst tragenden Markt für *venture capital* zu induzieren.[5] Auch was die Einführung des *new public management* an den deutschen Hochschulen betrifft, sind

[5] Die Behauptung, im deutschen Finanzsystem habe sich auf der Basis von *bounded change* ein „dramatischer Wandel" und endogener Pfadwechsel und von seiner traditionellen „Fremdkapitalkultur" zur angelsächsischen „Eigenkapitalkultur" vollzogen (Deeg 2001), hat sich nicht bestätigt. Der Markt für Eigenkapital erlebte wie in vielen anderen Ländern als Folge der Internet-Euphorie in den Jahren 1998 bis 2000 zwar auch in Deutschland einen Aufschwung, fiel aber dann regelrecht in sich zusammen und hat sich mittlerweile auf niedrigem Niveau konsolidiert, während er in Großbritannien nach einem ebenfalls massiven Einbruch im Jahr 2001 sehr schnell wieder kräftig anstieg und 2003 sogar leicht über dem Niveau des Boomjahres 2000 lag (BVK 2004). Darüber hinaus unterlagen die Investitionen in *venture capital* in Deutschland einem Strukturwandel, der von der technologieorientierten Förderung von *Start-up*-Firmen zur vorrangigen Finanzierung von *buy outs* in den traditionellen Branchen geführt hat. So konstatiert der Bundesverband Deutscher Kapitalbeteiligungsgesellschaften (BVK): „Besonders dramatisch war der Rückgang der Investitionen im Segment des Early-stage-Venture Capital. (...) Hier brachen vor allem die Seed-Investitionen regelrecht weg" (http://www.bvk-ev.de).

Zweifel an der Wirksamkeit der entsprechenden Reformen angebracht.[6] Vor allem aber ist es fraglich, ob sich das politische Ziel, innerhalb des deutschen Innovationssystems funktionale Äquivalente für das angelsächsische Regime zu schaffen, durch die jüngsten Reformen außeruniversitären Forschung verwirklichen lässt.

Diese Reformversuche bestätigen zunächst einmal den Einwand von Steward Wood gegen die Theorie der differentiellen Kapitalismen, dass die staatliche Politik nicht durch die Anreizstruktur der politische Ökonomie determiniert wird und sich nicht auf ein Bündel von Maßnahmen reduzieren lässt, das mit dieser Struktur kompatibel ist (Wood 2001). Die Struktur der Ökonomie übt großen Druck auf die Gestaltung der Politik aus, aber Regierungen sind auch ideologischen, parteipolitischen und wahltaktischen Einflüssen ausgesetzt und verfügen über unterschiedliche Vorstellungen etwa über den Wert und gesellschaftlichen Nutzen der Grundlagenforschung, die oft (sehr rasche) Richtungsänderungen bewirken können (Mayntz/Scharpf 1990). Dementsprechend hängt die institutionelle Stabilität einer politischen Ökonomie in hohem Maße davon ab, ob die Politik zu unilateralem Handeln befähigt ist, oder in einem mulilateralen Verhandlungssystem durch Vetospieler blockiert wird. Genau aber letzteres ist im deutschen System der außeruniversitären Forschung der Fall.

Es zählt zu den konstitutiven Merkmalen des politischen Entscheidungssystems Deutschlands, dass die staatliche Souveränität auf so gut wie allen relevanten Feldern durch die föderale „Verflechtung" (Scharpf et al. 1976) zwischen Bund und Ländern und durch weitgehend autonome korporative Akteure wesentlich stärker als in anderen Nationen geprägt und eingeschränkt wird. Deutschland ist ein „semi-souveräner Staat" (Katzenstein 1987), in dem sich politische Entscheidungsprozesse in sektoralen Politiknetzwerken auf dem Wege von Aushandlungen und Abstimmungen zwischen staatlichen und gesellschaftlichen Akteure vollziehen, die sich wechselseitig leicht blockieren können und deshalb auf der Basis von „*politics of the middle way*" (Schmidt 1989) zur Kooperation gezwungen sind.[7]

Diese generelle Charakterisierung des politischen Systems Deutschlands gilt auch und sogar in besonderem Maße für die Forschungspolitik und den Sektor der außeruniversitären Forschung. Gerade dieser Sektor vereint in hohem Umfang die Prinzipien von föderalem und korporatistischem „*joint decision making*" (Scharpf). Die Forschungspolitik zählt zu den „Gemeinschaftsaufgaben" des Bundes und der Länder und stützt sich auf eine arbeitsteilige Struktur von korporativen Akteuren, die auf bestimmte Typen von Forschung wie Grundlagenforschung, anwendungsorientierte Vorsorgeforschung oder industrielle Vertragsforschung spezialisiert sind.

---

[6] Zwar stehen entsprechende Wirkungsanalysen noch weithin aus. Erste Untersuchungen deuten aber darauf hin, dass sich die Steuerungseffekte der anreiz- und wettbewerbsorientierten Instrumente sehr viel geringer als erwartet ausnehmen (Schröder 2003). Das angelsächsische Modell verknüpft in hohem Maße eine interne hierarchische Steuerung der Universitäten mit einem intra-organisatorischen Wettbewerb um Ressourcen, während die Governancestruktur des deutschen Hochschulsystems auf dem Prinzip der akademischen Selbstverwaltung beruht. Die Applikation der Instrumente des *new public management* auf das deutsche Hochschulsystem scheint dementsprechend zu Interferenzen zwischen den unterschiedlichen Governanceformen zu führen, die anstelle der erwünschten „Hybridisierung" dieses Systems eher unintendierte Folgen erzeugen.

[7] Renate Mayntz sieht im Phänomen des kooperativen Staats den wichtigsten Grund für die Erweiterung der Steuerungstheorie durch die Governancetheorie. „Am Ende dieser Erweiterung des steuerungstheoretischen Paradigmas stand das Modell des kooperativen Staats, in dem die klare Unterscheidbarkeit von Steuerungsobjekt und Steuerungssubjekt verschwindet" (Mayntz 2004).

Aus der Sicht der Wissenschaftsorganisationen setzt die föderale Verflechtung dieses Sektors der staatlichen Politik gewissermaßen *„benefical constraints*". Die Konstellation, dass keine einzelne Regierung ohne die Zustimmung anderer Regierungen handeln kann, nimmt die Forschungspolitik weitgehend von parlamentarischen und parteipolitischen Kontroversen aus. Sie verlagert ihre Formulierung und Umsetzung von der Arena der politischen Parteien auf die Ebene professioneller Wissenschaftsmanager in der Administration und verleiht den korporativen Akteuren in der außeruniversitären Forschung ein hohes Maß an Autonomie und großen Spielraum zur Selbstorganisation.

Zugleich aber läuft diese Konstellation darauf hinaus, dass die staatliche Politik als Quelle institutioneller Neuerungen innerhalb des deutschen Forschungssystems weitgehend ausfällt. Während sich die politischen Strategien des Bundes und der Länder im verflochtenen Sektor der außeruniversitären Forschung wechselseitig weitgehend blockieren, verfügen die großen deutschen Wissenschaftsorganisationen auf fest abgegrenzten Domänen über funktionale Monopole, die sie durch faktische Veto-Positionen effektiv gegen Veränderungen abschirmen können. Ein fundamentaler institutioneller Wandel innerhalb der außeruniversitären Forschung wird bereits dadurch verhindert, dass die staatliche Forschungspolitik bereits im Vorfeld möglicher Reformen durch die Antizipation dieser Vetopositionen auf entsprechende Initiativen verzichtet.[8]

Aber auch inkrementelle Veränderungen lassen sich im System der außeruniversitären Forschung vielfach nicht oder nicht im angestrebten Umfang durchsetzen. Als Organisationen, die jeweils auf bestimmte Typen von Forschung spezialisiert sind, haben sie auch spezifische und ihrem jeweiligen Tätigkeitsfeld angepasste interne Governancestrukturen ausdifferenziert. Dies befähigt sie dazu, Effizienzvorteile zu realisieren, über die Forschungsorganisationen mit multiplen Orientierungen nicht zu verfügen scheinen (Krupp 1990: 124), schafft zugleich aber auch hohe Rigiditäten, sich anderen Anforderungen anzupassen, als sie der jeweilige Typus von Forschung stellt, an den ihre Governancestruktur angepasst ist.

So ist die Max-Planck-Gesellschaft (MPG) innerhalb dieses Systems für die akademische Grundlagenforschung zuständig. Die MPG wird zur je zur Hälfte durch die Gemeinschaft der Länder und den Bund finanziert und verfügt über einen Globalhaushalt, der keine Zweckbindungen vorsieht. Die interne Allokation dieser Mittel liegt in der Autonomie der MPG und ist weitgehend frei von politischen und wirtschaftlichen Einflüssen. Die Forschung an ihren Instituten richtet sich dementsprechend im Wesentlichen an innerwissenschaftlichen Kriterien und einem besonders hohen Maßstab an Excellenz aus (Hohn/Schimank 1990).

Die Institute der Fraunhofer-Gesellschaft (FhG) wiederum betreiben angewandte Vertragsforschung für private Auftraggeber und die öffentliche Hand. Die Gesellschaft erhält ebenfalls einen Globalhaushalt, der zu neunzig Prozent vom Bund und zu zehn Prozent vom jeweiligen Sitzland finanziert wird und in erfolgsabhängiger Weise an das Volumen ihrer eigenen Erträge aus der Vertragsforschung gebunden ist. Diese Anreizfinanzierung macht die FhG zu einem Adressatenmodell von Forschungsorganisation, das sich hauptsächlich an der Nachfrage nach Forschungsleistungen sowie am Transfer und an der Diffusion von Technologien orientiert. Sie unterhält enge Beziehungen zur Industrie, und ihre Institute bilden zentrale Knotenpunkte in den Kooperationsnetzwerken der deutschen Un-

[8] Rubischon et al. sehen hierin im Anschluss an Bachrach und Baratz (Bachrach/Baratz 1975) einen typischen Fall der politischen Gestaltung durch „Non-decison making" (Robischon et al. 1995).

ternehmen. Die Institute der FhG erfüllen nicht nur wichtige Funktionen für die „forschende“ Großindustrie, sondern auch für die Innovationsfähigkeit kleiner Unternehmen und insbesondere des deutschen Mittelstands.

Den Großforschungseinrichtungen unter dem Dach der Helmholtz-Gemeinschaft kam als vertikal integrierte und staatlich koordinierte Organisationen bislang konzeptionell die Aufgabe zu, im Rahmen einer hohen Fertigungstiefe an das in der Grundlagenforschung erzeugte Wissen anzuknüpfen und den gesamten Transferprozess bis hin zu den industriellen Prototypen zu organisieren. Ihre Aktivitäten umfassen Projekte hauptsächlich in der Vorsorgeforschung und auf Forschungsfeldern, die für die Sicherung der Wettbewerbsfähigkeit der deutschen Industrie als strategisch bedeutsam gelten. Der finanzielle Bedarf dieser Einrichtungen wird ebenfalls im Verhältnis neunzig zu zehn Prozent durch Mittel des Bundes und jeweiligen Sitzlandes gedeckt, die im Unterschied zu den Haushalten der MPG, FhG und AiF allerdings zweckgebunden sind.

Die Genese dieser arbeitsteiligen Struktur geht auf einen Konflikt zwischen Bund und Ländern um die Förderung der MPG zurück, den die Gesellschaft dazu nutzen konnte, sich innerhalb des außeruniversitären Forschungssystems ein Monopol auf die Grundlagenforschung und einen im internationalen Vergleich einmalig hohen Grad an organisatorischer Autonomie zu sichern. Bund und Länder haben diesen forschungspolitischen Kompetenzkonflikt dann in der Mitte der 1960er Jahre durch ein Verwaltungsabkommen beigelegt und damit ein stabiles Interessengleichgewicht zwischen allen beteiligten Akteuren geschaffen, das bis heute Bestand hat (vgl. dazu ausführlich: Hohn/Schimank 1990).

Der damit verbundene Rückzug der MPG aus Anwendungsbezügen und der gleichzeitig in den 1960er Jahren einsetzende Auf- und Ausbau der Kerntechnik durch den Bund[9] lancierten dann das Konzept, die institutionelle Architektur der außeruniversitären Forschungslandschaft mit der Gründung von Großforschungseinrichtungen und der FhG an einer interorganisatorischen Wertschöpfungskette von der Grundlagenforschung bis hin zur industriellen Produktentwicklung auszurichten (Hohn 1999). Auf Feldern wie der Kernenergieforschung oder der Luft- und Raumfahrt hat sich dieses Konzept auch durchaus bewährt. So existierten vor allem in der Kernforschung stabile „Lieferbeziehungen“ zwischen der Grundlagenforschung und der technischen Entwicklung, die es ermöglichten, den Technologietransfer auf der Basis serieller interorganisatorischer Schnittstellen zu bewältigen (Hohn 1998). Die Übertragung des Konzepts der Wertschöpfungskette und insbesondere die Ausdehnung der Großforschung auf andere Forschungsfelder erwiesen sich jedoch vielfach als problematisch.

Die Stärken der Großforschung liegen ihrer vertikal integrierten Struktur entsprechend in der langfristigen, kontinuierlichen und inkrementellen Entwicklung komplexer großtechnischer Systeme. Wo es dagegen wie in der Informationsverarbeitung um die Bewältigung von raschem und diskontinuierlichem technologischen Wandel und um die Kombination von heterogenem und dezentral verteiltem Wissen geht, führt das Modell ebenso wie die arbeitsteilige Struktur des außeruniversitären Forschungssystems zu hohen Rigiditäten. Schon etwa seit Mitte der 1980er Jahre sahen sich die Großforschungszentren der wachsen-

---

[9] Mit dem Auf- und Ausbau der Kerntechnik und der Gründung entsprechender Großforschungseinrichtungen übernahm der Bund erstmals eine eigenständige Rolle in der bundesdeutschen Forschungspolitik. Dabei handelte es sich hauptsächlich um die Entwicklung der beiden Brutreaktoren SNR-300 und THTR, die in der Öffentlichkeit besser unter den Namen „Schneller Brüter“ und „Kugelhaufenreaktor“ bekannt wurden, an den beiden Großforschungseinrichtungen Kernforschungszentrum Karlsruhe (heute Forschungszentrum Karlsruhe) und an der Kernforschungsanlage Jülich (heute Forschungszentrum Jülich).

den Kritik ausgesetzt, den Flexibilitätsanforderungen einer zunehmend dynamischeren technologischen Forschung nicht gewachsen zu sein und insbesondere die Synergiepotentiale nicht zu nutzen, die sich durch eine stärkere Vernetzung der Einrichtungen hätten erzielen lassen.

3.2 Interessenlogik und Reformblockaden in der außeruniversitären Forschung

Trotz wachsender Kritik am Modell der Großforschung hielt der Bund jedoch an allen einmal gegründeten Einrichtungen einschließlich der informationstechnischen Großforschung fest. Die Großforschung ist der einzige Bereich, in dem der Bund innerhalb der deutschen Forschungslandschaft eine von den Ländern weitgehend unabhängige „Hausmacht" besitzt, die er nicht zur Disposition stellen will. Hinzu tritt, dass die jeweiligen Sitzländer, obwohl sie sich lediglich zu zehn Prozent an ihrer Finanzierung beteiligen, erheblichen Widerstand gegen die Schließung einer Großforschungseinrichtung mobilisieren können. Im Resultat verfügten und verfügen diese Einrichtungen praktisch über Bestandsgarantien und ein Maß an Autonomie, das auch ihnen De-facto-Vetopositionen gegenüber der Forschungspolitik verleiht und das sie vielfach dazu genutzt haben, sich entgegen ihrem Auftrag als praxisrelevante Forschungsorganisationen mehr und mehr in die Grundlagenforschung zu bewegen.

Eine ähnlich lautende Kritik an einer zu geringen Vernetzung des deutschen Forschungssystems äußern die Systemevaluationen der großen deutschen Wissenschaftsorganisation. Die Evaluationsberichte konstatieren eine „Segmentierung des Wissenschafts- und Forschungssystems in Deutschland" und eine „Dominanz institutioneller Eigeninteressen", die es verhindern, dass nach dem Muster des amerikanischen Innovationssystems überlappende Felder mit multiplen und konkurrierenden Forschungsprogrammen entstehen (Internationale Kommission 1999:7). Ihre Empfehlungen zielen dementsprechend auf durchlässigere organisatorische Grenzen und mehr Wettbewerb und Kooperation zwischen den „Säulen" des außeruniversitären Forschungssystems. Ganz im Sinne ihrer Kritik an einer zu starken Spezialisierung der großen Forschungsorganisationen auf ihre jeweiligen Forschungsdomänen bemängelte auch die Systemevaluation der FhG, dass die Gesellschaft vor allem im Bereich der Informationstechnik einen zu hohen Anteil an industrieller Auftragsforschung und nicht genügend Grundlagenforschung betreibe und sich zu sehr an der industriellen Nachfrage und zu wenig an der angebotsseitigen Einwicklung neuer Produkte und Verfahren orientiere (Fraunhofer-Gesellschaft 1998). Dementsprechend empfahl sie, die Grundlagenforschung innerhalb der Gesellschaft auszubauen.

Tatsächlich gaben die Systemevaluationen vor allem im Bund dem Wunsch nach einer umfassenden Reform der organisatorischen Struktur der außeruniversitären Forschung Auftrieb. So entwickelte die Bundesregierung im Anschluss an die Evaluationen zunächst das Konzept, grundsätzlich alle Forschungsorganisationen in diesem Sektor auf eine programmorientierte Förderung umzustellen, in der sie nicht mehr über domänenspezifische Monopole, sondern nur mehr über entsprechende Schwerpunkte innerhalb nationaler Forschungsprogramme verfügten. Dieses „große" Reformziel scheiterte allerdings rasch am passiven Widerstand der großen Forschungsorganisationen und am antizipierten Veto der Länder und machte der „kleineren" Lösung Platz, die programmorientierte Förderung auf den Bereich der Forschungszentren unter dem Dach der HGF zu beschränken.

Das forschungspolitische Ziel, positive Koordination im Sinne des Begriffs von Mayntz und Scharpf (Mayntz/Scharpf 1995) zwischen den großen deutschen Forschungsorganisationen durchzusetzen, konfligiert sowohl mit der inter-organisatorischen Interessenlogik des außeruniversitären Forschungssystems als auch mit den intra-organisatorischen Governancemechanismen und Stabilitätsbedingungen der Forschungseinrichtungen. Das ganz vorrangige Interesse der deutschen Wissenschaftsorganisationen galt und gilt der Vermeidung eines Domänenwettbewerbs, der sie in paralysierende inter-organisatorische Konflikte verwickeln und zugleich ein Einfallstor für staatliche Interventionen bilden könnte. Die Abwesenheit von direkter Konkurrenz erlaubt es ihnen hingegen, auf der Ebene des Forschungssystems als Ganzem kollektiv handlungsfähig zu werden, sich in ihren jeweils intern bestimmten Zielen und Präferenzen wechselseitig zu unterstützen und eine Allianz zu bilden, die als Lobby für das finanzielle Wachstum und die Autonomie der gesamten organisierten Wissenschaft fungiert.

Zugleich werden die großen Forschungsorganisationen erst durch ihre stabilen Domänengrenzen in die Lage versetzt, die Verteilungskonflikte zwischen Projekten, Instituten und Forschungsrichtungen um knappe Ressourcen zu internalisieren. Die jeweiligen Domänendefinitionen schränken die zulässige Varianz und das Spektrum der Forschungsinteressen, die innerhalb einer Organisation verfolgt werden können, auf bestimmte Typen wie Grundlagenforschung oder Vertragsforschung ein und reduzieren damit das Konfliktpotential um die interne Allokation der Mittel. Sie bilden eine unerlässliche Voraussetzung für die interne Zentralisierung der Allokationsentscheidungen und mithin für die Handlungsfähigkeit der Forschungsorganisationen als korporative Akteure. Wie die inter-organisatorischen Beziehungen der großen Forschungsorganisationen beruhen auch diese intra-organisatorischen Mechanismen der Regulierung von Verteilungskonflikten auf sorgsam austarierten und fragilen Interessengleichgewichten, die durch eine Implementation von Wettbewerb untereinander empfindlich gestört werden können. Aber auch Kooperationsformen, die über Interaktionen an den jeweiligen Schnittstellen der Einrichtungen hinausgehen und als Folge einer positiven Koordination der Forschung zu Interferenzen zwischen den Governancemechanismen führen, können diese internen Gleichgewichte leicht gefährden.

Zugleich sind die deutschen Wissenschaftsorganisationen davor geschützt, in Wettbewerb untereinander und in Kooperation miteinander eintreten zu müssen. So entzieht sich als Folge der wechselseitigen Blockade von Bund und Ländern vor allem die MPG dem Zugriff der Forschungspolitik so gut wie ganz. Im Fall der MPG stehen siebzehn Regierungen, die trotz divergierender Interessen zu konzertierten Aktionen gezwungen sind, einem korporativen Akteur gegenüber, der seinerseits zu kollektivem Handeln befähigt ist. Dies führte nicht nur rasch dazu, dass der Bund sein „großes" Ziel, die MPG in die programmorientierte Förderung einzubeziehen, wieder aufgab. Auch die gemeinsame Förderung der Gesellschaft durch Bund und Länder wurde von der im Herbst 2001 eingesetzten Kommission zur „Modernisierung der bundesstaatlichen Ordnung" (vgl. Scharpf 2004) schon am Beginn der Debatte von einer möglichen Entflechtung ausgenommen.

Um grundsätzliche Veränderungen in der Aufgabendefinition und Finanzierungsform der MPG zu bewirken, bedürfte es einer Neudefinition der forschungspolitischen Gemeinschaftsaufgaben von Bund und Ländern. Dies aber hieße gleichsam die Büchse der Pandora zu öffnen und all die föderalen Konflikte wieder heraufzubeschwören, die mit dem Staatsvertrag zwischen Bund und Ländern in der Mitte und der Änderung des Grundgesetzes am Ende der 1960er Jahre so mühsam beigelegt wurden.[10]

Soweit es die programmorientierte Förderung der HGF angeht, zeichnet sich dagegen noch kein klares Bild zu den Resultaten dieser Reformstrategie des Bundes ab. Ihrem Ziel nach läuft die Reform darauf hinaus, die Zentren mit einer inter-organisatorischen Matrixstruktur zu überziehen und vom Prinzip der vertikal integrierten *„in-house-production“* auf programmgesteuerte und zeitlich befristete Kooperationsprojekte umzustellen, um die sie untereinander in Wettbewerb stehen. Welche Effekte die programmorientierte Förderung im einzelnen bewirkt, wird sich allerdings erst in zwei bis drei Jahren beurteilen lassen. Die Resultate der von der Bundesregierung eingeleiteten organisatorischen Fusion auf dem Gebiet der Informationstechnik stehen dagegen bereits weitgehend fest und sie entsprechen ganz der „alten“ politischen Logik des semi-souveränen Staats.

4. Governance der informationstechnischen Forschung in Deutschland

4.1 Struktur und Performanz der Organisationen

Die politische Logik, auf der das deutsche System der außeruniversitären Forschung beruht, manifestiert sich zunächst einmal an der institutionellen Entwicklung der informationstechnischen Großforschung selbst. Die GMD besaß mit ihrer vertikal integrierten Struktur bereits kurze Zeit nach ihrer Gründung am Ende der sechziger, Anfang der siebziger Jahre keine Governanceform mehr, die dem zunehmend marktgesteuerten Feld der Informationstechnik angemessen gewesen wäre. Gleichwohl hielt der Bund mehr als dreißig Jahre an dieser Governanceform fest.

Noch bis zum Ende der 1990er Jahre waren Computer große und diskret aufgebaute Anlagen, und die Computerindustrie wurde durch vertikal integrierte Oligopole strukturiert, die von der Herstellung der Hardwarekomponenten bis zur Entwicklung der Betriebssysteme und kundenspezifischer Anwendungsprogramme nahezu die komplette Wertschöpfungskette organisierten. Dem setzten dann aber die mikroelektronische Revolution und der Übergang der Computertechnologie zu den integrierten Schaltkreisen und „Chips“ im Verlauf der 1970 Jahre rasch ein Ende. Der Übergang zu den integrierten Schaltkreisen machte aus den Rechenanlagen in immer rascherer Abfolge immer kleinere, billigere und leistungsfähigere Produkte, die in einem immer größeren Umfang aus standardisierten Komponenten bestanden und eine wachsende Desintegration der Wertschöpfungskette ermöglichten. Neue Anbieter konnten jetzt vorgefertigte Hardwarekomponenten kaufen, neu kombinieren und mit innovativen Produkten auf den Markt treten, während die oligopolistisch strukturierten Unternehmen mit der Kontrolle über das Hardwareangebot auch die Kontrolle über die Softwaresysteme verloren und sich ein eigenständiger Markt für diese Systeme mit neuen Produkten herausbilden konnte.

Damit verband sich auch ein Wandel der softwaretechnischen Standardisierungsprozesse. In der Ära der Mainframes herrschten hauptsächlich unternehmenseigene und – spezifische, „proprietäre“ Normen vor, die den Nutzern von den marktbeherrschenden

[10] So haben sich die Ministerpräsidenten aller Länder angesichts dieser Gefahr denn auch einstimmig für eine Beibehaltung des „bewährten“ Modells der Gemeinschaftsfinanzierung der großen Forschungsorganisationen ausgesprochen.

Unternehmen wie etwa der IBM diktiert werden konnten. Diese Unternehmen hatten ihre Softwaresysteme zunächst unabhängig von der parallel entstehenden Informatik entwickelt, arbeiteten aber seit den frühen sechziger Jahren zunehmend mit der Wissenschaft und der im Entstehen begriffenen *Computer Science* bzw. Informatik zusammen. Als Folge der mikroelektronischen Revolution traten dann aber an die Stelle der proprietären Normen marktbeherrschender Unternehmen mehr und mehr faktische Standards, die sich durch Marktprozesse und Bandwaggoneffekte etablierten. Durch diesen Wechsel ging die Möglichkeit einer engen Koppelung und Koordination zwischen der praktischen Softwarenentwicklung und der informationstechnischen Grundlagenforschung verloren.

Die Gründung der GMD am Ende der 1960er Jahre erfolgte mithin zu einem Zeitpunkt, zu dem Marktmechanismen die hierarchische Koordination der Informationstechnik ablösten, und es zunehmend weniger möglich wurde, das Design und die Spezifikationen der Systeme auf der Basis wissenschaftlicher Kriterien und im Rahmen von stabilen Lieferbeziehungen zwischen der Grundlagenforschung und der technischen Entwicklung „*top down*" festzulegen. Damit ließ sich das ursprüngliche Gründungsziel, großen und vertikal integrierten Unternehmen wie Siemens, die sich in Deutschland mit dem Bau von Rechnern und Softwaresystemen befassten, eine vertikal integrierte Forschungsorganisation zur Seite zu stellen, die ihnen auf dem Gebiet der formalwissenschaftlichen Methoden zuarbeitete, nie verwirklichen.

Unter den Bedingungen der rasch expandierenden softwaretechnischen Möglichkeiten wurden die Forschungsziele, die der Bund mit der GMD verfolgte, zunehmend diffus. Trotz der wiederholten Versuche, das Forschungsprogramm der Gesellschaft zu straffen und auf einige wenige Schwerpunkte zu bündeln, zerfielen ihre Projekte seit den späten siebziger Jahren in eine Vielzahl von heterogenen und unverbunden Vorhaben. Zudem steuerte der Bund faktisch einen Schlingerkurs, bei dem sich Phasen des Rückzugs in die Grundlagenforschung mit erneuten programmatischen Re-Orientierungen der Gesellschaft auf die angewandte Informationstechnik abwechselten.

Gleichwohl wies die methodische Grundlagenforschung eine hohe Kontinuität innerhalb der GMD auf. Angewandte Grundlagenforschung war die domänenspezifische „*raison d'être*" der informationstechnischen Großforschung und ihr zentrales Abgrenzungskriterium gegenüber der FhG. Sowohl die Ziele als auch die formalwissenschaftlichen Ansätze und Methoden, die das Programm der Gesellschaft zum Zeitpunkt ihrer Gründung ausmachten behielten daher stets eine forschungsleitende Funktion für diese Organisation. Zugleich aber entwickelte die Gesellschaft keine effektiven Mechanismen für den Transfer dieses Wissens in die Industrie. Soweit es um Kooperationsprojekte mit der Industrie ging, lieferte die Form der institutionellen Finanzierung der GMD keine entsprechende Anreizstruktur und begünstige eher ein professionelles Selbstverständnis ihres wissenschaftlichen Personals, das mit den motivationalen Anforderungen dieser Projekte konfligierte.

Aber auch bei der Entwicklung von eigenen Produkten, Werkzeugen und Applikationsprogrammen blieb die Gesellschaft als Folge ihrer mangelnden Marktorientierung weitgehend glücklos. Während viele Entwicklungen der GMD den Markt zu spät erreichten und an faktischen Standards Schiffbruch erlitten, kamen andere aber auch zu früh und scheiterten daran, dass zum Zeitpunkt ihres Erscheinens noch kein aufnahmefähiger Markt existierte. Dies hatte zur Folge, dass die Forschungsergebnisse der GMD nicht oder nur auf langen Umwegen und im Rahmen kontingenter Prozesse in die softwaretechnische Praxis gelangten.

Trotz dieser hartnäckigen Misserfolge und einer wachsenden Kritik am Modell der Großforschung in der Informationstechnik hat der Bund zu keiner Zeit ernsthaft erwogen, die GMD zu schließen. Die Gesellschaft bildete seine „Hausmacht" in der Informationstechnik, und ihre Schließung hätte er zudem gegen das Votum der drei Sitzländer Berlin, Hessen und Nordrhein-Westfalen durchsetzen müssen. Das vielfach vorgeschlagene Konzept, die GMD auf ein „Unternehmensmodell" umzustellen, scheiterte wiederum daran, dass sie dann in eine Domänenkonkurrenz zur FhG eingetreten wäre. Erst in der zweiten Hälfte der 1990er Jahre stellte sich als Folge einer neuen Transferstrategie durch die Ausgründung von „*Spin-offs*" erstmals ein relativer Erfolg der GMD ein. Der Gesellschaft gelang es, in den Jahren von 1995 bis 2000 rund dreißig Firmen auszugründen. Dieser relative Erfolg trug dann nicht zuletzt zu der Entscheidung bei, dem Modell der Großforschung in der Informationstechnik durch eine Fusion der GMD mit der FhG auch konzeptionell ein Ende zu setzen. Wie es schien, ließen sich die Rahmenbedingungen für Ausgründungen durch eine solche Fusion deutlich verbessern.

Die FhG ist das große Erfolgsmodell des deutschen Innovationssystems und ihr Erfolg beruht auf dem Prinzip der Anreizfinanzierung. Dieses Prinzip macht die eindeutigen Stärken, aber auch die Schwächen des Modells Fraunhofer aus. Mit Hilfe der erfolgsabhängigen Grundfinanzierung hatte der Bund die FhG als eine Einrichtung, die bis zur Mitte der 1970er Jahre aus einem losen Verbund von heterogenen Instituten bestand und als der „Lumpensammler" des deutschen Forschungssystems galt, am Beginn der 1980er Jahre in eine prosperierende und rasch wachsende Organisation für Vertragsforschung verwandelt. Der Übergang zum Prinzip der erfolgsabhängigen Grundfinanzierung machte die Höhe der staatlichen Zuschüsse zum Haushalt der Gesellschaft in den ersten Jahren zu fünfzig, später zu vierzig Prozent von ihren Einnahmen aus öffentlichen und privaten Forschungsaufträgen abhängig. Die interne Allokation dieser Mittel liegt wiederum in der Verantwortlichkeit des Vorstands der Gesellschaft.

Von Seiten des Bundes zunächst als eine eher euphemistische Bezeichnung für die Sanktion von Leistungsmängeln gedacht, setzte die Anreizfinanzierung der FhG eine Wachstumsdynamik frei, die alle Erwartungen übertraf. Das neue Finanzierungsprinzip erwies sich als ein effizienter Motor der Vertragsforschung, der die eigenen Erträge der Gesellschaft jährlich um rund zehn bis dreizehn Prozent ansteigen ließ. Im Zuge dieses Wachstums entwickelte sich die FhG auch faktisch zur größten deutschen Einrichtung auf dem Gebiet der Informationstechnik. Als Folge des Vorrangs, den die GMD in der Förderung der Informationstechnik durch den Bund besaß, spielte diese Technik innerhalb der FhG anfänglich nur eine untergeordnete Rolle. Auf der Basis von marktgesteuerten Anpassungen baute die Gesellschaft die informationstechnische Forschung durch die Gründung neuer und die Umorientierung existierender Institute seit den frühen 1980er Jahren dann aber rasch aus. Anfang der 1990er Jahre lag der Haushalt der informationstechnischen Fh-Institute bereits leicht über dem der GMD.

Die Performanz des Modells Fraunhofer beruht auf einer Kombination von dezentraler Autonomie und hierarchischer Koordination. Die Institute der FhG fungieren als Profitcenters, die am Markt für die Auftragsforschung weitgehend autonom operieren. Sie tun dies allerdings „im Schatten" einer hierarchischen Koordination, die ihre Leistungen an dem Indikator „Rho" bemisst. Dieser Indikator umfasst die Erträge eines jeweiligen Instituts aus der öffentlichen und industriellen Auftragsforschung und macht die Höhe ihrer Grundförderung von ihren eigenen Erträgen aus der Vertragsforschung abhängig. Zugleich bildet er die

Basis für die Zentrale, in die Politik der Institute zu intervenieren und ihre Strategien und Zielvorgaben neu zu justieren, wenn diese Erträge hinter den Erwartungen zurückbleiben. Darüber hinaus stellt die Leitung der FhG den Einrichtungen aber auch vielfältige Servicefunktionen zur Verbesserung ihrer Wettbewerbsfähigkeit am Markt für die Auftragsforschung und Dienstleistungen bis hin zur zentralen Akquisition von Aufträgen zur Verfügung.

Diese Governancestruktur bewirkt, dass die informationstechnische Forschung der FhG gewissermaßen den Gegenpol zum Typus der marktfernen Grundlagenforschung der früheren GMD bildet. Sie führt zu permanenten Anpassungen der Institute an die industrielle Nachfrage und ständigen Neu-Justierungen ihres technologischen Angebots auf der Basis einer kurz- bis mittelfristigen Vorhalteforschung, bindet die Einrichtungen in enge Kooperationsbeziehungen mit den Anwendern ein und richtet ihre Vorhalteforschung in sehr effektiver Weise an deren Problemen aus. Die besondere Stärke der FhG liegt dementsprechend in der Entwicklung kundenspezifischer Applikationssysteme vor allem in der industriellen Fertigung, Bürotechnik und Medizin. Bei der Entwicklung neuer Produkte auf der Basis standardisierter Softwaresysteme, wie sie zu den kompetitiven Vorteilen des Innovationssystems der USA zählen, weist die FhG dagegen Schwächen auf. Im Bereich der innovativen Standardsoftware hat die Gesellschaft mit „MP3" als einem Programm zur Komprimierung von Musikdateien nur ein einziges nennenswertes Produkt hervorgebracht.

4.2 Anatomie einer gescheiteten Reform [11]

Angesichts der Vor- und Nachteile der beiden Modelle von Forschungsorganisation zielte die Strategie des Bundes, GMD und FhG zu fusionieren, darauf ab, gewissermaßen ihre Stärken miteinander zu bündeln und zugleich ihre Schwächen zu kompensieren. Auf diesem Weg sollten die GMD von der engen Marktorientierung und Vernetzung der FhG mit der Industrie und die FhG von der Grundlagenforschung ihres Fusionspartners profitieren.

Der Reformansatz sah explizit vor, die informationstechnische Grundlagenforschung der GMD weitgehend zu erhalten. Er wies damit zugleich einen kostengünstigen Weg, die Empfehlung der Systemevaluation umzusetzen, die einen Ausbau dieses Typs von Forschung in der FhG gefordert hatte, um die Gesellschaft in höherem Maße als bislang zu angebotsseitigen Strategien zu befähigen. Aus diesem Grund schied auch eine Reformstrategie aus, die sich darauf beschränkte, nur die angewandte Forschung der GMD in die FhG zu überführen und ihre methodische Grundlagenforschung etwa an die Hochschulen auszugliedern, wie dies der Wissenschaftsrat zeitweilig als alternative Reformstrategie in die Debatte brachte. Dem Bund ging es vielmehr darum, die FhG zu einem Portfoliomodell von Forschungsorganisation umzustrukturieren, das sowohl Institute mit einem hohen Anteil an Grundlagenforschung und einer entsprechend hohen Grundförderung, als auch Einrichtungen mit überwiegend privaten Wirtschaftserträgen und einem entsprechend geringen Prozentsatz an öffentlichen Mitteln umfasste.

[11] Die folgende Skizze des Fusionsverlaufs beruht auf ausführlichen Interviews mit beteiligten Akteuren sowohl aus der Forschungspolitik als auch den beiden Forschungsorganisationen und stützt sie sich darüber hinaus auf eine Inhaltsanalyse von Dokumenten wie Aktenunterlagen, Memos und Teile des Schriftwechsels, die im Prozess der Fusion entstanden. Vgl. dazu ausführlich Hohn 2005.

So plausibel die Strategie zunächst erschien, so sehr kollidierte dieses Konzept aber mit der internen Funktionslogik des Modells Fraunhofer. Genau dieses Gleichgewicht wäre durch ein Portfoliomanagement der FhG nach dem Willen des Bundes gefährdet worden. Die interne Funktionslogik und die Stabilitätsbedingungen dieses Modells beruhen auf einem prekären Interessengleichgewicht unter den Instituten, das seinerseits mit dem Rho-Regime an eine prinzipiell einheitliche und für alle Einrichtungen gleichermaßen verbindliche Bemessung der Grundfinanzierung gebunden ist.

Das Modell der erfolgsabhängigen Grundförderung der FhG läuft seiner Grundstruktur nach auf ein klassisches Kollektivgutdilemma (Olson 1965) hinaus. Die erfolgsabhängige Grundförderung ist das wichtigste Gemeinschaftsgut oder auch die „Allmende" (Ostrom 1990) der Fraunhofer-Institute. Sie ist ihre gemeinsame Poolressource, deren Umfang von den aggregierten eigenen Erträgen der einzelnen Einrichtungen abhängt. Dies konstituiert ein hohes organisationsinternes Konfliktpotential und Probleme sowohl im Hinblick auf die Bereitstellung als auch auf die Aneignung dieser Ressource, da jeder der beteiligten Akteure individuell einen Anreiz besitzt, mit einem möglichst geringen Beitrag (eigene Erträge aus der Vertragsforschung) zum Gemeinschaftsgut eine möglichst hohe Auszahlung (Grundförderung) aus dem Ressourcenpool zu realisieren.[12] Dementsprechend hängt die organisationsinterne Balance der Gesellschaft entscheidend davon ab, wie effektiv sie das Problem der Zuteilung der Ressourcen und die damit verbundenen Konflikte löst.[13] Das Rho-Regime liefert diese Lösung ganz im Sinne der institutionalistischen Kontrolltheorie (Alchian/Demsetz 1972) durch eine Zentralisierung der Entscheidungskompetenz bei der Münchener Verwaltung als einer hierarchischen Instanz, die über die individuellen Beiträge zum Gemeinschaftsgut der Gesellschaft wacht und über die Zuteilung der Ressourcen bestimmt.

Schon in den 1980er Jahren hatten Versuche des damaligen Forschungsministers Riesenhubers, unterschiedliche Institutstypen in der FhG zu etablieren, zu erheblichen organisationsinternen Verteilungskonflikten geführt, die das Integrationspotential der Organisation überforderten. Diese Konflikte nahmen zeitweise krisenhafte Ausmaße an und konnten erst durch die Rückkehr zu einem einheitlichen Institutsmodell mit einer einheitlichen und für alle gleichermaßen verbindlichen Quote der Grundfinanzierung wieder gelöst werden. Vor dem Hintergrund dieser Erfahrung widersetzte sich die FhG von Beginn an einer Fusion unter Gleichen und verfügte faktisch auch über die Macht, eine solche Fusion abzuwenden, indem sie es der Forschungspolitik des Bundes verweigerte, eine entsprechende interne Organisationsstruktur zu implementieren und für diese Weigerung den Beistand und die Unterstützung der Länder mobilisieren konnte. Ähnlich wie die FhG befürchteten die Länder, dass sich der Bund durch die Fusion Spielraum für Interventionen in die Politik Gesellschaft und ihrer Institute zu verschaffen suchte, und legten ihr Veto gegen ein Portfoliomodell ein.

Nach einem etwa zwei Jahre andauernden und erst durch externe Moderatoren beigelegten Konflikt vollzog sich die Eingliederung der GMD in die FhG schließlich zu den Konditionen und unter der Federführung der FhG. Der Plan des Bundes, durch die Fusion

---

[12] In diesem Sinne lässt sich denn auch die Charakterisierung, wie sie Trischler und vom Bruch vornehmen und der zufolge die Grundförderung der *nervus rerum* (Trischler/vom Bruch 1999: 214) der Gesellschaft ist, governancetheoretisch umdeuten und präzisieren.

[13] Zumal es keine endogene Lösung für das Zuteilungsproblem gibt. Anders als im iterierten Gefangenendilemma reicht *tit-for-tat* in Multiakteurkonstellationen für die Stabilisierung von Kooperation nicht aus. Erforderlich sind vielmehr kollektiv verbindliche Regelungen (Scharpf 2000: 136).

der beiden Einrichtungen auch die FhG zu reformieren scheiterte damit. Angesichts der teils massiven Konflikte, die den Fusionsprozess begleiteten, ist vielfach Skepsis darüber aufgekommen, ob eine erfolgreiche Integration der früheren GMD-Institute in das Modell Fraunhofer möglich sein wird. Die faktische Entwicklung lässt diesen Zweifel aber mittlerweile als weitgehend unbegründet erscheinen. Die spezifische Governancestruktur der FhG scheint aus der Gesellschaft tatsächlich, wie dies ein Mitglied des Vorstands ausdrückte, eine Art „Schmelztiegel" zu machen, der ihre Einrichtungen in einheitlicher und stabiler Weise an der Vertragsforschung ausrichtet. Sie reduziert die Kontrolle der Institute durch die Zentrale mit dem Indikator Rho auf einen einzigen Parameter und liefert zugleich eine sehr effektive Anreizstruktur, indem sie Erfolge positiv und Misserfolge negativ sanktioniert. Diese Governancestruktur lässt praktisch keinen Spielraum für opportunistisches Verhalten. Man kann die Prognose wagen, dass die Institute der ehemaligen GMD auf dem Weg zu ganz normalen Fraunhofer-Instituten sind. Dies zeigt sich im Übrigen schon jetzt an ihren steigenden Erträgen aus der Vertragsforschung (vgl. dazu ausführlich: Hohn 2005).

Als Folge ihrer erfolgreichen Umstellung auf das Rho-Regime sind nun aber auch zugleich die Ausgründungen aus den früheren GMD-Instituten rückläufig. Unter den Bedingungen der erfolgsabhängigen Finanzierung kann ein Institut Ausgründungen erst dann vornehmen, wenn es seine Industriequote stabil erfüllt. Mit der Ausgründung von Firmen schaffen sich die Institute nicht nur potentielle Konkurrenten am Markt für die Auftragsforschung, sondern sie senken der Logik des Rho-Regimes entsprechend auch ihre eigene Grundförderung ab. Es ist für sie folglich rational, auf Ausgründungen zu verzichten.

5. Schlussbemerkung

Das Forschungssystem Deutschlands weist eine hohe Komplementarität zur politischen Ökonomie des kooperativen Kapitalismus auf und verhält sich zugleich weitgehend resistent auch gegenüber „bounded change" und inkrementellen Veränderungen. Dennoch ist es keineswegs völlig blockiert. Bei aller institutionellen Stabilität weist es eine erstaunliche Flexibilität und ein hohes Anpassungspotential auf, das gerade auf der Verlagerung der Forschungspolitik von der Arena des Parlaments und der Parteipolitik auf die Ebene professioneller Forschungsmanager in den Ministerien des Bundes und der Länder und in den Wissenschaftsorganisationen beruht. Diese Verlagerung konstituiert *„powerfull mechanisms"* (Mayntz/Scharpf 1990: 70), die es den Akteuren immer wieder erlauben, auf dem Wege von Verhandlungen und Konsensbildung flexible und oft auch rasche Lösungen zu finden (Jansen 1989). Die Kombination einer hohen Stetigkeit und Verlässlichkeit der Politik mit „intelligenten" Arrangements auf der Ebene professioneller Administrationen macht einen Gutteil des Geheimnisses der westdeutschen Erfolgsgeschichte nach dem Zweiten Weltkrieg aus (Katzenstein 1987).

Gleichwohl scheint das Anpassungspotential dieses Systems dort abrupt zu enden, wo die Spezialisierung und die Autonomieinteressen der großen Wissenschaftsorganisationen berührt werden. Die Spezialisierung dieser Organisationen auf Aufgabenfelder wie die Grundlagenforschung oder Vertragsforschung konstituiert einerseits spezifische Stärken des deutschen Innovationssystems, bewirkt andererseits aber auch, dass ihre internen Formen der Governance kaum funktionale Varianz zulassen, während ihre hohe Autonomie und Vetomacht zugleich auf eine Fortschreibung des Status quo hinausläuft. Wie schon die deutsche Vereinigung hat auch der Prozess der Globalisierung am Status quo des Systems der außeruniversitären Forschung bislang so gut wie nichts verändert.

So wurde die deutsche Vereinigung zunächst vielfach als exogene Erschütterung dieses Systems betrachtet, die aber auch die Chance bot, seine institutionelle Struktur „selbstkritisch zu prüfen“ und einer Reform zu unterziehen. Faktisch hatte sie eine getreue Duplikation und den Transfer der institutionellen Struktur des außeruniversitären Forschungssystems in die neuen Länder zur Folge (Robischon et al. 1995).

Aber auch der Verlauf und die Resultate des in diesem Beitrag skizzierten forschungspolitischen Versuchs zur Reform der informationstechnischen Forschung bestätigen die Prognose, dass das hoch verflochtene und korporatistisch strukturierte politische Entscheidungssystem Deutschlands einen hoch stabilen institutionellen Entwicklungspfad erzeugen wird (Wood 2001: 273). Die politische Logik des Sektors der außeruniversitären Forschung blockiert Reformansätze schon durch die Antizipation von Widerstand und verleiht dort, wo solche Ansätze entstehen, den Adressaten der Forschungspolitik die Macht, ihr Veto durch die Verweigerung entsprechender Implementationsleistungen einzulegen. Als Ergebnis stehen im Fall der Fusion von GMD und FhG einem hohen reformpolitischen Aufwand an Zeit und Geld nur marginale institutionelle Veränderungen gegenüber. Im Fall dieser Fusion hat sich der Reformansatz sogar in sein Gegenteil verkehrt. Sein Ziel bestand darin, durch eine strukturelle „Hybridisierung“ dieses Feldes angebotsorientierte Forschungsstrategien nach dem Muster der angelsächsischen Innovationssysteme zu ermöglichen; im Resultat beförderte er durch die Überführung der GMD unter das Rho-Regime der FhG nachfrageorientierte Forschungsstrategien und lief auf einen weiteren Ausbau der traditionellen Stärken des deutschen Systems hinaus. Durch die erfolgreiche Umstellung der früheren GMD auf die Funktionslogik der FhG ist zudem nun auch eine „Lücke“ in der informationstechnischen Grundlagenforschung entstanden, von der derzeit ungewiss ist, wie sie geschlossen werden kann. Eine institutionelle Lösung, durch die sich eine Struktur für die Entwicklung angebotsorientierter Strategien in der informationstechnisch Forschung Deutschlands etablieren ließe, scheint damit in weitere Ferne gerückt als zuvor.

Literatur:

Alchian, Armen.A., Harold Demsetz (1972): Production, Information Costs, and Economic Organization. In: American Economic Review 62: 777-795.

Abramson, Norman H., José Encarnação, Proctor R. Reid, Ulrich Schmoch (Hrsg. 1997): Technology Transfer Systems in the United States and Germany. Lessons and Perspectives. Fraunhofer Institute for Systems and Innovation Research, National Academy of Engineering. Washington: National Academy Press.

Anchordoguy, Marie (2000): Japan's software industry: a failure of institutions? In: Research Policy 29: 391–408.

Archibugi, Daniele, Mario Pianta (1992): The Technological Specialization of Advanced Countries. Dordrecht: Kluwer Academic Publishers.

Bachrach, Peter, Morton S. Baratz (1975): Zwei Gesichter der Macht. In: Narr, Wolf Dieter, Claus Offe (Hrsg.): Wohlfahrtsstaat und Massenloyalität. Köln: Kiepenheuer & Witsch.

Brock, Gerald W. (1986): The Computer Industry. In: Walter Adams (ed.), The Structure of American Industry, 7. Ed., New York: The MacMillan Press: 239-260.

Casper, Steven (2000): Institutional adaptiveness, technology policy, and the diffusion of new business models: The case of German biotechnology. In: Organization Studies 21: 887-914.

Crouch, Colin (2003): Institutions Within Which Real Actors Innovate. In: Mayntz Renate, Wolfgang Streeck (Hrsg.), Die Reformierbarkeit der Demokratie. Innovationen und Blockaden. Frankfurt a.M.: Campus: 71–98.

Crouch, Collin, Henry Farrell (2002): Breaking the Path of Institutional Development? Alternatives to the New Determinism. MPIfG Discussion Paper 02/5.

Deeg, Richard (2001): Institutional Change and the Uses and Limits of Path Dependency. The Case of German Finance. MPIfG Discussion Paper 01/6.

Doremus, Paul N., William W. Keller, Luis W. Pauly, Simon Reich (1998): The Myth of the Global Corporation', Princeton/New Jersey: Princeton University Press.

Etzkowitz, Henry, Loet Leydesdorff (1998): The Endless Transition: A „Triple Helix" of University-Industry-Government Relations. In: Minerva 36: 203–208.

Etzkowitz, Henry, Loet Leydesdorff (2000): The Dynamics of Innovation: From National Systems and „Mode2" to a Triple Helix of University-Industry-Government Relations. In: Research Policy 29: 109-123.

Fraunhofer-Gesellschaft (1998): Systemevaluierung der Fraunhofer-Gesellschaft. Bericht der Evaluierungskommission. München: Fraunhofer-Gesellschaft.

Freeman, Christopher (1987): Technology Policy and Economic Performance: Lessons from Japan. London: Pinter.

Genschel, Philipp (1995): Standards in der Informationstechnik. Institutioneller Wandel in der internationalen Standardisierung, Frankfurt a.M./ New York: Campus.

Gibbons, Michael (1993): National Innovation Systems in Transition: Some Lessons for Germany. In: Bundesministerium für Forschung und Technologie (Hrsg.): Anforderungen an das Innovationssystem der 90er Jahre in Deutschland, Bonn: Bundesministerium für Forschung und Technologie.

Guerrieri, Paolo (1999): Patterns of National Specialisation in the Global Competitive Environment. In: Archibugi Daniele, Jeremy Howells, Jonathan Mitchie (Hrsg.), Innovation Policy in a Global Economy, Cambridge: Cambridge University Press: 139–159.

Graubard, Stephen (1964): A New Europe? Boston: Beacon Press.

Hakala, Johanna (2003): Finnish Science and Technology Policy in the Context of Internationalization an Europeanization. In: Edler, Jakob, Stefan Kuhlmann, Maria Behrens (Hrsg.): Changing Governance of Research and Technology Policy: The European Research Area, Cheltenham, Camberley UK, Northampton, MA, USA: Edward Elgar: 191-209.

Hall, Peter A., David Soskice (2001): An Introduction to Varieties of Capitalism. In: Peter A. Hall, David Soskice (Hrsg.), Varieties of Capitalism. The Institutional Foundations of Comparative Advantage. Oxford: Oxford University Press: 1–70.

Hohn, Hans-Willy (1998): Kognitive Strukturen und Steuerungsprobleme der Forschung. Kernphysik und Informatik im Vergleich. Frankfurt/Main, New York: Campus.

Hohn, Hans-Willy (1999): Big Science als angewandte Grundlagenforschung. Probleme der informations-technischen Großforschung im Innovationssystem der „langen" siebziger Jahre. In: Ritter, Gerhard, Margit Szöllösi-Janze, Helmuth Trischler (Hrsg.): Antworten auf die amerikanische Herausforderung. Forschung in der Bundesrepublik und der DDR in den „langen siebziger Jahren". Frankfurt a.M./ New York: Campus: 50-80.

Hohn, Hans-Willy (2005): Forschungspolitische Reformen im kooperativen Staat. Der Fall der Informationstechnik, FÖV Discussion Paper 21.

Hohn, Hans-Willy, Jürgen Lautwein (2003): German Corporatism in Industrial R&D. Its National Structure and European Challenge. In: Edler, Jakob, Stefan Kuhlmann, Maria Behrens (Hrsg.): Changing Governance of Research and Technology Policy: The European Research Area, Cheltenham/Camberley UK, Northampton/MA, USA: Edward Elgar: 255-268.

Hohn, Hans-Willy, Uwe Schimank (1990): Konflikte und Gleichgewichte im Forschungs-system. Akteurkonstellationen und Entwicklungspfade in der staatlich finanzierten außeruniversitären Forschung. Frankfurt a.M./New York: Campus.

Hollingsworth, J. Rogers, Wolfgang Streeck (1994): Countries and Sectors. Concluding Remarks on Performance, Convergence and Competitiveness. In: Hollingsworth, J. Rogers, Philippe C. Schmitter, Wolfgang Streeck (Hrsg.), Governing Capitalist Economies. New York: Oxford University Press: 270–300.

Hollingsworth, J. Rogers, Robert Boyer (1997): Coordination of economic actors and social systems of production. In: Hollingsworth, J. Rogers, Robert Boyer (Hrsg.): 'Contemporary capitalism: The embeddedness of institutions. Cambrigde: Cambrigde University Press: 1-48.

Internationale Kommission (1999): Forschungsförderung in Deutschland. Bericht der internationalen Kommission zur Systemevaluation der Deutschen Forschungsgemein-schaft und der Max-Planck-Gesellschaft. Studie im Auftrag der Bund-Länder-Kommission für Bildungsplanung und Forschungsförderung (BLK). Hannover: Volkswagen-Stiftung.

Jansen, Dorothea (1996): Nationale Innovationssysteme, soziales Kapital und Innovations-strategien von Unternehmen. In: Soziale Welt 45: 411-434.

Katzenstein, Peter J. (1987): Policy and Politics in West Germany. The Growth of a Semi-sovereign State. Philadelphia: Temple University Press.

Kenney, Martin (Hrsg. 2000): Understanding Silicon Valley. The Anatomy of an Entrepreneurial Region. Stanford: Stanford University Press.

Kuhlmann, Stefan, Ulrich Schmoch, Thomas Heinze (2003): Governance der Kooperation heterogener Partner im deutschen Forschungs- und Innovationssystem, Discussion Paper „Innovation System and Policy Analysis“, Fh-ISI, Karlsruhe, 1/2003.

Kerr, Clark, John Dunlop, Frederick Harbison, Charles Myers (1960): Industrialism and Industrial Man. Cambridge, Mass.: Harvard University Press.

Krupp, Helmar (1990): Kommentar zum Abschnitt 2 „Steuerungsmöglichkeiten der Gesellschaft“. In: Krupp, Helmar (Hrsg.): Technikpolitik angesichts der Umweltkatastrophe. Heidelberg: Physica-Verlag: 123-125.

Lütz, Susanne (1993): Die Steuerung industrieller Forschungskooperation. Funktionsweise und Erfolgsbedingungen des staatlichen Förderinstruments Verbundforschung. Frankfurt a.M./New York: Campus.

Mahoney, James (2000): Path dependence in historical sociology. In: Theory and Society 29: 507-548.

Mayntz, Renate (1992): Interessenverbände und Gemeinwohl: Die Verbändestudie der Bertelsmann-Stiftung. In: Renate Mayntz (Hrsg.): Verbände zwischen Mitgliederinteressen und Gemeinwohl. Gütersloh: Bertelsmann-Stiftung: 11-35.

Mayntz, Renate (2004): Governance Theory als fortentwickelte Steuerungstheorie?, MPIfG Working Paper 04/1.

Mayntz, Renate, Fritz W. Scharpf (1990): Chances and Problems in the Political Guidance of Research Systems. In: Krupp, Helmar (Hrsg.): Technikpolitik angesichts der Umweltkatastrophe. Heidelberg: Physica-Verlag: 61-83.

Mayntz, Renate, Fritz W. Scharpf (1995): Der Ansatz des akteurzentrierten Institutionalismus, in: Renate Mayntz, Fritz W. Scharpf (Hrsg.), Gesellschaftliche Selbstregelung und politische Steuerung. Frankfurt a.M.: Campus: 39-72.

North, Douglass C. (1990): Institutions, Institutional Change and Economic Performance. Cambridge: Cambridge University Press.

Olsen, Mancur (1965): The Logic of Collective Action, Cambridge/ MA: Harvard University Press.

Ostrom, Elinor (1999): Die Verfassung der Allmende. Jenseits von Staat und Markt. Tübingen: J.C.B. Mohr (Paul Siebeck).

Pierson, Paul (2000): Increasing Returns, Path Dependence, and the Study of Politics. In: American Political Science Review 94: 251–267.

Pohl, Wolfgang (1993): Funktionswandel der Fraunhofer-Gesellschaft. Langfristig Trends, veränderte Rahmenbedingungen und Krise der Forschungsfinanzierung. In: WSI-Mitteilungen, 4/1993: 250-257.

Popp, Manfred (2003): Erste Schritte in die Programmorientierten Förderung – Ein Abenteuerbericht. In: Technologiefolgenabschätzung – Theorie und Praxis 12: 51-55.
Porter, Michael E. (1990): The Competitive Advantage of Nations. New York: The Free Press.
Robischon, Tobias, Andreas Stucke, Jürgen Wasem, Hans-Georg Wolf (1995): Die politische Logik der deutschen Vereinigung und der Institutionentransfer. Eine Untersuchung am Beispiel von Gesundheitswesen, Forschungssystem und Telekommunikation. In: Politische Vierteljahresschrift 36: 423-459.
Saxenian, AnnaLee (1994): Regional Advantage. Culture and Competition in Silicon Valley and Route 128. Boston: Harvard University Press.
Saxenian, AnnaLee (1999): Silicon Valley's New Immigrant Entrepreneurs. San Francisco: Public Policy Institute of California.
Schmidt, Manfred G. (1989): Learning from Catastrophes. West Germany's Public Policy. In: Francis G. Castles (Hrsg.), The Comparative History of Public Policy. Cambridge: Polity Press: 56-99.
Scharpf, Fritz W. (2000): Interaktionsformen. Akteurzentrierter Institutionalismus in der Politikforschung, Opladen: Leske + Budrich.
Scharpf, Fritz W. (2004): Der deutsche Föderalismus – reformbedürftig und reformierbar? MPIfG Working Paper 04/2.
Scharpf, Fritz W., Bernd Reissert, Hans Schnabel (1976): Politikverflechtung. Theorie und Empirie des kooperativen Föderalismus in der Bundesrepublik. Kronberg: Skriptor.
Schmidt, Manfred G. (1989): Learning from Catastrophes. West Germany's Public Policy. In: Francis G. Castles (Hrsg.), The Comparative History of Public Policy. Cambridge: Polity Press: 56-99.
Schröder, Thomas (2003): Leistungsorientierte Ressourcensteuerung und Anreizstrukturen im deutschen Hochschulsystem. Ein nationaler Vergleich, Berlin: Dunker und Humblot.
Soskice, David (1999): Divergent Production Regimes: Coordinated and Uncoordinated Market Economies in the 1980s and 1990s. S. 101-134 in: Herbert Kitschelt, Peter Lange, Gary Marks und John D. Stephens (Hrsg.): Continuity and Change in Contemporary Capitalism. Cambridge: Cambridge University Press.
Stehr, Nico (2003): Wissenspolitik. Die Überwachung des Wissens. Frankfurt a. M.: Suhrkamp.
Strange, Susan (1997): The future of global capitalism; or, will divergence persist forever? In: Crouch, Colin, Wolfgang Streeck (Hrsg.): Political Economy of Modern Capitalism. Mapping Convergence and Diversity, London: Sage: 182-191.
Streeck, Wolfgang (1991): On the Institutional Conditions of Diversified Quality Production. In: Egon Matzner/Wolfgang Streeck (Hrsg.), Beyond Keynesianism. The Socio-Economics of Production and Full Employment. Aldershot: Edward Elgar: 21–61.
Streeck, Wolfgang, Martin Höpner (2003): Einleitung: Alle Macht dem Markt?, in: Streeck, Wolfgang, Martin Höpner (Hg.): Alle Macht dem Markt? Fallstudien zur Abwicklung der Deutschland AG, Frankfurt a. M., Campus: 11-59
Sturgeon, Timothy J. (1997): Turnkey Production Networks: A New American Model. BRIE-Working Paper 92A.
Tate, Jay (2001): National Varieties of Standardization. In: Peter A. Hall/David Soskice (Hrsg.), Varieties of Capitalism. The Institutional Foundations of Comparative Advantage. Oxford: Oxford University Press: 442-473.
Thelen, Kathleen (1999): Historical institutionalism in comparative politics. Annual Review of Political Science 2: 369-404.
Thelen, Kathleen (2003): How Institutions Evolve: Insights from Comparative-Historical Analysis. In: Mahoney, James und Dietrich Rueschemeyer (Hrsg.): Comparative Historical Analysis in the Social Sciences. Cambridge: Cambridge University Press: 208-240.
Townsend, Miles A., John E. Gibson, George Knausenberger (1987): Industry-State-University Research Collaboration: The West German Fraunhofer Gesellschaft Model. In: Systems Research 4: 155-167.
Trischler, Helmuth, Rüdiger vom Bruch (1999): Forschung für den Markt. Geschichte der Fraunhofer-Gesellschaft, München: C.H. Beck.

Tsebelis, George (1993): Decision Making in Political Systems: Comparison of Presidentialism, Multicameralism, and Multipartism. Duke University Program in Political Economy, Papers in International Political Economy. Working Paper No. 178. Durham, NC: Duke University.

Whitley, Richard (2000): The institutional structuring of innovations strategies: Business systems, firm types and patterns of technical change in different market Economies. In: Organization Studies 21: 855-886.

Whitley, Richard (2003): Competition and pluralism in the public sciences: the impact of institutional frameworks on the organisation of academic science. In: Research Policy 32: 1015–1029.

Windolf, Paul, Jürgen Beyer (1995): Kooperativer Kapitalismus – Unternehmensverflechtungen im internationalen Vergleich, In: Kölner Zeitschrift für Soziologie und Sozialpsychologie 47: 1-36

Windolf, Paul, Michael Nollert (2001): Institutionen, Interessen, Netzwerke - Unternehmensverflechtungen im internationalen Vergleich, In: Politische Vierteljahresschrift 42: 51-78

Womack, James P., Daniel T. Jones, Daniel Roos, 1991 oder 1992: Die zweite Revolution in der Autoindustrie. Konsequenzen aus der weltweiten Studie aus dem Massachusetts Institute of Technology. Frankfurt a.M./New York: Campus.

Wood, Steward (2001): Business, Government, and Patterns of Labor Market Policy in Britain and the Federal Republic of Germany. In: Peter A. Hall/David Soskice (Hrsg.), Varieties of Capitalism. The Institutional Foundations of Comparative Advantage. Oxford: Oxford University Press: 247-274.

Neil Fligstein und Jennifer Choo

Recht und Corporate Governance[1]

Einleitung

Eine der großen intellektuellen Trennlinien in den modernen Sozialwissenschaften verläuft zwischen Ökonomie und Soziologie. Ökonomen glaubten den Ursprung der modernen Gesellschaft klassischerweise in der Ablösung von Staat und *rent seeking* Akteuren (privilegierten Interessensgruppen) durch profitorientierte Marktakteure zu erkennen (Smith 1904). Indem die „unsichtbare Hand des Marktes" die Produzenten dazu zwang, miteinander zu konkurrieren, wurde für eine effiziente Allokation der gesellschaftlichen Ressourcen gesorgt, und so wurden sie zur Quelle des „Wohlstands der Nationen". Während der Ursprung der modernen Gesellschaft von der klassischen Soziologie zwar ebenfalls eng mit der Entstehung von Märkten verknüpft wurde, behielten darin gesellschaftliche Systeme und Teilbereiche wie das Rechtssystem, Normen, Religion, soziale Klassen und das politische System weiterhin die entscheidende Rolle bei der Herausbildung von Firmen und Märkten (Durkheim 1997; Marx 1977; Weber 1978, 2001). Marx wie auch Weber haben viele der potentiellen Probleme, die Märkte erzeugen, wie beispielsweise ökonomische Instabilität durch ruinösen Wettbewerb, staatlich gestützte Monopolbildungen sowie die Gefahr, dass Regierungen ihre Staatsgewalt zum eigenen Vorteil missbrauchen, vorhergesehen.

In jüngster Zeit hat sich die Wirtschaftssoziologie für den Standpunkt stark gemacht, dass Markthandeln weniger durch anonym agierende, im Preiswettbewerb stehende Unternehmen, als durch die Schaffung marktspezifischer Institutionen geprägt wird (Fligstein 2001; Granovetter 1985; White 2002). Aus Sicht der Wirtschaftssoziologie ist die neoklassische Frage nach der Effizienz dieser Institutionen empirisch zu beantworten. Die Mehrheit der Soziologen entzieht sich jedoch einer expliziten Stellungnahme zur Effizienz von Institutionen (inklusive der Märkte). Einerseits wird argumentiert, dass unter bestimmten Bedingungen spezifische institutionelle Arrangements wirtschaftlicher sind als andere, andererseits jedoch zugleich behauptet, dass Institutionen und Märkte das Ergebnis einer zufälligen Verkettung historischer Ereignisse sind, in deren Verlauf bestimmte soziale Akteure mehr Macht als andere erlangt haben. Es wird dabei im Weiteren davon ausgegangen, dass der Zusammenhang zwischen spezifischen institutionellen und Marktarrangements und einem optimalen ökonomischen Ergebnis hochgradig komplex ist (Granovetter 1985).

Der Graben zwischen Soziologie und Ökonomie hat sich in den letzten 15 Jahren beträchtlich verkleinert. Douglass North (1981, 1990), Nobelpreisträger für Ökonomie, hat beispielsweise argumentiert, dass rechtliche, politische und soziale Institutionen eine zentrale Rolle beim Aufstieg des Westens gespielt haben. Eine ganze Fachrichtung der Ökono-

[1] Der vorliegende Betrag erschien zuerst in: „Law and Corporate Governance". In: The Annual Review of Law and Social Science 2005. 1:61–84.

mie widmet sich seither der Erforschung institutioneller Einflüsse auf die Wirtschaftskraft sowohl hoch als auch weniger entwickelter Länder (Acemoglu et al. 2001; Amsden 2001; Djankov et al. 2003; Greif 1994; La Porta et al. 1998, 1999a, b, 2002a; Rodrik 2003; Shleifer/Vishny 1993, 1994a,b, 1997; Wade 1990). Zahlreiche soziologische, rechtswissenschaftliche und politikwissenschaftliche Literatur betrachtet soziale und politische Faktoren auf der Ebene der Unternehmen sowie in Bezug auf wirtschaftliches Wachstum als entscheidend. Ökonomen, Soziologen, Juristen und Politologen haben die Variationen kapitalistischer Systeme auf unterschiedliche Grade staatlicher Eingriffe in die Sphäre der Ökonomie, in das Rechtssystem, in Corporate Governance Strukturen und in den Verlauf des Wirtschaftswachstums zurückgeführt (Albert 1993; Cioffi 2000; Coffee 2001a,b; Crouch & Streeck 1997; Evans 1995; Fligstein 1990; Hall & Soskice 2001; Mahoney 2001; Roe 1994, 2003; Streeck 1992). Die Anstrengungen, die Wechselwirkungen zwischen soziopolitischen Rahmenbedingungen und wirtschaftlicher Dynamik besser zu verstehen, haben seit dem Zusammenbruch des Kommunismus, der andauernden schlechten wirtschaftlichen Situation in Afrika und dem schnellen Wirtschaftswachstum der asiatischen Volkswirtschaften beträchtlich zugenommen (Evans 1995; Eyal et al. 1998; Guthrie 1999; Nee 1992; Radaev 2002; Stark 1996). Die diesen Ansätzen zugrunde liegende tiefgreifende Fragestellung ist allerdings nicht neu: In welcher Weise beeinflussen gesellschaftliche und rechtliche Arrangements Unternehmen, Märkte und wirtschaftliches Wachstum?

Der folgende Beitrag gibt einen Überblick über die jüngere Literatur zu historisch vergleichender Rechtswissenschaft und Corporate Governance-Forschung. Auf der Grundlage der Corporate Governance Definition von Cioffi (2000) als „nexus of institutions defined by company law, financial market regulation, and labor law“ (574) und ihrer genaueren Analyse, wird im Weiteren nachgezeichnet, wie das Problem der Effizienz durch die Agency-Theorie in die rechtswissenschaftliche und Corporate Governance-Debatte eingeführt wurde. Unter Berufung auf einen Großteil der jüngeren Literatur wird hier die Auffassung vertreten, dass die Agency-Theorie-Perspektive in Bezug auf die Herausbildung unterschiedlicher Corporate Governance-Systeme sowohl theoretisch als auch empirisch kritisiert werden kann. Es herrscht Übereinstimmung darin, dass sich nationale Spielarten von Corporate Governance-Systemen finden lassen und deren Differenzen in weiten Teilen politische, gesellschaftliche und kulturelle Pfadabhängigkeiten widerspiegeln, die den rechtlichen Unterbau der Corporate Governance maßgeblich prägen. Trotz dieser nichtökonomischen Prozesse, die bestimmend auf Gesetze und Märkte einwirken, stellt man sich nach wie vor die Frage, ob der Einfluss einzelner Corporate Governance-Systeme auf langfristiges Wirtschaftswachstum nicht zufällig ist. Zu diesem Zweck wollen wir diejenige Literatur näher berücksichtigen, die sich mit der Frage beschäftigt, auf welche Weise politische und rechtliche Institutionen die ökonomische Leistungsfähigkeit unterschiedlicher Länder beeinflussen. Wir schließen mit einigen Bemerkungen darüber, was wir über dieses komplexe Thema wissen und was wir nicht wissen.

Definition von Corporate Governance

Zur besseren Einordnung der Literatur bietet sich ein allgemeines Raster an. Der erste Schritt besteht darin, drei einschlägige Rechtsbereiche zu definieren, um verschiedene Unternehmensstrukturen verstehen zu können. *Erstens* ist das Unternehmensrecht zu nennen, durch welches Eigentumsrechte sowie der rechtliche Status von Aktiengesellschaften und Personengesellschaften festgelegt werden (Hansmann/Kraakman 2000). Des Weiteren werden darin die Bedingungen aufgeführt, unter welchen Eigentümer rechtlich haftbar sind. Im Falle von Aktiengesellschaften dient das Unternehmensrecht dazu, das Verhältnis zwischen Eigentümern, Vorstand, Managern und Beschäftigten zu regeln. Die zentrale Frage in der Literatur ist in diesem Zusammenhang der Grad der Trennung von Eigentum und Kontrolle. Der Konzentrationsgrad des Eigentums (in den Händen von Familien, Banken oder anderen Finanzinstitutionen) ist hierfür der maßgebliche Indikator. Neben dem Unternehmensrecht ist die Finanzmarktregulierung die zweite zentrale Rechtsinstitution. Diese bestimmt Art und Ausmaß der Kapitalbedarfdeckung von Unternehmen mittels Festlegung der Rahmenbedingungen für das Verhältnis der Unternehmen zu Banken und Finanzinstitutionen, Aktienbeteiligungen und Fremdkapitalmärkten. Konnte der Kapitalbedarf früher über Eigenfinanzierung gedeckt werden, so sahen sich Unternehmen im Zuge des Unternehmenswachstums der letzten 150 Jahre jedoch gezwungen, größere Geldbeträge zu leihen. Historisch betrachtet waren Banken und Privatpersonen hierfür die Hauptquelle. Seit den 1950er Jahren haben sich Unternehmen (speziell in den Vereinigten Staaten) zur Beschaffung ihres Kapitals vermehrt den Kapitalmärkten zugewandt. Aktienmärkte ermöglichen es Unternehmen, zusätzliche Firmenanteile zu verkaufen, während Rentenmärkte (bond markets) es den Unternehmen ermöglichen, Geld zu leihen und Anleihen auszugeben, die eventuell zurückbezahlt werden. Im Rahmen der Finanzmarktregulierung werden all diese sowohl privaten als auch öffentlichen Transaktionen gesteuert. In Zusammenhang mit Beteiligungen und Fremdkapitalfinanzierung werden Unternehmen gezwungen, Informationen preiszugeben, um damit potenziellen Kreditgebern und Investoren Einblick in die finanzielle Situation des Unternehmens zu ermöglichen.

Drittens ist das Arbeitsrecht zu nennen. Darin werden Rechte der Arbeitnehmer in Bezug auf ihre Selbstorganisation, die Bedingungen von Einstellungen und Entlassungen und die Mitbestimmungsrechte definiert. Alle genannten Aspekte sind entscheidende für das Corporate Governance-System von Unternehmen, da sie in beträchtlichem Maße die Unternehmensstruktur bestimmen und ebenso die Entscheidungen, die hinsichtlich der Ressourcenallokation gefällt werden. In Ländern wie den Vereinigten Staaten, in denen das Arbeitsrecht schwach entwickelt ist, treffen Manager Entscheidungen, die ohne Rücksicht auf die Arbeitskräfte der Maximierung des Shareholder-Value dienen. In Deutschland, einem Land mit gut ausgebautem Arbeitsrecht, sitzen Arbeitnehmervertreter in Aufsichtsräten und werden in wichtigen Unternehmensentscheidungen als Partner betrachtet. Es ist offensichtlich, dass derartig unterschiedliche institutionelle Arrangements die Kapitalverwertungsstrategien von Unternehmen in beträchtlichem Maße beeinflussen.

Corporate Governance und das Problem der Effizienz

Im Mittelpunkt der Literatur zu Recht und Corporate Governance steht die Frage, ob bestimmte institutionelle Arrangements effizienzfördernder sind als andere. Für neoklassische Ökonomen ist Effizienz das Resultat der optimalen Allokation der relevanten Ressourcen Boden, Arbeit und Kapital zu unterschiedlichem Geldwert. In den *economies of scale and scope* findet das Investitionprinzip „meiste Waren zum niedrigsten Preis“ einen passenden Ausdruck. Effizienz lässt sich aber auch anders erreichen. Eine theoretische Strömung betont die Minimierung von Transaktionskosten (Williamson 1975, 1985), eine andere die Minimierung von Agency-Kosten (Jensen/Meckling 1976) und schließlich wird von Seiten der Spieltheorie mit dem Nash-Gleichgewicht argumentiert (Tirole 1988). Um Effizienz empirisch festzumachen, untersuchen Ökonomen die Leistungsfähigkeit von Unternehmen (Gewinne, Kapitalrendite) oder ganzer Volkswirtschaften (in diesem Fall wird die zu erklärende Variable häufig durch das Bruttoinlandsprodukt abgebildet).

Historisch betrachtet standen Ökonomen der Behauptung, politische, rechtliche und kulturelle Faktoren könnten Einfluss auf Effizienz ausüben, äußerst skeptisch gegenüber. Der Großteil der Ökonomen geht davon aus, dass Preissignale entscheidend für die effiziente Allokation von Ressourcen sind. Aber verschiedene Ökonomen sind auch von ihrer Position abgerückt, dass Effizienz einzig und allein auf die Allokationsentscheidungen rationaler Akteure zurückzuführen ist. Sie haben, wie wir im Folgenden noch näher ausführen werden, begonnen, soziale Arrangements wie beispielsweise die Existenz von Verträgen im Kontext von Corporate Governance zu untersuchen. Ihr Bestreben, institutionelle Aspekte wie Vertragsschließungen und die Festlegung von Organisationsgrenzen als effizienzsteigernde Maßnahmen zu betrachten, rückt sie in die Nähe der Soziologie und Organisationstheorie. Mittlerweile haben Ökonomen ihren Blick ausgehend von Prozessen der Vertragsschließung hin zur Betrachtung weiterer Institutionstypen wie Recht, Vertrauen und *good governance*, die allesamt die Marktresultate beeinflussen können, ausgedehnt (Berkowitz et al. 2003; Carlin & Mayer 2003; La Porta et al. 1997a,b, 1998, 1999b; Mahoney 2001; North 1990).

Der die Debatte zu Effizienz und Corporate Governance während der letzten 25 Jahre bestimmende institutionalistische Ansatz innerhalb von Rechtswissenschaft und Ökonomie ist die Agency-Theorie. In unserem Zusammenhang wird die Agency-Theorie als Interpretationsfolie zur Systematisierung sozialer, politischer und rechtlicher Einflussfaktoren auf die Corporate Governance genutzt. Die Agency-Theorie betrachtet das Unternehmen als Netz aus Verträgen und in dieser Lesart auch als „nützliche Fiktion" (Jansen/Meckling 1976 als klassische Vertreter dieser Sichtweise und Fama/Jensen 1983a,b für eine ausführlichere Erklärung; auch Hansmann (1996) für eine längere Ausführung zur Entwicklung unterschiedlicher Eigentumsformen und der uneingeschränkten Dominanz von Aktiengesellschaften in den Vereinigten Staaten).

Die Agency-Theorie entstand in den 1970er Jahren vor dem Hintergund einer Ursachenanalyse der Trennung von Eigentum und Kontrolle in den US-amerikanischen Großunternehmen. Sämtliche Beziehungen innerhalb wie zwischen Unternehmen werden als Vertragsbeziehungen aufgefasst. Diese besitzen oftmals eine hierarchische Struktur, innerhalb welcher ein *principal* zur Durchführung bestimmter Aufgaben Verantwortlichkeit an einen *agent* delegiert. Der schriftliche Vertrag legt spezifische Rechte, Pflichten und die Vergütung der *agents* fest und beinhaltet häufig auch Mechanismen, mit denen der *principal* den *agent* kontrollieren kann.

Es waren zunächst Berle/Means (1932), die vertraten, dass diese Trennung ineffizient sei. Ihre Argumentation richtete sich darauf, dass durch die Kontrolle des Managements wachstumsorientierte Investitionen den Vorzug vor gewinnorientierten Investitionen erhalten und sich die Manager auf diese Weise eigene Vorteile verschaffen würden (bspw. durch den Verzicht auf riskante Investitionen zum Zwecke des Joberhalts) (Marris 1968; Penrose 1959). Problematisch an dieser Theorie war, dass sämtliche empirische Evidenz deutlich machte, dass managementkontrollierte Unternehmen mindestens so erfolgreich wie eigentümerkontrollierte Unternehmen abschnitten (Short 1994 für eine Übersicht). Wirtschaftlichkeit wurde in diesen Fällen für gewöhnlich auf der Basis eines Vergleichs der Gewinnspanne von Unternehmen mit unterschiedlicher Eigentümerstruktur ermittelt. Die gewonnenen empirischen Resultate brachten einige Ökonomen dazu, die Ursachen für die Effizienz der Trennung von Eigentum und Kontrolle neu zu überdenken.

Die Agency-Theorie argumentierte zunächst, dass Unternehmen in modernen kapitalistischen Volkswirtschaften ausreichend Kapital heranschaffen müssen, um die komplexen Produktionsabläufe in Gang halten sowie von den *economies of scale and scope* profitieren zu können. Einerseits verfügten Manager, die Unternehmen führten, nicht über das hierzu notwendige Kapital. Andererseits gab es freilich potenzielle Eigentümer mit dem notwendigen Kapital, die aber weder das Wissen noch das Interesse besaßen, ein Unternehmen zu leiten. Zur Lösung dieses Grundproblems würden *principals* (Investoren) ihr Geld den *agents* (Managern) geben, damit diese Gewinne und eine maximale Kapitalrendite für die Principals erzielen. Das Hauptproblem hierbei war, dass die Kapitaleigentümer, die selbst nicht ausreichend Informationen über den Produktionsprozess besaßen, prinzipiell der Loyalität und dem Goodwill der Manager, also den Agents, ausgeliefert waren. Dies führte geradewegs zu der Frage nach den Kontrollmöglichkeiten und Kontrollkosten (Agency-Kosten). Dazu existieren eine Reihe plausibler Lösungen: Zum einen ist das *Board of Directors* (BoD, im deutschen Corporate Governance System der Aufsichtsrat, Anm. des Übers.) im Interesse der Aktionäre damit beauftragt, das Management zu kontrollieren; zum anderen ist die Vergütung der Manager eng an die Performance der Unternehmen gebunden mit dem Effekt, dass sich die Interessen von Managern und Eigentümern weitgehend angleichen; des weiteren sorgt die Offenlegungspflicht dafür, dass die Unternehmenskennziffern den gegenwärtigen und potenziellen Investoren regelmäßig zur Verfügung gestellt werden. Die Agency-Theorie ging davon aus, dass wenn sich Manager dennoch schädlich verhielten und das *Board of Directors* seiner Verantwortung nicht nachkäme, das Bestehen eines Marktes für Unternehmenskontrolle Management-Opportunismus in letzter Instanz wirksam verhindern würde (Fama/Jensen 1983a,b). Dieser Lesart zufolge ermöglichen Unternehmensrecht und Finanzmarktregulierung Kleinaktionären, die wenig Einblick in die internen Unternehmensprozesse haben, sich ein Bild über die finanzielle Situation der Unternehmen zu machen. Diese rechtlichen Vorschriften tragen essentiell zur Lösung des Agency-Problems bei, indem sie Regeln zur Offenlegung und Steuerung von Aktiengesellschaften festsetzen. Im Austausch für Kapitalbeteiligungen stellen Manager Informationen zur Verfügung und lassen sich durch das *Board of Directors* kontrollieren (Hansmann 1996). Folglich soll die Trennung von Eigentum und Kontrolle in großen US-amerikanischen Unternehmen dazu dienen, einerseits der Nachfrage der Unternehmen nach Kapital, andererseits den Forderungen der Investoren nach redlichem Managergebaren gerecht zu werden. Es sei hervorgehoben, dass diese gesetzlichen Regulierungen in den Augen der Agency-Theoretiker ein funktionales Äquivalent zur autonomen Unternehmensführung durch Eigentümer darstellen. Sie gelten deshalb als effektiv, weil sie die Rendite der Eigentümer erhöhen, indem sie Agency-Kosten senken.

Folgt man der Agency-Theorie, dann sind historische, kulturelle oder politische Aspekte im Hinblick auf die richtige (d.h. effiziente) Mischung von Investitionen in einer spezifischen Volkswirtschaft irrelevant. Im Kern gilt, dass Länder, die die Beschaffung großer Kapitalmengen elegant durch die Trennung von Eigentum und Kontrolle gelöst und das Principal-Agent Problem gebannt haben, genau deswegen wachsen, weil sie wohlstandssteigernde Aktionärsbeteiligungen evozieren. Länder, deren Corporate Governance-Systeme einem anderen Ziel als dem des Shareholder-Value folgen oder die das Problem der Agency-Kosten völlig vernachlässigen, werden demzufolge schlechter abschneiden, da ihre Kapitalmärkte nicht entwickelt genug sind (Jensen 1989 für eine Verteidigung des amerikanischen Modells auf der Grundlage dieser Argumentation).

Diese konstruierte Argumentationskette hat sowohl unter Wirtschafts- als auch unter Rechtswissenschaftlern einen Diskurs angeheizt. Der Haken in dieser Argumentation liegt in der Annahme, dass die funktionalen Bedürfnisse der Kapitalbesitzer die Schaffung von Institutionen befördern und dass deshalb jegliche Institutionen, die bestehen bleiben, qua Definition effizient sind. Hierbei wird allerdings missachtet, dass die Entstehung dieser Märkte, auch des US-amerikanischen Marktes, das Resultat einer spezifischen politischen und historischen Konstellation ist (Roe 1994). Roe weist darauf hin, dass die US-amerikanische Regierung in den 1930er Jahren mehrere Gesetze verabschiedete, die die Kontrolle von Industrieunternehmen durch Banken und anderen Finanzinstitutionen unterminieren sollte. Die Gründe dafür waren populistischer Natur, denn man wollte die Konzentration der ökonomischen Macht auf nur einige wenige einflussreiche Finanzinstitutionen verhindern. Sie wurden nicht verabschiedet, um effiziente Kapitalmärkte zu fördern oder um die Agency-Probleme der Unternehmen zu lösen. Die Agency-Theory missachtet ferner, dass derartige institutionelle Regelungen nirgendwo anders im entwickelten Kapitalismus entstanden sind (mit Ausnahme von Großbritannien, das sich in den 1980er Jahren dem US-amerikanischen Modell anpasste, Vitols 2001). Insgesamt haben sich Japan, Deutschland, Frankreich, Italien, die skandinavischen Länder und in der jüngeren Vergangenheit Taiwan, Singapur und Südkorea zu hoch entwickelten Industriestaaten entwickelt ohne Institutionen amerikanischen Typs auszubilden (Hall/Soskice 2001; La Porta et al. 1988; Roe 2003). Dies legt nahe, dass das U.S.-amerikanische Corporate Governance-System ein einmaliges lokales Phänomen ist, das historisch und politisch so nur in den Vereinigten Staaten möglich war.

Die empirische Schwäche der Agency-Theorie, die Vielfalt bestehender Corporate Governance-Systeme hinreichend zu erklären, weist auf zwei Probleme von Effizienzanalysen hin. Erstens sind Corporate Governance-Systeme viel eher das Resultat politischer und historischer Prozesse als effiziente Lösungen für Kapitalbesitzer, die ihren Profit maximieren wollen. Zweitens verdeutlicht die Tatsache, dass viele Länder vergleichbare Wachstumserfolge erzielt haben, ohne notwendiger Weise das US-amerikanische Corporate Governance-Modell übernommen zu haben, dass es nicht nur eine *best practice*, sondern viele gibt. Auch der Zusammenhang zwischen den Corporate Governance-Systemen und gesellschaftlich wünschenswerten Zielen wie z.B. ökonomisches Wachstum ist wesentlich komplexer, als von der Agency-Theorie unterstellt.

Grosso modo lässt sich die Forschung zu diesen Fragen in zwei Lager unterteilen. Auf der einen Seite gibt es Vertreter der Institutionenökonomie, die erkannt haben, dass politische, kulturelle und rechtliche Faktoren in der Tat erklärende Variablen für die Unternehmensorganisation sind (Demirgüc-Kunt & Maksimovic 1998; La Porta et al. 1997a,b, 1998). In diesem Strang finden sich auch zahlreiche Politikwissenschaftler, die sich für Fragen einer auf ökonomisches Wachstum zielenden Politikgestaltung interessieren (Albert 1993, Berger & Dore 1996; Boyer & Drache 1996; Crouch & Streeck 1997; Streeck 1992). Hinter dem Vergleich der politischen und rechtlichen Systeme steht das ambitionierte Ziel, zu zeigen, welche Form von Kapitalmärkten und Corporate Governance-Typen diese Systeme in der Tendenz hervorbringen. Gleichwohl der Anerkennung eines Zusammenhanges (der allerdings nicht ausschließlich auf Effizienzerwägungen zurückgeführt wird) zwischen politischen und rechtlichen Institutionen und der jeweiligen Ausprägung der Finanzierungs- und Eigentümerstruktur der Unternehmen, beharren diese Wissenschaftler weiterhin darauf, dass bestimmte Corporate Governance-Institutionen effizienzfördernder sind als andere.

Diesem Ansatz folgend sind Agency-Probleme und die Notwendigkeit der Kapitalbeschaffung für Unternehmen identische Ausgangsszenarien, die aufgrund der verschiedenen Möglichkeiten und Beschränkungen der bestehenden politischen und rechtlichen Systeme in unterschiedlichen Ländern unterschiedlich gelöst werden. Auf dieser Basis entstanden diverse interessante vergleichende Untersuchungen über unterschiedliche kapitalistische Modelle, die um die Frage der Entwicklung der jeweiligen Beziehungsgeflechte zwischen Eigentümern, Managern und Beschäftigten kreisen (vgl. La Porta u.a. 1997a, 1998). Mittlerweile wird allgemein anerkannt, dass es mehr als nur einen Entwicklungspfad geben kann.

Der andere Strang beurteilt den Zusammenhang von Effizienz und Wirtschaftswachstum mit institutionellen Rahmenbedingungen kritisch (Bebchuk & Roe 1999; Fligstein 1990, 2001; Hall & Soskice 2001; Maier 1987; Roe 1994, 2003). Danach gibt es eine Wechselwirkung zwischen Unternehmen und politischem, kulturellem und rechtlichem System, die auf lange Sicht Strukturen schafft, die weniger das Abbild von Effizienzerwägungen als vielmehr das Resultat spezifischer politischer, gesellschaftlicher und ökonomi scher Auseinandersetzungen sind. Interessant an diesen Ausführungen ist, dass sie explizit oder implizit davon ausgehen, dass Wirtschaftswachstum, zumindest in den hoch entwickelten Ökonomien, mit größerer Wahrscheinlichkeit das Resultat stabiler politischer Institutionen als das Resultat spezifischer rechtlicher und institutioneller Konfigurationen ist. In der wissenschaftlichen Auseinandersetzung mit weniger entwickelten Ökonomien ist man zu ähnlichen Schlussfolgerungen gelangt. Weniger entwickelte Länder benötigen stabile Regierungen, die nicht in zu starkem Ausmaß auf *rent seeking* abzielen (d. h. Korruption, Bestechung und Erpressung werden negativ sanktioniert), die entschärfend in soziale Konflikte eingreifen, private Wohlstandsakkumulation fördern und die öffentliche Sicherheit garantieren (vgl. Evans 1995; Evans/Rauch 1999; Wade 1990; Weiss 1998).

Eine konzeptionelle Annäherung an Politik, Gesellschaft, Kultur, Recht und Corporate Governance

Um ausführlicher die Gegensätze zwischen diesen unterschiedlichen Positionen aufzuzeigen, wenden wir uns nun dem folgenden Schaubild zu.

Abbildung 1: Ein institutionalistisches Modell des Zusammenhangs von sozialen sowie politischen Faktoren mit Recht und Corporate Governance

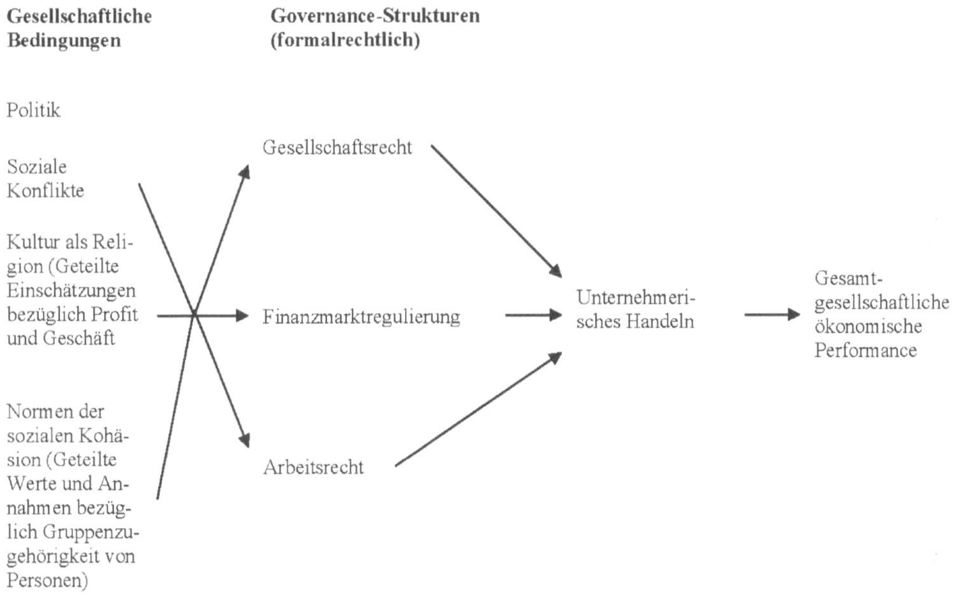

Institutionentheoretiker in der Ökonomie, Soziologie und den Politikwissenschaften stimmen darin überein, dass Corporate Governance-Strukturen im Wesentlichen aus gesellschaftlichen Bedingungen erwachsen. In deren Augen sind einige gesellschaftliche Institutionen von herausragender Bedeutung. Erstens stellen das politische System einer Gesellschaft und das Bestehen eines funktionierenden Rechtssystems entscheidende Grundvoraussetzungen für Corporate Governance-Strukturen dar. Die kulturelle Tradition des Rechtssystems, wie beispielsweise eine Trennung zwischen *civil law* und *common law*, ist ein zentraler Bestandteil eines solchen Konzeptes. Verschiedene Wissenschaftler (La Porta et al. 1997a, 1998, 2000b; Shleifer & Vishny 1997) sehen die Sicherung des Rechtsschutzes von Minderheitsaktionären als wichtigsten Beitrag des *common law* an. Eine zweite zentrale Errungenschaft politischer Aushandlungsprozesse ist die Eindämmung von sozialen Konflikten, verstanden als Konflikte zwischen Eigentümern und Arbeitern (Roe 2003). Die dahinter liegenden Konflikte und deren Bewältigung beeinflussen die Art der Eigentumsbeziehungen sowie die Entwicklung der Finanzmärkte und des Arbeitsrechts in bedeutender Weise. Drittens übt auch die einer Gesellschaft zugrunde liegende religiöse Tradition Einfluss auf das politische System aus. Einige Glaubensrichtungen stehen der Generierung von

Wohlstand offener gegenüber als andere. Darüber hinaus sind gemeinsame Normen und Werte eine Quelle für gesellschaftlichen Zusammenhalt. Schließlich stiften homogene Gesellschaften eine breite Vertrauensgrundlage, was sich zugleich prägend für die bestehende Corporate Governance-Struktur erweist (Coffee 2001a).

Konsens herrscht in beiden Lagern darüber, dass politische und kulturelle Rahmenbedingungen die rechtlichen Institutionen der Corporate Governance und somit auch unternehmerisches Handeln formen. Der Hauptunterschied zwischen diesen institutionentheoretischen Traditionen liegt jedoch darin, dass soziologische sowie historische Ansätze national spezifische Unterschiede der Corporate Governance als Ergebnis historischer Zufälle und gesellschaftlicher Prozesse auf der Makroebene betrachten und dabei die Rolle mikroökonomischer Prozesse einschließlich der Agency-Kosten unberücksichtigt lassen.

Einige Institutionentheoretiker innerhalb der Ökonomie sowie ökonomisch orientierte Rechtswissenschaftler hingegen sehen in politischen und rechtlichen Institutionen exogene Variablen, die die Höhe der Agency-Kosten beeinflussen. Demzufolge sind Corporate Governance-Institutionen das Ergebnis der Auseinandersetzung rational handelnder ökonomischer Akteure mit Principal-Agent-Problemen unter bestimmten politischen, gesellschaftlichen und rechtlichen Bedingungen. Dieser Lesart zufolge suchen sich diese Akteure das Corporate Governance-System aus, welches ihre Agency-Kosten minimiert. Beispielweise hat das *common law* der Vereinigten Staaten zu einem ausgeprägten Schutz der Rechte von Minderheitsaktionären geführt. Dieser Schutz wiederum hat die Agency-Kosten der Kontrolle reduziert und somit, so wird jedenfalls argumentiert, Kapitalmärkte für Unternehmen geöffnet und den Einfluss von Mehrheitsaktionären eingeschränkt (La Porta u.a. 1997a, 1998). Wir wollen im Folgenden auf diese Argumentation näher eingehen.

Gesellschaftliche Rahmenbedingungen und vergleichende Governance-Forschung

Ausgangspunkt der Debatte für Institutionenökonomen, Politikwissenschaftler und Rechtswissenschaftler, die sich mit Corporate Governance-Systemen beschäftigen, ist die anerkannte Tatsache, dass es auf der Welt unterschiedliche Corporate Governance-Systeme gibt (Berger/Dore 1996; Blair/Roe 1999; Boyer/Drache 1996; Cioffi 2002; Coffee 1999; Gourevitch 2003; Hall/Soskice 2001; La Porta et al. 1997a, 200b; Roe 2003). Wissenschaftler haben vier Typen von Corporate Governance-Modellen identifiziert, aber gleichzeitig anerkannt, dass auch nationale und regionale Faktoren eine Rolle spielen. Das US-amerikanische Modell kennzeichnet sich durch eine Finanzierung der großen Aktiengesellschaften durch Streubesitz. Die Unternehmen werden von Management-Teams geleitet, deren Handlungsspielräume durch das *Board of Directors* eingegrenzt sind. Die Beschäftigten haben nur wenige Rechte und sind im Board nicht vertreten. In den Vereinigten Staaten sorgen externe Mitglieder des Boards, Kontrollorganisationen (wie Controller, Analysten und Rating-Agenturen) sowie Regierungsbehörden wie die *Security and Exchange Commission* für einen offenen Informationsfluss und spielen eine wichtige Rolle bei der Kontrolle der Manager. Managementvergütungen, Prämien für Übernahmen und für so genannte *proxy fights* sind zusätzliche Wettbewerbsmechanismen, welche die Managementinteressen jenen der Aktionäre anpassen sollen. Die Eigenschaften des US-Modells (das auch Shareholder-Kapitalismus genannt wird) sind ebenso charakteristisch für die Corporate Governance-Systeme Großbritanniens, Kanadas, Australiens und Neuseelands.

Das deutsche Modell kennzeichnet sich durch Mehrheitsaktionäre, oftmals Gründerfamilien, Banken, Versicherungen oder andere Finanzinstitutionen, die den größten Teil der Aktien besitzen. Diese geschlossene Eigentümerstruktur ermöglicht es den Mehrheitsaktionären, das tägliche operationale Geschäft der Unternehmen intern zu kontrollieren. Überkreuzbeteiligungen der Großunternehmen sind gängige Praxis, der Informationsfluss wird kontrolliert und führt nicht selten zu Intransparenz. Stakeholder wie beispielsweise die organisierten Arbeitnehmervertreter spielen im deutschen Modell eine bedeutend größere Rolle bei der Steuerung und Kontrolle der Unternehmen. In Deutschland besteht ein Mitbestimmungssystem, das Arbeitnehmervertreter in Aufsichtsräten vorsieht (Roe 2003). Die Normen des Shareholder-Kapitalismus stehen in Ländern mit konzentrierter Eigentümerstruktur nicht automatisch über den Interessen der Stakeholder. Das deutsche Modell (und dessen Varianten) ist in Kontinentaleuropa und Teilen Asiens, insbesondere in Japan, vorherrschend.

Ein drittes Modell wird durch Unternehmen in Staatsbesitz charakterisiert. In diesem Fall sind die Großindustrie und der Finanzsektor in Besitz und unter der Leitung des Staates. Wenngleich in den letzten 20 Jahren eine beträchtliche Anzahl an staatlichen Unternehmen privatisiert wurde, liegen in vielen Industriestaaten und auch weniger entwickelten Ländern nach wie vor bedeutende staatliche Beteiligungen an Unternehmen vor. Dies gilt insbesondere für das Bankwesen, die Rohstoffgewinnung, die Strom-, Gas- und Wasserversorgung sowie für den Transportsektor. Die Karrieren der Beschäftigten in solchen Unternehmen werden durch bürokratische Regelungen und feste Bezüge bestimmt.

Schließlich ist noch ein Modell, das in den meisten weniger entwickelten Ländern existiert, zu nennen: das Vorherrschen von Familienunternehmen (La Porta u.a. 1999a). In diesem Modell sind die Eigentümer gleichzeitig die Manager. Die Unternehmen sind in Privatbesitz, Aktien- und Fremdkapitalmärkte spielen tendenziell eine geringere Rolle bei der Beschaffung von Unternehmenskapital. Die Beschäftigten haben allgemein weniger Einfluss auf die Unternehmensgeschäfte.

Von besonderem Interesse ist nun, wie sich diese Variationen in den jeweiligen Corporate Governance-Systemen widerspiegeln. Schaubild 1 stellt einige der politischen, gesellschaftlichen und kulturellen Faktoren dar, von denen Wissenschaftler annehmen, dass sie das Corporate Governance-System strukturieren. Eine nähere Betrachtung einiger empirischer Studien ist hilfreich, um herauszuarbeiten, wie von Seiten der Wissenschaftler kausale Effekte dieser Faktoren auf Governance-Strukturen konzeptualisiert wurden. Mahoney (2001) geht davon aus, dass politische Faktoren entscheidenden Einfluss auf die Herausbildung eines *common law* Systems in Großbritannien und eines *civil law* Systems in Frankreich hatten. Seiner Argumentation zufolge ist das *common law* in England die Folge des Sieges der privaten Landbesitzer gegen König und Adel. Gesetze hatten hier die Funktion, willkürliche Besitzergreifungen durch den Souverän zu vermeiden. In Frankreich hat Napoleon ein *civil law* System eingeführt, um nach der französischen Revolution die Möglichkeit einer Restitution feudalistischer Privilegien durch richterliche Macht zu vermeiden. Das deutsche *common law* System zeichnet sich durch die Unabhängigkeit der Richter und den Schutz der individuellen Eigentumsrechte aus. Mahoney zufolge kann es als hybrides System bezeichnet werden, das vor allem Wirtschaftswachstum begünstigt. Ein Beleg der Effektivität des deutschen Systems ist, dass es der Entwicklung in Deutschland förderlich war und von Japan und Korea, also zwei ebenfalls wirtschaftlich erfolgreichen Ländern, weitgehend übernommen wurde.

Eine beträchtliche Anzahl an Untersuchungen hat gezeigt, dass *common law* und *civil law* Systeme mit bestimmten Merkmalen des Eigentumsrechts und der Finanzmärkte korrelieren. La Porta u.a. (1998) zeigen, dass rechtliche Traditionen die Rechte der Gläubiger genau so beeinflussen wie jene der Aktionäre sowie die Entwicklungen von Banken und Aktienmärkten. Darauf aufbauende Untersuchungen verweisen auf den Zusammenhang zwischen rechtlichen Traditionen, der Unternehmensbewertung und der Eigentümerkonzentration (La Porta u.a.2000a,b, 2002b) sowie dem Zugang der Unternehmen zu externer Finanzierung (Demirgüç-Kunt/Maksimovic 1998). Roe (1994, 2003) argumentiert, dass als entscheidende politische Dimension zur Erklärung von Corporate Governance die Konflikte zwischen Managern, Eigentümern und Beschäftigten gelten können. In den Fällen, in denen Manager und Eigentümer die Oberhand behalten, begünstigen Corporate Governance-Institutionen die Shareholder gegenüber den Stakeholdern. In Aktiengesellschaften existiert eine Trennung zwischen Eigentum und Kontrolle, darüber hinaus sind die Aktien zumeist in Streubesitz. Die Beschäftigten verfügen nur über geringe formale Macht im *Board*. Ein Extrembeispiel hierfür sind die Vereinigten Staaten. In den Fällen, in denen die Beschäftigten mit mehr Macht ausgestattet sind, begünstigen Corporate Governance-Institutionen tendenziell eine Eigentümerkonzentration auf Seiten der Unternehmen. Die Beschäftigten sind in diesem Fall häufig im Board (im deutschen System im Aufsichtsrat) vertreten oder verfügen zumindest über Kommunikationskanäle, um sich mit dem Top-Management auszutauschen. Das Paradebeispiel solch einer Corporate Governance-Struktur ist Deutschland.

Gesellschaftliche und politische Institutionen, Recht und Wirtschaftswachstum

Die Analyse der Ursprünge der Corporate Governance gibt uns Rätsel auf. Trotz politischer, rechtlicher und kultureller Barrieren, die die Organisation von Märkten erschweren, haben sich Marktgesellschaften in Westeuropa, den Vereinigten Staaten und schließlich in Teilen Asiens verbreitet. Trotz offensichtlicher Versuche von Regierungen und Kapitaleignern, sich Vorteile zu verschaffen (*rent seeking*), kam es zu einem überwältigenden Einkommens- und Wohlstandswachstum. Politische, rechtliche und gesellschaftliche Institutionen müssen privaten Akteuren letztlich genügend Freiraum gewährt haben, um Unternehmen, Produktionsprozesse und Märkte aufzubauen. Diese Erkenntnis hat Wissenschaftler verschiedener Disziplinen (Djankov u.a. 2003; Evans/Rauch 1999; Fligstein 2001; Glaeser u.a 2004; La Porta u.a. 1999b) schlussfolgern lassen, dass einerseits Institutionen, die stabile Gesetze und friedfertige Regierungen fördern, und andererseits verschiedene Akteursgruppen die sich nicht nur Vorteile verschaffen wollen, die notwendige und gleichzeitig hinreichende Bedingung für positive Entwicklungsverläufe darstellen.

Nach wie vor fragen sich Wissenschaftler, ob es politische und rechtliche Institutionen gibt, die im langfristigen Vergleich effizientere Corporate Governance-Strukturen hervorbringen. Mit anderen Worten, selbst wenn die Errichtung von Institutionen nicht auf die rationale Entscheidung einzelner Akteure zurückzuführen ist, die effiziente Resultate für Unternehmen und Investoren befördern sollten, kann es dennoch sein, dass ein Corporate Governance-System über besondere Vorteile gegenüber einem anderen verfügt. Wenn Politiker imstande wären, diese Institutionen genau zu bestimmen, könnten sie Länder, die ihre ökonomische Leistungsfähigkeit verbessern wollen, bestärken, diese vermeintlich besten Institutionen zu übernehmen. Die Analyse des bestmöglichen Institutionensettings kann als „Suche nach dem heiligen Gral" der wirtschafts- und politikwissenschaftlichen Literatur der letzten 20 Jahre bezeichnet werden. Wissenschaftler sind hinter der Chimäre institutioneller Ursachen für ökonomisches Wachstum her, seitdem zuerst Japan (Johnson 1982) und Deutschland (Albert 1993; Streeck 1992), später Italien (Locke 1995), die so genannten asiatischen Tigerstaaten (Amsden 2001; Orru u.a. 1997; Wade 1990) und heutzutage China (Guthrie 1999; Nee 1992) schnelles Wirtschaftswachstum realisiert haben. Sie trieb die Frage um, ob jede dieser Gesellschaften für sich die ideale Institutionenkonfiguration gefunden hat.

Im Folgenden werden einige Arbeiten vorgestellt, die die langfristige Leistungsfähigkeit verschiedener Corporate Governance-Institutionen untersucht haben. Effizienz wird in diesen Untersuchungen meistens in Form der Wachstumsrate des Bruttoinlandproduktes gemessen. Movens dieser Untersuchungen ist, dass das Corporate Governance-System entscheidende Anreize für Investoren bereitstellt, um diesen bei der Kapitalbeschaffung, bei der Lösung ihrer Agency-Probleme und der Vertragslegung mit den Beschäftigten behilflich zu sein. Länder, denen es gelingt, Corporate Governance-Systeme einzuführen, die all diese Probleme lösen, verzeichnen in der Regel steigende Investitionen und wachsende Unternehmen. Dieses Wachstum findet unternehmens- und branchenübergreifend statt und führt dadurch zu Wirtschaftswachstum auf gesamtgesellschaftlicher Ebene. Die Forschungsliteratur vergleicht die entsprechenden Institutionensettings sowohl zwischen verschiedenen Ländern als auch in ihrer historischen Entwicklung, um deren jeweilige Auswirkungen auf das Wirtschaftswachstum herauszufinden. Ein Teil der Untersuchungen nutzt hierfür aggregierte Daten und ausgefeilte ökonometrische Methoden, während andere Untersuchungen auf Einzelfallstudien zurückgreifen.

All diese Untersuchungen müssen kritisch betrachtet werden. Die Einschätzung, dass ein institutionelles Steuerungssystem langfristig die ökonomische Leistungsfähigkeit beeinflusst, basiert auf der Prämisse, dass alle Unternehmen eines Landes im Durchschnitt besser wirtschaften, wenn sie auf ein spezifisches Corporate Governance-Setting zurückgreifen. In diesem Zusammenhang ist anzumerken, dass sich Institutionen sehr langsam verändern, während Unternehmen schnell aufsteigen und auch wieder untergehen können. Das bedeutet, dass man zur Beurteilung der ökonomischen Leistungsfähigkeit von Corporate Governance-Settings eine Langzeitanalyse mehrerer Länder durchführen muss. Schließlich gilt zudem, dass viele Faktoren die Leistungsfähigkeit von Volkswirtschaften beeinflussen. Die institutionellen Faktoren nun von anderen Faktoren zu trennen, ist alles andere als einfach. Der Versuch, langfristiges ökonomisches Wachstum als Resultat eines stabilen Institutionensettings der Corporate Governance zu bewerten, ist schon gewagt, aber es gibt ein noch weitreichenderes Problem.

Unternehmen treten in verschiedenen Sektoren in Wettbewerb miteinander und auch die sektorale Zusammensetzung der einzelnen Ökonomien ist sehr unterschiedlich. Die sektorale Zusammensetzung und die jeweilige intrasektorale Organisationskraft haben unabhängig von den Corporate Governance-Institutionen beträchtlichen Einfluss auf das Wirtschaftswachstum im zeitlichen Verlauf. Die Gleichsetzung der ökonomischen Leistungsfähigkeit eines Landes mit der aggregierten Leistungsfähigkeit seiner Unternehmen ignoriert im Verbund mit der Annahme, dies sei auf die herrschende Rechtslage zurückzuführen, die unterschiedliche Größe und Leistungsfähigkeit industrieller Sektoren. Stattdessen wird dadurch suggeriert, dass Letzteres keine Konsequenzen hat und nur das institutionelle Setting, in dem sich Unternehmen aufhalten, eine Rolle spielt. Dies ist aber eine äußerst voraussetzungsvolle Annahme. Bislang gibt es keine Untersuchung, die eine eindeutige Korrelation zwischen der Leistungsfähigkeit von Unternehmen in unterschiedlichen politisch-rechtlichen Umgebungen und der allgemeinen ökonomischen Leistungsfähigkeit festgestellt hat.

Nach diesen grundsätzlichen und einschränkenden Anmerkungen gehen wir nun auf die Untersuchungen zu politischen und rechtlichen Institutionen und deren Zusammenhang mit dem Wirtschaftswachstum näher ein. Die Schlüsselfrage hierbei ist, ob einzelnen Individuen Eigentumsrechte zugebilligt werden oder nicht. Eigentumsrechte erlauben Anteilsbesitz und implizieren zudem, dass eine Person, die Investitionen tätigt, berechtigt ist, auch die Gewinne dieser Investitionen einzufahren. Dieses hat in mehrfacher Hinsicht Einfluss auf ökonomisches Wachstum. Erstens werden Personen, die über ihre Kapitalrendite nicht verfügen können, nicht investieren. Zweitens werden sie, selbst wenn sie über die nötigen Eigentumsrechte verfügen, keine Investitionen tätigen, wenn Regierungen oder auch andere private Akteure jedoch diese Gewinne einziehen (legal oder illegal). Schließlich werden Regierungen, die selbst Eigentümer sind, private ökonomische Akteure ausschließen. Regierungen werden dies tun, um eigene Monopole zu errichten. Sie werden zudem Investitionen tätigen, die nicht effizient sind und stattdessen Freunde mit Jobs und Möglichkeiten ausstatten, den eigenen Nutzen zu maximieren. Es gibt ausreichend Belege dafür, dass der Stellenwert von Eigentumsrechten für die Entwicklung der westlichen Welt nicht unterschätzt werden sollte (North/Weingast 1989). Hurst (1977) und Friedman (1973) haben argumentiert, dass die Herausbildung des modernen Unternehmens, das mit Eigentumsrechten über Waren und Anlagevermögen ausgestattet ist, die ökonomische Entwicklung in den Vereinigten Staaten entscheidend vorangetrieben hat. Die Untersuchungen von de Soto (1989) zeigen, wie wichtig die Festsetzung von Eigentumsrechten in weniger entwickelten Ländern für die Entstehung von Wirtschaftswachstum ist. Die Forschungsliteratur zu Unternehmen in staatlichem Besitz hat gezeigt, dass im Allgemeinen der Erfolg staatlicher Unternehmen geringer ausfällt als der von Privatunternehmen im selben Sektor (Barberis u.a. 1996; Boycko u.a. 1996; Frydman u.a. 1999; Lopez-de-Silanes u.a. 1997; Megginson u.a. 1994). Werden staatliche Unternehmen privatisiert, nimmt ihre Leistungsfähigkeit im Allgemeinen zu.

Ein großer Teil der Literatur zu Corporate Governance behandelt den Einfluss der Kapitalmärkte auf die ökonomische Entwicklung (Demirgüç-Kunt/Maksimovic 1998; King/Levine 1993; Rajan/Zingales 1998). Konsens besteht darüber, dass die Existenz eines entwickelten Bankwesens und eines ausgebauten Aktienmarktes generell positive Auswirkungen auf ökonomisches Wachstum hat (Levine 1997). Ausgangspunkt der Untersuchungen ist die Annahme, dass ohne Finanzquellen Wirtschaftsakteure nicht imstande sind, Geld für Unternehmensgründungen aufzubringen, die dann wiederum ökonomisches Wachstum generieren. Folglich besteht eines der zentralen Probleme der ökonomischen Entwicklung jedes Landes darin, Menschen, die Geld besitzen, mit Menschen, die zum Aufbau von Unternehmen Geld benötigen, zusammenzubringen. Die Formulierung dieses Grundproblems wird dem Wirtschaftshistoriker Gerschenkron (1962) zugeschrieben. Die Bereitstellung und Organisation von Finanzdienstleistungen ist eine der entscheidenden Fragen sowohl für hoch entwickelte Ökonomien als auch für weniger entwickelte Länder.

Weiter oben wurde die Einbettung der vier idealtypischen Corporate Governance-Modelle in ein spezifisches Setting aus Banken, Unternehmen und Finanzmärkten erläutert (Roe 2003; Shleifer/Vishny 1997). Im anglo-amerikanischen Modell vertrauen Unternehmen weitgehend auf Unternehmensbeteiligungen (z.B. über Aktienmärkte) und Fremdkapitalfinanzierung (Märkte für Schuldanleihen). Im deutschen und japanischen Modell besitzen Banken Firmenanteile und vergeben Kredite. In diesen Ländern sind Aktien- und Fremdkapitalmärkte weitaus geringer entwickelt. Diese Länder zeichnen sich - wenig überraschend - durch eine besonders hohe Eigentumskonzentration aus. Das dritte Modell, das in Korea existiert und bis vor kurzem auch in Frankreich vorzufinden war, ist durch ein staatliches Bankensystem gekennzeichnet. Im vierten Modell stellen die Eigentümer und ihre Familien selbst Kapital für die Ausdehnung von Familienunternehmen bereit.

Mit Blick auf die Frage, welches Modell das größte ökonomische Wachstum generiert, liefert die empirische Literatur keine einheitlichen Resultate. Obwohl es einerseits Belege dafür gibt, dass Banken in staatlicher Hand Wachstumshemmer sind (La Porta u.a. 2002a), findet sich andererseits auch der Beleg dafür, dass gerade diese Art der finanziellen Unterstützung eine zentrale Rolle in der Entwicklung Koreas, Taiwans und möglicherweise auch Chinas gespielt hat (Amsden 2001; Wade 1990). Und obwohl einige Wissenschaftler davon ausgehen, dass das amerikanische Streubesitz-System und ausgeprägte Aktien- und Wertpapiermärkte am Förderlichsten für effiziente Investitionen sind (bspw. Hansmann 1996; Hansmann/Kraakman 2001), kann die empirische Evidenz hierfür de facto nicht als eindeutig bezeichnet werden (Levine 1997). In der Tat finden sich Belege dafür, dass Banken und Kapitalmärkte unabhängig voneinander ökonomisches Wachstum befördern. Levine (1997) kommt zu dem Schluss, dass in hoch entwickelten Gesellschaften Banken und Kapitalmärkten unterschiedliche ökonomische Funktionen zukommen.

Wenig entwickelt ist die Forschung zum Einfluss des Arbeitsrechts auf die ökonomische Leistung. Es finden sich Belege dafür, dass das Arbeitsrecht in weniger entwickelten Ländern das Einstellen und Entlassen von Beschäftigten im Vergleich zu jenem in hoch entwickelten Industriegesellschaften erschwert (Botero u.a. 2003). Zugleich verfügen die hoch entwickelten Industriegesellschaften aber über besser ausgebaute wohlfahrtsstaatliche Leistungen wie zum Beispiel Arbeitslosenversicherung, Fürsorge und soziale Sicherung (Garrett 1998; Hicks 1999). Indem sie die Beschäftigten gegen die Auswirkungen der Arbeitslosigkeit schützen, gleichen diese Leistungen die Unsicherheiten eines schwächeren Arbeitsrechts wieder aus.

Es gibt keinen klaren Beleg dafür, dass Arbeitnehmervertretungen, Arbeitnehmerrechte und wohlfahrtsstaatliche Entwicklung das langfristige ökonomische Wachstum beeinflusst haben (Garret 1998; Hicks 1999; Rodrik 2003). Untersuchungen zeigen, dass die sozialdemokratischen Länder Westeuropas über stärkere soziale Absicherung und höhere Sozialleistungen verfügen als die anglo-amerikanischen Länder. Der ausgeprägte Beschäftigungs- und Arbeitnehmerschutz in diesen Ländern trug auch zu einer Reduzierung der Einkommensungleichheit bei. Eine Studie der OECD (1997) untersuchte den Einfluss unterschiedlicher Tarifsysteme auf das ökonomische Wachstum und die Entstehung neuer Jobs in den OECD-Ländern während der letzten 20 Jahre. Das zentrale Ergebnis dieser Studie lautet: „While higher unionization and more coordinated bargaining lead to less earnings inequality, it is more difficult to find consistent and clear relationships between those key characteristics of collective bargaining systems and aggregate employment, unemployment, or economic growth“ (OECD 1997: 2).

Alles in allem machen die Untersuchungen deutlich, dass klar geregelte Eigentumsrechte, die es dem Einzelnen ermöglichen, Gewinne zu erzielen, allgemein positiv auf das Wirtschaftswachstum wirken. Es zeigt sich auch, dass entwickelte Finanzinstitutionen potenziellen Unternehmern die Möglichkeit bieten, Geschäftsideen umzusetzen und Firmen zu etablieren. Die Untersuchungen sind weitaus weniger eindeutig in Bezug auf die Frage, ob es eine besonders leistungsfähige Art der Organisation von Finanzmärkten gibt. Stattdessen zeigen sie, dass Banken, Aktien- und Wertpapiermärkte vergleichbares ökonomisches Wachstum evozieren. Schließlich gibt es kaum Belege dafür, dass Arbeitsrechtssysteme, die besonders ausgeprägte Arbeitnehmerrechte und wohlfahrtsstaatliche Leistungen enthalten, Wirtschaftswachstum behindern. Man könnte schlussfolgern, dass sich vor allem *rent seeking,* sei es von Seiten der Unternehmen oder von Seiten des Staates, negativ auf das Wirtschaftswachstum auswirkt. Es gibt aber ebenso wenig Belege dafür, dass das Streben nach dem eigenen Nutzen seitens der Arbeitnehmer (indem beispielsweise Regierungen aufgefordert werden, wohlfahrtsstaatliche Institutionen zu etablieren) sehr viel mehr als Einkommensumverteilung und soziale Gerechtigkeit hervorbringt. Das bringt uns zu einer interessanten Schlussfolgerung. Statt nach dem „einzig wahren" Weg der Organisation von Wirtschaft zu suchen, der maximales Wirtschaftswachstum verspricht, sollten wir herausfinden, welche Arten ökonomischer Probleme überhaupt durch Institutionen erfolgreich beeinflusst werden können.

Wir können jetzt einige markante Thesen der Forschungsliteratur diskutieren: erstens, dass hinsichtlich der Schaffung marktförderlicher Umgebungen *common law* Systeme leistungsfähiger als *civil law* Systeme sind und zweitens, dass die Art und Weise, wie westlich geprägtes Recht und westlich geprägte Corporate Governance sukzessive von anderen Ländern übernommen wurden, das weltweite Wirtschaftswachstum beeinflusst hat. In einigen herausfordernden Artikeln haben La Porta, Lopez-de-Silanes, Shleifer und Vishny dargelegt, dass die Wachstumsaussichten von durch *common law* geprägten Ländern deutlich besser sind als die jener Länder, die durch *civil law* Systeme geprägt sind (vor allem das französische *civil law*).

Die Autoren begründen dies damit, dass *civil law* Systeme zuerst in Frankreich und später in Deutschland *top-down* entstanden sind, dergestalt, dass Gesetzgeber Gesetze geschaffen haben, die den Richtern wenig Spielraum ließen und die Macht des Staates über die des Individuums stellten. *Common law* Systeme hingegen sind *bottom-up* entstanden. In England haben regionale Gerichte zunächst die Rechte des Landadels gegen Übergriffe des Königs geschützt. Im Folgenden haben Kaufleute dieselben Gerichte dazu genutzt, um Verträge durchzusetzen und Enteignungen zu verhindern. Wissenschaftler haben argumentiert, dass dieser Schutz des Individuums im *common law* System stärkeren Eigentumsschutz und stabilere Bedingungen für Vertragsschließungen hervorgebracht und so auch Wirtschaftswachstum begünstigt hat (Mahoney 2001; North/Weingast 1989). In einer Reihe von Artikeln versuchen sich La Porta, Lopez-de-Silanes, Shleifer und Vishny an der Evaluation dieser These mittels ökonometrischer Modelle. Sie kommen zu dem Ergebnis, dass *common law* Systeme ein ausgeprägteres Wirtschaftswachstum hervorbringen. Entscheidend sind dabei ihrer Argumentation zufolge die Gesetze, die Minderheitsaktionäre schützen. Solche Gesetze ermöglichen eine breitere Streuung des Eigentums an großen Aktiengesellschaften und ziehen damit eine funktionale Ausdifferenzierung von Eigentümern und Managern nach sich. Diese Entwicklungen wiederum begünstigen das Wachstum von Kapitalmärkten, die dann eine bedeutende Quelle der externen Unternehmensfinanzierung darstellen.

Diese Erkenntnis diente als Ausgangspunkt für viele weitere Untersuchungen, denn es gibt starke Zweifel am zentralen Ergebnis. Zunächst haben Rechtswissenschaftler immer wieder die Gültigkeit des *legal index* in Frage gestellt, den La Porta, Lopez-de-Silanes, Shleifer und Vishny eingeführt haben, um die von ihnen so genannten kritischen Minderheitenrechte auf der ganzen Welt zu berechnen (La Porta u.a. 1998). Einige Wissenschaftler haben Zweifel angemeldet, ob La Porta u.a. einen angemessenen Index konstruiert haben, der die unterschiedlichen Ausmaße des Investorschutzes innerhalb der einzelnen Länder ihrer Untersuchung sinnvoll misst (Coffee 2001a; Roe 2003). In den Vereinigten Staaten beispielsweise führen Unternehmensrechtsklauseln, die Shareholderrechte schützen und Ausgleichszahlungen im Fall von Unternehmensverlusten garantieren, dazu, dass Richter ausschließlich solches Management-Vergehen ahnden, das Betrug und Selbstbereicherung beinhaltet. Fehlerhaftes, auf Inkompetenz zurückzuführendes Verhalten, das zu massiven Verlusten auf Seiten der Aktionäre führt, kann rechtlich nicht verfolgt werden (Roe 2003). Der Index lässt im Unklaren, ob die rechtlichen Faktoren, die von diesem abgebildet werden, für die Messung des effektiven Schutzes der Minderheitsaktionäre in den jeweiligen Ländern tatsächlich relevant sind. Darüber hinaus ist es schwierig, die praktischen Konsequenzen formaler Gesetze ausschließlich anhand der Analyse der Gesetzestexte abzuschätzen. Regionale Auslegungen, funktionale Äquivalente und unterschiedliche Geschäftsregeln stärken, formen oder bestätigen formale Gesetze, diese können dadurch aber auch bedeutungslos werden.

Lamoreaux/Rosenthal (2004) gehen davon aus, dass das *civil law* System in Frankreich während des 19. und fast des gesamten 20. Jahrhunderts Investoren mehr Organisations- und Vertragsfreiheit verschafft hat als das *common law* System in den Vereinigten Staaten. Sie verweisen auch auf einen besonders problematischen Punkt der These von La Porta, Lopez-de-Silanes, Shleifer und Vishny. Diese gehen nämlich davon aus, dass sich Institutionen, wie das *common law* oder das *civil law* System, nachdem sie eingeführt wurden, niemals veränderten - weder in ihrer Bedeutung noch in ihrer Auswirkung. In deren Augen werden Rechtssysteme auf exogene Weise durch einmalige Ereignisse der „Kolonialisierung“ oder „Eroberung“ errichtet und zeitigen gleich bleibende Effekte. Cioffi (2000) hingegen legt dar, dass sich die Corporate Governance-Institutionen in Frankreich, den Vereinigten Staaten, Deutschland und Großbritannien während der 1980er und 1990er Jahre verändert haben. Coffee (1999) weist darauf hin, dass die formale Gesetzgebung unternehmerischem Handeln eher nachfolgt als vorausgeht.

Eine weitere Kritik der Indikatoren von La Porta u.a. (besonders des Indikators, mit dem sie *civil law* oder *common law* Systeme messen) thematisiert, dass diese nur Vertreter für andere Variablen seien. Beispielsweise befinden sich *common law* Systeme in der Tendenz in Ländern, die demokratisch und friedfertig sind (wie die Vereinigten Staaten), während Länder mit *civil law* Systemen häufig unter Krieg und ökonomischer Armut leiden (wie in Afrika). Dies hat Wissenschaftler dazu angeregt, alternative Erklärungsmodelle für die unterschiedlichen institutionellen Strukturen, die Einfluss auf die wirtschaftliche Leistungsfähigkeit haben, zu entwickeln. Beispielsweise sind Acemoglu u.a. (2001) zu dem Ergebnis gekommen, dass in Ländern, wo Siedler sich niederlassen, leben und sich ausbreiten konnten (wie in den Vereinigten Staaten, Kanada, Australien und Neuseeland), Institutionen eingeführt wurden, die private Eigentumsrechte und die Kontrolle der Regierung ermöglichten und so Wirtschaftswachstum förderten. Dort, wo die Bedingungen schwieriger waren, wie beispielsweise in Schwarzafrika oder in weiten Teilen Lateinamerikas, wählten die Kolonialmächte Ausbeutungsstrategien. Es wurden repressive Regime implementiert, die in erster Linie die Ausbeutung der Rohstoffe forcierten. Diese Institutionen überdauerten und verhinderten so die Entwicklung einer post-kolonialen politischen Ökonomie, die den Regierungseinfluss einschränkt und Privateigentum schützt.

Um diese sich widersprechenden Hypothesen zu überprüfen, haben andere Wissenschaftler Variablen genutzt, die sowohl *common law* und *civil law* Systeme als auch die Sterblichkeitsrate der Siedler messen. Auf dieser Basis wurden Funktionen zur Prognose ökonomischen Wachstums erstellt. Beck u.a. (2003) finden empirische Evidenz für beide Ansätze, kommen jedoch zu dem Schluss, dass das Erklärungsmodell von Acemoglu u.a. das überzeugendere ist. Berkowitz u.a. (2003) stellen heraus, dass die Art der Einführung der beiden Rechtssysteme genauer zu hinterfragen ist. In Ländern, die dazu gezwungen wurden, externe Institutionen einzuführen oder solche, die nur unzureichend an die regionalen Begebenheiten angepasst wurden, war das Wirtschaftswachstum geringer. Mit der Kontrolle des Effektes der Art und Weise der Einführung dieser Institutionen verschwand der Effekt der *civil law* oder *common law* Systeme.

Eine erhebliche Schwäche der meisten dieser empirischen Untersuchungen betrifft ihren ungenauen Umgang mit Modellen, denn nur selten berücksichtigen Forscher in diesem Zusammenhang mehrere Faktoren gleichzeitig. Beispielsweise zeigen Glaeser u.a. (2004) in einer Untersuchung, die den Einfluss von Institutionen auf das Wirtschaftswachstum mit demjenigen von Investitionen in Sach- und Humankapital vergleicht, dass Humankapital einen weitaus größeren Einfluss auf das Wirtschaftswachstum hat als Institutionen. Da viele der früheren Untersuchungen Investitionen in Sach- und Humankapital nicht berücksichtigt haben, sind deren Ergebnisse in Zweifel zu ziehen.

Selten berücksichtigen Untersuchungen sämtliche Variablen der unterschiedlichen Ansätze, um diese gewissenhaft gegeneinander abzuwägen. Wenn solche Versuche unternommen werden, liefern sie nicht selten Unterstützung für Hypothesen, die komplexe Zusammenhänge zwischen einer Vielzahl von Variablen postulieren. Man kann mit großer Sicherheit davon ausgehen, dass Wirtschaftswachstum ein multidimensionaler Prozess ist, für den eine Vielzahl gesellschaftlicher und politischer Institutionen verantwortlich ist. Verschiedene Faktoren üben Einfluss darauf aus, und viele verschiedene institutionelle Pfade können dazu führen. Die kontroversen Debatten zu diesem Thema verdeutlichen die Schwierigkeit, die Auswirkungen eines spezifischen Institutionensettings auf das Wirtschaftswachstum nachzuweisen.

Schlussfolgerungen

Das Interesse, die Entwicklung von Institutionen in unterschiedlichen Marktgesellschaften miteinander zu vergleichen, ist in den letzten 20 Jahren sehr ausgeprägt gewesen. Vor allem Wirtschaftswissenschaftler wollten zeigen, dass das amerikanische Corporate Governance-System das leistungsfähigste ist, weil es auf den funktionalen Bedürfnissen der Investoren beruht. Andere Wissenschaftler suchten nach einer Erklärung, wie Japan, Deutschland, die skandinavischen Länder, Korea, Taiwan und heutzutage China ihr enormes Wirtschaftswachstum realisiert haben. Eine dritte Gruppe hat sich für die wirtschaftliche Stagnation Afrikas, Lateinamerikas und Russlands interessiert. „Globalisten" indes haben in den letzten Jahren argumentiert, dass politische, gesellschaftliche und wirtschaftliche Institutionen durch die Durchsetzung effizienter Unternehmensorganisationen immer stärker konvergieren werden (Castells 1996; Strange 1996).

Unser Überblick über die Literatur, die sich mit der Beziehung zwischen Recht, Corporate Governance und ökonomischem Output beschäftigt, zeichnet ein anderes Bild. Ganz allgemein gesprochen, stimmen die meisten Wissenschaftler darin überein, dass Corporate Governance-Institutionen wie Eigentumsrechte, die Organisation von Finanzmärkten und das Arbeitsrecht die politische Situation, Kultur und Geschichte einzelner Länder widerspiegeln. Die meisten Governance-Systeme wurden nicht von Investoren erdacht, die darauf aus waren, Gesetze und Institutionen zu errichten, die geringe Agency-Kosten verursachen. Vielmehr sind sie das Ergebnis erbitterter Auseinandersetzungen zwischen Kapitaleignern und Arbeitnehmern in demokratischen wie auch autoritären Gesellschaften. Die Rechtssysteme, die im Laufe der Jahre entstanden sind, spiegeln die Ergebnisse dieser Auseinandersetzungen wider und hatten weitreichende Auswirkungen auf die nationalen Strukturen der Corporate Governance.

Trotz der Überzeugung, dass die Entwicklung ökonomischer Institutionen nicht auf Effizienzerwägungen zurückzuführen ist, haben Wissenschaftler immer zu verstehen versucht, warum Institutionen letztlich eine so zentrale Rolle bei der Entwicklung kapitalistischer Gesellschaften gespielt haben. Mittlerweile gibt es in diesem Punkt nur noch geringe Differenzen. Gesicherte Eigentumsrechte und entwickelte Finanzsysteme spielen hinsichtlich der ökonomischen Entwicklung eine zentrale Rolle. Einen wichtigen Anteil an der Entstehung von Wirtschaftswachstum hat auch das Arbeitsrecht, da es für Arbeitsfrieden sorgt. In Ländern, in denen soziale Konflikte vermieden werden, entweder durch die Unterdrückung der Arbeiter (wie in den USA oder China) oder durch deren stärkere Ausstattung mit Rechten (wie in den sozialdemokratischen Ländern Skandinaviens), wird die ökonomische Entwicklung begünstigt. Kontroversen entzünden sich hingegen an der Frage der Effizienz verschiedener Rechtssysteme. Der Einfluss von *civil law* und *common law* Systemen auf das Wirtschaftswachstum wird nach wie vor debattiert und untersucht. Diesbezüglich gibt es eine Reihe unterschiedlicher Positionen. Vor allem wird diskutiert, warum *common law* und *civil law* Systeme unterschiedliche Auswirkungen auf die Entwicklungen haben. Einige gehen davon aus, dass *common law* Systeme die individuellen Rechte besser schützen als *civil law* Systeme, was beträchtlichen Einfluss auf das Wirtschaftswachstum hat. Andere wiederum zeigen, dass *common law* und *civil law* Eigenschaften ganz andere gesellschaftliche Phänomene erklären können, wie die Entstehung von Gesellschaften und die Einführung bestimmter Institutionen und deren Legitimation.

Eine andere große Debatte dreht sich um die Rolle von Politik, Religion, Ethnizität und Kultur für die ökonomische Entwicklung von Gesellschaften. Auf Basis welcher Mechanismen diese Faktoren Wirtschaftswachstum begünstigen, wird äußerst kontrovers diskutiert. Zudem gehen verschiedene Wissenschaftler davon aus, dass es mehrere unterschiedliche Pfade der ökonomischen Entwicklung gibt. Andere argumentieren, dass es nur einen *one best way* der Organisation der politischen Ökonomie einer Gesellschaft gibt. Empirische Untersuchungen hingegen machen deutlich, dass es schwierig ist, die besonderen Vorteile einzelner Institutionen eindeutig zu benennen und dass, selbst wenn die Vorteile identifiziert werden können, dieses noch lange nicht auf die Überlegenheit eines bestimmten Systems hinweist.

Diese Kontroverse wirft ein Licht auf einige interessante Pfade zukünftiger Forschung. Erstens denken wir, dass vergleichende Studien zu Institutionen und Wirtschaftswachstum longitudinal angelegt werden müssen. Wenn Institutionen, institutioneller Wandel und Wirtschaftswachstum mit noch mehr Bedacht zueinander in Beziehung gesetzt würden, ließe sich Genaueres über die Wirkungsweise von Institutionen sagen. Eine derartige Forschung könnte auch Aufschluss über die möglichen Wechselwirkungen zwischen Institutionen und ökonomischen Akteuren geben. Beispielsweise ist davon auszugehen, dass sich Institutionen wandeln, wenn sich Gesellschaften verändern und neue Interessengruppen auf den Plan treten. Wir wissen auch, dass bestehende Institutionen die Möglichkeit der Entstehung neuer Institutionen beeinflussen. Derartige Entwicklungen über lange Zeiträume zu untersuchen, wäre sehr nützlich. Schließlich sollten Wissenschaftler die Tatsache, dass es mehrere Pfade der Entwicklung von Wirtschaftswachstum gibt, ernst nehmen (inklusive der Pfade, die noch nicht entdeckt wurden). Die Lösung größerer gesellschaftlicher Probleme wie soziale, ethnische oder religiöse Konflikte kann genauso relevant, wenn nicht sogar relevanter für die wirtschaftliche Entwicklung eines Landes sein als die Einführung eines spezifischen institutionellen Arrangements.

Man sollte sich auch darüber bewusst sein, dass die verschiedenen Institutionen nationaler Corporate Governance in einem System zusammenwirken. Die Forschungsliteratur zeigt deutlich, dass institutionelle Aspekte des Eigentumsrechts, der Finanzmarktregulation und des Arbeitsrechts in den meisten Fällen eng miteinander verknüpft sind. Diese Erkenntnis konterkariert in gewisser Weise große Teile der empirischen Forschung, die diese institutionellen Aspekte meistens als losgelöst voneinander behandeln. Der quantitative, auf der Analyse von Variablen beruhende Ansatz suggeriert, dass die Einführung ausgewählter, vermeintlich wachstumsschaffender institutioneller Elemente wie ein Allheilmittel wirkt, das Ineffizienz heilt und Wirtschaftswachstum befördert. Aber die Implementierung externer Corporate Governance-Institutionen wird aller Voraussicht nach nicht zum Erfolg führen, wenn nicht das Corporate Governance-System insgesamt eingeführt wird bzw. die eingeführten Elemente zur vorhandenen Struktur passen. Beispielsweise wird der Schutz von Minderheitsaktionären in Ländern, in denen Diktaturen, Krieg oder Hungersnöte vorherrschen (wie in einigen Ländern Afrikas), aller Voraussicht nach keinerlei positive Auswirkungen auf die ökonomische Leistung des Landes haben. Wissenschaftler sollten im Hinblick auf die Leistungsfähigkeit bestimmter Gesetze oder Praktiken deutlich vorsichtiger argumentieren und sich stattdessen bewusst sein, dass gesellschaftliche Institutionen meist mit nationalen Systemen gleichzusetzen sind.

Es besteht kein Zweifel daran, dass Weber, Marx und Durkheim gleichermaßen auf entscheidende Faktoren der Entwicklung von Marktgesellschaften hingewiesen haben. Staaten, denen es gelingt, durch die Entschärfung sozialer Konflikte soziale Stabilität zu schaffen und gleichzeitig Eigentumsrechte zu schützen, scheinen prädestiniert für eine gute ökonomische Entwicklung zu sein. Rechtssysteme, die sichere Vertragsbeziehungen garantieren, und Finanzsysteme, die Unternehmern den Zugang zu Kapital ermöglichen, stellen in gleicher Weise entscheidende Entwicklungsdimensionen dar. Es gibt viele Pfade, um die gesellschaftlichen und ökonomischen Probleme zu lösen. Die Vielzahl kapitalistischer Systeme macht zweierlei deutlich: die große Zahl unterschiedlicher Entwicklungspfade und die Robustheit, mit der diese kapitalistischen Systeme Wirtschaftswachstum hervorbringen.

Literatur

Acemoglu, Daron, Simon Johnson und James A. Robinson (2001): The colonial origins of comparative development: an empirical investigation. *Am. Econ. Rev.* 91(5):1369–401.

Albert, Michel (1993): *Capitalism Against Capitalism*. London: Whurr.

Amsden, Alice (2001): The Rise of „The Rest": Challenges to the West from Late-Industrializing Economies. Oxford/New York: Oxford Univ. Press.
Barberis, Nicholas, Maxim Boycko, Andrei Shleifer und Natalia Tsukanova (1996): How does privatization work? Evidence from the Russian shops. *J. Polit. Econ.*104(4):764–90.
Bebchuk, Lucian A. und Mark J. Roe (1999): A theory of path dependence in corporate ownership and governance. *Stanford Law Rev.* 52(1):127–70.
Beck, Thorsten, Alsi Demirgüç-Kunt und Ross Levine (2003): Law, endowments, and finance. *J. Finan. Econ.* 70:137–81.
Berger, Suzanne und Ronald Dore (ed. 1996): *National Diversity and Global Capitalism.* Ithaca, NY: Cornell Univ. Press.
Berkowitz Daniel, Katharina Pistor und Jean-Francois Richard (2003): Economic development, legality, and the transplant effect. *Eur. Econ. Rev.* 47:165–95.
Berle, Adolf A. und Gardiner C. Means (1932): *The Modern Corporation and Private Property.* Chicago: Commerce Clearing House.
Blair, Margaret M. und Mark J. Roe (eds. 1999): *Employees and Corporate Governance.* Washington, DC: Brookings Inst.
Botero, Juan, Simeon Djankov, Rafael La Porta R, Florencio Lopez-de-Silanes und Andrei Shleifer (2003): *The regulation of labor.* Work. Pap. 9756, Nat. Bur. Econ. Res.
Boycko, Maxim, Andrei Shleifer und Robert W. Vishny (1996): A theory of privatisation. *Econ. J.* 106 (435):309–19.
Boyer, Robert und Daniel Drache (ed. 1996): *States Against Markets: The Limits of Globalization.* New York: Routledge.
Carlin, Wendy und Colin Mayer (2003): Finance, investment, and growth. *J. Finan. Econ.* 69:191–226.
Castells, Manuel (1996): The Information Age: Economy, Society, and Culture, Vol. 1: The Rise of the Network Society. Cambridge, MA: Blackwell.
Cioffi, John W. (2000): Governing globalization? The state, law, and structural change in corporate governance. *J. Law Soc.* 27(4):572– 600.
Cioffi, John W. (2002): Public law and private power: the comparative political economy of corporate governance in the United States and Germany. PhD thesis. Univ. Calif., Berkeley.
Coffee, John C. Jr. (1999): The future as history: the prospects for global convergence in corporate governance and its implications. *Northwestern Univ. Law Rev.* 93:641–707.
Coffee, John C. Jr. (2001a): Do norms matter? A crosscountry evaluation. *Univ. Penn. Law Rev.* 149(6):2151–77.
Coffee, John C. Jr. (2001b): The rise of dispersed ownership: the roles of law and the state in the separation of ownership and control. *Yale Law J.* 111:1–82.
Crouch, Colin und Wolfgang Streeck (eds. 1997): Political Economy of Modern Capitalism: Mapping Convergence and Diversity. London: Sage.
Demirgüç-Kunt, Alsi und Vojislav Maksimovic (1998): Law, finance, and firm growth. *J. Finan.* 53(6):2107– 37.
de Soto, Hernando (1989): The Other Path: The Invisible Revolution in the Third World. New York: Harper & Row.
Djankov, Simeon, Edward Glaeser, Rafael La Porta, Florencio Lopez-de-Silanes und Andrei Shleifer (2003): The new comparative economics. *J. Comp. Econ.* 31:595– 619.
Durkheim, Emile (1997): *The Division of Labor in Society.* New York: Free Press
Easterly, William und Ross Levine (1997): Africa's growth tragedy: policies and ethnic divisions. *Q. J. Econ.* 112(4):1203–50.
Evans, Peter (1995): *Embedded Autonomy: States and Industrial Transformation.* Princeton, NJ: Princeton Univ. Press.
Evans, Peter und James E. Rauch (1999): Bureaucracy and growth: a cross-national analysis of the effects of „Weberian" state structures on economic growth. *Am. Sociol. Rev.* 64(5):748–65.

Eyal, Gil, Ivan Szelenyi und Eleanor Townsley (1998): Making Capitalism Without Capitalists: Class Formation and Elite Struggles in Post-Communist Central Europe. London/New York: Verso.
Fama, Eugene F. und Michael C. Jensen (1983a): Agency problems and residual claims. *J. Law Econ.* 26:327–49.
Fama, Eugene F. und Michael C. Jensen (1983b): Separation of ownership and control. *J. Law Econ.* 26:301– 25.
Fligstein, Neil (1990): *The Transformation of Corporate Control.* Cambridge, MA: Harvard Univ. Press.
Fligstein, Neil (2001): The Architecture of Markets: An Economic Sociology of Twenty- First-Century Capitalist Societies. Princeton, NJ: Princeton Univ. Press.
Friedman, Lawrence M. (1973): *A History of American Law.* New York: Simon & Schuster.
Frydman, Roman, Cheryl Gray, Marek Hessel und Andrzej Rapaczynski (1999): When does privatization work? The impact of private ownership on corporate performance in the transition economies. *Q. J. Econ.* 114(4):1153–91.
Garrett, Geoffrey (1998): *Partisan Politics in the Global Economy.* New York: Cambridge Univ. Press.
Gerschenkron, Alexander (1962): Economic Backwardness in Historical Perspective: A Book of Essays. Cambridge, MA: Belknap.
Glaeser, Edward L., Rafael La Porta, Florencio Lopez-de-Silanes und Andrei Shleifer (2004): Do institutions cause growth? *J. Econ. Growth* 9:271–303.
Gourevitch, Peter A. (2003): Political determinants of corporate governance: political context, corporate impact. *Yale Law J.* 112(7):1829–80.
Granovetter, Mark (1985): Economic action and social structure: the problem of embeddedness. *Am. J. Sociol.* 91(3):481–510.
Greif, Avner (1994): Cultural beliefs and the organization of society: a historical and theoretical reflection on collectivist and individualist societies. *J. Polit. Econ.* 102(5):912–50.
Guthrie, Doug (1999): Dragon in a Three Piece Suit: The Emergence of Capitalism in China. Princeton, NJ: Princeton Univ. Press
Hall, Peter A. und David Soskice (eds. 2001): *Varieties of Capitalism: The Institutional Foundations of Comparative Advantage.* Oxford/New York: Oxford Univ. Press.
Hansmann, Henry (1996): *The Ownership of Enterprise.* Cambridge, MA: Belknap.
Hansmann, Henry und Reinier Kraakman (2000): The essential role of organizational law. *Yale Law J.* 110(3):387–440.
Hansmann, Henry und Reinier Kraakman (2001): The end of history for corporate law. *Georgetown Law J.* 89:439–68.
Hicks, Alexander M. (1999): Social Democracy and Welfare Capitalism: A Century of Income Security Politics. Ithaca, NY: Cornell Univ. Press.
Hurst, James W. (1977): *Law and Social Order in the United States.* Ithaca, NY: Cornell Univ. Press.
Jensen, Michael C. (1989): Eclipse of the public corporation. *Harvard Bus. Rev.* 67(5):61–74.
Jensen, Michael C. und William H. Meckling (1976): Theory of the firm: managerial behavior, agency costs, and ownership structure. *J. Finan. Econ.* 3:305–60.
Johnson, Chalmers (1982): MITI and the Japanese Miracle: The Growth of Industrial Policy, 1925–1975. Stanford, CA: Stanford Univ. Press.
King, Robert G. und Ross Levine (1993): Finance and growth: Schumpeter might be right. *Q. J. Econ.* 108(3):717–37.
La Porta, Rafael, Florencio Lopez-de-Silanes und Andrei Shleifer (1999a): Corporate ownership around the world. *J. Finan.* 54(2):471–517.
La Porta, Rafael, Florencio Lopez-de-Silanes und Andrei Shleifer (2002a): Government ownership of banks. *J. Finan.* 57(1):265–301.
La Porta, Rafael, Florencio Lopez-de-Silanes, Andrei Shleifer und Robert W. Vishny (1997a): Legal determinants of external finance. *J. Finan.* 52(3):1131–50.

La Porta, Rafael, Florencio Lopez-de-Silanes, Andrei Shleifer und Robert W. Vishny (1997b): Trust in large organizations. *Am. Econ. Rev.* 87(2):333–38.
La Porta, Rafael, Florencio Lopez-de-Silanes, Andrei Shleifer und Robert W. Vishny (1998): Law and finance. *J. Polit. Econ.* 106(6):1113–55.
La Porta, Rafael, Florencio Lopez-de-Silanes, Andrei Shleifer und Robert W. Vishny (1999b): The quality of government. *J. Law Econ. Organ.* 15(1):222–79.
La Porta, Rafael, Florencio Lopez-de-Silanes, Andrei Shleifer und Robert W. Vishny (2000a): Agency problems and dividend policies around the world. *J. Finan.* 55(1):1–33.
La Porta, Rafael, Florencio Lopez-de-Silanes, Andrei Shleifer und Robert W. Vishny (2000b): Investor protection and corporate governance. *J. Finan. Econ.* 58:3–27.
La Porta, Rafael, Florencio Lopez-de-Silanes, Andrei Shleifer und Robert W. Vishny (2002b): Investor protection and corporate valuation. *J. Finan.* 57(3):1147–70.
Lamoreaux, Naomi und Jean-Laurent Rosenthal (2004): Legal regime and business's organizational choice: a comparison of France and the United States during the mid-nineteenth century. Work. Pap. 10288, Nat. Bur. Econ. Res.
Levine, Ross (1997): Financial development and economic growth: views and agenda. *J. Econ. Lit.* 35(2):688–726.
Locke, Richard M. (1995): *Remaking the Italian Economy*. Ithaca, NY: Cornell Univ. Press.
Lopez-de-Silanes, Florencio, Andrei Shleifer und Robert W. Vishny (1997): Privatization in the United States. *RAND J. Econ.* 28(3):447–71.
Mahoney, Paul G. (2001): The common law and economic growth. *J. Legal Stud.* 30:503–25.
Maier, Charles S. (1987): In Search of Stability: Explorations in Historical Political Economy.New Rochelle, NY: Cambridge Univ. Press.
Marris, Robin L. (1968): *The Economic Theory of „Managerial" Capitalism*. New York: Basic Books.
Marx, Karl (1977): *Capital*, Vol. 1. New York: Vintage Books.
Megginson, William L., Robert C. Nash und Matthias van Randenborgh (1994): The financial and operating performance of newly privatized firms: an international empirical analysis. *J. Finan.* 49(2): 403–52.
Nee, Victor (1992): Organizational dynamics of market transition: hybrid forms, property rights, and mixed economy in China. *Admin. Sci. Q.* 37(1):1–27.
North, Douglass C. (1981): *Structure and Change in Economic History*. New York: WW Norton.
North, Douglass C. (1990): *Institutions, Institutional Change, and Economic Performance*. Cambridge, UK: Cambridge Univ. Press.
North, Douglass C. und Barry R. Weingast (1989): Constitutions and commitments: the evolution of institutional governing public choice in seventeenth-century England. *J. Econ. Hist.* 49(4):803–32.
OECD. 1997. *OECD Jobs Report*. Paris: OECD.
Orru, Marco, Nicole W. Biggart und Gary G. Hamilton (1997): *The Economic Organization of East Asian Capitalism*. Thousand Oaks, CA: Sage.
Penrose, Edith T. (1959): *The Theory of the Growth of the Firm*. New York: Wiley.
Radaev, Vadim (2002): Entrepreneurial strategies and the structure of transaction costs in Russian business: 68-92, in *The New Entrepreneurs of Europe and Asia: Patterns of Business Development in Russia, Eastern Europe, and China*. Hrgs. von Victoria E. Bonnell und Thomas B. Gold, Armonk, NY: M.E. Sharpe.
Rajan, Raghuram G. und Luigi Zingales (1998): Financial dependence and growth. *Am. Econ. Rev.* 88(3): 559–86.
Rodrik, Dani (ed. 2003): *In Search of Prosperity: Analytic Narratives on Economic Growth*. Princeton, NJ: Princeton Univ. Press.
Roe, Mark J. (1994): Strong Managers, Weak Owners: The Political Roots of American Corporate *Finance*. Princeton, NJ: Princeton Univ. Press.

Roe, Mark J. (2003): Political Determinants of Corporate Governance: Political Context, Corporate Impact. Oxford/New York: Oxford Univ. Press.
Shleifer, Andrei und Robert W. Vishny (1989): Management entrenchment: the case of manager-specific investments. *J. Finan. Econ.* 25:123–39.
Shleifer, Andrei und Robert W. Vishny (1993): Corruption. *Q. J. Econ.* 108(3):599–617.
Shleifer, Andrei und Robert W. Vishny (1994a): Politicians and firms. *Q. J. Econ.* 109(4):995–1025.
Shleifer, Andrei und Robert W. Vishny (1994b): The politics of market socialism. *J. Econ. Perspect.* 8(2): 165–76.
Shleifer, Andrei und Robert W. Vishny (1997): A survey of corporate governance. *J. Finan.* 52(2):737– 83.
Short, Helen (1994): Ownership, control, financial structure and the performance of firms. *J. Econ. Surveys* 8(3):203–49.
Smith, Adam (1904): An Inquiry into the Nature and Causes of the Wealth of Nations. London: Methuen.
Stark, David (1996): Recombinant property in East European capitalism. *Am. J. Sociol.* 101(4): 993–1027.
Strange, Susan (1996): The Retreat of the State: The Diffusion of Power in the World Economy. New York: Cambridge Univ. Press.
Streeck, Wolfgang (1992): Social Institutions and Economic Performance: Studies of Industrial Relations in Advanced Capitalist Economies. Newbury Park, CA: Sage.
Stulz, Rene M. und Rohan Williamson (2003): Culture, openness, and finance. *J. Finan. Econ.* 70(3):313– 49.
Tirole, Jean (1988): *The Theory of Industrial Organization*. Cambridge, MA: MIT Press.
Vitols, Sigurt (2001): Varieties of corporate governance: comparing Germany and the UK. In *Varieties of Capitalism: The Institutional Foundations of Comparative Advantage,* ed. P Hall, D Soskice, 10:337–60. Oxford/New York: Oxford Univ. Press.
Wade, Robert (1990): Governing the Market: Economic Theory and the Role of Government in East Asian Industrialization. Princeton, NJ: Princeton Univ. Press.
Weber, Max (1978): *Economy and Society*. Berkeley: Univ. Calif. Press.
Weber, Max (2001): The Protestant Ethic and the Spirit of Capitalism. New York: Routledge.
Weiss, Linda (1998): *The Myth of the Powerless State*. Ithaca, NY: Cornell Univ. Press.
White, Harrison C. (2002): *Markets from Networks: Socioeconomic Models of Production*. Princeton, NJ: Princeton Univ. Press.
Williamson, Oliver E. (1975): *Markets and Hierarchies*. New York: Free Press.
Williamson, Oliver E. (1985): The Economic Institutions of Capitalism: Firms, Markets, Relational Contracting. New York: Free Press.

(Übersetzung: Frederic Speidel)

Richard Hyman

Strukturierung des transnationalen Raumes: Kann Europa dem multinationalen Kapital die Stirn bieten?[1]

In diesem Beitrag geht es mir um das Spannungsfeld zwischen ökonomischer „Globalisierung" (wie wir alle wissen, ein ungenauer und umstrittener Begriff) und bestehenden Formen der Arbeitsregulierung auf nationaler Ebene. Zu diesem Zweck beziehe ich mich auf einige neuere Ansätze in der international vergleichenden politischen Ökonomie und wende diese auf die Europäische Union als spezifischem Untersuchungsfeld an. Zunächst werde ich den Konflikt zwischen neoliberaler Globalisierung und den vorherrschenden Regulationsprozessen des „Sozialen Europas" grob skizzieren. Im Vordergrund steht dabei die Rolle des multinationalen Kapitals innerhalb nationalspezifischer „Nachkriegskompromisse" zwischen Regierungen, Gewerkschaften und Arbeitgebern. In einem zweiten Schritt ziehe ich die Verbindung zum gegenwärtigen „Brüsseler Konsens", der durch die alles überragende Priorität der Wettbewerbsfähigkeit und eines „Sozialen Europa light" geprägt ist. Danach gehe ich der Frage nach, ob, in Anlehnung an Ruggie (1982), ein „eingebetteter Liberalismus" eine Option für Europa darstellt; und schließlich zeige ich weitere Alternativen des Widerstands auf.

„Soziales Europa" und neoliberale Globalisierung

Das Konzept eines europäischen Sozialmodells ist gleichermaßen analytische Kategorie, ideologisches Konstrukt und Streitgegenstand. Wie Ebbinghaus (1999) dargelegt hat, fächert sich das Konzept in zwei Dimensionen auf: Realität und Mythos. In allen kontinentalen Staaten Westeuropas unterscheiden sich Strukturen und Prozesse der industriellen Beziehungen sehr deutlich vom vorherrschenden modus operandi in den anderen Ländern der Welt (an dieser Stelle sei angemerkt, dass sich in den meisten europäischen Sprachen das Adjektiv „sozial", in einigen Fällen sogar ganz explizit, auf Arbeitsbeziehungen verweist). Märkte im Allgemeinen und Arbeitsmärkte im Besonderen sind in ein dichtes Netz der gesellschaftlichen Regulation („social regulation") eingebettet (Granovetter 1985; Polanyi 1944). Es existiert ein breiter sozialer und politischer Konsens über die Notwendigkeit der kollektiven Regulierung der Arbeitsbeziehungen mit dem Ziel, die Arbeitnehmer als die schwächere Gruppe zu schützen; kollektives steht dabei vor individuellem Recht; die repräsentativen Vertretungsorganisationen sowohl der Arbeitgeber als auch der Arbeitnehmer besitzen einen allgemein anerkannten öffentlichen Status. Die kollektiven Beschäftigteninteressen können sich typischerweise innerhalb standardisierter Systeme einer Interessenvertretung Gehör verschaffen, die verhältnismäßig unabhängig von der Arbeitgeberseite ope-

[1] Der vorliegende Betrag erschien zuerst als: 'Structuring the Transnational Space: Can Europe Resist Multinational Capital?' in Anthony Ferner and Javier Quintanilla, eds, Multinationals, Institutions and the Construction of Transnational Practices, London: Palgrave Macmillan, 2006

rieren (auf der Grundlage gesetzlicher oder tariflicher Regelungen); sowohl sozialistische als auch katholische Traditionslinien haben die Entstehung von Wohlfahrtsstaaten befördert, in denen die Arbeitskraft vergleichsweise stark „dekommodifiziert“ – also dem direkten Marktzugriff entzogen – ist (Esping-Andersen 1990); innerhalb dieser Wohlfahrtsstaaten spielen die „Sozialpartner“ häufig eine Schlüsselrolle.

Dennoch besitzen Arbeitsbeziehungssysteme viele unterschiedliche Ausprägungen, die allesamt „Staatstraditionen“ (Crouch 1993) nationalspezifischer Prägung verkörpern und höchst unterschiedliche Auswirkungen auf die relative Macht von Arbeitnehmern und Arbeitgebern, auf die relative Unabhängigkeit der „Sozialpartner“ von staatlicher Einwirkung und auf die Balance der Zusammensetzung der Sozialtransfers haben. Des weiteren steht die etablierte Architektur der Regulation typischerweise für charakteristische „politisch-ökonomische Nachkriegskonstellationen“ (Lange et al. 1982: 209), die wiederum das Resultat nationalspezifisch unterschiedlicher Kombinationen verschiedener Einflussfaktoren darstellen: Der Diskreditierung der alten herrschenden Klasse; der Bedeutung, die die Arbeiterbewegungen im Kampf gegen den Faschismus erreicht haben; der Einsicht in die Notwendigkeit systematischer staatlicher Intervention zur Verhinderung erneuerter Massenarbeitslosigkeit. Das Konzept eines „Sozialen Europa“, das seit über einem Jahrzehnt eine Schlüsselrolle innerhalb des offiziellen EU-Diskurses spielt, ist insofern Mythos, als es gerade solche unterschiedlichen Einflussfaktoren unterschlägt (andererseits haben diese Besonderheiten auch beträchtliche Hürden für alle Ansätze der „Harmonisierung“ der Arbeitsregulierung auf europäischer Ebene dargestellt).

Das Konzept eines „Sozialen Europa“ ist in erster Linie wegen dieser hochgradigen Ambivalenz zum Streitgegenstand geworden: Gerade weil es kein einheitliches europäisches Sozialmodell gibt, ist es ein Leichtes, sich zu dem Konzept ohne Festlegung auf spezifische institutionelle Arrangements zu bekennen. Die Wahrscheinlichkeit der Kontroverse über das Konzept wird durch Veränderungen der Rahmenbedingungen bisheriger sozialpolitischer Regulation deutlich erhöht. Aus regulationstheoretischer Perspektive argumentierend, hält Howell (2005: 35) fest, dass der Übergang zu einem neuen ökonomischen Wachstumsmodell ein Bündel an Problemen verursache, das sich nur schwer mit bestehenden Institutionen lösen lasse. Die Vollendung eines europäischen Binnenmarktes, dem die Errichtung der Wirtschafts- und Währungsunion folgte, stellt ganz offensichtlich einen qualitativen Wandel des Wachstumsregimes auf europäischer Ebene dar. Die zentrale Frage lautet seit jeher, ob ökonomische Integration *innerhalb* bestehender oder eher *gegen* bestehende Systeme der gesellschaftlichen Regulation stattfinden soll; spezifischer wurde danach gefragt, welche institutionellen Arrangements als komplementär zur „Waren-, Dienstleistungs-, Kapital- und Arbeitnehmerfreiheit“ gelten und welche als unvereinbar mit dieser. Über ein Jahrzehnt lang war dies die zentrale politische Kontroverse, die zum Teil offen ausgetragen wurde und häufiger noch die Debatten implizit prägte.

Alberts (1993) Lesart war die einer besonders ausgeprägten Konfrontation zweier Kapitalismustypen: auf der einen Seite der vermeintlich überlegene anglo-amerikanische Typus, der sich durch schwache Marktregulierung kennzeichnet, auf der anderen Seite der „Rheinische Kapitalismus“, in dem die Marktmechanismen gesetzlich, tarifvertraglich und/oder durch soziale Normierung systematisch eingehegt werden. Diese dichotomische Sicht findet in dem Ansatz der „varieties of capitalism“ (Hall/Soskice 2001) mit dessen entgegen gesetzten Kategorien der „liberalen“ und „koordinierten“ Marktwirtschaften ihre Entsprechung. Hinterfragen lässt sich dabei sicherlich, inwieweit Großbritannien und die

USA als einheitliche Kapitalismusvariante zu behandeln sind oder, anders gewendet, ob Form und Ausmaß der gesellschaftlichen Regulation in anderen Ländern dazu führen, dass im Falle der genannten Länder die Ähnlichkeiten die Unterschiede tatsächlich in den Schatten stellen; mit Gewissheit lässt sich jedenfalls feststellen, dass beide Länder den von Polanyi (1944) beschriebenen Marktgesellschaften („market societies“) – in denen Marktdynamiken nur schwach durch alternative gesellschaftliche Regulationsmechanismen eingeschränkt werden – näher kommen als die „sozialen Marktwirtschaften“ Westeuropas.

Verwandelt die „Globalisierung“ sämtliche Marktwirtschaften in Marktgesellschaften, innerhalb welcher die ökonomisch mächtigen Gruppen die nationale Politik bestimmen und wo die übergestülpten Zwangsgesetze des Wettbewerbs jegliche individuellen Entscheidungsspielräume erdrücken? In diesem Zusammenhang möchte ich ganz knapp auf die von mir an anderer Stelle ausführlicher thematisierten Ambivalenzen der „Globalisierung“ (vgl. Hyman 1999; 2003) zu sprechen kommen. Als einer der Vorreiter des Globalisierungsbegriffes gilt Ohmae, der von der Herausbildung einer „grenzenlosen Welt“ und „vernetzten Ökonomie“ ausgeht (1991), in der die grenzüberschreitende Ausdehnung von Wertschöpfungsketten, Produktmärkten, Konzernstrukturen und Finanzflüssen nationale Grenzen und den Nationalstaat weitgehend überflüssig macht. In ähnlicher Weise antizipiert Reich (1991: 3) eine Ära ohne nationale Produkte, Technologien, Unternehmen und Industrien. Nationalstaatliche Ökonomien, jedenfalls das, was bislang unter diesem Konzept verstanden wurde, würden nicht mehr länger existieren. Unabhängig davon, ob derartige Prognosen gut geheißen werden oder nicht, besteht bei derlei Sichtweisen weitgehende Einigkeit über deren Unvermeidbarkeit.

In der Tat hat sich in den letzten Jahrzehnten ein Trend zur Liberalisierung des grenzüberschreitenden Handels durch die Reduzierung und gänzliche Abschaffung von Zollschranken vollzogen; während internationaler Handel nichts Neues ist - einige Autoren argumentieren sogar, dass die internationale Ökonomie heutzutage nicht globalisierter ist als vor einem Jahrhundert (vgl. Hirst/Thompson 1996) - handelt es sich bei der grenzüberschreitenden Integration der Produktion innerhalb Multinationaler Unternehmen sehr wohl um ein neueres Phänomen. Wenngleich kontrovers darüber diskutiert wird, ob Multinationale Unternehmen tatsächlich international sind (vgl. Ruigrok/van Tulder 1995) - in den meisten Fällen konzentrieren sich die Aktivitäten in der Nähe der heimischen Stammsitze - stellt das Potenzial der großen Firmen, ihre Produktion ins Ausland zu verlagern, restriktive Systeme der Arbeitsbeziehungen zu umgehen und grenzüberschreitende Standortdifferenzen auszunützen, zweifellos neue Herausforderungen dar.

Die Mobilität des Kapitals wird durch den zum Teil gewaltsamen Abbau von Hürden, die in der Vergangenheit ausländischen Direktinvestitionen im Wege standen, und durch die allgemeinere Liberalisierung transnationaler Finanzströme erleichtert. Aufgrund von Informations- und Kommunikationstechnologien sind Aktien- und Währungsspekulationen häufiger und unmittelbarer geworden. „Das Finanzkapital hat seine eigenen Instrumente der Expansion und Akkumulation hervorgebracht, die zunehmend unabhängiger von der Sphäre der Produktion sind“ (Burbach et al. 1997: 67). Die zunehmend autonome Dynamik der Finanzmärkte bringt die Realökonomie aus dem Gleichgewicht und ermöglicht es den Shareholdern, die Politiken nationaler Regulierungssysteme und Regierungen, die den Vorgaben des Finanzkapitals nicht entsprechen, zu bestrafen. Die logische Folge dessen ist - so wird häufig argumentiert, dass einzelne Unternehmen immer mehr den Regulierungsraum nationaler Systeme der industriellen Beziehungen verlassen können - bzw. wegen des intensivierten Wettbewerbs müssen - und gleichzeitig Formen der Arbeitsregulierung aufbauen, die zu ihren ganz individuellen Marktstärken und -schwächen passen (vgl. Katz/Darbishire 2000; Kochan et al. 1997). Das Resultat dieser Entwicklung ist einigen Autoren zufolge (vgl. Crouch/Streeck 1997; Gray 1998), dass „schlechte" Wirtschaftssysteme (die mit der geringsten sozialen Regulierung) die „guten" hinter sich lassen (die stärker regulierten Systeme sind nicht länger wettbewerbsfähig).

Zu dieser Position gibt es drei Gegenargumente: Erstens, dass in die Standortentscheidungen der Multinationalen Unternehmen ein ganzes Bündel an Faktoren eingehen: Marktzugänge, Infrastrukturmerkmale, politische Stabilität, Zugang zu qualifizierten Arbeitskräften; Arbeitskosten und die Höhe der Unternehmensbesteuerung stellen - zumindest in gewissen Branchen - nicht notwendigerweise die ausschlaggebenden Faktoren dar.

Zweitens, dass in jeder Gesellschaft die Entwicklung eines bestimmten Institutionensettings durch die Entwicklung anderer Institutionensettings beeinflusst wird: Arbeitsmärkte, Ausbildungssysteme, Wohlfahrtsregime und familienpolitische Strukturen sind interdependente Institutionen. Boyer und Hollingsworth (1997) sprechen von „sozialen Produktionssystemen", um auf die Vielfalt interdependenter Regulationsmechanismen aufmerksam zu machen. Dazu zählen sie: das System industrieller Beziehungen, das Ausbildungssystem, Corporate-governance-Strukturen, die gewachsene Struktur zwischenbetrieblicher Beziehungen, die Finanzmärkte, Konzepte des fairen und gerechten Interessenausgleichs zwischen Kapital und Arbeit, nationalstaatliche Regierungsstrukturen sowie gesellschaftsspezifische Gewohnheiten, Traditionen, Normen, moralische Prinzipien, Regeln, Gesetzmäßigkeiten und Handlungspraktiken. Diese vielfältigen Bereiche, so ihre Ansicht, seien eng miteinander verwoben und würden folglich eine komplexe soziale Konfiguration darstellen (S. 2f.). Ähnlich argumentiert Dore (2000) mit einem „*institutional interlock*" als Charakteristikum nationaler Ökonomien und des Verhältnisses vonWirtschaft und Gesellschaft. Auch wenn angesichts der funktionalistischen Grundannahmen solcher Argumente Skepsis angebracht ist - beispielsweise können sich die Folgen des Zusammenwirkens unterschiedlicher Institutionen auch widersprechen und müssen nicht automatisch komplementär sein -, ist zu bedenken, dass die pfadabhängige Entwicklung nationaler Institutionensettings sehr wohl radikalem Wandel im Wege stehen kann.

Drittens ist festzuhalten, dass Erklärungen, die von automatischen Abwärtsspiralen ausgehen, auf ziemlich schlichtem ökonomischen Determinismus beruhen (ironischerweise wird dieser zu Unrecht dem Marxismus zugeschrieben). Dem ist entgegenzuhalten, dass die politische Sphäre aus mindestens zwei Gründen als teilweise unabhängig von der ökonomischen Sphäre zu behandeln ist (vgl. Boyer 1996; Boyer/Drache 1996; Streeck 1996). Einerseits impliziert die These der institutionellen Komplementarität eine hohe Wahrscheinlichkeit der „Passgenauigkeit" zwischen Eigentums- und Produktionsregime auf der einen Seite und zwischen unterschiedlichen politischen Prozessen auf der anderen Seite. In diesem Sinne bestreiten Hall/Soskice (2001) die „monolithische politische Dynamik, die herkömmlich mit Globalisierung verbunden wird" (S. 57f.): Intensivierter internationaler Wettbewerb bringt den Autoren zufolge mit hoher Wahrscheinlichkeit einen bestimmten Typus politischer Antworten in *liberalen Marktwirtschaften* und einen anderen Typus an Antworten in *koordinierten Marktwirtschaften* hervor. Andererseits und unmittelbar daran gekoppelt, ruft jeglicher Versuch, die Schutzmechanismen des Wohlfahrtskapitalismus zu schleifen, unweigerlich Widerstand hervor. „In allen Industrieländern generieren Prozesse der ökonomischen Integration und Globalisierung Gegenreaktionen und Widerstand auf nationaler Ebene... Neue politische Allianzen bilden sich, ausgehend von diesem Themenkomplex... Eine neue Form der Politik ist im Entstehen“ (Berger 1996: 23-25). Legislaturperioden sind kürzer als Wirtschafts- und Konjunkturzyklen (vgl. Dyson/Padgett 2005), und das widersprüchliche Zusammenwirken von ökonomischer Analyse und politischem Überleben führt im internationalen Vergleich zu signifikant unterschiedlichen politischen Verarbeitungsmustern.

Die ökonomische Integration der EU selber kann teilweise als Ausdruck der Globalisierung, teilweise als Verteidigung gegen diese gesehen werden; welcher Aspekt letztlich der vorherrschende ist, ist und bleibt eine politische Entscheidung. Obwohl sich einzelne europäische Nationalstaaten zunehmend international öffnen, findet rund 90% ihres Außenhandels innerhalb der EU statt. Europäische Volkswirtschaften haben sich eher europäisiert denn globalisiert. Es gibt keinen zwingenden Grund, warum die restlichen 10% den Lauf der Politik diktieren sollten (vgl. Hoffmann 2002). Wallace (2000) zufolge ist die Europäisierung ausreichend „eingebettet, um als Filter gegen die Globalisierung zu wirken“ (S. 381). Wenn der relativ stark integrierte europäische Binnenmarkt tatsächlich ausreichende Unabhängigkeit genießen sollte, um sich zumindest potenziell den globalen Herausforderungen für das „Europäische Sozialmodell“ entziehen zu können, bedeutet das im Umkehrschluss durchaus Folgenreiches: Die Tatsache, dass die „vier ökonomischen Grundfreiheiten“ in der EU (freier Warenverkehr, freier Personenverkehr, freier Dienstleistungsverkehr, freier Kapitalverkehr) nichtsdestotrotz eine Bedrohung für viele traditionelle Sicherungssysteme darstellen, die den Status und die sozialen Standards der Beschäftigten auf nationaler Ebene betreffen, sowie die Tatsache, dass supranationale Regulierung weiterhin schwach entwickelt und „negative Integration“ die Norm ist (vgl. Scharpf 1999), muss dann als Resultat politischer Entscheidungen und nicht als Resultat ökonomischer Sachzwänge behandelt werden.

Der Geist des Euro-Liberalismus: Ist der „Washingtoner Konsens“ am Leben und in Brüssel wohlauf?

Auf internationaler Ebene wird der Glaube an die selbst-regulierenden Kräfte „freier Märkte“ zunehmend erschüttert. Was Stiglitz (1998) einen „Post-Washingtoner Konsens“ genannt hat, wird selbst in Institutionen wie der Weltbank sichtbar. Näher „bei uns“ betrachtet, scheint selbst die OECD - lange Zeit die archetypische Vertreterin der Zerstörung jeglichen Arbeitnehmerschutzes - eine andere Tonart anzuschlagen, nachdem die eigene Forschungsabteilung bis heute den Beweis schuldig geblieben ist, dass Schutzrechte für die Arbeitnehmer und überbetriebliche Tarifverträge automatisch schwaches Wirtschaftswachstum und hohe Arbeitslosigkeit nach sich ziehen. Wie vor einigen Jahren von der OECD (2004) selbst eingeräumt, „erweisen sich sehr unterschiedliche institutionelle Settings imstande, ganz ähnliche makroökonomische Ergebnisse hervorzubringen“ (S. 130).

Ironischerweise jedoch ist das, was Soros (1998) „market fundamentalism“ und Dore (2003) das „market mindset“ genannt hat, Teil eines wachsenden Konsenses im Regierungsalltag der EU geworden. Wenngleich das rhetorische Bekenntnis zum Europäischen Sozialmodell nicht abklingt, kann das zunehmende Bemühen beobachtet werden, eben dieses in Umkehrung seiner ursprünglichen Prämissen neu zu definieren: Es dominiert das Mantra der Wettbewerbsfähigkeit, das nur minimale Legitimationsräume für Beschäftigungsschutz und öffentliche Wohlfahrtsleistungen zulässt. Dieser Politikwechsel tritt für gewöhnlich verdeckt auf als etwas, das ich - in Anlehnung an eine häufig angewandte Praxis auf britischen Gewerkschaftstagen - an anderer Stelle „Kompromissbeschluss" („composite resolution") genannt habe. Auf dem jährlichen Gewerkschaftstag des britischen Gewerkschaftsbundes reichen die verschiedenen Einzelgewerkschaften für gewöhnlich kontrovers diskutierte Anträge zu umstrittenen Themen ein, sehen sich letztlich jedoch gezwungen, im Zuge Hinterzimmerverhandlungen einem Wortlaut zuzustimmen, der entgegengesetzte Sichtweisen irgendwie wieder miteinander versöhnt. Auf diese Weise werden potenziell kompromittierende Streitpunkte nicht in der Öffentlichkeit debattiert, entziehen sich also grundsätzliche Politikentscheidungen dem politischen Alltag.

Der Entscheidungsfindungsprozess in der EU - häufig auch pejorativ als „Kommitologie" bezeichnet - besitzt einen ähnlichen Charakter. Es herrscht eine starke Tendenz der „symbolischen Politik" (Streeck 1998) vor. Gesetzesinitiativen werden solange formuliert, analysiert, revidiert, debattiert, noch einmal erweitert und re-formuliert innerhalb eines ausgefeilten Netzwerks interagierender Ausschüsse, bis ein Resultat herauskommt (bzw. nicht herauskommt). Dieser Prozess ist sehr stark technokratischer Natur: Das eigentliche Argument gerät durch die Liebe zum Detail häufig aus dem Blick. Das Ergebnis der Brüsseler „Kommitologie" ähnelt also dem „Kompromissbeschluss". Als Paradebeispiel hierfür kann die Europäische Beschäftigungsstrategie (EBS) genannt werden, die einen politischen Kompromiss und damit den Versuch darstellt, die Einheit der Gegensätze herzustellen. Allein der Titel des Weißbuches von Jacques Delors „*Wachstum, Wettbewerbsfähigkeit und Beschäftigung*" deutete auf die politische Notwendigkeit hin, das Bedürfnis einiger Mitgliedsstaaten, ein gemeinsames europäisches Programm des Beschäftigungswachstums durch eine nachfrage- und investitionsorientierte, makroökonomische Ausrichtung mit der strikten Position der britischen Regierung, dass die Verringerung der Arbeitslosigkeit nur durch verbesserte Wettbewerbsfähigkeit und Steuerdisziplin zu erreichen sei, in Einklang zu bringen. Innerhalb letzterer, neoliberaler Sichtweise bestand das einzige Erfolgsrezept darin, die europäische Industrie schlanker und somit fit für den Weltmarkt zu machen - eine Strategie, die zumindest in der kurzen Frist eher Arbeitsplatzabbau als die Schaffung von Arbeitsplätzen bedeutete. Durch Essen, Amsterdam, Luxemburg und allen folgenden Ausarbeitungen der EBS blieb aber die unterschwellige Botschaft, dass Keynesianismus und Monetarismus, soziale Regulierung und Deregulierung auf technokratische Art und Weise, die politische Überzeugungen überwindet, irgendwie miteinander in Einklang zu bringen seien.

Auf dem Lissaboner EU-Gipfel im März 2000 wurde feierlich verkündet, dass sich „die EU für das kommende Jahrzehnt ein neues strategisches Ziel gesetzt hat: die wettbewerbsfähigste und dynamischste wissensbasierte Ökonomie der Welt zu werden, die zu nachhaltigem Wirtschaftswachstum mit mehr und besseren Arbeitsplätzen und einer größeren sozialen Integrationsfähigkeit imstande ist." Es stellt sich nun die Frage, ob all diese angestrebten Ziele in gleichem Maße erreicht werden können und, wenn nicht, welche der Ziele Priorität genießen? Im Laufe des Politikprozesses seit dem Lissaboner Gipfel wurde das Ziel „bessere Arbeitsplätze" durch das Leitmotiv der Qualität abgelöst, die wiederum in erster Linie am Produktivitätswachstum gemessen wird. Wettbewerbsfähigkeit ist unmittelbar mit der Komponente „Anpassungsfähigkeit" der EBS verbunden, deren Synonym die Flexibilität ist: Auf den ersten Blick erscheint dies als unmittelbare Bedrohung der sozialen Sicherheit, die über die Jahrzehnte mühsam erkämpft wurde. Aber zum Glück lässt sich durch begriffliche „Magie“ Flexibilität mit Sicherheit versöhnen: die „Kommitologie“ hat einen neuen Begriff hervorgebracht, den der „Flexicurity“ - ein „Kompromissbeschluss“ im oben verstandenen Sinne in nur einem Wort! Nichtsdestotrotz eröffnen derartige Quadraturen des Kreises die Möglichkeit, das „Europäische Sozialmodell“ in aller Heimlichkeit aufzugeben, da die Machtverteilung in den realpolitischen Entscheidungsprozessen sicherstellen dürfte, dass sich ganz andere Prioritäten durchsetzen werden.

Innerhalb des alltäglichen Politikgeschehens ist es eine Sisyphosarbeit, ein fundiertes soziales Europa gegen die scheinbar übermächtige neoliberale Globalisierung zu verteidigen. Die Realität wird durch das offensichtliche strukturelle Kräfteungleichgewicht zwischen Kapital und Arbeit geprägt. Arbeitgeber und die Industrie arbeiten intensiv und verwurzelt in den EU-Strukturen an der Beförderung von freiem Waren-, Dienstleistungs-, Personen- und Kapitalverkehr und daran, dass diese Freiheiten eine Verringerung von nationalstaatlich eingebetteter gesellschaftlicher Regulation voraussetzt. Währenddessen streben die Verteidiger des „Sozialen Europa“ freilich ein Umsteuern in der Politik ökonomischer Integration an. In solch einer Situation erweist sich das Vetorecht typischerweise als gleichermaßen wirkungsvoll wie kompakt. An dieser Stelle sei an die Argumentation von Offe/Wiesenthal (1985) zur „strukturellen Asymmetrie“ zwischen Kapital und Arbeit hinsichtlich ihrer Beziehung zum Staat erinnert. Da Regierungen abhängig von den Investitionsentscheidungen vieler einzelner Unternehmen sind, vermag das Kapital politischen Druck ohne kollektive Mobilisierung zu erzeugen. Die gewöhnliche ökonomische Rationalität von betrieblichen Entscheidungsträgern mag sogar einen politischen Effekt haben, der nicht beabsichtigt ist. Vor diesem Hintergrund erweist sich die relative organisatorische Schwäche des Europäischen Arbeitgeberverbandes UNICE im Vergleich zum EGB für das Kapital de facto als Stärke: Selbst wenn sich dessen Mitglieder auf Kompromisse in Fragen einlassen müssten, die für einige Unternehmer sakrosankten Charakter besitzen, gezwungen werden, verfügte der UNICE nicht über die Macht, seine Mitglieder auf ein einheitliches Vorgehen zu verpflichten.

Des weiteren ist auch die bekanntermaßen ungleiche Konstellation innerhalb der EU-Institutionen zu nennen: Das EU-Parlament, die „beliebteste“ (weil direkt gewählte) Institution im politischen Prozess, ist im Grunde der zuverlässigste Verteidiger der sozialen Dimension im Rahmen der europäischen Integration. Allerdings ist es auch die Institution mit der geringsten Durchsetzungskraft, die mit nationaler Gesetzgebung keineswegs mithalten kann. Die EU-Kommission, deren eigener Status ganz entscheidend vom Ausmaß der Regulationskompetenz der EU abhängt, ist - wenn überhaupt - ein ambivalenter Verteidiger des Europäischen Sozialmodells. Wenngleich das Generaldirektorat für Beschäftigung, soziale Angelegenheiten und Chancengleichheit gesellschaftliche Regulation auf seine Fahnen geschrieben hat, ist dessen tatsächlicher Einfluss im Vergleich zu vielen anderen Generaldirektoraten, die in erster Linie marktnah operieren, sehr gering. Angemerkt sei auch, dass an die Spitze des Generaldirektorats „Beschäftigung“ über mehrere Jahrzehnte Generalsekretäre aus „peripheren“ EU-Staaten berufen wurden, nachdem die einflußreicheren Zuständigkeiten unter den politischen Schwergewichten aufgeteilt worden waren. Und innerhalb des Rates, der entscheidenden politischen Instanz, ist die Macht eines Vetos weiterhin stark verwurzelt – trotz der begrenzten Fortschritte hinsichtlich qualifizierter Mehrheiten in sozialen Angelegenheiten.

Im vergangenen Jahrzehnt haben die Angriffe auf das soziale Europa zugenommen. Drei zentrale Entwicklungen sind dafür verantwortlich. In den meisten Ländern Westeuropas waren die Arbeitgeber in der Vergangenheit mehr oder weniger freiwillig in nationale Sozialpakte eingebunden; aber seit das Kapital zunehmend nationale Grenzen in einem Ausmaß hinter sich lässt, das in der Vergangenheit nur auf einige wenige europäische Länder zutraf (besonders Großbritannien) hat die Motivation der Arbeitgeber, nationale Regulierungsräume zu verlassen, deutlich zugenommen. Und dies umso mehr in einer Zeit, in der europäische Unternehmen, in ihrem Bestreben an der New Yorker Börse notiert zu sein, US-amerikanische Bilanzierungsmethoden übernehmen, deren eindeutige Priorität dem „Shareholder Value" gilt. Zusätzlich hat sich innerhalb des EU-Ministerrates die Machtverteilung seit Ende der neunziger Jahre durch die in mehreren Ländern gewählten konservativen Regierungen drastisch verschoben. Hinzu kommt das Taumeln sogar der vermeintlich linken Regierungen in Richtung Marktfundamentalismus sowie die EU-Osterweiterung um Länder, in denen die Gleichsetzung von Marktliberalismus und politischer Demokratie eine Glaubensfrage bleibt.

Gleichzeitig hat die EU-Kommission einen nie da gewesenen Marktfanatismus an den Tag gelegt. Unter der Präsidentschaft Prodis hat die Kommission die Übernahme-Richtlinie durchgesetzt, die feindliche Übernahmen begünstigt und dadurch *Stakeholder*-Kapitalismen entscheidend schwächt. Nachdem die Richtlinie im Jahr 2001 ein erstes Mal durch das europäische Parlament abgelehnt wurde, wurde sie ein Jahr später noch einmal eingebracht und wieder abgelehnt. Der schließlich 2004 beschlossene Kompromiss wurde von der britischen Regierung als Beschluss bezeichnet, „der viele der zentralen Werte des britischen Systems auf EU-Ebene überträgt" (DTI, 2005: 7). Ein Jahr nach Prodis Diffamierung des Stabilitäts- und Wachstumspaktes von 1997 als „Pakt der Dummheit" drohte die Kommission dem Ministerrat rechtliche Sanktionen dafür an, dass dieser es ablehnte; die Durchsetzung der Stabilitätskriterien im Falle Frankreichs und Deutschlands verbindlich durchzusetzen. Unter Prodis Präsidentschaft verfolgte die Kommission eine Politik, die darin bestand, „nationale Wettbewerbswiderstände innerhalb der EU abzuschaffen und gleichzeitig neue Märkte zu schaffen, die es so in der Vergangenheit teilweise gar nicht gab" (Wickham 2002: 15). Prägnantester Beleg der Marktideologie sind wahrscheinlich die beharrlichen Bemühungen des Handelskommissars Bolkestein, eine Richtlinie zur Liberalisierung der Dienstleistungen auf den Weg zu bringen. Seit 2004 und der Präsidentschaft Barrosos - einem vehementen Neoliberalen - hat der Versuch, die „zentralen Werte des britischen Systems" zu verallgemeinern, einen erneuten Aufschwung erfahren, dessen wohl deutlichster Ausdruck der erhöhte Druck ist, die Bolkestein-Richtlinie zu implementieren.

Wenn wir uns nun von der Logik der „Kommitologie" ab- und der harten sozialen Wirklichkeit zuwenden, fällt vor allem der radikale Wandel in den Machtverhältnissen zwischen Kapital und Arbeit auf. Ronald Dore (2003: 32), der weder zu Dramatisierungen neigt noch im Verdacht einer übersteigerten linken Rhetorik steht, hat den auf nationaler Ebene stattfindenden Angriff auf bestehenden Beschäftigungsschutz als nicht nur das Ergebnis von Flexibilitäts- und Effizienzdenken bezeichnet, sondern auch als Resultat des politischen Ziels, die Macht von Gewerkschaften und deren Fähigkeit, Einfluss auf Wahlen auszuüben, systematisch zu brechen. Seiner Lesart zufolge ging es Politikern, die mit Gesetzgebung reagiert haben, die von Seiten der Managerklasse gefordert wurde, nicht nur darum, die nationalen Wettbewerbsbedingungen zu verbessern. Sie betrieben in seinen Augen auch „Klassenkampf". Klassenkampf ist eine zutreffende Beschreibung des Washingtoner Konsenses und passt genauso als Charakterisierung seiner vehementesten Verfechter in Brüssel. Trotzdem sei die Frage erlaubt: Gibt es einen alternativen Weg der europäischen Integration?

Einbettung europäischer Liberalisierung?

Das Konzept des freien Marktes ist streng genommen ein begrifflicher Widerspruch. Seit Durkheim wissen wir, dass Verträge auf nicht-vertraglichen, sozialen Normen gründen. Wie von Polanyi hervorgehoben wurde, war zur Schaffung der Marktwirtschaft beträchtliches staatliches Eingreifen notwendig; er stellte heraus, dass jegliche ökonomische Aktivität innerhalb und durch die Gesellschaft reguliert wird. Seine von Granovetter (1985) aufgegriffene und ausgeführte These sozial eingebetteter Märkte wurde von Ruggie (1982) explizit auf die Konstellation der internationalen politischen Ökonomie nach 1945 bezogen.

Ruggies These besagt, dass das ökonomische System auf nationaler und internationaler Ebene zwei unterschiedlichen Logiken gehorchen kann. Polanyi hatte eine zweifache Reaktion auf die Marktexzesse der Zwischenkriegsperiode vorhergesagt: die Wiedereinführung staatlicher Regulation auf nationaler Ebene in Kombination mit dem Rückzug aus „kapitalistischer Internationalisierung". Tatsächlich trat jedoch etwas anderes ein: Eine neue Ausprägung der internationalen Ökonomie, die auf begrenzter Liberalisierung des Außenhandels, keynesianischer Globalsteuerung und der partiellen Dekommodifizierung der Arbeitskraft auf nationaler Ebene beruhte. „Prinzipien des Multilateralismus und die Reduzierung der Zölle wurden festgelegt aber genauso Schutzmechanismen, Freistellungen, Ausnahmen und Restriktionen mit dem Ziel, ausgeglichene Außenhandelsbilanzen und sozialpolitische Regulierung auf nationaler Ebene zu ermöglichen" (Ruggie 1982: 396).

Ruggie bezeichnete diese Politik als „eingebetteten Liberalismus", wenngleich diese Bezeichnung leicht irreführend ist. Liberalismus ist in der Tat eine viel ambivalentere Kategorie als dies die einfache Dichotomie der „liberalen" versus „koordinierten" Marktökonomie suggeriert. In Anlehnung an Streeck (2001: 6-7) lässt sich festhalten, dass sämtliche Märkte institutionell eingebettet sind, einige Märkte jedoch in besonderer Weise eingebettet sind. Ruggie (1982: 381) zufolge nimmt innerhalb einer liberalen Ordnung die Marktrationalität einen zentralen Platz ein. Ausgehend hiervon ist die Nachkriegsordnung auf internationaler Ebene nur teilweise liberal, während sie auf nationaler Ebene typischerweise überhaupt nicht liberal ist. Vor einigen Jahren stellte Ruggie heraus (2003: 93f.), dass eingebetteter Liberalismus auf einem sozialen Kompromiss beruhe, einem „grand social bargain", der „die Effizienz von Märkten mit den Werten der sozialen Gemeinschaft" verbindet.

Wie können wir diese Analyse im Rahmen der bestehenden breit angelegten Liberalisierungsdynamik im internationalen Handel und Finanzkapital auf den Prozess der sich in Europa vollziehenden ökonomischen Integration anwenden? Am offensichtlichsten ist, dass neoliberale Globalisierung und ihr Pendant auf EU-Ebene einer besonderen Anstrengung der *Ent*bettung des bestehenden Liberalismus bedarf. Das Projekt negativer Integration kann als entscheidender Anstoß gesehen werden, nationale Regulationsmechanismen, die als Hürden für internationale Transaktionen gelten, entscheidend zu schwächen bzw. ganz abzuschaffen. Die Re-Kommodifizierung der Lebenschancen, die unweigerlich mit dem Anwachsen von Unsicherheit und Ungleichheit korrespondiert, stellt einen zentralen Aspekt der entbetteten Liberalisierung dar.

Entbettung beinhaltet eine grundlegende Restrukturierung der Rechte und Pflichten der ökonomischen Akteure - so die gemäßigtere Formulierung im Vergleich zu Dores These des Klassenkampfes. Ruggie (2003: 106, 116) formuliert es wie folgt: „Die Rechte der Multinationalen Unternehmen haben in Folge multilateraler Handelsabkommen, bilateraler Investitionsabkommen und nationalstaatlicher Liberalisierung im Verlauf der letzten beiden Jahrzehnte in vielfacher Weise zugenommen... Globalisierung war für die Wirtschaftswelt eine Einbahnstraßen-Angelegenheit: Regierungen wurden lediglich dazu gebraucht, um den Raum zu schaffen, in dem die Unternehmen (zusammen)wachsen konnten; darüber hinaus waren sie jedoch keineswegs erwünscht." Die Folge der größeren Freiheit des multinationalen Kapitals, das erweiterte Rechte bei verringerten Pflichten genießt, ist die entsprechende Verschlechterung der Arbeits- und Lebensbedingungen national gebundener Arbeitnehmer und Bürger.

Die vorhersehbare Konsequenz dieser Entwicklung ist die in der EU seit einiger Zeit schon andauernde Legitimationskrise des gesamten Prozesses der internationalen ökonomischen Integration. Deutlichster Ausdruck der Krise ist die Ablehnung des EU-Verfassungsentwurfes durch die französische und niederländische Volksabstimmung im Mai und Juni 2005. Der Widerstand nicht nur gegen die gegenwärtige Europäisierung, sondern auch gegen die nahezu vollständige politische Elite auf nationaler Ebene war bislang äußerst vielschichtig und widersprüchlich. Unzweifelhaft umfasste er auch reaktionäre, nationalistische wie auch fremdenfeindliche Strömungen. Dennoch rührte der meiste Widerstand von der grundlegenden Ablehnung her, die weitere Entbettung des Marktwettbewerbs von sozialer Regulierung zu akzeptieren. Es ist richtig, dass der Verfassungsentwurf durch die Aufnahme der „EU-Grundrechte-Charta" des Jahres 2000 einerseits ein leichtes Plus an sozialpolitischer Kompetenz für die EU beinhaltet; aber sehr viel deutlicher noch bestätigt und stärkt der Verfassungsentwurf „den Wettbewerb als das alles überragende Steuerungsprinzip, das fast jeder ökonomischen und sozialen Aktivität übergestülpt wird und privatwirtschaftlichen Gewinnen die Priorität gegenüber individueller und öffentlicher Wohlfahrt einräumt." Letzteres dient dazu, „diesen umstrittenen Modus fehlgeschlagener und schädigender Maßnahmen zu einem verfassungsmäßigen Status zu verhelfen" (Euro-Memorandum 2005: 1-2).

Ruggie (2003: 95-7) stellt fest, dass die „globalisierungskritische Reaktion" zu einem Großteil darin begründet liegt, „dass der Aspekt der sozialen Einbettung gegenüber dem Diktat der Globalisierung an Stellenwert verliert". Er konstatiert „ein wachsendes Ungleichgewicht innerhalb globaler Entscheidungs- und Gesetzgebungsprozesse. Diejenigen Regeln, die Marktexpansion im globalen Rahmen begünstigen, sind in den letzten ein bis zwei Jahrzehnten gefestigter und verbindlicher geworden..., aber Regeln, die auf gleichwertige soziale Standards abzielen, seien es Beschäftigungsstandards, Menschenrechte, Umweltrechte oder Regeln der Armutsbekämpfung, hinken hinterher und sind zum Teil auch zurückgenommen worden". Dieses Ungleichgewicht, so Ruggies Schlussfolgerung, würde „zivilgesellschaftliche Akteure" verstärkt dazu bringen, sich für die Re-Regulierung von Bereichen einzusetzen, die nationalstaatliche Regierungen zunehmend aufgegeben haben. Zumindest ein Teil des Widerstands gegen den europäischen Verfassungsvertrag lässt sich in ähnlicher Weise deuten.

Die „Zivilgesellschaft" ist und bleibt jedoch eine schwammige Kategorie. Sie wurde oft dergestalt aufgefasst, dass sie freie Marktwirtschaft und die unbeschränkten Rechte des Privatkapitals voraussetzt, und folglich galt sie als Konzept gegen die soziale und politische

Regulation des Ökonomischen (vgl. Hyman 2001: 57-9). Wenn andererseits jedoch Zivilgesellschaft als die gesamte Nicht-Regierungs-Sphäre verstanden wird, sind Multinationale Unternehmen, die danach streben, ihren Handlungsspielraum zu erweitern, genauso „zivilgesellschaftliche Akteure“ wie diejenigen, die sich für eine Einschränkung eben dieser Spielräume einsetzen. Die Zivilgesellschaft ist also ein weithin umkämpftes, konfliktreiches Feld.

Aus dieser geteilten Sicht resultieren zweierlei Implikationen. Als erstes ist die Kontroverse zwischen zwei Ideenkonzepten zu nennen. Im Rahmen des Marktkonzeptes gelten wirtschaftliche Transaktionen als ideologisch neutral. Allerdings ist diese Prämisse an sich schon extrem ideologisch. Soziale Beziehungen als Waren aufzufassen - in vielen Fällen handelt es sich, wie Polanyi treffend feststellte, um „fiktionale Waren“ - ist ein politischer Prozess der Entmenschlichung. Mit großer Klarheit weist Krippner (2004: 112) auf den sozialen Charakter von Märkten hin: „In jegliche Marktbeziehung ist eine lange Geschichte der Auseinandersetzung und des Widerstandes verwoben, aus der Akteure mit einem bestimmten Selbstverständnis und Verständnis der Welt hervorgegangen sind, welche diese in ein Austauschverhältnis bestehend aus spezifischen sozialen Regeln setzt. In diesem Sinne sind Staat, Kultur und Politik in jeglichem Marktaustausch enthalten“. Ich sehe eine deutliche Nähe zwischen dieser Argumentation und E.P. Thompsons (1971) Beschreibung des Widerstands der englischen Arbeiterklasse im 18. Jahrhundert gegen die wachsende Vereinnahmung des sozialen Lebens durch den Markt. Thompson argumentierte, dass die häufigen gewaltsamen Aufstände Ausdruck einer „moralischen Ökonomie der Armen“ seien, die eine „kohärente traditionale Auffassung sozialer Normen und Pflichten“ verkörpere und für einen „breiten Konsens“ stehe, der „so stark war, dass er Motive der Angst oder des Respekts einfach überdeckte“ (S. 78f.). Beispielsweise verursachte der scharfe Anstieg der Brotpreise in Zeiten allgemeiner Knappheit dadurch Massenaufstände, dass „Müller und Bäcker als Diener der Gemeinde gesehen wurden, die nicht gewinnorientiert, sondern für eine angemessene Zuwendung (fair allowance) arbeiteten“ (ebenda: 83). Gesellschaft wurde als auf einem stabilen Netzwerk etablierter Rechte und Pflichten beruhendes Prinzip betrachtet, und folglich sollte auch Kauf und Verkauf eher auf diesen etablierten Rechten als auf den Zufälligkeiten von Angebot und Nachfrage gründen.

Wenngleich Thompson seine historische Argumentation nicht über ihren spezifischen geschichtlichen Kontext hinausgehend anwendete, enthält sie offensichtliche Implikationen, die auf ihren allgemeineren Charakter hindeuten. Entgegen kapitalistischer Logik klassischen Zuschnitts, die besagt, dass Reichtum dann entsteht, wenn die uneingeschränkte Freiheit gegeben ist, sämtliche Waren (inklusive der Arbeitskraft) zu günstigsten Konditionen zu kaufen und teuersten Konditionen zu verkaufen, neigt die öffentliche Meinung weltweit und seit jeher dazu, Prinzipien der Fairness reinem Profitstreben entgegenzuhalten und die Notwendigkeit der sozialen Regulation von Märkten zu betonen.

Dieser öffentliche Konsens (der mögliche Verbindungen zur zeitgenössischen Debatte über die Zivilgesellschaft aufweist) bestand darauf, dass sich die ökonomischen Akteure der Verantwortung für die Konsequenzen ihres Verhaltens bewusst werden; das Verfolgen von Marktvorteilen dient weder als Entschuldigung noch als Alibi. Die Tatsache, dass es Normen innerhalb der moralischen Ökonomie gibt, deren Einhaltung im Zweifelsfall unter Androhung von Strafe durchgesetzt wird, war nicht nur grundlegend für die sozialistischen Bewegungen Ende des 19. und im 20. Jahrhundert, sondern auch für die christlich-demokratischen Gruppierungen, die in einigen Ländern einen wichtigen Einfluss auf die

Arbeiterbewegungen ausgeübt haben. Swenson (1989) hat, indem er die Kategorie der moralischen Ökonomie in seiner komparativen Studie zu Gewerkschaftspolitiken in Deutschland und Schweden angewandt hat, gezeigt, dass die Einhaltung sozialer Normen ein zentraler Aspekt der heutigen industriellen Beziehungen ist. Deutet etwa die gegenwärtige Verneigung der EU vor dem Altar der Wettbewerbsfähigkeit darauf hin, dass diese Moralität überholt ist? Die Antwort lautet: Im Gegenteil. Der wachsende Widerstand gegen das reine Marktdenken könnte dazu dienen, ein Gegenkonzept auf den Weg zu bringen, das die Vision eines alternativen Europas zum freien Markt der Multinationalen Unternehmen und der Eurokraten enthält.

Die zweite der oben genannten Implikationen ist damit verbunden. Ruggies ursprüngliches Konzept des eingebetteten Liberalismus und sein jüngeres Plädoyer zugunsten der Zivilisierung der neoliberalen Globalisierung geht von der Möglichkeit der mehr oder weniger im Konsens hergestellten Akzeptanz eines „*grand social bargain*“ aus. Sein eindringliches Werben für die soziale Verantwortung von Unternehmen (das, so lässt sich hinzufügen, von der Europäischen Kommission in besonderer Weise gefördert wird) steht im Einklang mit dieser optimistischen Bewertung der Lücke zwischen den scheinbar unaufhebbaren, sich gegenüberstehenden Sichtweisen der Beziehung zwischen Ökonomie und Gesellschaft. Noch einmal: Dores These des Klassenkampfes zeugt von größerem Realismus: Um gegen den Klassenkampf von oben, der die neoliberale Globalisierung kennzeichnet, bestehen zu können, bedarf ein effektiver Widerstand des Klassenkampfes von unten, welcher wiederum auf einer nüchternen Einschätzung sowohl seiner Verbündeten als auch seiner Gegner basieren muss.

Eine Sisyphos-Arbeit

Für Rosa Luxemburg war die Arbeit von Gewerkschaften „eine Art Sisiphos-Arbeit, die nichtsdestotrotz unerläßlich“ ist. Widerstand gegen den neoliberalen Brüsseler Konsens könnte man ähnlich beschreiben. Eine alternative Form europäischer Integration zu realisieren, das Konzept des sozialen Europas zu verteidigen, indem man es neu erfindet, bedeutet, gegen eine Vielzahl an Widerständen anzukämpfen.

Im Mittelpunkt eines solchen Kampfes muss die Anstrengung stehen, das Machtgleichgewicht zwischen den sozialen Kräften wieder herzustellen. Dieses beinhaltet unter anderem den Versuch, die Vorrechte des Kapitals zu beschränken. Dabei geht es vor allem um die Mobilität des Kapitals als einer der - de facto der entscheidenden - vier europäischen Grundfreiheiten, die seit jeher das Potenzial zur Entbettung des Sozialen besitzt. Die Forderung, die Mobilität des Kapitals einzuschränken, ist schon lange nicht mehr „radikal“. Beispielsweise stellt Dore (2003: 70) fest, dass die Globalisierung der Finanzmärkte in keiner Weise unumkehrbar ist, und dass nicht eindeutig zu sagen ist, ob finanzieller Protektionismus dem Welthandelssystem von Waren und Dienstleistungen tatsächlich schaden würde. Ähnlich argumentiert Stiglitz (2002: 236-7, 265-6) wenn er darauf abhebt, dass „kurzfristige Kapitalströme (hot money) mit erheblichen externen Effekten verbunden sind, deren Kosten von denjenigen getragen werden müssen, die nicht unmittelbar an der Transaktion beteiligt sind (...). Immer wenn solche starken externen Effekte auftreten, sind Interventionen - darunter auch Eingriffe über das Banken- und Steuersystem - wünschenswert.“ Stiglitz befürwortet das Konzept der „Tobin-Steuer“, um kurzfristige, spekulative Finanzinvestitionen einzuschränken. Allerdings scheint auch klar zu sein, dass solch eine Steuer auf globaler Ebene politisch nicht zur Debatte steht. Ausgehend vom bestehenden Regulationssystem auf EU-Ebene, ist eine europäische Spielart der Tobin-Steuer weit weniger politisches Hirngespinst. Sie könnte am Anfang einer Gegenoffensive gegen den Marktfanatismus stehen.

Das Gegenteil der Einschränkung des Kapitals ist die Stärkung der Arbeitnehmer. Die Ergründung dieses Themas erfordert ein ganzes Kapitel (ein ganzes Buch, ja wahrscheinlich eine ganze Bibliothek). Hierzu möchte ich, bevor ich zum Ende komme, lediglich anmerken, dass die Einschränkung des Kapitals „von außen" geschehen muss, während die Stärkung der Arbeitnehmer zu großen Teilen eine Aufgabe der Gewerkschaften selbst sein muss. Drei zentrale Handicaps der Gewerkschaften in der Konfrontation mit dem multinationalen Kapital sind in gewisser Weise hausgemacht. Erstens haben sich nationalspezifisch wahrgenommene Interessen trotz all der Rhetorik um internationale Solidarität als hochgradig hinderlich weil entzweiend erwiesen (Hyman 2005b: 142). Zweitens ist internationale Gewerkschaftspolitik (die seit geraumer Zeit vor allem europäische Gewerkschaftspolitik ist) seit jeher Sache einiger internationaler Experten innerhalb der Arbeiterbewegung und findet losgelöst vom gewerkschaftlichen Kerngeschäft statt. Drittens hat die europäische Gewerkschaftsbewegung (vor allem in Gestalt des EGB) mittlerweile die Rolle eines „Sozialpartners" übernommen, der voll und ganz in die politischen Elite-Aktivitäten der Brüsseler „Kommitologie" involviert ist. Besonders eindrücklich belegt dies die offizielle Unterstützung des Europäischen Verfassungsentwurfes durch den EGB.

Der Aufbau einer wirksamen Gegenmacht gegen das stetig wachsende europäische Kapital erfordert neue, mitunter stärker umkämpfte Konzepte der Strukturierung des transnationalen Möglichkeitsraumes. Der gegenwärtig vorherrschende Typus europäischer Integration, der bestehende Sozialmodelle in ihrem Fortbestand bedroht, verursacht Unmut, Entfremdung und Widerstand - Reaktionsweisen deren Konsequenzen sich sowohl als konstruktiv als auch destruktiv herausstellen könnten. Sollte es den offiziellen Vertretern der Arbeitnehmer und der „Zivilgesellschaft" nicht gelingen, sich vehement gegen den Brüsseler Konsens zu stemmen, werden die destruktiven Folgen sicherlich die Oberhand gewinnen. Soll die Wieder-Einbettung des multinationalen Kapitals gelingen, ist eine strategische Neuorientierung unabdingbar. Hierbei sind auch wir als Forschende gefordert.

Literaturverzeichnis

Albert, Michel (1993) *Capitalism against Capitalism.* London: Whurr.

Berger, Suzanne (1996) 'Introduction', in Suzanne Berger and Ronald Dore (eds), *National Diversity and Global Capitalism*, Ithaca: Cornell UP: 1-25.

Boyer, Robert (1996) 'The Convergence Hypothesis Revisited: Globalization but Still the Century of Nations?', in Suzanne Berger and Ronald Dore (eds), *National Diversity and Global Capitalism*, Ithaca: Cornell UP: 29-59.

Boyer, Robert. and Drache, Daniel (1996) 'Introduction', in Robert Boyer and Daniel Drache (eds), *States Against Markets: The Limits of Globalization*, London: Routledge: 1-27.

Burbach, Roger., Núñez, Orlando and Kagarlitsky, Boris. (1997) *Globalization and its Discontents: The Rise of Postmodern Socialisms.* London: Pluto.

Crouch, Colin (1993) Industrial Relations and European State Traditions. Oxford: Clarendon Press.

Crouch, Colin and Streeck, Wolfgang (1997) 'Introduction: The Future of Capitalist Diversity', in Colin Crouch and Wolfgang Streeck (eds), *The Political Economy of Modern Capitalism: Mapping Convergence and Diversity*, London: Sage: 1-18.

DTI (2005) Company Law: Implementation of the European Directive on Takeover Bids. London: DTI.
Dore, Ronald (2000) Stock-Market Capitalism, Welfare Capitalism: Japan and Germany Versus the Anglo-Saxons. Oxford: Oxford UP.
Dore, Ronald (2003) 'New Forms and Meanings of Work in an Increasingly Globalized World', ILO Social Policy Lectures, http://www.ilo.org/public/english/bureau/inst/download/dore.pdf
Dyson, Kenneth and Padgett, Stephen (2005) *The Politics of Economic Reform in Germany: Global, Rhineland or Hybrid Capitalism?* London: Anglo-German Foundation, http://www.agf.org.uk/pubs/pdfs/1473web.pdf
Ebbinghaus Bernhard (1999) 'Does a European Social Model Exist and Can It Survive?' in Gerhard Huemer, Michael Mesch and Franz Traxler (eds), *The Role of Employer Associations and Labour Unions in the EMU*, Aldershot: Ashgate, 1-26.
Esping-Andersen, Gösta (1990) *The Three Worlds of Welfare Capitalism.* Cambridge: Polity Press.
EuroMemorandum Group (2005) *After the French and Dutch No to the Constitution: The EU Needs a New Economic and Social Development Strategy.* http://www.memo-europe.uni-bremen.de/downloads/Declaration_EU-Constitution_June_2005.PDF
Grahl, John and Teague, Paul (1997) 'Is the European Social Model Fragmenting?', *New Political Economy*2(3): 405-26.
Granovetter, Mark (1985) 'Economic Action and Social Structure: The Problem of Embeddedness', *American Journal of Sociology* 91: 481-510.
Gray, John (1998) False Dawn: The Delusions of Global Capitalism. London: Granta.
Hall, Peter A. and Soskice, David, eds (2001) Varieties of Capitalism: The Institutional Foundations of Comparative Advantage. Oxford: Oxford UP.
Hay, Colin (2000) Contemporary Capitalism, Globalization, Regionalization and the Persistence of National Variation', *Review of International Studies* 26: 509-31.
Hemerijck, Anton and Schludi, Martin (2001) 'Welfare Adjustment in Europe: The Transformation of the European Social Model?', in Lars Magnusson and Jan Ottosson (eds), *Europe: One Labour Market?*, Brussels: PIE - Peter Lang: 21-105.
Hirst, Paul and Thompson, Grahame (1996) Globalization in Question: The International Economy and the Possibilities of Governance. Cambridge: Polity.
Hoffmann, Jürgen (2002) 'Beyond the Myth' in Jürgen Hoffmann, ed., *The Solidarity Dilemma*, Brussels: ETUI, 119-44.
Hollingsworth, J. Rogers and Boyer, Robert (1997) 'Coordination of Economic Actors and Social Systems of Production', in J. Rogers Hollingsworth and Robert Boyer (eds), *Contemporary Capitalism: The Embeddedness of Institutions*, Cambridge: Cambridge UP: 1-47.
Howell, Chris (2005) Trade Unions and the State: The Construction of Industrial Relations Institutions in Britain, 1890-2000. Princeton: Princeton UP.
Hyman, Richard (1999) 'National Industrial Relations Systems and Transnational Challenges', European Journal of Industrial Relations 5(1): 89-110.
Hyman, Richard (2001) Understanding European Trade Unions: Between Market, Class and Society. London: Sage.
Hyman, Richard (2003) 'Varieties of Capitalism, National Industrial Relations Systems and Transnational Challenges' in Anne-Wil Harzing and Joris Van Ruysseveldt, eds, International Human Resource Management: An Integrated Approach, 2nd edn, London: Sage, 411-32.
Hyman, Richard (2005a) 'Trade Unions and the Politics of the European Social Model', *Economic and Industrial Democracy* 26(1): 9-40.
Hyman, Richard (2005b) 'Shifting Dynamics in International Trade Unionism: Agitation, Organisation, Bureaucracy, Diplomacy', *Labor History* 46(2): 137-54.
Katz, Harry and Darbishire, Owen (2000) Converging Divergences: Worldwide Changes in Employment Systems. Ithaca: ILR Press.
Kochan, Thomas. A., Lansbury, Russell D. and MacDuffie, John Paul, eds (1997) *After Lean Production: Evolving Employment Practices in the World Auto Industry.* Ithaca: Cornell UP.

Krippner, Greta (2004) 'Polanyi Symposium: Opening Remarks on Embeddedeness', *Socio-Economic Review* 2(1): 110-13.
Lange, Peter, Ross, George and Vanicelli, Mauricio (1982) *Unions, Change and Crisis*. London: Allen and Unwin.
OECD (2004) Employment Outlook 2004. Paris: OECD.
Offe, Claus and Wiesenthal, Helmut (1985) 'Two Logics of Collective Action', in C. Offe, *Disorganized Capitalism*, Cambridge: Polity, 170-220.
Ohmae, Kenichi (1991) The Borderless World: Power and Strategy in the Interlinked Economy. New York: Harper.
Polanyi, Karl (1944) *The Great Transformation*. New York: Rinehart.
Reich, Robert B. (1991) *The Work of Nations*. New York: Vintage.
Ruggie, JohnG. (1982) 'International Regimes, Transactions, and Change: Embedded Liberalism in the Postwar Economic Order', *International Organization* 36(2): 379-415.
Ruggie, JohnG. (2003) 'Taking Embedded Liberalism Global: The Corporate Connection' in David Held and Mathias Koenig-Archibugi (eds), *Taming Globalization: Frontiers of Governance*, Cambridge: Polity, 93-129.
Ruigrok, Winfried and van Tulder, Rob (1995) *The Logic of International Restructuring*. London: Routledge.
Scharpf, Fritz (1999) *Governing in Europe: Effective and Democratic?* Oxford: Oxford University Press.
Soros, George (1998) *The Crisis of Global Capitalism*. New York: Public Affairs.
Stiglitz, Joseph (1998) 'More Instruments and Broader Goals: Moving Toward the Post-Washington Consensus', WIDER annual lecture, http://www.wider.unu.edu/publications/annual-lectures/annual-lecture-1998.pdf
Stiglitz, Joseph (2002) *Globalization and its Discontents*. New York: Norton.
Streeck, Wolfgang (1998) 'The Internationalization of Industrial Relations in Europe', *Politics and Society* 26(4): 429-59.
Streeck, Wolfgang (2001a) 'International Competition, Supranational Integration, National Solidarity: The Emerging Constitution of „Social Europe"' in Martin Kohli and Mojca Novak (eds), *Will Europe Work?*, London: Routledge, 21-34.
Streeck, Wolfgang (2001b) 'Introduction: Explorations into the Origins of Nonliberal Capitalism in Germany and Japan', in Wolfgang Streeck and Kozo Yamamura (eds), *The Origins of Nonliberal Capitalism: Germany and Japan in Comparison*, Ithaca: Cornell UP: 1-38.
Streeck, Wolfgang and Yamamura, Kozo, eds (2001) *The Origins of Nonliberal Capitalism: Germany and Japan in Comparison*. Ithaca: Cornell UP.
Swenson, Peter (1989) Fair Shares: Unions, Pay and Politics in Sweden and West Germany. Ithaca: Cornell UP.
Thompson, Edward P. (1971) 'The Moral Economy of the English Crowd in the Eighteenth Century', *Past and Present* 50: 76-136.
Wallace, Helen (2000) 'Europeanisation and Globalisation: Complementary or Contradictory Trends?', *New Political Economy* 5(3): 369-82.
Wickham, James (2002) *The End of the European Social Model: Before it Began?* Dublin: ICTU, http://www.ictu.ie/html/publications/ictu/Essay2.pdf
Yamamura, Kozo and Streeck, Wolfgang, eds (2003) *The End of Diversity? Prospects for German and Japanese Capitalism*. Ithaca: Cornell UP.

(Übersetzung: Frederic Speidel)

Ulrich Brinkmann/Klaus Dörre

Die neue Unternehmerkultur - Zum Leitbild des „Intrapreneurs" und seinen Implikationen

I. Marktgrenzenverschiebung

Das „Lob der Marktes" hat sich in den letzten zwei Jahrzehnten von einer Spezialdebatte der Makroökonomie zu einer omnipräsenten Diskursfigur verallgemeinert. Mehr noch: die „Logik des Marktkapitalismus" (Aglietta 2000; Dörre/Röttger 2003), diese marktzentrierte Entbettung des Ökonomischen scheint inzwischen gesellschaftlich hegemonial zu sein. Auch realpolitisch findet dieser Wandel seinen Widerhall: Die ostdeutsche Transformation beispielsweise vollzog sich unter dem Siegel des „Markttests" (Windolf et al. 1999), Sozialversicherungssysteme werden sukzessive privatisiert, und auch Politik versteht sich gleicher Logik folgend immer mehr als „Management". Das Management der Unternehmen selber übt sich in der Rhetorik und Praxis der Verschiebung von althergebrachten Demarkationslinien zwischen Organisationen und Umwelt, zwischen ehedem reguliertem und nunmehr kommodifiziertem Gelände.

Auch wenn sich Marktzentrierung oft als teleologischer Sachzwang inszeniert, so ist doch das Verhältnis von oder die Entwicklungsrichtung zwischen marktförmiger und nichtmarktförmiger Regulierung keineswegs vorgegeben. Im Gegenteil: Es empfiehlt sich, diese Prozesse als *Marktgrenzenverschiebung* so zu fokussieren, dass die Akteure und ihre Strategien ins Blickfeld geraten. Die Bezugnahme auf den Markt ist dabei auf unterschiedlichen Ebenen wie „Gesellschaft", „Organisation" und „Subjekt" als *politischer Prozess* (gesellschaftspolitisch, mikropolitisch, subjektpolitisch) zu begreifen, bei dem es um die inszenierte und/oder materiale Verschiebung von Marktgrenzen geht. Auch wenn sich das Augenmerk dieses Beitrags auf ein Spezialthema richtet, muss zunächst festgehalten werden, dass sich der Wandel auf der Organisationsebene in seiner Komplexität ohne gesellschaftstheoretische Einbettung kaum verstehen lässt: Gesellschafts-, Mikro- und Subjektpolitik stützen sich ab, halten sich wechselseitig anschlussfähig über den Austausch von Ideologemen, inhaltlichen Versatzstücken und Argumentationslogiken. Markt-Anrufungen wirken auf diese Weise geradezu universal.

Einen Gutteil ihrer Anziehungskraft verdankt die Marktapologetik neben der Universalität ihrer Anrufungen auch der behaupteten Allgemeingültigkeit ihrer Einsatzfähigkeit: Ob Subunternehmertum, Freelancer, Leiharbeiter oder Werkvertragler, ob ertragsabhängiger Leistungslohn, Programmentgelt oder Vertrauensarbeitszeit, ob Centerstrukturen, interne Märkte oder Outsourcing: die erklärte Unbegrenztheit des Prinzips spart keinen Unternehmensbereich noch traditionelle Demarkationen aus. Die Vertreter dieser Konzeption erinnern mit ihrem organisationssezierenden Blick zuweilen an Ingenieure, die eine technische Explosionszeichnung[1] zur Darstellung von Einzelteilen erstellen – allerdings nicht ohne den Blick auf die Funktionsweise des Ganzen zu vergessen.

Auf diese Weise entsteht unsicheres Grenzgebiet jäh aus ehemals fordistisch befriedeten Zonen, Beschäftigte und Betriebsräte sehen sich in überwunden gedachte Grenzstreitigkeiten verstrickt. Die Verschiebung von Marktgrenzen zwischen Organisation und Umwelt sowie innerhalb der Organisationen scheint den Grenzzwischenfall zum Normalzustand zu erheben. Im Gefolge dieser Umbrüche werden aus immer mehr Erwerbstätigen wohl oder übel GrenzgängerInnen oder „Grenz"-Beschäftigte (Brinkmann 2004).

Zum Gesamteindruck des Leitbilds trägt schließlich auch bei, dass sich mit dem Intrapreneur, also dem „Unternehmer im Unternehmen" möglicherweise ein paradigmatisches Rollenvorbild herausschält. Das Konzept des Intrapreneurs befindet sich im „Auge des Sturms", es stellt geradezu den konzeptiven und logischen Kern des Phänomens der Marktgrenzenverschiebung auf der Organisationsebene dar. Eingebettet ist es in die Idee der *internal markets*, die ihrerseits eine Facette der gesellschaftlichen Marktzentrierung darstellt.

Diese Darstellung soll nicht den Eindruck erwecken, dass ihre weitgehende Hegemonie gleichzeitig eine hermetische Abgeschlossenheit der marktzentrierten Denkweise bedeutet. Auf allen betroffenen Ebenen finden sich nicht nur Unterstützungs-, sondern auch Widerstandspraxen, die sich aus alternativen „Weltsichten", aber auch aus Erfahrungen der Entfremdung, Unterwerfung, Exklusion oder Entmachtung speisen. Wenn sie handlungsmächtig werden, greifen die TrägerInnen dieser Erfahrungen auch als widerständige Akteure in den Prozess der (Rück-) Verschiebung von Marktgrenzen ein. Ein solcher Zugriff auf die Markt-Thematik holt diese aus ihrer entrückten Überhöhung und naturalisierenden Teleologie zurück in den Bereich des Machbaren. Denn einerseits erscheinen so von einem akteurstheoretischen Standpunkt aus betrachtet hinter der „Anonymisierung" von Steuerung und Kontrolle (Castells 1996) die handelnden Akteure, andererseits gewinnen Richtung und Dynamik dieser politischen Prozesse den Charakter ergebnisoffener Aushandlungen. Antiteleologische und akteurszentrierte Sichtweisen dieser Art entwickeln die gängigen Konzipierungen wie „Vermarktlichung", „Internalisierung des Marktes" oder auch „marketization" weiter, denn diese beschreiben zwar präzise viele aktuelle Tendenzen, unterbelichten aber die spezifische Art, wie sich diese Marktgrenzenverschiebung politisch durchsetzt, und stellen den Prozess zu sehr als Einbahnstrasse dar.

Dieser Text beleuchtet im Folgenden zunächst die Thematik internalisierter Märkte. Daran schließt sich die Diskussion von Intrapreurship als einer spezifischen Form organisationaler Marktzentrierung an.

II. Internal Markets

Der Veränderungsdruck, den die Unternehmen auf den Kapital- und Produktmärkten erfahren, findet auch in den innerorganisationalen Prozessen, Strukturen und Bewertungsmassstäben seinen Widerhall. Beispielsweise die stete Frage nach dem spezifischen Beitrag

[1]Vgl. dazu das geradezu klassische Titelbild von "Let's Turn Organizations into Markets" des "Futurist" (Halal 1994b), in dem das Unternehmen und seine Einzelabteilungen als riesige Shopping-Mall dargestellt werden.

einzelner Beschäftigter, Abteilungen oder sogar Unternehmen innerhalb eines Konzerns zur Wertschöpfung der Gesamtorganisation gibt beredt Ausdruck von diesem Wandel[2].

Von den drei Mechanismen der Koordination, Kontrolle und Steuerung sozialer Interaktion in Arbeitsystemen, Arbeitsbeziehungen und interorganisationalen Beziehungen (Sorge 1993) hat der Markt in den letzten Jahren gegenüber „bürokratischer Herrschaft" oder „assoziativen Formen" deutlich die Oberhand gewonnen. Folgt man der renommierten Harvard Business Review, so steht das „Internal Markets"-Konzept unmittelbar vor dem Aufstieg in den Olymp der Leitbilder des Modern Management (Hamel 2006: 80). Die mit dieser Marktgrenzenverschiebung verbundenen Versprechen sind weitreichend und vollmundig: „Internal markets bring all the advantages of free markets inside large organizations", schreiben die Autoren des ersten Bestsellers zum Thema („Internal Markets : Bringing the Power of Free Enterprise Inside Your Organization", Geranmayeh et al. 1993: 4)[3].

Innerorganisatorisch antwortet dieses Leitbild auf zwei ganz konkrete Probleme: einerseits auf die sinkenden Kontrollkapazitäten des Managements in komplexer werdenden Unternehmensstrukturen und –prozessen: mit ihrer Outputorientierung stellen interne Märkte für das Management eine Kontrollvereinfachung dar. Andererseits antwortet es auf die Herausforderung, innerhalb des Unternehmens Innovationen sicherstellen zu können. Im Kontext der Intrapreneurship-Konzepte, die sich vor allem auf Schumpeters Unternehmer-Begriff (vgl. unten) stützen, stößt man daher immer wieder auf die Behauptung, bürokratische und Matrix-Organisationen seien kaum mehr in der Lage, Innovation im benötigten Ausmaß zu gewährleisten (Välikangas 2001), weshalb es einer Dezentralisierung von Entscheidungen, Verantwortung und Risiken bedürfe: „Like oil and water, innovation and bureaucracy just don't mix" (Ross 1987: 23). Das traditionelle Denken in hierarchischem Vokabular wird dazu in unternehmerische Äquivalente übersetzt. Statt von Abteilungen und hierarchischen Zuordnungen wird von internem Unternehmertum gesprochen werden. Die Konzeption der internen Märkte stellt damit die zentrale Begründungslogik zur Bildung von Profit- oder Cost-Centerstrukturen dar[4], die in aller Regel eine Verlagerung eines Teils des managerialen und unternehmerischen Risikos impliziert, gleichzeitig aber auch mit Freiheitsversprechen lockt, wie in diesem Beispiel ein HP-Manager: „The financial controls are very tight, what is loose is how (people) meet those goals." (zit. n. Halal 1996: 36; ähnlich bei IBM, vgl. Glißmann/Peters 2001).

---

[2]Dieses Vorgehen steht wiederum in einem engen Konnex zur Shareholder-Value-Orientierung, die als externe Anforderung aus der Unternehmensumwelt in dieser Weise organisationsintern verarbeitet wird. Schließlich spielt im Kontext der schrittweisen Verallgemeinerung des anglo-amerikanischen Modells der Corporate Governance (Beyer/Hassel 2002) auch das Isomorphismus-Argument eine wichtige Rolle: marktzentriert reorganisierte Unternehmen werden als Vorreiter hervorgehoben und kopiert (Kühl 2002). Es ist dieser unternehmensübergreifende Charakter der Marktzentrierung und damit die Verallgemeinerung einer neuen Herrschaftsordnung, die einen Bruch mit dem traditionellen Produktionsmodell andeutet und einen Übergang zum "neuen Marktregime" (Dörre/Röttger 2003) markieren dürfte.

[3]Einer der Autoren, William E. Halal, hat sich auch in den folgenden Jahren als einer der profiliertesten Denker in diesem Feld hervorgetan. Seine Arbeiten werden im folgenden daher verstärkt als Referenzfolie verwendet.

[4]Allerdings handelt es sich bei diesen immer noch um abgefederte Märkte: Vor einer Schließung eines bedrohten Bereichs steht immer ein unternehmensinternes Bargaining. Denkt man hingegen die Interpretation des Unternehmens als Marktplatz konsequent weiter, so wird deutlich, dass es sich bei den internen Märkten lediglich um eine konzeptionelle Vorstufe zum Outsourcing handelt, bei dem nicht nur eine fiktive sondern eine definitive Marktgrenze zwischen die Unternehmensbereiche geschoben wird. Für die betroffenen Beschäftigtem stellt dieser Schnitt die radikalste Variante von Marktgrenzenverschiebung dar: Es wird ihnen die Organisationsmitgliedschaft gekündigt (zum Outsourcing vgl. Brinkmann 2004).

Über ihre tatsächliche empirische Verbreitung wird in der Literatur gestritten; einig ist man sich aber, dass die Richtung der Marktgrenzenverschiebung gegenwärtig eindeutig ist: „A growing number of companies are explicitly replacing bureaucratic internal resource allocation with internal markets" (Ellig 2001: 227). Zumindest theoretisch sind dem Aufbau interner Anbieter-Kunden-Beziehungen kaum Grenzen gesetzt, in unterschiedlichen Rollen kann sogar eine Einzelperson innerhalb der Organisation mehrere Marktrollen übernehmen. Grundsätzlich gilt die konzeptuelle Grundannahme, dass „all market functions can be replicated within organizations" (Halal 1994a: 74). Allerdings tendiert Halal wie eine Reihe anderer Vertreter dieses Ansatzes dazu, seine eigenen normativen Vorüberlegungen bereits als empirisch gegeben anzusehen: „Some hierarchy will always be needed, but the former management system in which decisions flowed from the top down is now history" (Halal 1997: 18). In dieser Vermengung von Annahme und Wirklichkeit liegt – das wird weiter unten gezeigt werden – ein Grundproblem des Gesamtansatzes.

An dieser Stelle stellt sich die Frage, woher die aktuelle diskursive Dominanz dieser Position herrührt. Die starke Verbreitung von internal market-Konzepten bei Unternehmen wie HP und IBM stellt keinen Zufall dar. Insbesondere in der Phase der Dot-com-Blase mit ihrem Aufstieg kleiner, nicht typisch hierarchisch strukturierter Unternehmen orientierten sich auch die alteingesessenen Branchenführer neu. Allerdings stellte diese Phase gegen Ende der 1990er Jahre schon den dritten Schub dar, denn Anfang der 1980er Jahre wurde im Zuge der US-amerikanischen Debatte über die vermeintliche japanische Überlegenheit erstmals innerorganisatorischer Wettbewerb als Basis für ökonomische Exzellenz breit diskutiert (Peters/Waterman 1982). Ihre Initialzündung erfuhren diese Konzepte aber Ende der 1980er Jahre mit dem Untergang des Realexistierenden Sozialismus.

Belege für diese Vermutung lassen sich zahlreiche anführen, nicht immer sind sie allerdings so explizit wie bei Halal: „Major corporations comprise economic systems that are as large and complex as national economies, yet they are commonly viewed as 'firms' to be managed by executives who move resources about like a portfolio of investments, form global strategies, restructure the organization, and set financial targets. How does this differ from the central planning that failed in the Communist bloc? Why would such control be bad for a national economy but good for a corporate economy? Can any fixed structure remain useful for long in a world of constant change?" (Halal 1996: 31)

Die Argumentation verläuft in der Regel so, dass man den Siegeszug des Marktes in den osteuropäischen Gesellschaften skizziert, die Logik des Grundgedankens auf große (und im weiteren Verlauf auch kleinere) Unternehmen überträgt und schließlich von der Organisations- wieder auf die Gesellschaftsebene zurückkehrt, für die Autoren wie Halal geradezu eine Markt-Utopie entwickeln: „Transforming organizations into market systems is formidable because it involves a profound social upheaval; it could be thought of as 'Corporate Perestroika', somewhat like the struggle facing the post-socialistic bloc" (Halal 1996: 48). Die Tragweite dieses Umbaus wird dabei nicht klein geredet: „Many will think this challenge is too enormous, but that is exactly what we once thought about the prospect of changing the Soviet Union. The move to market organizations seems likely to roll on because internal markets offer the same powerful advantages that inspired the overthrow of Communism: opportunities for personal achievement, liberation from authority, accountability for performance, entrepreneurial initiative, creative innovation, high quality and service, ease of handling complexity, fast reaction time, and flexibility for change" (Halal 1996: 49). Das Freiheitsversprechen im Sinne einer Befreiung aus bürokratischen Zwängen ist dabei allgegenwärtig: „It is important to allow all units the freedom to conduct business transactions both inside and outside the firm. Without that freedom, managers are subject to the monopoly and bureaucracy of central controls, about the same way the Soviets over-controlled their economy“ (Halal 1994a: 73).

Zwei weitere Trends stärken die diskursive Stellung der internal markets-Position: Sie passt sich gut in den langfristigen (wenn auch phasenweise unterbrochenen) Trend zu Dezentralisierung im Nachkriegsfordismus (multidivisional form, Chandler 1995 (1962)) ein. Der Intrapreneur wird gleichsam zum Signum dieser aktuellen Entwicklung, weil sich gesellschaftlich eine Verallgemeinerung unternehmerischer Einstellungen (Prisching 2000) konstatieren lässt und gleichzeitig in immer mehr Unternehmen Imitations- und Normativierungsprozesse ablaufen, die interne Märkte und internes Unternehmertum diskursiv und strukturell befördern (DiMaggio/Powell 1983). Auf dieser konzeptionellen Ebene lässt sich der behauptete Zusammenhang von Makro-, Meso- und Mikroebene der Marktgrenzenverschiebung leicht nachvollziehen.

Fasst man die – wiederum aus Vereinfachungsgründen unter Rückgriff auf Halals Oeuvre –zahlreichen Verheißungen zusammen, so lassen sich Argumente für den Ansatz auf unterschiedlichen Ebenen persönlicher Selbstverwirklichung, organisationaler Effizienzsteigerung und gesellschaftlichen Fortschritts wieder finden:

- „move to democracy“, „after a long history of authoritarian control“ (1997: 18)
- „free up the skills, creativity, an vision of ordinary people“ (1998b: 23)
- Überwindung der „top-down disadvantages of hierarchy“ (1999)
- Selbstbestimmung: „gaining control over their operations“ (1997: 18)
- Reduktion von Komplexität (1999)
- Überwindung der Kontrollprobleme des Managements: „In a world of escalating complexity and empowered people, leadership must cultivate the art of helping others to share the responsibilities of management“ (1998a: 13)
- „to advance social progress“ (1999).

Die „Innovations-Frage“ stellt dabei das Scharnier zwischen der internal markets-Debatte und den Intrapreneurship-Konzepten dar[5].

In der Terminologie der Marktgrenzenverschiebung: Denkt man das Konzept der internal markets konsequent zu Ende, verschiebt man also die Marktgrenzen noch tiefer in die Organisationen bis hin zu den einzelnen Subjekten, so landet man beim Leitbild des Intrapreneurs. Er stellt das Rollenmodell marktzentrierter Arbeit und damit den idealtypischen Gegenentwurf zum „fordistischen Normalarbeiter“ dar, der einem direkten Marktzugriff eher entzogen war. Die Rolle des Intrapreneurs ist dabei noch die eines abhängig Beschäftigten mit Unternehmenszugehörigkeit; erst wenn man die Grenze noch einen Schritt weiter verrückt, so landet man beim freien Selbständigen, dem Freelancer ohne Organisationsmitgliedschaft. Konzeptionell wird Intrapreneurship daher als ein Spezialfall der internal-market-Debatte diskutiert: während internal markets Risiken und Verantwortlichkeiten auf die Akteure übertragen, geht die Idee vom Unternehmer im Unternehmen noch ein Schritt weiter: sie verlangt vom Beschäftigten ein darüber hinausgehendes „Enga-

[5]Prinzipiell sind diese Ansätze auch getrennt vorstellbar: internes Unternehmertum setzt nicht notwendig internalisierte Märkte voraus und umgekehrt ist der Konnex noch weniger zwangsläufig. In der Literatur allerdings findet sich kaum eine Beitrag zu Intrapreneurship, der nicht auf die Idee internalisierter Märkte aufsetzt.

gement“ für Innovation. Gleichzeitig – und darin liegt wiederum ein widersprüchliches Element – modifiziert innerorganisatorisches Unternehmertum auch das Verständnis vom „Markt“, denn es setzt ein hohes Maß nicht nur von Konkurrenz, sondern auch von innerorganisatorischer Kooperation voraus, denn um Innovation überhaupt generieren zu können, bedarf es eines Prozesses der Kopplung vorhandener Ressourcen.

III. Intrapreneurship

Die theoretische Überlappung und damit wechselseitige Anschlussfähigkeit der beiden Ansätze ist mannigfaltig. Von Seiten der internal market-Ansätze wird in der Regel darauf verwiesen, dass sich mit der Rekonzeptionalisierung von Organisationsprozessen und –strukturen auch die Rollendefinitionen der vormaligen „Positionsinhaber“ transformieren: „Whereas it made sense to treat people as employees in a hierarchy, an internal market system requires people to assume the role of entrepreneurs“ (Halal 1994a: 80). Halal und andere Interpreten des Konzeptes sehen die letztendliche Verwirklichung der Marktinternalisierung erst in der Verwirklichung eines „intraprise“-Gebildes erreicht, denn erst dann seien alle Vorteile des Marktprinzips realisierbar: „accountability for results, entrepreneurial freedom, incentives for achievement, rapid response time, customer focus, and creativity“ (Halal 1999).

Auf der anderen Seite werden Autoren wie Pinchot nicht müde zu betonten, dass „noch keine menschliche Institution erfunden worden (ist), die komplexe Sachverhalte so effektiv koordinieren kann wie der freie Markt“ (Pinchot 1988: 359)[6]. Gifford Pinchot gilt gemeinhin als Vater des Gedankens von Intrapreneurship – zumindest die Begriffsbildung wird auf ihn zurückgeführt: „Ich nenne sie 'Intrapreneure' - mein Kürzel für den 'Intracorporate Entrepreneur',, (Pinchot 1988: 10)[7] – unter Bezugnahme auf ihn finden sich in den einschlägigen Werken heute daran anschließende Definitionen (stellvertretend für viele: Dressler 2004: 62; Morden 2004: 278; Furnham 2005: 104). Alternative Benennungen wie „internal corporate venture“ (Burgelman/Sayles 1987) oder „corporate entrepreneurship“ (Gautam/Verma 1997; für eine Übersicht vgl. Sharma/Chrisman 1999) haben sich nicht durchgesetzt. Statt eine ausdifferenzierte Definition vorweg zu schicken, sollen im Folgenden anhand spezifischer Einzelfragen die Facetten dieses Konzepts aufgezeigt werden.

Dass Intrapreneurship kein exklusives Phänomen der angelsächsischen Kapitalismusvarianten ist, wird einsichtig, wenn man eine einschlägige Recherche in Printmediendatenbanken (wie lexisnexis) durchführt. Es lassen sich – mit steigender Tendenz – hunderte Einträge in allen wichtigen deutschsprachigen Organen auffinden. In den aktuellen Bertelsmann-Studien zu Unternehmenskultur oder Führungsverhalten hat internes Unternehmertum kürzlich ebenfalls den Aufstieg in die „zehn zentralen Elemente erfolgreicher Unternehmenskulturen“ geschafft (z.B. Bertelsmann Stiftung 2003), und auch in viele Unternehmen hat diese Denkweise in den letzten Jahren Einzug gehalten. Intrapreneure, „the dreamers who do“ (Pinchot), scheinen der Stoff zu sein, aus dem die Träume vieler Manager und Eigentümer heute sind. Insbesondere in Klein- und mittelständischen Unternehmen

[6]Liest man Pinchots (1988) Hauptwerk, so finden sich hier ebenfalls jene zwei (für die Vertreter der internal-markets-Debatte aufgezeigten) Schübe der Abgrenzung von den japanischen ökonomischen Erfolgen und Seitenhieben auf die sowjetische Industrie, denen das amerikanische Unternehmertum entgegengesetzt wird.
[7]Der Begriff Entrepreneur ist zu Beginn des 19 Jahrhunderts aus dem Französischen in das Englische eingezogen.

wird von Seiten der Eigentümer immer wieder der Wunsch formuliert, die „Mitarbeiter" sollten sich doch – was Arbeitseinsatz, Sparsamkeit oder Effizienz angeht – bitte am Vorbild des Firmeninhabers orientieren. Dieser Wunsch des Eigners, die Beschäftigten des eigenen Unternehmens „nach seinem Ebenbild" schaffen zu wollen, ist keineswegs eine historische Neuigkeit. Schon Upton Sinclair (1983 (1937): 48) ließ in seiner literarischen Henry Ford-Biografie die Hauptfigur räsonieren: „Er kannte sein Ziel: Er wollte (...) die Gewohnheiten der Menschen ändern. Er wollte sie zu Menschen machen, wie er selbst einer war. Sie sollten nüchterne, ehrliche und fleißige Arbeiter werden gleich ihm". Fraglich ist allerdings, ob der paternalistische Henry Ford auch die Idee des Unternehmers im Unternehmen gut geheißen hätte: Gewiss wäre ihm der Grad des „Empowerments" der Beschäftigten zum Beispiel durch die Übertragung von Entscheidungsbefugnissen deutlich zu weit gegangen.

Die unausgesprochene Grundidee normativer Konzepte des internen Unternehmertums scheint es somit zu sein, das Beste aus den zwei Welten innovativen Unternehmertums und abhängiger Beschäftigung zu kombinieren[8]. Welche spezifischen Vorteile kann sich ein Unternehmen von internem Unternehmertum versprechen, die über die skizzierte Konzeption interner Märkte hinausgehen? Letztlich laufen nahezu alle Begründungsvarianten auf die Bekämpfung des mit dem „Labyrinth bürokratischer Systeme" (Pinchot 1988: 29) zusammenhängenden angesprochenen Innovationsproblems hinaus. In der markigen Beratersprache hängt geradezu das Überleben des Unternehmens selbst vom Wirken dieser Innovationsmotoren ab: „Face it: Out there in some garage, an entrepreneur is forging a bullet with your company's name on it. You've got one option: you have to shoot first" (Hamel 1999: 72). Intrapreneure, so der Begründer der Idee, „werden ausschlaggebend dafür sein, ob Ihr Unternehmen Erfolg hat oder nicht. Der Verlust eines Entrepreneuring-Talents kommt das Unternehmen teuer zu stehen, denn er bedeutet mehr als den Verlust eines fähigen Ingenieurs oder Marketing-Fachmanns. Intrapreneure sind die Integratoren, die die Fähigkeiten der Techniker und Marketing-Leute kombinieren, indem sie neue Produkte, Verfahren und Dienstleistungen entwickeln. Ohne sie bleibt die Innovation auf der Strecke, oder sie bewegt sich im Schneckentempo der bürokratischen Prozesse" (Pinchot 1988: 11). Intrapreneure wirken dieser Sicht folgend wie eine Verjüngungskur für die Organisation, so dass der „war for talent" (so die McKinsey-Studie von 1997, in überarbeiteter Buchform: Michaels et al. 2001), also der Kampf um jene innovativen Köpfe wie die WissensarbeiterInnen, geradezu als Maxime für vorausschauendes Human Resource Management ausgerufen wird. Dessen Arsenal sei nun um die „Waffe" des internen Unternehmertums zu erweitern: „In Unternehmen, denen es nicht gelingt, ihre besten und innovativsten Mitarbeiter zu halten, werden nur die Inaktiven bleiben. (...) Bald ist das Unternehmen, ohne es zu merken, mit 'wandelnden Leichen' besetzt" (Pinchot 1988: 36). Greift man auf Schumpeter zurück, so sind diese Anstrengungen um so dringender, denn ihm zufolge ist eher nicht davon auszugehen, dass unternehmerische Innovationen (die „Durchsetzung neuer Kombinationen", vgl. Schumpeter 1997 (1911): Kap. 2.III) von Organisationsmitgliedern ausgehen, sondern

[8]Den Urmythos aller Beschäftigten-Intrapreneure stellt vermutlich Art Fry von 3M dar, der der Erfinder der gelben Post-It-Notes ist. 3M als Unternehmen profitierte davon, dass sich dieser Beschäftigte mit seiner innovativen Idee nicht selbstständig machte, sondern trotz anfänglich zahlreicher Hürden im Unternehmen verblieb. Lange Zeit waren es vor allem Einzelfälle wie der angeführte, die in der Literatur als Erfolgsmodelle herhielten (Fry 1988), an dieser Stelle sollen statt dessen die theoretischen Implikationen des Ansatzes beleuchtet und nur gelegentlich empirische Verweise eingestreut werden.

eher außerhalb der Grenzen traditioneller Unternehmen keimen[9]. Der Versuch von Eigentümern, auf diese Weise an die Wurzeln des eigenen Erfolges anzuknüpfen, erinnert daher immer auch etwas an die Quadratur des Kreises. Gegen diese Sicht betonen die Vertreter des Intrapreneurshipkonzepts gerade die Vorteile *inner*organisatorischer Innovation.

Neben den klassisch betriebswirtschaftlichen Argumenten wie dem Verweis auf die Möglichkeit der Nutzung professioneller Forschung und Entwicklungs-Kapazitäten, vorhandener Technologie, erfahrenen Marketings oder finanzieller Ressourcen finden sich bei ihnen erstaunlicherweise auch „weichere" Argumentationslinien, die von einem Bewusstsein über die soziale Seite organisationaler Vergesellschaftung Zeugnis ablegen, das viele von ihnen an anderer Stelle missen lassen (vgl. unten). Diese Pluspunkte zielen primär auf all jene komparativen Vorteile, die etablierte Vertrauensbeziehungen für teamförmige Kooperation bieten (Meifert 2003). Die Neubegründung dieses Vertrauens als Grundlage von außerorganisationalen Austauschbeziehungen ist meist kostspielig und zeitaufwendig. Zum anderen wird darauf verwiesen, dass innovatorisches unternehmerisches Handeln eines zeitlichen und örtlichen Schutzraumes bedarf, innerhalb dessen sich die Idee von einem Setzling zu einer starken Pflanze entwickeln können muss. Letztlich zielt auch dieses Argument auf die Vermeidung von Transaktions-, hier: Kontrollkosten, die ein notwendiges Misstrauen nach sich zieht. Nur innerhalb der Organisation sieht Pinchot (1988: Teil 4) daher eine Form der Kommunikation ermöglicht, die gleichzeitig durch das Betriebsgeheimnis das entstehende Netzwerk funktional begrenzt und damit die Gefahren von Ideenklau oder Sabotage niederhält.

Mit welchen Versprechen winkt auf der anderen Seite das Konzepte den Beschäftigten, denen mehr Innovationskraft und Commitment abverlangt wird?

Im Anschluss an bekannte Positionen in der wirtschaftswissenschaftlichen Theorielandschaft (z.B. von Hayek 1976) vollzieht sich in der Marktsteuerung von Arbeit im allgemeinen eine Versachlichung sozioökonomischer Beziehungen, durch die die Abhängigkeit der Parteien von personenbezogenen Bindungen schwindet. In der Literatur wird dieser Vorgang offensiv als „Ent-Feudalisierung" der Management-Arbeitnehmer-Beziehungen (z.B. Reiss 2000) sowie als Freiheitszugewinn für die Beschäftigten angepriesen: „Units are converted into intraprises by accepting controls on *performance* in return for freedom of *operations*" (Halal 1996: 36, H.i.O.).

Auch bei Teilen der Beschäftigten ist daher zu vermuten, dass Konzepte des internen Unternehmertums im Zuge der Zurückdrängung tayloristischer Arbeitsorganisation und der gleichzeitigen Schaffung von „Zonen kontrollierter Autonomie" (vgl. Dörre 2001) eine positive Wertschätzung erfahren, da sie ihrem eigenen Wunsch nach „Leistungsoptimierung" (Pongratz/Voß 2002: 140-149) und Beitragsorientierung (Kotthoff 1997) entgegenkommen. Das von Baethge (1991) schon früh identifizierte Bedürfnis nach einer normativen Subjektivierung von Arbeit, das leicht variiert in der späteren Subjektivierungsdebatte in Form der „reklamierenden Subjektivität" (Kleemann et al. 2002) wieder auftaucht, erfährt hier zumindest partiell eine Erfüllung: Insbesondere bei vielen „High-Flyers" werden

[9] "Es gehört nicht zum Wesen der Sache, daß die neuen Kombinationen von denselben Leuten durchgesetzt werden, welche den Produktionsprozeß oder den kommerziellen Weg der Waren in jenen eingelebten alten Kombinationen beherrschen, die durch die neuen überholt und verdrängt werden. Vielmehr treten der Idee und auch der Regel nach die neuen Kombinationen, bzw. die sie verkörpernden Firmen, Produktionsstätten usw., nicht einfach an die Stelle, sondern zunächst neben die alten, die aus sich heraus meist gar nicht in der Lage wären, den großen neuen Schritt zu tun: es waren, um bei dem einmal gewählten Beispiel zu bleiben, im allgemeinen nicht die Postmeister, welche die Eisenbahnen gründeten" (Schumpeter 1997 (1911): 110).

die Autonomiezugewinne als Freisetzung wertgeschätzt (Brinkmann 2003). Aus empirischen Untersuchungen (z.B. Dörre et al. 2004) sind auch Fälle bekannt, in denen die im Zuge von Marktgrenzenverschiebungen in die Unternehmen eingeführten Zielvereinbarungssysteme gerade den *geringer* Qualifizierten erstmals eine definierte Handhabe gegen willkürliche Zumutungen von Vorgesetzten gegeben haben. Eine ähnlich positive Bewertung erfährt das (tendenzielle) Verschwinden des „Kasernenhoftons" im Gefolge des Übergangs von bürokratischer zu marktförmiger Koordination.

Insgesamt sind für potentielle Intrapreneure verschiedene Versprechen in der Debatte. Dazu zählen

- eine Versachlichung innerbetrieblicher Sozialbeziehungen;
- die Delegation von Autonomie und Verantwortung von oben nach unten;
- die Erfüllung subjektiver Ansprüche an Arbeit;
- das Durchbrechen bürokratischer Blockaden und die Schaffung eines innovativen und dynamischen Arbeitskontextes;
- eine „leistungsgerechtere" Entlohnung beispielsweise durch vermehrte Leistungslohnbestandteile oder die Simulation unternehmerischer Risikoentlohnung.

Fragt man danach, in welchen Unternehmen Intrapreneurship angewendet werden kann, so stößt man auf eine leichte Verschiebung: Die ersten Vertreter der Idee (z.B. Burgelman 1983) gingen – möglicherweise unter dem Eindruck der Debatten zum Managerkapitalismus – noch davon aus, dass es nötig sei, die Schumpetersche Logik, nach der erfolgreiche Unternehmer irgendwann mit wachsender Unternehmensgröße zu Managern werden, umzukehren: in Großunternehmen sollten Beschäftigte zu betrieblichen Unternehmern werden, um den stockenden Prozess der Innovation wieder in Gang zu bringen. Im Laufe der Zeit wurde dieses Konzept aber auch auf kleinere Unternehmensgrößen übertragen (u.a. Zahra/Pearce 1994). Heute finden sich in nahezu allen Unternehmensgrößenklassen emphatische Bezugnahmen auf das Konzept durch das Management. In Klein- und mittelständischen Unternehmen (KMU) wird etwa der Ruf nach Unternehmern im Unternehmen sowohl von bestellten ManagerInnen als auch von Eigentümer-Unternehmern vorgetragen. Die bisherigen empirischen Erfahrungen lehren, dass es oft weniger die Branchenzugehörigkeit oder Größe des Unternehmens als vielmehr die in der Person der ManagerInnen liegenden Präferenzstrukturen und die daraus abgeleiteten Führungsstile sind, die dem Konzept betrieblich zum (zumindest diskursiven) Durchbruch verhelfen. Voraussetzung ist eine Offenheit für Management-Moden sowie eine unvoreingenommene Bereitschaft, gewisse Kompetenzen zu delegieren.

Bei Eigentümer-Unternehmern im KMU-Bereich sind zumindest potentiell weitere Voraussetzungen gegeben: es finden sich weniger abdrosselnde Hierarchiestufen, und ein machtvoller unternehmerischer Durchgriff zur Durchsetzung solch radikaler Umbaumaßnahmen scheint noch auf alle Ebenen gegeben zu sein. Umgekehrt gilt auch: „Intrapreneurs can be first-class allies for owner-managers of growing small businesses" (Carrier 1996: 7). Andererseits ist aus der Unternehmenskulturforschung bekannt, wie wichtig die Inszenierung eines Gründungsmythos bzw. einer „Helden"-Figur für die Kohäsionsstiftung innerhalb von Organisationen sein kann. Jeder „neue" Intrapreneur stellt nun ganz analog zum ursprünglichen Unternehmensgründer einen konkurrierenden „Helden" und eigenen Mythos dar: „Great intrapreneurs should end up the heroes and heroines of the company"

(Southon/West 2005: 25). Dies kann zu einem Problem auswachsen, wenn neben den Gründer-Unternehmer andere „heroes" zu treten wünschen. Diese Zweischneidigkeit stellt auch die Intrapreneurforschung fest, wenn sie festhält, dass der Eigentümer-Manager „the main brake or, conversely, the main catalyst in the emergence of intrapreneurship within the firm" sein kann (Carrier 1996: 16).

Die nahezu universelle Verwendbarkeit des Konzepts bezieht sich seinen Verfechtern zufolge nicht nur auf die unterschiedlichen Unternehmensgrößen, sondern auch innerhalb der Unternehmen auf nahezu das gesamte Kontinuum hierarchischer und funktionaler Positionen, potentielle Intrapreneure werden in allen Beschäftigtengruppen geortet: vom Top- über mittleres Management bis hin zum shop floor sollen zahlreiche Akteure die Intrapreneursrolle übernehmen können (Geisler 1993; Reitz 1998). Es bleibt allerdings vage (und wird weiter unten kritisiert), woher viele Vertreter des Ansatzes diesen Optimismus nehmen. Pinchot selbst vermutet daher wohl nicht ganz zu Unrecht, dass es besonderer Protagonisten bedarf, die – entsprechend unternehmerisch sozialisiert – sich auch gegen Obstruktionen innerhalb der Unternehmen durchsetzen können. Sein ernst gemeinter Rat an die Personalabteilungen lautet daher: „It is a particularly good idea to hire farm kids. They seem to make good intrapreneurs. I guess farm kids grow up with a kind of a can-do attitude and it never occurs to them that there is anything they aren't supposed to do. If the hay is on the ground, the bailer is broken and it is going to rain in six hours, you don't worry that you don't have a degree in bailer mechanics. Somehow farmers learn to get the job done."[10]

IV. Paradoxien und entgegenwirkende Tendenzen

1994 schrieb Halal im Academy of Management Executive: „Surveying the evolution of structure over the past decades, the movement from hierarchy to enterprise comprises one of the most profound changes in management thought." Hier mag er Recht behalten haben. Zwei Absätze weiter findet sich folgende Aussage: „In a decade or less the notion of hierarchy may seem as archaic as the medieval belief in the divine right of kings" (78). Hier liegt er offensichtlich falsch. Die Entwicklung der Marktgrenzenverschiebung ist – wie oben angedeutet – keine Einbahnstraße, verläuft eben nicht gradlinig und auch nicht in rasender Geschwindigkeit. Demarkationen können zurückverschoben werden oder ihre Verschiebung auf Widerstand stoßen. Dies hängt sowohl mit dem eigenlogischen Handeln organisationaler Akteure als auch – und dies wird das Thema im weiteren Fortgang des Textes sein – mit der Konzeption und ihren inneren Widersprüchen zusammen.

Drei Fragenkomplexe werden im Folgenden zu diesem Zweck thematisiert: (a) zunächst wird der Intrapreneur als Akteur auf seine subjektiven Voraussetzungen hin untersucht, (b) im Anschluss wird seine voraussetzungsvolle Einbettung in organisationale Kontexte analysiert und (c) schließlich wird gefragt, inwieweit aus seiner Idealvorstellung eine gesellschaftliche Utopie erwächst.

---

[10]http://www.intrapreneur.com/MainPages/History/InnovThruIntra.html (13.04.2006, 17.05)

A. Der Intrapreneur als Akteur

Weder in der betrieblichen Praxis noch auf der konzeptionellen Ebene in der Literatur findet sich ein Intrapreneurship-Meisterplan. Mit dem amorphen Zuschnitt von Funktionen und Kompetenzen, mit der oftmals nur impliziten Thematisierung der Voraussetzungen wächst für den Intrapreneur die Rollenunsicherheit. „Dein Intrapreneur, das unbekannte Wesen", könnte man titeln. Er stellt eine Mischung aus „Heiligem" und „Ritter" (Reitz 1998) bzw. aus „Pirat" und „Spieler" (Peters 1992) dar, und auf einem ähnlich breiten Kontinuum finden sich die entsprechenden wertschätzenden oder missbilligenden Kommentare. Die Vermutung, dass schon die Bezugnahme auf das Konzept des Unternehmers in aller Regel eher entsprechend fragmentarisch und reichlich selektiv ist, bestätigt sich bei genauem Hinsehen. Es bleibt eine Reihe kaum auflösbarer Widersprüche zwischen konzeptionellen Implikationen und betrieblicher Implementation.

Unternehmer aus Not oder aus freiem Antrieb?

Gemeinsam ist den klassischen und vielen darauf aufbauenden Ansätzen zur Unternehmerforschung, dass sie den Unternehmern explizit den Willen und die Fähigkeit zur „Urteilsbildung in wirtschaftlichen Entscheidungsprozessen" unterstellen (Casson 2001: 528) und üblicherweise davon ausgehen, dass die Übernahme dieser Rolle auf einer freiwilligen Entscheidung beruht. Diese Freiwilligkeit wird in weiten Teilen der Managementliteratur zwar den „High-Flyers" und WissensarbeiterInnen (Drucker 1998; Markus et al. 2000) unterstellt; es bleibt aber dahingestellt, ob sie sich auch auf Beschäftigte erstreckt, die in keiner so exponierten Stellung im Unternehmen stehen und ob diese Haltung auch in ökonomischen Krisenphasen trägt (vgl. dazu auch Faust et al. 2000).

Freiwilligkeit, voraussetzungsvolle Kompetenzen und charakteristische Motivlagen deuten eher darauf hin, dass Unternehmer – ob innerhalb oder außerhalb einer Organisation – eher eine seltene Spezies darstellen. Daher im Folgenden ein eingehender Blick auf den einflussreichen Schumpeterschen Definitionsansatz und dessen Spiegelung im Intrapreneurship-Modell. Was bewegt nach Schumpeter den Unternehmer?

„In der eigenen Brust dessen, der Neues tun will, erheben sich die Elemente der gewohnten Bahn und legen Zeugenschaft ab gegen den werdenden Plan. Eine neue und andersgeartete Willensaufwendung wird dadurch nötig, außer jener, die schon darin liegt, inmitten der Arbeit und Sorge des Alltags um Raum und Zeit für Konzeption und Ausarbeitung der neuen Kombination zu ringen und sich dahin zu bringen, in ihr eine reale Möglichkeit und nicht bloß Traum oder Spielerei zu sehen. Diese geistige Freiheit setzt einen großen Überschuß von Kraft über das Erfordernis des Alltags voraus, ist etwas Eigenartiges und ihrer Natur nach selten" (Schumpeter 1997 (1911): 125f.). Schumpeters Unternehmer ist also ein dünn gesäter Visionär, der im Alltag das Neue erblickt und zu verwirklichen trachtet. Dieses ganze Konzept basiert geradezu zwangsläufig auf einer fakultativen Grundkonstellation – die hoch voraussetzungsvolle unterlegte Motivlage lässt sich gewiss nicht aufnötigen: „Der typische Unternehmer fragt sich nicht, ob jede Anstrengung, der er sich unterzieht, auch einen ausreichenden 'Genußüberschuß' verspricht. Wenig kümmert er sich um hedonische Früchte seiner Taten. Er schafft rastlos, weil er nicht anders kann, er lebt nicht dazu, um sich des Erworbenen genießend zu erfreuen" (Schumpeter 1997 (1911): 137). Der „fordistisch sozialisierte Normalarbeiter" verkörpert dazu geradezu den Gegenentwurf. Er oder sie fragt zu Recht nach dem „Genussüberschuss" für die nicht selten entfremdete Tätigkeit und der Antrieb ist oftmals eben nicht zu leben um zu arbeiten, sondern umgekehrt. Sein ökonomisches Handeln basiert damit auf einer grundlegend anderen Motivstruktur als jener des prototypischen Unternehmers. Nochmals Schumpeter: „Da ist zunächst der Traum und der Wille, ein privates Reich zu gründen, meist, wenngleich nicht notwendig, auch eine Dynastie. (...)Da ist sodann der Siegerwille. Kämpfenwollen einerseits, Erfolghabenwollen des Erfolgs als solchen wegen andrerseits. (...)Freude am Gestalten endlich ist eine dritte solche Motivfamilie“ (Schumpeter 1997 (1911): 138).

Knapp acht Jahrzehnte später finden sich nahezu wortgleiche Charakteristiken des unternehmensinternen Unternehmertums bei Pinchot (1988: 76): „Die charakteristischen Merkmale der Intrapreneur-Persönlichkeit sind verständlich sobald man begreift, von welchem inneren Druck ein Mensch beherrscht ist, wenn sich in ihm eine starke Visionskraft und ein unbezähmbarer Handlungsdrang vereinen. Ein solcher Mensch findet erst dann Ruhe, wenn sich seine Vision so in der Welt manifestiert, wie er sie vor seinem geistigen Auge sieht. Dieser Druck erklärt nicht nur die Tatkraft des Intrapreneurs, sondern auch seine Intoleranz gegenüber Anweisungen. Er zeigt sich zwar offen gegenüber Informationen und Ideen, aber seine Handlungen werden von seinen eigenen inneren Imperativen bestimmt. Aus dem Drang, die eigene Vision zu verwirklichen, erklären sich Engagement und Hingabe sowie die Bereitschaft, notfalls auch ganz gewöhnliche Arbeiten zu erledigen, damit das Intraprise ein Erfolg wird.“

Dagegen trug die typische berufliche Tertiärsozialisation dafür Sorge, dass die Beschäftigten im Nachkriegsfordismus den Markteffekten *möglichst wenig* ausgesetzt waren. Unternehmerisches Risiko verblieb bei den Eigentümern oder ihren Managern, umgekehrt waren die Handlungsspielräume, Mitbestimmungskompetenzen und damit die „Tatkraft“ der Lohnabhängigen sowie ganz gewiss ihre „Intoleranz gegenüber Anweisungen“ deutlich begrenzt. Die fordistische Arbeitsorganisation stellte lange Zeit anstelle von kreativen auf Routinelösungen ab. Bei einem Gros der Beschäftigten fehl(t)en daher nicht nur der Wunsch nach internem Unternehmertum, sondern aus diesen Gründen auch die notwendigen Voraussetzungen dazu. Die von Schumpeter schon am Vorabend des Fordismus aufgestellte Behauptung dürfte daher heutzutage noch immer zutreffen: „Wo die Grenze der Routine aufhört, können deshalb viele Leute nicht weiter“ (Schumpeter 1997 (1911): 118). Diese heiklen Voraussetzungen liegen dabei nicht nur in der Person begründet, sondern auch in der problematischen Interaktion zwischen Person und organisationalem/gesellschaftlichem Umfeld. Auch dies ist keine neue Erkenntnis, denn schon Schumpeter (1997 (1911): 126) formulierte sie als „Gegendruck, mit dem die soziale Umwelt jedem begegnet, der überhaupt oder speziell wirtschaftlich etwas Neues tun will“. Liest man die autobiographischen Selbstzeugnisse von Intrapreneuren wie Art Fry, so wächst die Einsicht, dass sich an der allgemeinen Obstruktionshaltung im Kern wenig geändert hat. Duncan formuliert dies noch höflich: „Creative people are, to be honest, a pain in the neck“ (1988: 17). Dies hat auch die Intrapreneurforschung zumindest in Teilen zur Kenntnis genommen, so verweisen Jennings et al. (1994) und auch Carrier (1996) auf die vielfältigen und anspruchsvollen – sozialisatorischen, sozioökonomischen und persönlichkeitsbezogenen – Voraussetzungen. Festzuhalten ist: allein aufgrund dieser subjektiven Voraussetzungen ist Intrapreneurship eher die Sache einer verschwindend kleinen Minderheit.

Interne Unternehmer und Manager der eigenen Person

Wenn im Zuge der Marktgrenzenverschiebungen eine unternehmerische Grundhaltung von immer größeren Teilen der Belegschaft eingefordert wird, ist dies somit nur der konsequente Nachvollzug von Schumpeters Unternehmer-Postulat nach dem „Bestehen einer dem Wirtschaften zugewandten Mentalität" (1928: 477). Die aktuellen Folgen einer immer weiter fortschreitenden Internalisierung dieser Forderungen sind in der sozialwissenschaftlichen Debatte über die „Subjektivierung von Arbeit" (Moldaschl/Voß 2002) thematisiert worden. Insofern sie an Foucault anschließen, besteht die Spezifik dieser Ansätze vor allem in einer Art kontrolltheoretischer Wende, der Thematisierung einer Ersetzung von Fremd- durch Selbstkontrolle. Die Re-Kommodifizierung von Arbeitskraft mündet in dieser Perspektive irgendwann fast zwangsläufig in ein (subjekt-)"internes Unternehmertum" (McKinlay/Starkey 1998) ein, das zu seinem Erfolg eine virtuose Beherrschung der „Selbsttechnologie" (Foucault 1993) voraussetzt. Es findet in dieser Logik sogar eine Verschiebung der Marktgrenzen in die Subjekte selbst statt. Bröckling et al. (2000) haben dies im Rahmen der Debatte über Foucaults Konzept der Gouvernementalität (Foucault 2000) am Beispiel des „Managements der eigenen Person" als Leitbild neoliberaler Subjektivität angedeutet. Bei Voß/Pongratz (1998) findet sich diese Tendenz in ihrer Analyse des „Arbeitskraftunternehmers" formuliert, der mit der Stärkung seiner „Employability" über eine erweiterte Selbstkontrolle, Selbst-Ökonomisierung und Selbstrationalisierung des Lebenszusammenhangs den vorherrschenden Typus des verberuflichten Arbeitnehmers ablösen werde (Voß/Pongratz 2000). Marktgesteuerte Arbeit von Intrapreneuren verkörpert auf der einen Seite in der Perspektive des Managements also den Versuch, jene produktivitätssteigernden subjektiven Kreativitätspotentiale zu erschließen, die in fordistischen Arbeitsverhältnissen weder erwünscht noch zugänglich waren. Viele Beschäftigte empfinden dieses Postulat auf der anderen Seite oft als Zumutung, gegenüber der sie sich nur schwer zur Wehr setzen können, weil diese als Sachzwang inszeniert wird. Marktgrenzenverschiebung stellt sich für sie nicht selten als In- und Extensivierung der Arbeit dar, die sich weit in die Lebenswelt hineinschiebt (Pickshaus et al. 2001). Anders als im sozialwissenschaftlichen Analyseansatz vom „Arbeitskraftunternehmer" geraten der Intrapreneurforschung diese Konsequenzen in der Regel nicht in den Blick, da sie sich auf die Fragen der Funktionalität des Rollensegments innerhalb des Organisation beschränkt. Kurzfristig mag dies sinnvoll erscheinen, auf lange Sicht gesehen untergräbt die (zumal unfreiwillige) Überforderung jedoch nachhaltiges Wirtschaften, insbesondere das „Bewirtschaften der eigenen Person".

Selbstverwirklichung durch Teilhabe?

Selbst bei begründeten Zweifeln, ob der Intrapreneur eine (sinnvolle) Form des Unternehmertums bedeutet, kann er doch einen spezifischen Fall von „delegativer Partizipation" (Greifenstein et al. 1993) in Organisationen darstellen, in denen die institutionalisierte Mitbestimmung möglicherweise eher schwach ausgeprägt ist. Das Konzept von Intrapreneurship dürfte seine stärkste Wirkung auf die Beschäftigten daher wahrscheinlich dann entfalten, wenn es sich als freiheitsstiftende Partizipationsvariante (Nichols 1989) ausweist, da es dann eine verbreitete Kritik an der Entmündigung und Entfremdung durch fordistische Arbeitsorganisation und Unternehmensstrukturen aufgreift.

Offen für die Beantwortung durch empirische Forschung bleibt die Frage, ob internes Unternehmertum eher als eine Kompensation oder eine Folge schwacher Mitbestimmung zu verstehen ist. In beiden Fällen stellt es jedenfalls ein konkurrierendes Prinzip der Teilhabe dar, da der Intrapreneur die klassische Arbeitnehmerrolle partiell verlässt und damit auch den Geltungsbereich der kodifizierten betrieblichen Mitbestimmung. Selbst wenn dies auf freiwilliger Basis geschieht, ist damit doch ein deutlicher Unsicherheitsfaktor verbunden, wie die Forschung der letzten Jahrzehnte zum Verhältnis von freiwillig gewährter Partizipation und gesetzlicher Mitbestimmung zeigt (Brinkmann/Speidel 2006). Ungeklärt bleibt, wie sich der Intrapreneur in das System der industriellen Beziehungen einordnen wird. Schon in matrixförmig strukturierten Unternehmen und Produktionsverbünden erweisen sich die klassischen Formen kollektiver Interessenvertretung im deutschen Modell oft als weniger wirksam (Schmierl 1999). Einen Schritt weiter, in der marktzentrierten Organisation, werden die mitbestimmungsfreien weißen Flecke eher noch größer: Ist der Betriebsrat etwa für Unternehmer im Unternehmen zuständig oder nicht?

Um die Frage nach dem partizipatorischen Gehalt des Intrapreneur-Ansatzes zu klären, bedarf es zunächst eines Blicks auf die kulturelle Kompatibilität. Im angelsächsischen Kapitalismus sind Formen direkter Partizipation weit gängiger als in dessen Rheinischer Variante. Insofern stößt das Selbstverwirklichungsangebot des internen Unternehmertums auch auf gänzlich andere Vorbedingungen. Dies wird schon offenkundig, blickt man nur auf Pinchots (1988) Debatten-Startschuss „Intrapreneuring“. Der englische Untertitel lautet „Why You Don't Have to Leave the Corporation to Become an Entrepreneur“; er spricht damit den potentiellen Akteur selbst an, setzt voraus, dass dieser sich bereits mit Abwanderungsgedanken beschäftigt und versucht ihn im Unternehmen zu halten. Im Unterschied zu dieser Akteurs-Perspektive der amerikanischen Ausgabe nimmt die deutsche Übersetzung den umgekehrten Blickwinkel ein: „Intrapreneuring. Mitarbeiter als Unternehmer“. Diese Verkehrung geschieht aus gutem Grund: eine breite bottom-up-Bewegung von Intrapreneuren wurde in Deutschland bislang nicht gesichtet; es handelt sich dabei eher um einen Management- bzw. Beraterwunsch.

Ob in der angelsächsischen oder auch in der rheinischen Variante: Intrapreneure bedürfen weitgehender Handlungsrechte, die in das bestehende Herrschafts- und Machtgefüge der Organisation eingreifen. Am deutlichsten lässt sich dies an den property rights ablesen. Schumpeter zufolge muss bei Unternehmern nicht unbedingt Privateigentum in großem Stil vorhanden sein, ohne Verfügungsgewalt über Produktionsmittel jedoch dürfte die „Durchsetzung neuer Kombinationen“ kaum realisierbar sein. Deutet man ökonomische Güter als Bündel von Handlungs-, Verfügungs- und Nutzungsrechten, lassen sich nach der gängigen Eigentumsrechtanalyse vier Kategorien ausmachen (vgl. Wieland 1997: 37ff.):

1. Recht auf Nutzung des Gutes (ius usus)
2. Recht auf Veränderung der Form und Substanz (ius abusus)
3. Recht auf Nutzung der Erträge, die diesem Gut entspringen (ius usus fructus)
4. Recht auf Übertragung des Gutes und aller daran geknüpften Rechte auf Dritte (ius successionis)

Die Idee des internen Unternehmertums verlangt, dass dieses Bündel von property rights nun aufgeschnürt wird, so dass die Anreiz- und Verfügungsstruktur, die mit dem Privateigentum an Produktionsmitteln verbunden ist, auf andere Akteure wie Intrapreneure übertragen wird, natürlich ohne dass die ursprünglichen Eigentümer ihre letztendliche Kontrolle verlieren. Zu der ohnehin schon existierenden Konkurrenzsituation zwischen Eigentümern und Managern gesellt sich damit ein weiterer Akteur, der das Beziehungsgeflecht verkompliziert. Prototypisch sieht die Konzeption so aus: „The ideal arrangement is to treat each unit as a small, separate company, free to manage its own operations and resources. It is important to allow all units the freedom to conduct business transactions both inside and outside the firm" (Halal 1996: 36) – normativ wird dieser Prozess als Demokratisierungsversprechen, als „move to democracy" (Halal 1997), „extension of democracy" (Halal 1996: 55ff.) inszeniert.

Nach Schumpeter liegt das Wesen der Unternehmerfunktion im „Erkennen und Durchsetzen neuer Möglichkeiten auf wirtschaftlichem Gebiet", der dynamische Unternehmer erfüllt dabei Aufgaben nachfolgenden Typs:

> „1. Die Erzeugung und Durchsetzung neuer Produkte oder neuer Qualitäten von Produkten,
> 2. Die Einführung neuer Produktionsmethoden,
> 3. Die Schaffung neuer Organisationen der Industrie (Vertrustung z. B.),
> 4. Die Erschließung neuer Absatzmärkte,
> 5. Die Erschließung neuer Bezugsquellen." (Schumpeter 1928: 483)

Diese Aufzählung verdeutlicht, dass alle genannten Aspekte der property rights vom Entre-, aber auch vom Intrapreneur wahrgenommen werden müssen. Betroffen sind demnach nicht nur Produkt- und Prozessinnovation, sondern auch Arbeitsorganisation, Ressourcenzugriff, den Entscheid über Zulieferung und Absatz, bis hin zu damit verbundenen Fragen der Organisationsstruktur. In der Regel ist hingegen nicht davon auszugehen, dass die Rechteübertragung im angedeuteten Maße stattfindet, selbst wenn im konkreten Unternehmen der Wunsch nach dem internen Unternehmertum geradezu omnipräsent ist. So erwiderte beispielsweise der Vorstand einer großen deutschen Bank in einer Belegschaftsversammlung konfrontiert mit entsprechenden Wünschen der Beschäftigten nach Erweiterung ihre Kompetenzen ganz im Sinne eines Intrapreneur-Konzepts: „Das hier ist keine demokratische Veranstaltung, hier entscheidet der Vorstand, was gemacht wird, und wem das nicht passt, der kann erhobenen Hauptes das Unternehmen verlassen." In KMU finden sich gleiche Reaktionsweisen, so bemühte beispielsweise der Geschäftsführer eines Produzenten von Umwelttechnik und erklärter Verfechter der Idee von „Unternehmer in Unternehmen" befragt zum tatsächlichen Ausmaß der Delegation wichtiger Entscheidungsbefugnisse die Metapher, dass trotz allem natürlich der „Kutscher" den Weg bestimme. Wohlgemerkt: Im Fall der Bank hatten die Beschäftigten mitnichten eine Demokratisierung ihres Unternehmens gefordert und im zweiten Fall ging es ihnen nicht darum, das Management zu entmachten. Ihre Vorschläge blieben weit hinter den emphatischen Demokratieversprechen der internal markets-Vertreter zurück. Bezeichnend ist, dass sie dennoch bei so zentralen Fragestellungen nach der Regelung von Verfügungsrechten in die Schranken verwiesen werden. Man könnte das Halal-Diktum vom organisationalen Umbruch aufgreifen und anmerken, dass in vielen Unternehmen eher die „chinesische" denn die „osteuropäische" Variante gewählt wird: zwar ist eine Perestroika, nicht aber ein damit verbundenes Glasnost erwünscht. Die Grundhaltung vieler Manager zur Delegation von Partizipationsbefugnissen lässt sich dabei oftmals schon an ihren Umgangsweisen den gewählten Betriebsräten gegenüber ablesen: wenn es an einer entsprechenden Kultur der Teilhabe mangelt, stellt auch die Gewährung alternativer Partizipationsrechte eher einen prekären Anspruch dar, der jederzeit auch wieder entzogen werden kann.

Festzuhalten ist, dass die von Schumpeter angedachten Kompetenzen eines dynamischem Unternehmers zur „Durchsetzung neuer Kombinationen“ viel weitreichender konzipiert sind, als sie den Intrapreneuren in der Regel zugebilligt werden dürften.

B. Der Intrapreneur im Unternehmen

Amorphe Rollen im „Kamikaze-Kapitalismus“

In der bereits angesprochenen Schwierigkeit der amorphen Rollendefinitionen des Intrapreneurs, in welchem das Beste unterschiedlicher Welten miteinander kombiniert werden soll, lauern vielgestaltige Rollenunsicherheiten. Angelegt ist zunächst ein Intrarollenkonflikt als Arbeitnehmer-Unternehmer-Konflikt. Eine kurze Diskussion des von Pinchot (1988: 43) formulierten „ersten Gebots“ eines jeden Intrapeneurs soll dies erläutern: „Komme jeden Tag mit der Bereitschaft zur Arbeit, gefeuert zu werden.“ Diese drastisch-derbe Weisung stellt nichts anderes als die Aufforderung dar, seinen Beitrag im Unternehmen freundlicherweise eigenständig abzuschätzen und im Falle eines zu geringen value-addings oder Innovationsniveaus selbst den Daumen zu senken. Das unternehmerische Denken des Intrapreneurs soll also so weit gehen, dass er bei fehlender Wertschöpfung seine eigene Entlassung betreibt. Spätestens hier wird deutlich, dass schlechthin unvereinbare Rollenanforderungen an diese Akteure herangetragen werden. Die Vermischung der beiden Rollen des loyalen Beschäftigten und des innovativen Unternehmers in der Chimäre des Intrapreneurs lässt außer Acht, dass die mit den unterschiedlichen Funktionen verbundenen, oftmals antagonistischen Interessenstandpunkte ein diffuses und widersprüchliches Rollenmodell produzieren. Die tiefe Einbettung des Intrapreneurship-Ansatzes in die internal markets-Debatte verdeutlicht sich nochmals, wenn man auf Halals analoges Lösungsangebot für anstehende Entlassungen schaut: „For instance, a market organization can help make downsizing, reengineering, and other forms of restructuring more successful. Just as any external business can manage its affairs better without government interference, these approaches are likely to work best if they originate voluntarily from autonomous units that are accountable for serving their clients. Managers who treat units as internal enterprises will almost invariably improve operations beyond their expectations. (...) In place of forced downsizing, then, this bottom-up approach produces self-initiated rightsizing throughout the organization- 'self-sizing'„ (Halal 1996: 46). Selbst-Entlassung, hier euphemistisch als „selfsizing“ tituliert, ist genaugenommen eine logische Schlussfolgerung aus der Annahme, die Intrapreneure seien freiwillig[11] in ihre Rollen geschlüpft und damit auch für ihr Handeln selbst verantwortlich. Gleichzeitig aber – und hier dürfte ein wichtiger Grund liegen – entlastet diese Argumentationsfigur natürlich ein Management, das sich bei Entlassungsvorgängen weitgehend aus Begründungsnöten befreit, weil es entweder den Sachzwang betont, eine „Einheit“ habe sich nicht am Markt behaupten können, oder weil die Grenzbeschäftig-

[11]Das Thema "Freiwilligkeit" scheint in der internal market-Literatur ebenfalls explizit auf – allerdings in der Regel dann, wenn es um die "freiwillig" zu schulternden Effekte von schwacher Markt-Performance geht: "Operating units are better able to resolve such competitiveness issues through voluntary layoffs, growing the business, tolerating lower rewards, or other possible solutions they may prefer" (Halal 1994a: 80).

ten ihre Aufgabe in dieser Welt des „Kamikaze-Kapitalismus" wahrnehmen und ihr selfsizing bereits selbst vollzogen haben[12].

Inszenierte Märkte und die Verteilung des Risikos

Ein weiteres Problem ergibt sich, wenn man eine andere Entrepreneurship-Theorietradition konsultiert. Die an Knight (1985 (1921)) anknüpfenden risikotheoretischen Unternehmer-Konzepte sind ebenfalls mit den meisten der bekannten Intrapreneur-Praxen kaum in Deckung zu bringen; unterstellen sie doch, dass die Voraussetzung für die Entscheidung zur unternehmerischen Tätigkeit ein Ausdruck der spezifischen Risikoneigung der Wirtschaftssubjekte ist. „Unsicherer" unternehmerischer Lohn stellt in dieser Logik die Prämie für die Übernahme der mit wirtschaftlichen Aktivitäten verbundenen Unsicherheit bzw. der nicht versicherbaren Risiken dar. Dies gilt nicht nur für den klassischen Unternehmer, sondern soll auch als Maxime für Intrapreneure herhalten, denn: „In der Risikobereitschaft haben diese Mitarbeiter sehr viel Ähnlichkeit mit Entrepreneuren. Sie nehmen persönliche Risiken auf sich, um neue Idee durchzuführen" (Pinchot 1988: 10).

Die kritische Nachfrage muss daher wiederum dort ansetzen, wo risikoavers sozialisierte Lohnabhängige in risk-seeking Intrapreneure umgemodelt werden sollen. Der Intrapreneur bekommt als Akteur/Agent entweder vom Prinzipal oder von dessen Agenten, dem Management, Ressourcen und Kompetenzen zugewiesen, um gleichzeitig wie ein genuiner Eigentümer-Unternehmer und wie ein Beschäftigter zu agieren. „The old employment relationship in which people were paid for holding a position is yielding to a new relationship in which people are given an opportunity to use their talents, with all the freedom, self-control, risks, and rewards associated with being an entrepreneur" (Halal 1994b: 13). In der angesprochenen Theorietradition Knights stellt sich die Frage, in welchem Verhältnis sich Ertrag und Risiko in dieser amorphen Konstellation zueinander verhalten, um einerseits den potentiellen Intrapreneur im Unternehmen zu halten, sein Risiko also zu begrenzen und andererseits eine bestimmungsgemäße Wahrnehmung von Eigentumsrechten zu gewährleisten. Die Frage „Should I stay or should I go?", die sich im Hochqualifiziertenbereich häufig stellt, taucht hier erneut auf (vgl. dazu am Beispiel der Wissensarbeiter: Brinkmann 2003). Sind Intrapreneure womöglich aufgrund ihrer Dispositionen eher Vertreter einer Exit-Kultur? Warum sollen sie sich auf die Unbill organisationaler Zwänge einlassen, wenn außerhalb der große Gewinn lockt? Denn zu diesen Zwängen sind auch organisationsspezifischen Risiken wie strukturelle Schranken, geronnene Machtstrukturen oder Widerstand gegen Veränderungen zu zählen. „The risk-reward trade-off for internal entrepreneurs is long on risk and short on reward. Why should employees risk a bruising battle with the defenders of the status quo when the potential payoff is so meager?" (Hamel 1999: 77).

Abstrahiert man einmal von der Frage, welches Risiko Beschäftigte übernehmen wollen oder sich aufbürden lassen, wenn sie *nicht freiwillig* unternehmerisch tätig sind, und beschränkt sich auf die Überlegungen der Vertreter des Konzepts zum Verhältnis von Ertrag und Risiko, das ja – stärker als auf externen Märkten – deutlich von einem machtdurchzogenen innerbetrieblichen Verhandlungsprozess abhängt, so stößt man auf Konstrukte wie „intracapital" oder „intracapital banks" (Pinchot 2001), die ein funktionierendes

[12]Das internal markets-Konzept liegt damit auch konträr zur organizational slack-Debatte, die sich ja gerade gegen die strikte und kurzfristige Anrechenbarkeit jeder organisationalen Handlung ausspricht und die Bedeutung von *slack* für Innovations- und Adaptionsfähigkeit hervorhebt (Lawson 2001)

Marktumfeld inszenieren und den Prozess des internen Unternehmertums begleiten sollen. Ihr Ziel ist die Verhinderung eines „Wohlfahrtsverlusts“ der Gesamtorganisation durch ein opportunistisches Verhalten von Intrapreneuren, die beispielsweise betriebliche „öffentliche Güter“ überstrapazieren oder innerbetriebliche „externe Effekte“ produzieren. Das mögliche Projekt eines internen Unternehmers wird dann etwa durch eine intracapital-Bank bewertet. Pinchot (1988: 74) berichtet von einem Unternehmensbeispiel, in dem die Risikobereitschaft der Intrapreneure mit der Frage „Würden Sie für diese Idee eine zweite Hypothek aufnehmen?“ abgefragt wurde. Die Ersetzung des „Leistungs- durch das Erfolgsprinzip“, die Deutschmann (2001: 68) zu Recht als eine Programmatik des Arbeitskraftunternehmers identifiziert, schlägt ersichtlich bei der Intrapreneursrolle besonders stark durch. Pinchot zieht die Schlussfolgerung, dass der Intrapreneur 10% der Kosten des Projekts (bis zu 20% seines Lohns) einbringen könne, wobei im Erfolgsfall ein großer Anteil (90%)[13] der Beteiligung wiederum als Intrakapital ausgezahlt werden solle. Dieses Verfahren, das den einmal gestarteten Akkumulationsprozess in Gang halten soll, stellt natürlich ebenfalls eine Einschränkung der Entscheidungsrechte des Intrapreneurs dar.

Letztlich spiegeln alle Erwägungen über angemessene Entlohnungsformen von Intrapreneuren nur die bereits dargestellten eher unsicheren Überlegungen zu deren Motivlagen wider. Schumpeters Ausspruch, der Unternehmer schaffe rastlos, weil er nicht anders könne und er lebe nicht dazu, um sich des Erworbenen genießend zu erfreuen, bietet daher eine Logik an, die sich im Kontext des marktförmigen Äquivalenztauschprinzips als sperrig unzeitgemäß erweist. Nach Carrier (1996: 12) streben Intrapreneure durchaus die klassischen materiellen Ziele an: Beförderung, Zugang zu Kapitalanteilen, Innovationsboni, „höheres Einkommen als anderswo“ oder eben die Möglichkeit steigenden Einkommens. Duncan (1988: 19) hingegen vermutet ganz in Schumpeterscher Manier, das sie Aufstieg nicht interessiere: „Intrapreneurs rarely have the interest or temperaments required for line and staff management positions. (...) Intrapreneurs need freedom to create, not more responsibility in managing old ideas“. Und Shays (1984: 20) weist schließlich darauf hin, dass es auch unternehmensinterne Schranken für eine außergewöhnliche Entlohnung(sform) innerbetrieblicher Innovatoren gibt: „Most large companies don't like to see innovators earn amounts substantially more than salaried managers, even if the innovators are directly responsible for substantial incremental revenues.“ Ein monetäres Anreizsystem, das sich auf externen Märkten eo ipso einstellt, muss innerorganisatorisch daher erst simuliert werden und stellt einen Spielball für mikropolitische Auseinandersetzungen dar, in denen sich die unterschiedlichen Machtpositionen spiegeln. Allerdings ist bislang kaum erkennbar, dass mit der Verschiebung von Marktgrenzen und damit von Risiken auch ein entsprechender Wandel bei der Prämiendistribution einhergeht. So selten sich bislang problematisches Managementhandeln in entsprechende Gehaltskürzungen umsetzt, so wenig haben sich bislang auf der anderen Seite ertragsabhängige Gratifikationen (jenseits von Aktienoptionsprogrammen) durchgesetzt (vgl. Priewe 2001: 119). Während Vorstände und Manager aufgrund ihrer Aktienoptionsplänen sogar bei einem deutlichen Wertverfall des Unternehmens einen windfall profit verbuchen können (siehe Kritik der Corporate Governance Kommission), müssen Intrapreneure aufgrund ihrer schwächeren und weniger abgesicherten Machtposition eher damit rechnen, für Verluste oder gescheiterte Projekte auch dann

[13]vgl. Pinchots Homepage http://www.intrapreneur.com/

verantwortlich gemacht zu werden, wenn die Ursachen in unbeeinflussbarer und ungünstiger Marktentwicklung oder ähnlichem zu suchen sind[14].

Diese machtbasierte Inszenierung eines unternehmensinternen Marktes ist es dann auch, die das Heikle an Pinchots (1988: 43) achtem Gebot für Intrapreneure ausmacht: „Denke daran – es ist leichter um Verzeihung zu bitten als um Erlaubnis". Es handelt sich um das Postulat, besser ohne großen Aufhebens Innovationen einzuleiten und Eigeninitiative zu zeigen, statt auf hierarchische Anweisungen zu warten. Dies scheint eine sehr auf den Erfolgsfall abhebende Argumentation zu sein. Der Intrapreneur macht sich klar vom Wohlwollen seiner „Vorgesetzten" abhängig, wenn er allgemeinen Vorschlägen wie diesen folgt: „The corporation and the intrapreneur must look at the contract more as a moral than a legal commitment. Intrapreneuring is founded on confidence and trust" (Duncan et al. 1988: 20). Eher scheint es für den Intrapreneur schon aufgrund des Grundproblems der unklaren Erfolgschancen eines jeden Projekts internen Unternehmertums ratsam, sich frühzeitig für den Fall des Scheiterns innerhalb der Organisation abzusichern – am besten, indem er die Spielregeln des mikropolitischen Spiels mitbestimmt. Denn je präziser der Status von Unternehmern im Unternehmen definiert ist, umso weniger Ressourcen müssen sie auf die Schaffung von innerbetrieblicher Legitimität[15] verwenden. Die Legitimierung von besonderen Freiräumen durch das Management kann den Intrapreneur entlasten und ihn vor unerwarteten Managementreaktionen im Falle seines Scheiterns schützen, wie dies auch von der Literatur konzediert wird: „Top-Management with its pious pronouncements and protestations encouraging risk taking, even if it fails, sometimes has the unfortunate propensity of blackballing those who do try and do fail" (Prasad 1993: 38).

Kein Zweifel. Im Erfolgsfall seines Projektes oder im Fall großer „Nachfrage" nach Intrapreneuren verbessert sich die Machtstellung des Intrapreneurs entsprechend. Es liegt jedoch der begründete Verdacht nahe, dass im Falle der Verschlechterung der ökonomischen Rahmenbedingungen ein schneller Wandel eintritt. Das Platzen der dot.com-Blase wirft darauf ein Schlaglicht: Selten wurde der abrupte Präferenzwandel vom Streben nach ungebundener Selbstständigkeit hin zu einer abhängigen Beschäftigung so deutlich wie im Verlauf des Jahres 2000, als das Management-Magazin „Chief Executive" noch in seiner Februar-Ausgabe einen „Intrapreneur Exodus" aus den Unternehmen der Old in die New Economy befürchtete (Gottenberg/Stuart 2000) und wenige Monate später dieselben umworbenen hochqualifizierten Beschäftigten angesichts der herannahenden Rezession aus „Sehnsucht nach dem Festgehalt" ein „Rückfahrticket lösten" (Der Spiegel, 51/2000).

Anders als der klassische Entrepreneur ist der Intrapreneur – hat er sich einmal in seinen „Marktbeziehungen" festgelegt – in seinen Exit-Möglichkeiten deutlich beschränkt. Es gibt nur einen Nachfrager für sein Angebot, was ihn stark von dessen Wohlwollen abhängig macht: „The marketplace for ideas is a monopoly – there's only one buyer. There's only one place to pitch a new idea-up the chain of command – and all it takes is one *nyet* to kill that idea." Dies stellt sich für Innovatoren auf externen Märkten anders dar: „The hope is that if one says no, another will say yes" (Hamel 1999: 77). Der Verzicht auf die formale Wahlfreiheit (als zentralem Bestandteil von Marktkonzepten) stellt daher vor allem für den

[14]Hier mag es Gegenbeispiele geben, insbesondere wenn aufgrund von besonderen Bedingungen bspw. im Bereich der Wissensarbeit andere Machtressourcen vorherrschen (vgl. dazu: Brinkmann 2003). Die Spielregeln der Entlohnung sind auch hier nichts anderes als ein Ausdruck geronnener Machtauseinandersetzungen.

[15]Legitimationsprobleme dieser Art treten nicht nur beim Intrapreneurship auf. Auch in anderen Unternehmensbereichen sind sie bekannt, beispielsweise im Verhältnis von Projekt- zur Linienarbeit.

Intrapreneur eine erhebliche Erhöhung seines Risikos dar: er ist auf Gedeih und Verderb an die Organisation gebunden.

Intrapreneure zwischen Macht und Markt

Von Seiten der Wirtschaftswissenschaften ist gelegentlich die nur „halbherzige" marktförmige Restrukturierung von Organisationen beanstandet worden. Hodgson (2001: Kap. 17) beispielsweise verweist darauf, dass es sich innerhalb von Unternehmen meist nur um scheinbare, inszenierte Märkte handele. Erfahrungsgemäß lässt sich das gleiche auch für das Intrapreneurship behaupten. Ein Grund dafür ist in der Sorge des Managements oder der Eigentümer zu vermuten, die den neuen Akteur vollständig durch die üblichen Kontrollraster fallen sehen. Denn aus der Perspektive des Intrapreneurs werden diese beinahe zu Externen/Outsidern im Verhältnis zu deren Projekten. Die Kontrolle interner durch externe Akteure erweist sich aber auch in anderen Kontexten oftmals nur als Schimäre (vgl. die Überlegungen zur Kontrolle von Managern durch externe Akteure wie Fonds in Dörre/Brinkmann 2005). Die Konstruktion von Intrapreneur-Insidern folgt der gleichen, für die Kontrolleure schweißtreibenden Logik, denn „due to information asymmetries the intrapreneur knows typically more about the potential of the venture than the relevant resource allocators" (Czernich 2003: 2). Es ist daher zu beobachten, dass sich hierarchische und marktförmige Kontrollmodi chronologisch oft nicht ablösen, sondern vielfach nebeneinander wirken. Dies macht aus Managementperspektive durchaus Sinn, da nur jene Machtressourcen, die sich aus hierarchischer Vermittlung speisen, weiterhin einen unvermittelten Zugriff auf die Beschäftigten gewährleisten und damit das mit der Verschiebung der Marktgrenzen aufscheinendes „control dilemma" (Tullius 2001) bearbeitbar machen.

Daher ist genau nachzuforschen, ob der behauptete Kontrollgewinn für die Beschäftigten[16] und die Abgabe von Macht durch das Management[17] in der Restrukturierung im Einzelfall tatsächlich auch empirisch auffindbar ist. Mit Blick auf die Grenzen der Verwirklichung neuer Teilhabeversprechen ist dies oben bereits bezweifelt worden. Ein Ansatzpunkt zur Erklärung liegt sicherlich in der vorgetragenen Modellvorstellung des „Marktes". Das Verschwinden der klassischen Machtpyramide wird dabei zu sehr mit dem Verschwinden von Macht gleichgesetzt. „From this view, the organization is no longer a pyramid of power but a web of changing business relationships held together by clusters of internal enterprise - as in any market" (Halal 1996: 37). Märkte stellen aber eine „Form der Verhaltenssteuerung" und einen „finanziellen Sanktionsmechanismus" (Heinemann 1976: 55) dar, der weit mehr als ein ahistorisches Medium zur Preisfindung und einen beliebig installierbaren Ort des Warenaustauschs repräsentiert. Märkte basieren auf voraussetzungsvollen kulturellen und historisch-spezifischen Institutionen und Normen[18], Regeln und Prozeduren, Routinen und Strukturen (z.B. hinsichtlich der Intensität des Wettbewerbs), Voraussetzungen, die in einer enthistorisierenden und ontologisierenden Markt-Apologetik oft untergehen.

Man möchte daher Halals obigem Zitat entgegenhalten: „as in any market" gibt es neben den „rationalen" Tauschlogiken immer auch andere Vermachtungstendenzen – unter anderem die Macht des Managements oder der Eigentümer, den Markt und seine Spielregeln mit marktexternen Machtressourcen zu formen. Dazu gehört auch, dass parallel zur

[16]"This power shift comprises a peaceful revolution" (Halal 1998a: 13).
[17]"CEOs may give up much of their formal authority in a market system" (Halal 1996: 41).
[18]Man denke beispielsweise an Sombarts (1954; 1967) oder auch Bourdieus (2000) Beschreibung der institutionellen Voraussetzungen einer historischen Verallgemeinerung von Marktprozessen.

Inszenierung des internen Marktes eine Hierarchie weiter besteht. Eine Reihe der Vertreter der Intrapreneur-Konzeption abstrahiert folglich zu stark von den Eigeninteressen der beteiligten organisationalen Akteure. Nicht alle ManagerInnen sind mit dem Rollenwechsel „from boss to mentor" (Shays/de Chambeau 1984: 20) einverstanden, nicht alle denken tatsächliche an den für die *Organisation* besten Mix aus Kontrolle und Freiheit, die Halal (1999) anmahnt: „Wise executives will try varying degrees of control and freedom to find that mix that best suits their organizations". Gegen die Mystifizierung der neuen Freiheiten ließe sich ein ironisches Zitat einwenden, das Ortmann (1988: 220) in einem anderen Zusammenhang mit Blick auf die Persistenz innerorganisatorischer Machtverhältnisse geprägt hat: „Andererseits fließt das Wasser eben doch bergab".

Eine weitere Kritik sei an dieser Stelle eingeflochten: so wenig der Markt ein machtfreies Konstrukt darstellt, so wenig ist ebenfalls davon auszugehen, dass in einem internen Markt die Entscheidungen ausschließlich anhand von Marktindikatoren getroffen werden. Interne Märkte beschreiben auch weiterhin nur einen Teil aller organisationalen Interaktionen und entgegen den Verlautbarungen stellen „rationale Marktkriterien" oft nicht die zentralen Beweggründe für ökonomisches Handeln dar. Poppo (1995: 1847) referiert dazu ihre Ergebnisse : „Suppliers choose not to trade in the internal market to avoid contentious haggling over profits or unfair trades". Ganz neu ist diese Erkenntnis nicht: schon Eccles/White (1988) hatten darauf hingewiesen dass es keinesfalls nur der Preis ist, der die Rationalität von Entscheidungen beeinflusst – selbst wenn Interaktionen über den Markt abgewickelt werden: am Beispiel von Profit-Centern legten sie dar, dass man sich für teurere Anbieter entschied, um interne Transaktionen zu vermeiden. Dass die Selektionskriterien von Transaktionspartnern auch für Intrapreneure relevant werden können, wird im Folgenden dargelegt.

Konkurrenz oder Kooperation?

Auch klassisch hierarchisch aufgebaute Unternehmen waren natürlich zu keiner Zeit frei von innerorganisatorischen Konkurrenzbeziehungen. Allerdings stellten diese nicht das strukturierende Grundprinzip dar. Das ändert sich nun im Prozess der fortschreitenden Verschiebung der Marktgrenzen in die Organisation. Anschaulich manifestieren sich dieser Übergang und die daraus resultierende Unsicherheit am Beispiel des Rollenvorbilds Intrapreneur. Einerseits legt das bereits angeführte Vertrauensargument nahe, dass bei betrieblichen Austauschbeziehungen auch marktförmiger Art ein hohes Vertrauensniveau bessere Voraussetzungen für Mehrperioden-Transaktionen mit sich bringt (Brinkmann/Meifert 2003), auch Intrapreneure sind auf hochkooperative Formen betrieblichen Handelns angewiesen – sind sie es doch, die aufgrund ihrer Innovationsfähigkeit jene „neuen Kombinationen" zwischen unterschiedlichen betrieblichen Einheiten erst herstellen müssen: „Intrapreneurs also use social capital to build support for their projects and gain legitimacy within the organization. This social capital is usually embedded in trust." (Zahra et al. 1999: 183).

Der Ruf nach dem „Teamworker" (Reitz 1998) im Intrapreneur, der aufgrund seiner Innovationskraft die traditionellen innerbetrieblichen Grenzen überschreitet („Grenzüberschreitungen leicht gemacht", vgl.Pinchot 1988: 276ff.), ist daher nachvollziehbar, er kontrastiert aber sehr deutlich mit der Programmatik des Unternehmertums nach Schumpeter: „Egoistisch gefärbt — auch in der Bedeutung von 'gesteigertem Egoismus', Rücksichtslosigkeit — sind zwar seine Motive ganz besonders: Ist er doch ganz besonders traditions-

und beziehungslos, der wahre Hebel der Durchbrechung aller Bindungen, und dem System der überindividuellen Werte (...) ganz besonders fremd“ (Schumpeter 1997 (1911): 134). Diese „Fähigkeit zum Alleingehen“ (130) ist es, auf welche die Befürworter der internen Unternehmerschaft ebenfalls abheben. Sie betonen die spezifischen Grundhaltungen des „Einzelkämpfers“ (Pinchot), der in der Kooperationsbeziehung nicht gut aufgehoben zu sein scheint. Wie anders sollte man die Intrapreneurship-Gebote 2, 3 und 6 verstehen, die von Pinchot aufgestellt werden: „(2) Umgehe alle Anordnungen, die Deinen Traum stoppen können. (3) Mach alles, was zur Realisierung Deines Ziels erforderlich ist – unabhängig davon, wie Deine eigentliche Aufgabenbeschreibung aussieht. (6) Arbeite solange es geht im Untergrund – eine zu frühe Publizität könnte das Immunsystem des Unternehmens mobilisieren“. Wer diesen Maximen getreu handelt, vermutet – wahrscheinlich nicht ganz zu Unrecht – an jeder Stelle Obstruktionen für die eigene Idee. Andererseits ist aber aus der Vertrauenstheorie bekannt, dass stark opportunismusverdächtig Handeln – und um nichts anderes handelt es sich im vorliegenden Fall – schnell zur Erosion von Vertrauens- und Kooperationsbeziehungen beiträgt (Brinkmann/Seifert 2001)[19].

Letztlich stellt das angepriesene Arbeiten im „Untergrund“ eine spezifische Variante des Schutzes innerhalb labiler Transaktionsbeziehungen dar. Intrapreneurship treibt das bei Konkurrenzbeziehungen ohnehin existierende Problem der potentiellen Vernachlässigung der Kooperationsaspekte noch einen Schritt weiter, denn Unternehmer im Unternehmen produzieren jene angesprochenen dargelegten Informationsasymmetrien beinahe zwangsläufig, wenn ihnen eine hohe Verantwortung für die eingesetzten Ressourcen auferlegt wird. Schon aus der Prinzipal-Agent-Theorie ist bekannt, dass Informationsasymmetrien dazu führen können, dass die Marktteilnehmer ihren Nutzen bzw. Schaden falsch einschätzen oder im umgekehrten Fall derartige Ungleichgewichte zur Benachteiligung von den Verhandlungspartnern ausnutzen.

Mit Blick auf die Gefahr für das notwendige Vertrauen taucht also Akerlofs (1970) „lemons“-Problem auch hier variiert wieder auf: Der Aufbau von transaktionskostenminimierendendem Vertrauen ist in Konkurrenzstrukturen nicht unkompliziert. Mit den Kosten für Informationsbeschaffung, Kontrolle, signalling und screening erscheinen neue Posten, die mit North (1992) zweifeln lassen, ob auch hier eine favorisierte Marktlösung tatsächlich einen Effizienzgewinn darstellt und nicht womöglich die Transaktionskosten im Saldo erhöht.

Besonders brisant wird diese Konstellation, wenn man sich vergegenwärtigt, dass sich die potentiellen Intrapreneure mit der dargestellten Haltung das Schmieden von Koalitionen nahezu selbst verbauen müssen: In Richtung auf ein Management, das aufgrund der Unsicherheit der Projekte und der schwachen Kontrollmöglichkeiten von Intrapreneurship womöglich skeptisch ist und gleichzeitig erfahren muss, dass die den Intrapreneuren zugebilligten Freiheiten gepaart mit deren Unwillen, sich als Angestellter unterzuordnen, seine eigene Machtposition gefährdet. Aus der empirischen Forschung kennt man genügend Fälle (zum Beispiel im Kontext der Einführung von lean production, vgl. Dörre 2002), in denen ein argwöhnisches Management weit machtvollere Konstellationen scheitern ließ als das Projekt eines Intrapreneurs. Deren Widerstand gegen hierarchische Unterordnung war denn auch einer der ersten geäußerten Zweifel in der Debatte zum internen Unternehmertum:

[19] Damit soll nicht behauptet werden, dass Vertrauen und Intrapreneurship sich grundsätzlich ausschließen, der Übergang von eigennützigem zu opportunistischem Verhalten stellt in dieser Frage den heiklen Punkt dar (Brinkmann/Seifert 2001).

„This reaction to authority is the very style of entrepreneurship and makes this person a weak link in the chain of command in the corporate hierarchy of authority“ (Ross 1987: 25).

Aber auch in Richtung der beschäftigten KollegInnen machen sich Intrapreneure potentiell unbeliebt: sie durchbrechen als schöpferische Zerstörer den „Automatismus eines ausbalancierten Kreislaufs“ (Schumpeter 1997 (1911): 112) und stellen (a) eine Bedrohung für positionale und funktionale „Erbhöfe“ dar, wenn sie beispielsweise selber, wie in der Theorie gefordert, eigene Marktforschung betreiben, oder wenn sie (b) knappe Ressourcen in direkter Konkurrenz zu anderen Beschäftigten beanspruchen. So rät Pinchot auf seiner Homepage[20] dem Management, den Intrapreneuren zu vertrauen und ihnen alle Unterstützung materieller und personeller Art zu geben, nach der sie verlangen: „Since resources are not infinite, managers may have to take these things away from other people who are not intrapreneurs.“

Um ihrer Isolation oder gar einem Boykott durch andere Beschäftigte zu entgehen, dürften Intrapreneure in dieser Lage einen nicht geringen Teil ihrer Zeit und Ressourcen in komplizierte innerbetriebliche Austauschprozesse investieren (Prasad 1993), zumal mit einem wechselseitigen Aufschaukeln zu rechnen ist, denn je drastischer die Innovation ist, um so mehr mikropolitische Anstrengungen werden nötig sein, um innerbetrieblich Legitimation, Ressourcenfluss und Kooperation abzusichern.

Marktförmige Desintegration – kulturelle Reintegration?

Die Verschiebung der Marktgrenzen in die Organisation befördert also wie dargestellt verschiedene desintegrative und zentrifugale Kräfte. Zugleich sinkt die Integrationskraft über ein konkretes Unternehmensziel, wenn die einzelnen Untereinheiten verstärkt eigenlogisch handeln. Auch hier gilt: dies ist keine gänzlich neue Entwicklung, aber sie war bislang kein in diesem Ausmaß einkalkulierter und erwartbarer Effekt managerialer Entscheidungen.

Was aber unterscheidet ein Unternehmen als fluides Gebilde autonomer Einheiten dann noch von einem „normalen“ Marktplatz? Die Frage nach Markt oder Organisation wird seit Coase (1937) oft so beantwortet: die zur Erstellung von Gütern notwendigen Transaktionen finden in einem Unternehmen und nicht auf dem Markt statt, wenn die Summe der Produktions- und Transaktionskosten im Unternehmen geringer als auf dem Markt ist. Firmeninterne Märkte stellen im strengen Sinne daher einen logischen Bruch in dieser herrschenden Unternehmenstheorie dar, denn man kann mit Ellig (2001: 230) folgende Überlegung anstellen: „If administrative direction minimizes transaction costs, there seems little justification for wholesale replication of market institutions inside the boundaries of the firm. On the other hand, if introduction of prizes can improve upon administrative resource allocation, then downsizing seems more appropriate than internal markets.“ Diese Entweder-Oder-Logik erfährt bei den Protagonisten des Konzepts marktzentrierter Organisationen und Intrapreneurship eine Verschiebung zur Sowohl-Als auch-Maxime, da sie weder auf die Vorteile des Marktes noch der Organisationsform Unternehmen verzichten möchten. Auf die Frage nach „Make or buy?“ antworten sie daher mit dem Motto, „Make *and* buy!“

Was bedeutet dies für das Phänomen organisationaler Desintegration? Die Loslösung von der Verpflichtung auf das Unternehmensziel vollzieht sich oft in zwei typischen Abstufungen: Zunächst findet eine Bildung marktförmiger Entitäten wie etwa Centerstrukturen

[20]http://www.intrapreneur.com/MainPages/History/InnovThruIntra.html (03.04.2006, 18.30)

statt, die zwar noch auf ein vorgegebene Richtung eingeschworen sind, aber schon legitimerweise einer eigenen Sinnhaftigkeit in ihrem Streben nach einer guten Performance folgen (müssen). Mit dem Intrapreneurship geht man dann einen Schritt weiter. Dessen explizites Programm ist es geradezu, im Rahmen betrieblicher schöpferischer Zerstörung, tradierte Prozesse und Produkte hinter sich zu lassen und eigene Ziele zu verfolgen.

So viel man einerseits über die Vorteile marktförmiger Organisationsformen (wie Innovation und Adaptionsgeschwindigkeit) erfährt, so wenig liest man andererseits über das Problem, die auseinanderdriftenden Unternehmen zusammenzuhalten. In der Regel werden zwei Argumentationslinien stark gemacht: Zunächst der klassische Glaube an die unsichtbare Hand des Marktes, zuweilen modernisiert als Anleihe bei der Chaos-Theorie: „To use a phrase from chaos theory, the central advantage of an internal market system is that it 'creates spontaneous order out of chaos'„ (Halal 1996: 49). Dagegen ließe sich einwenden, dass es sich bei der gestifteten weniger um eine Unternehmensordnung sondern eher um ein Marktgleichgewicht handelt. Der Ansatz zur Stiftung innerorganisatorischer Kohäsion wird daher verstärkt an anderer Stelle erwartet: Große Erwartungen richten sich an ein verbindendes und verbindliches gemeinsames Normenkorsett innerhalb eines Unternehmens: die Unternehmenskultur.

Die Sorge um den Zusammenhalt der Organisation schwang zwar von Beginn an in der Debatte um internes Unternehmertum mit (Fisher 1984); je deutlicher wurde, dass unternehmerisches Handeln auch innerhalb des Unternehmens nicht zuletzt im Durchbrechen tradierter Normen besteht, und je stärker damit betont wurde, dass die Freiheit von Intrapreneuren gerade darin besteht, dass man sie aus den klassischen Bindungen an das Unternehmen herauslöst, um so lauter wurde der Ruf nach einer integrierenden Unternehmenskultur (Prasad 1993) als zentripetaler Kraft. In Halals Formulierung: „Social norms support the enterprising infrastructure. (...) an internal market must be augmented by an entrepreneurial culture that stresses individual initiative, change, and mutual support“ (Halal 1994a: 76). Von bürokratischen Blockierungen emanzipiert soll der frisch gebackene interne Unternehmer damit in neue kontrollierbare Fesseln gelegt werden. Dem desintegrativen Unternehmenskonzept vom Binnenmarkt wird zu diesem Zweck ein integrierendes Vergemeinschaftungskonzept eines „Culture Club“ (Ellig 2001: 235) zur Seite gestellt, das einem kostentreibenden Opportunismus Einhalt gebieten soll[21]. Damit erinnern die Protagonisten der Marktgrenzenverschiebung etwa an Goethes Zauberlehrling. Wie dort der Besen, so sind hier die Intrapreneure plötzlich nicht mehr zu kontrollieren. Und statt des „Herrn und Meisters“ setzt man zur Zügelung dieser plötzlichen Eigendynamik hier auf die integrationsstiftende Kraft eines gemeinsamen normativen Hintergrunds: „Prepare the organization by shaping a culture that fosters enterprise“ (Halal 1994a: 81). Eine solche Betrachtung von Unternehmenskultur als restringierendem kulturellen Rahmen stellt in dieser Theorietradition ein wichtiges Unterscheidungsmerkmal von internen zu externen Märkten dar. Allerdings – und spätestens an diesem Punkt setzt die Kritik an – müssen diese Vergemeinschaftungsideologien geradezu von traditionellen und neu geschaffenen Interessengegensätzen abstrahieren. Die wichtigste Aufgabe des Managements soll daher in der Schaf-

[21]"As a set of constraints both internal and external to agents, corporate culture reduces static transactions costs by reducing opportunism. Opportunities for opportunism may arise but agents refrain from taking advantage of them because engaging in opportunistic behavior imposes psychic disutility, is punished by social sanction or is perceived to be inconsistent with their long-term best interests. (...) Corporate culture reduces these (dynamic transaction) costs by giving people in the same organization a similar set of mental models and visions" (ebd.).

fung einer „corporate community"[22] zur Begrenzung der problematischen Effekte des Marktes bestehen. Zum einen erstaunt, wie unterkomplex marktinduzierte Problemlagen (etwa das Verhältnis von Eigennutzstreben und „Gemein"-Nutz) innerhalb dieses konstruierten Rahmens modelliert werden. Zum anderen strebt dieses Unternehmenskulturkonzept damit einen Pfad an, der schon an anderer Stelle (Brinkmann 2002) als funktionalistische Sackgasse beschrieben wurde.

Zweierlei Geschwindigkeiten: Intrapreneure im Shareholder-Value-Kapitalismus

Deutliche Dysfunktionalitäten des Konzepts internen Unternehmertums treten schließlich zu Tage, wenn man es vor dem Hintergrund der verbreiteten Shareholder-Orientierung diskutiert.

Oben wurde dargelegt, dass ein Vorteil interner Märkte für das Management in der Vereinfachung der Kontrolle durch eine Outputorientierung gesehen wird, bei der den internen Einheiten möglichst klare Kostenkalküle unterlegt sind. Genau dieser Vorteil geht beim Intrapreneuring verloren, da hier der Output, also das Ergebnis des offenen Prozesses der schöpferischen Zerstörung notwendigerweise ungewiss ist – die fehlende Planbarkeit von Innovation ist ja zentraler Ausgangspunkt des Ansatzes. Und Investitionen von Intrapreneuren unterscheiden sich von „normalen" Investitionsvorhaben eben darin, dass sie keine Verlängerung alter Wege darstellen (Czernich 2003). „Are some units suffering losses? A market would let them fail because they do not produce value". Halals (1994a: 79) Behauptung ist also höchst voraussetzungsvoll und die Zweifel über die tatsächliche Möglichkeit, das „value adding" eines Profit-Centers oder die Kosten von Dezentralisierung präzise zu bemessen, begleiten die Debatte von Anfang an (z.B. Eccles/White 1988). Aufgrund des ungewissen Beitrags zur Wertsteigerung des Unternehmens und seiner hohen Ambiguität (man denke nur an den vieldeutigen und unklaren Start eines solchen Projekts) scheint Intrapreneurship also durchaus ein Fremdkörper im Shareholder-Denken zu sein.

Anders herum betrachtet, stellt vor allem die Kurzfrist-Orientierung des Shareholder-Ansatzes einen grundlegenden Widerspruch zum Intrapreneurship dar, da es sich bei der Entwicklung eines neuen Produkts, einer neuen Technologie oder eines neuen Marktes stets um ein mittel- oder langfristiges Projekt handelt, dessen Investitionen sich in einem entsprechenden Zeitraum erst auszahlen können (sofern sie es überhaupt tun): In einigen Bereichen kann es mehrere Jahre dauern, bis eine Innovation im Produktlebenszyklus kostendeckend vermarktet werden kann.

Die Kurzfristorientierung dürfte nun bei risikobewussten Intrapreneuren zu anderen Ergebnissen führen als bei Angestellten/Arbeitern; sie sind aufgrund der persönlichen Verantwortung und/oder Beteiligung besonders anfällig für einen drohenden Ressourcenentzug, oder in der blumigen Sprache der Berater: „Nervöses Geld macht die Innovationen teuer und ineffizient. Es führt dazu, dass das Intraprise keine guten Leistungen hervorbringt und schließlich zum Scheitern verurteilt ist" (Pinchot 1988: 270; vgl. auch Dörre 2002: Teil 4: 2.2). Auch in einer damit verbundenen Perspektive stellen die Geschwindigkeit des Shareholder-Kapitalismus und die Abhängigkeit der Intrapreneure von externen Entscheidungen ein riskantes Umfeld für internes Unternehmertum dar: die hohe Frequenz von Stellenwechseln im Managementbereich. Der Verlust eines Befürworters kann für das Projekt schnell das Aus bedeuten, nachhaltiges Arbeiten ist damit in Frage gestellt. „Allzu oft verlässt ein Manager, der das Intrapreneuring fördert, die Intrapreneure schon, bevor die Arbeit

[22] Emphatisch als "extension of democracy" gepriesen (Halal 1997: 18).

Früchte trägt", stellt Pinchot (1988: 272) fest. Seit der Veröffentlichung seines Buches dürfte sich diese Facette des Problems deutlich verschärft haben – sein Plädoyer für „langfristiges Denken" (ebd.) wirkt daher aus heutiger Sicht eher hilflos. Dazu kommt ein ungünstiger Zusammenhang: je größer Unternehmen und je stärker sie vom Kapitalmarkt abhängig sind, um so eher sind sie einer shareholder-Orientierung und den Imperativen der Finanzialisierung ausgesetzt, die für das Gesetz der Kurzfristigkeit stehen[23]. Ausgerechnet jene Unternehmen also, die aufgrund ihrer bürokratischen Strukturelemente insbesondere auf die Belebung durch Intrapreneure setzen, bieten oftmals denkbar schlechte Voraussetzungen für deren Wirken[24].

C. Eine Gesellschaft aus Intrapreneuren?

Rekapituliert man nochmals die Entstehungsgeschichte des Ansatzes interner Märkte und Unternehmer, so fällt auf dass der entscheidende Anschub aus einer Argumentationsfigur erwachsen ist, bei der ein gesellschaftlicher Vorgang (Perestroika) auf die Organisationsebene übertragen wurde: „Markets can be chaotic, but they are spreading around the globe because they excel over the other alternative—central planning—whether in communist governments or capitalist corporations. *In both nations and organizations, planned economies are too cumbersome to cope with a complex new era, while free enterprise—either internal or external—offers an economic philosophy able to produce adaptive change rapidly and efficiently*" (Halal 1996: 34, H.i.O.). In umgekehrter Richtung entwickeln einige der Autoren auch eine gesellschaftliche „Utopie" aus der Organisationsebene heraus. Dazu abschließend noch einmal ein Blick auf Halals und Pinchots Texte.

Nachdem das Markt-Argument zunächst eher in defensiver Manier gebraucht wurde, änderte sich dies zu Beginn der 1990er Jahre, denn „this is the philosophical foundation that gave birth to the United States and that has been bringing down dictatorship after dictatorship in recent years" (Halal 1997: 18). Aus einer simplen Restrukturierungsidee, mit der ökonomische Einheiten auf mehr Innovation und Effizienz getrimmt werden sollen, erwächst im zeitlichen Verlauf ein gesellschaftliches Wunschbild. Voraussetzung dieser Rückübertragung ist zunächst eine Gleichsetzung von Gesellschaft und Organisation: „It is useful to compare organizational economies with national economies because the same principle applies" (Halal 1994a: 78).

Auch bei Pinchot (1988: 365) avancieren die Intrapreneure von Trägern einer organisationalen Perestroika zu Hoffnungsträgern der Gesellschaft. Allerdings ist das Springen zwischen den Ebenen bei ihm erst schwach angedeutet: „Auf einer sehr viel kleineren Ebene werde die Unternehmen ebenfalls mit all diesen Fragen konfrontiert. Bisher waren sie so organisiert, dass sie sie mit der Struktur eines sozialistischen Staates lösen wollten. Das

---

[23]Eine Kontrolle eines Unternehmens durch institutionelle Investoren – darauf hat Deutschmann (2005) verwiesen – verhindert in der Regel die Bildung interner Reserven, die es einem verantwortlichen Management erst ermöglichen, die finanziellen Risiken innovativer Projekte aufzufangen.

[24]Innerorganisatorisch werden finanzmarktinduzierte Postulate nicht selten zum Aufbau von Druck genutzt. In KMU, die nicht direkt von Finanzmärkten abhängig sind, fehlt dieses Instrument. Hier lässt sich in den letzten Jahren vermehrt eine "Finanzialisierung über Bande" beobachten, d.h. interne Märkte und internes Unternehmertum werden zur Schaffung von Sachzwängen inszeniert und stellen in gewisser Hinsicht ein funktionales Äquivalent zur Finanzialisierung dar – nicht selten mit Verweis auf eine erforderliche Verantwortungsübernahme der Beschäftigten als Äquivalent zum finanziellen Risiko des Eigentümers.

Unternehmen besitzt die Produktionsmittel und kümmert sich um seine Mitarbeiter". Dann folgt eine eher zaghafte Übertragung auf die Gesellschaft, an der sich gleichwohl eine generalisierende Grundkonzeption erkennen lässt: „Die Tätigkeit des Intrapreneurs ist nicht nur eine Methode, das Niveau der Innovation und Produktivität von Organisationen zu erhöhen, obgleich das natürlich auch der Fall ist. Wichtiger ist, dass es sich hierum eine Möglichkeit handelt, Großunternehmen so zu organisieren, dass der einzelne wieder voller Freude seinen Beitrag zum Leben der Gesellschaft leisten kann" (ebd.).

Halal hat in seinen jüngsten Veröffentlichungen die Grundidee weiterentwickelt: „While the '80s focused on the need to free economies from government control, now the crucial need is to redefine the role of business vis-à-vis society" (2002: 272). Heute bewirbt er das marktzentrierte, „Freiheit stiftende" und daher „democratic enterprise" mit seinen Intrapreneuren als Folie für die gesamte Gesellschaft: „If corporations further develop this quasi-democratic form of governance, business could be transformed into an institution designed to serve both capital and society" (Halal/Taylor 2002: 270).

Diese Aufwertung unternehmerischer Freiheit als gesellschaftliches Konstitutionsprinzip und seine Verwechslung mit Demokratie ist gewissermaßen ein direktes Resultat der Fehleinschätzung marktförmiger Assoziierung und einer fatalen Unterbewertung vieler nicht-marktförmiger Vergesellschaftungsfaktoren. Es bedürfte eines weiteren Textes, um dies darzulegen. An dieser Stelle sei nur darauf hingewiesen, dass für gesellschaftliche Zusammenhänge gewiss kaum förderlicher ist, was sich schon auf der Organisationsebene als dysfunktional erwiesen hat.

V. Resümee

Der vorliegende Beitrag diskutiert das in Wissenschaft und Praxis populäre Konzept der Unternehmer im Unternehmen als Spezialfall organisationaler Marktgrenzenverschiebung. Die Vertreter von Intrapreneurship treten mit weit reichenden Versprechungen an, enssprechend hoch sind die Erwartungen an die Steigerung von Effizienz, Senkung von Kosten und Verbesserung der Innovationsfähigkeit. Den Betroffenen internen Unternehmern wird mehr Gerechtigkeit, bessere Selbstverwirklichung, eine weitgehende Selbstbestimmung und organisationale Teilhabe in der „corporate community" des „democratic enterprise" (Halal 1996: Kapitel 3) zugesichert.

Leitbilder sind symbolische Konstrukte, und insbesondere die Halbwertszeit von Management-Leitbildern hat sich in den letzten Jahren als nicht sehr hoch erwiesen (Deutschmann 1997: 57). Insofern könnte man auch beim Intrapreneur darauf warten, dass er wieder in der Versenkung verschwindet, zumal wenn man bedenkt, dass seine längerfristige Orientierung deutlich vom Kurzfristdenken des Shareholderansatzes abweicht. Was allerdings für eine vergleichsweise Stabilität spricht, ist seine passgenaue Einbettung in das Konzept der Verschiebung der Marktgrenzen in die Unternehmen. Sollte der Intrapreneur tatsächlich zu einem neuen Rollenvorbild marktzentrierter Unternehmen werden, dürfte das seine Persistenz deutlich verlängern. Dies würde allerdings auch eine gewisse Kompromissfähigkeit voraussetzen (man denke an die Entwicklung des fordistischen Normalarbeiters als früherem Rollenmodell), die am Ende einer langen Machtauseinandersetzung über die Spielregeln internen Unternehmertums stehen könnte.

Mit Blick auf die diskutierten internen Widersprüchlichkeiten und Inkompatibilitäten des Konzepts mit vorhandenen Institutionen scheint ein nachfordistischer Kompromiss mit dem Intrapreneur in dessen Zentrum aber eher unwahrscheinlich. Die Skepsis überwiegt, weil die Demokratie- und Freiheitsversprechen des Ansatzes stehen und fallen mit den Fragen nach der Freiwilligkeit von Intrapreneurship und nach seiner betrieblichen Ausgestaltung, also der Verteilung von Anreizen und Risiken, denn häufig wird mit den Marktgrenzen auch die Risikoverteilung verschoben. Während die Organisationsmitgliedschaft kumulationstheoretisch betrachtet vormals mit weitgehenden Rechten versehen war, reicht die Zone der Prekarität heute weit in die Organisation hinein (Brinkmann et al. 2006). Wenn das Konzept daher lediglich der Verschiebung von Risiken und Ergebnisverantwortung auf die unfreiwillig involvierten Beschäftigten dient – und diese Gefahr ist evident – so dürfte ihm keine Zukunft beschieden sein.

Die Bezugnahme auf das Unternehmer-Modell bleibt bei Intrapreneur-Konzepten in der Regel widersprüchlich: oftmals handelt es sich weder um ein freiwilliges unternehmerisches Engagement (schon gar nicht zu den diktierten Bedingungen); der hohen Risiko- und Verantwortungsübertragung (innerhalb der Organisation und auch sich selbst gegenüber), die gelegentlich an diejenige von Führungskräften heranreicht, entsprechen keineswegs die zur Verfügung gestellten Informationen, geschweige denn die eingeräumten Kompetenzen, Befugnisse und Ressourcen; gleiches gilt aller bisherigen Erfahrung nach für die Frage der Entlohnung über Prämiensysteme. An all diesen Fragen dürfte sich Konfliktpotential entzünden und widerständiges Akteurshandeln entfalten, denn denkt man das Intrapreneurkonzept zu Ende, offenbart sich ein verborgener, subversiver Charakter: seine konzeptiven Vertreter im Management müssen es sich gefallen lassen, beim Wort genommen zu werden, sprich: Intrapreneuren die notwendige Gestaltungsfreiheit nicht nur verbal, sondern auch de facto zugestehen[25].

Zu den Problemen des Ansatzes zählen die amorphe Rollendefinition des Hauptakteurs, die ihn mit inkompatiblen und geradezu unlösbaren Rollenanforderungen versieht; das schwierige Verhältnis von Kooperation und Konkurrenz, das das Leitbild – je nach Bedarf – zwischen Einzelkämpfer und Teamworker schwanken lässt und innerorganisatorisch heftige Friktionen nach sich ziehen dürfte. Treibt man diese Überlegung weiter, so mündet sie in die Schwierigkeit ein, ob und wie in einem aus Intrapreneuren bestehenden Sozialzusammenhang langfristig überhaupt Kohäsion und Commitment erzeugt werden kann, oder in anderen Worten: Welches Verhältnis von Inklusion und Exklusion soll angestrebt werden? Ist unter den Bedingungen permanenter Grenzverletzung innerorganisatorisch überhaupt Stabilität zu erlangen? Diese Probleme sind jedenfalls mit einer aufgesetzten Unternehmenskulturinitiative zur Kohäsionsstiftung nicht lösbar, da deren instrumenteller Charakter kaum übersehbar sein dürfte.

Insgesamt legt der Ansatz zudem ein selektives Marktverständnis an den Tag, das die Verstrickung des Intrapreneurs in die betriebliche Mikropolitik und die Relevanz von weiterexistierenden Interessengegensätzen unterbewertet. Warum sollten Interessenkonflikte, die beispielsweise das Transformationsproblem von Arbeitsvermögen in Arbeitshandeln begründeten, nach einer marktzentrierten Reorganisation der Unternehmenssteuerung nicht auf einer neuen Ebene neu entstehen?

---

[25]Aus der mikropolitischen Perspektive von BetriebsrätInnen dürfte hier beispielsweise eine Sollbruchstelle des Konzepts liegen.

Die vorgetragenen Vergemeinschaftungsphantasien sind daher schon als organisationales Leitbild kritisch zu betrachten. Als vollends untauglich erweisen sie sich, wenn sie ihre Stoßrichtung in einer voluntaristischen Übertragung des Modells vom Unternehmen auf die Gesellschaft erweitern und ein vom Wirtschaftsliberalismus gespeistes, reduziertes Demokratieverständnis generalisieren wollen. Man könnte eher das Gegenteil vermuten: Sennetts (2002) Befürchtung, dass die allgegenwärtige Flexibilitätsforderung in soziale Desintegration mit entsprechenden Folgen für demokratische Teilhabe einzumünden droht, scheint zumindest für einige Berufsgruppen bereits realistisch – unabhängig davon, ob man sie schon als Intrapreneure oder als flexibilisierte Lohnabhängige definiert (mehr dazu vgl. Brinkmann 2004).

Möglicherweise führt seine Verallgemeinerung aber tatsächlich zu einer Politisierung, wenn auch – anders als es die Vertreter des Ansatzes vorgesehen haben – zu einem Widerstandseffekt: Lehndorff könnte Recht behalten, wenn er vermutet, dass Anstöße zur politisierenden Interessenvertretung „vermutlich nicht allein aus dem Innenleben des nachfordistischen Produktionsmodells kommen können, sondern aus dessen Verflechtungen mit der ganzen Gesellschaft“ (2002: 46).

VI. Literatur

Aglietta, Michel (2000): Ein neues Akkumulationsregime. Die Regulationstheorie auf dem Prüfstand. Hamburg: VSA.

Akerlof, George A. (1970): *The Market for 'Lemons'.* In: Quarterly Journal of Economics 89: 488-500.

Baethge, Martin (1991): Arbeit, Vergesellschaftung, Identität - Zur zunehmenden normativen Subjektivierung der Arbeit. In: Soziale Welt 42 (1): 6-19.

Bertelsmann Stiftung (2003): Unternehmenskultur und Führungsverhalten als Erfolgsfaktoren. Gütersloh: Bertelsmann.

Beyer, Jürgen/Anke Hassel (2002): The effects of convergence: internationalization and the changing distribution of net value added in large German firms. In: Economy and Society 31 (3): 309-332.

Bourdieu, Pierre (2000): Die zwei Gesichter der Arbeit. Interdependenzen von Zeit- und Wirtschaftsstrukturen am Beispiel einer Ethnologie der algerischen Übergangsgesellschaft. Konstanz: UVK Universitätsverlag.

Brinkmann, Ulrich (2002): *'Unternehmenskultur' - Aufstieg und Niedergang eines Konzepts* In: Urte Helduser/Thomas Schwietring (Hg.): Kultur und ihre Wissenschaft. Beiträge zu einem reflexiven Verhältnis. Konstanz: Universitätsverlag Konstanz: 203-230.

Brinkmann, Ulrich (2003): *Die Verschiebung von Marktgrenzen und die kalte Entmachtung der WissensarbeiterInnen* In: Klaus Schönberger/Stefanie Springer (Hg.): Subjektivierte Arbeit: Mensch - Technik - Organisation in einer entgrenzten Arbeitswelt. Frankfurt a M/New York: Campus: 63-94.

Brinkmann, Ulrich (2004): *Antinomien der Marktgrenzenverschiebung* In: FIAB (Hg.): Jahrbuch Arbeit, Bildung, Kultur, Bd. 21/22. Recklinghausen: FIAB-Verlag: 65-84.

Brinkmann, Ulrich, Klaus Dörre und Silke Röbenack (2006): Prekäre Arbeit : Ursachen, Ausmaß, soziale Folgen und subjektive Verarbeitungsformen unsicherer Beschäftigungsverhältnisse. Bonn: Friedrich-Ebert-Stiftung.

Brinkmann, Ulrich/Matthias Meifert (2003): *Vertrauen bei Internetauktionen. Eine kritische Stellungnahme.* In: Kölner Zeitschrift für Soziologie und Sozialpsychologie 55 (3): 557-565.

Brinkmann, Ulrich/Matthias Seifert (2001): 'Face to Interface': Zum Problem der Vertrauenskonstitution im Internet am Beispiel von elektronischen Auktionen. In: Zeitschrift für Soziologie 30 (1): 22-46.
Brinkmann, Ulrich/Frederic Speidel (2006): *Hybride Beteiligungsformen am Beispiel 'sachkundiger Arbeitnehmer'.* In: WSI-Mitteilungen 59 (2): 86-91.
Bröckling, Ulrich, Susanne Krasmann und Thomas Lemke (Hg.) (2000): *Gouvernmentalität der Gegenwart. Studien zur Ökonomisierung des Sozialen.* Frankfurt a M: Suhrkamp.
Burgelman, Robert A. (1983): Corporate entrepreneurship and strategic management. Insitghts from a process study. In: Management Science 29 (12): 1349-1364.
Burgelman, Robert A./Leonard R Sayles (1987): Les intrapreneurs: Stratégic, structure et la gestion de l'innovation dans l'enterprise. Paris: McGraw-Hill.
Carrier, Camille (1996): *Intrapreneurship in small businesses: An exploratory study.* In: Entrepreneurship: Theory & Practice 21 (1): 5-21.
Casson, Mark (2001): *Der Unternehmer. Versuch einer historisch-theoretischen Deutung.* In: Geschichte und Gesellschaft : Zeitschrift für historische Sozialwissenschaften 27 (4): 524-544.
Castells, Manuel (1996): The rise on the network society. (The information age: economy, society and culture; 1). Cambridge, Mass.: Blackwell.
Chandler, Alfred D. jr. (1995 (1962)): Strategy and structure: chapters in the history of the American industrial enterprise. Cambridge, Mass./London: MIT Press.
Coase, Ronald H. (1937): *The nature of the firm.* In: Economica (IV): 386-405.
Czernich, Christian H. (2003): When do ideas survive in organizations? Variable demands on resource-relatedness and framing efforts of the intrapreneur. In: Academy of Management Proceedings: X1-X6.
Deutschmann, Christoph (1997): Die Mythenspirale. Eine wissenssoziologische Interpretation industrieller Rationalisierung. In: Soziale Welt 48 (1): 55-70.
Deutschmann, Christoph (2001): Die Gesellschaftskritik der Industriesoziologie - ein Anachronismus? In: Leviathan 29 (1): 58-69.
Deutschmann, Christoph (2005): *Finanzmarkt-Kapitalismus und Wachstumskrise.* In: Kölner Zeitschrift für Soziologie und Sozialpsychologie (Sonderheft: Finanzmarktkapitalismus. Analysen zum Wandel von Produktionsregimen): 58-84.
DiMaggio, Paul J./Walter W. Powell (1983): The Iron Cage Revisited: Institutional Isomorphism and Collective Rationality in Organizational Fields. In: American Sociological Review 48: 147-160.
Dörre, Klaus (2001): *Das deutsche Produktionsmodell unter dem Druck des Shareholder Value.* In: Kölner Zeitschrift für Soziologie und Sozialpsychologie 53: 675-704.
Dörre, Klaus (2002): Kampf um Beteiligung. Arbeit, Partizipation und industrielle Beziehungen im flexiblen Kapitalismus. Wiesbaden: Westdeutscher Verlag.
Dörre, Klaus/Ulrich Brinkmann (2005): *Finanzmarktkapitalismus - Triebkraft eines flexiblen Produktionsmodells?* In: Kölner Zeitschrift für Soziologie und Sozialpsychologie (Sonderheft: Finanzmarktkapitalismus. Analysen zum Wandel von Produktionsregimen): 85-116.
Dörre, Klaus, Klaus Kraemer und Frederic Speidel (2004): *Prekäre Beschäftigungsverhältnisse. Ursache von sozialer Desintegration und Rechtsextremismus?* Recklinghausen: Projektzwischenbericht.
Dörre, Klaus/Bernd Röttger (Hg.) (2003): Das neue Marktregime. Konturen eines nachfordistischen Produktionsmodells. Hamburg: VSA.
Dressler, Soeren (2004): Strategy, Organizational Effectiveness And Performance Management. Boca Raton: Universal Publishers.
Drucker, Peter F. (1998): *Management's New Paradigms.* In: Forbes (Oct. 5): 152-177.
Duncan, W. Jack, Peter M. Ginter, Andrew C. Rucks und T. Douglas Jacobs (1988): *Intrapreneurship and the Reinvention of the Corporation.* In: Business Horizons 31 (3): 16-22.
Eccles, Robert/Harrison White (1988): *Price and Authority in Inter-profit Center Transactions.* In: American Journal of Sociology 94: 17-51.

Ellig, Jerry (2001): *Internal markets and the theory of the firm.* In: Managerial and Decision Economics 22 (4-5): 227-237.
Faust, Michael, Peter Jauch und Petra Notz (2000): *Befreit und entwurzelt: Führungskräfte auf dem Weg zum internen Unternehmer.* München/Mering: Hampp.
Fisher, Maria (1984): *The genius within.* In: Forbes 133 (6): 188-189.
Foucault, Michel (1993): *Technologien des Selbst* In: Luther H. Martin, Huck Gutman und Patrick H. Hutton (Hg.): Technologien des Selbst. Frankfurt a M: Fischer: 24-62.
Foucault, Michel (2000): *Die Gouvernementalität* In: Ulrich Bröckling, Susanne Krasmann und Thomas Lemke (Hg.): Gouvernmentalität der Gegenwart. Studien zur Ökonomisierung des Sozialen. Frankfurt a M: Suhrkamp: 41-67.
Fry, Art (1988): *Lessons from a Successful Intrapreneur.* In: The Journal of Business Strategy 9 (2): 20-26.
Furnham, Adrian (2005): The Psychology Of Behaviour At Work: The Individual in the Organisation. Hove New York: Psychology Press (UK).
Gautam, Vinayshil/Vinnie Verma (1997): *Corporate Entrepreneurship: Changing Perspectives.* In: The Journal of Entrepreneurship 6 (2): 233-247.
Geisler, Eliezer (1993): Middle Managers as International Corporate Entrepreneurs: An Unfolding Agenda. In: Interfaces 23 (6): 52-63.
Geranmayeh, Ali, William E. Halal und Joh N. Pourdehnad (1993): *Internal Markets : Bringing the Power of Free Enterprise Inside Your Organization.* New York: John Wiley & Sons.
Glißmann, Wilfried/Klaus Peters (2001): Mehr Druck durch mehr Freiheit. Die neue Autonomie in der Arbeit und ihre paradoxen Folgen. Hamburg: VSA.
Gottenberg, Norbert/Spencer Stuart (2000): *Intrapreneur exodus.* In: Chief Executive (152): 58.
Greifenstein, Ralph, Peter Jansen und Leo Kißler (1993): Gemanagte Partizipation: Qualitätszirkel in der deutschen und der französischen Automobilindustrie. München/Mering: Rainer Hampp Verlag.
Halal, William E. (1994a): From hierarchy to enterprise. Internal markets are the new foundation of management. In: Academy of Management Executive 8 (4): 69-83.
Halal, William E. (1994b): *Let's Turn Organizations into Markets.* In: The Futurist (May-June): 8-14.
Halal, William E. (1996): The New Management. Democracy and Enterprise are Transforming Organizations. San Francisco: Berret-Koehler Publishers.
Halal, William E. (1997): *From hierarchy to enterprise.* In: Executive Excellence (2): 18.
Halal, William E. (1998a): *Leaders who listen.* In: Executive Excellence (2): 13-14.
Halal, William E. (1998b): *Organizational Intelligence.* In: Knowledge Management Review (1): 20-25.
Halal, William E. (1999): *Knowledge: The infinite resource.* In: Executive Excellence (9): 18.
Halal, William E./Kenneth B. Taylor (2002): *21st Century Economics: A Synthesis of Progressive Economic Thought.* In: Business and Society Review 107 (2): 255-274.
Hamel, Gary (1999): *Bringing Silicon Valley inside.* In: Harvard Business Review 77 (5): 70-84.
Hamel, Gary (2006): *The Why,What, and How of Management Innovation.* In: Harvard Business Review (February): 72-84.
Heinemann, Klaus (1976): *Elemente einer Soziologie des Marktes.* In: Kölner Zeitschrift für Soziologie und Sozialpsychologie 28: 48-69.
Hodgson, Geoffrey M. (2001): How Economics Forgot History. The problem of historical specificity in social science. London: Routledge.
Jennings, Reg, Charles Cox und Cary L. Cooper (1994): Business elites: The psychology of entrepreneurs and intrapreneurs. London New York: Routledge.
Kleemann, Frank, Ingo Matuschek und G. Günter Voß (2002): *Subjektivierung von Arbeit - Ein Überblick zum Stand der soziologischen Diskussion* In: Manfred F. Moldaschl/G. Günter Voß (Hg.): Subjektivierung von Arbeit. München/Mering: Rainer Hampp Verlag: 53-100.
Knight, Frank Hyneman (1985 (1921)): *Risk, Uncertainty and Profit.* Chicago: University of Chicago Press.

Kotthoff, Hermann (1997): Führungskräfte im Wandel der Firmenkultur. Quasi- Unternehmer oder Unternehmer? Berlin: Edition Sigma.
Kühl, Stefan (2002): *Vom Arbeitskraftunternehmer zum Arbeitskraftkapitalisten* In: Eva Kuda/Jürgen Strauß (Hg.): Arbeitnehmer als Unternehmer? Herausforderungen für Gewerkschaften und Berufliche Bildung. Hamburg: VSA: 81-99.
Lawson, M B (2001): *In praise of slack: Time is of the essence.* In: Academy of Management Executive 15 (3): 125-135.
Lehndorff, Steffen (2002): *Das Gemeinsame hinter der Vielfalt. Eine Anmerkung zu Klaus Dörres Aufsatz 'Gibt es ein nachfordistisches Produktionsmodell?'* In: FIAB (Hg.): Jahrbuch Arbeit - Bildung - Kultur Band 19/20. Recklinghausen: FIAB-Verlag: 35-48.
Markus, M. Lynne, Brook Manville und Carole E. Agres (2000): *What makes a virtual organization work?* In: Sloan management Review 42 (1): 13-26.
McKinlay, Alan/Ken Starkey (Hg.) (1998): Foucault, management and organization theory: From panopticon to technologies of self. London: Sage.
Meifert, Matthias (2003): *Vertrauensmanagement in Unternehmen.* München/Mering: Rainer Hampp Verlag.
Michaels, Ed, Helen Handfield-Jones und Beth Axelrod (2001): *The War for Talent.* Cambridge, Mass.: Harvard Business School.
Moldaschl, Manfred F./G. Günter Voß (Hg.) (2002): *Subjektivierung von Arbeit.* München/Mering: Rainer Hampp Verlag.
Morden, Tony (2004): *Principles of Management (2nd edition).* Aldershot: Ashgate Publishing.
Nichols, Don (1989): *Bottom-Up Strategies: Asking the Employees For Advice.* In: Management Review 78 (12): 44-50.
North, Douglas C. (1992): Institutionen, institutioneller Wandel und Wirtschaftsleistung. Tübingen: Mohr.
Ortmann, Günther (1988): *Handlung, System, Mikropolitik* In: Willi Küpper/Günther Ortmann (Hg.): Mikropolitik: Rationalität, Macht und Spiele in Organisationen. Opladen: Westdeutscher Verlag: 217-225.
Peters, Thomas J. (1992): *Liberation Management.* New York: Alfred Knopf.
Peters, Thomas J./Robert H. jr. Waterman (1982): *In Search of Excellence. Lessons from America's best-run Companies.* New York: Harper & Row.
Pickshaus, Klaus, Horst Schmitthenner und Hans-Jürgen Urban (Hg.) (2001): *Arbeiten ohne Ende. Neue Arbeitsverhältnisse und gewerkschaftliche Arbeitspolitik.* Hamburg: VSA Verlag.
Pinchot, Gifford (1988): *Intrapreneuring. Mitarbeiter als Unternehmer.* Wiesbaden: Gabler.
Pinchot, Gifford (2001): *Free Intraprise.* In: Executive Excellence 18 (1): 10.
Pongratz, Hans J./G. Günter Voß (2002): ArbeiterInnen und Angestellte als Arbeitskraftunternehmer? Erwerbsorientierungen in entgrenzten Arbeitsformen. Düsseldorf: Hans-Böckler-Stiftung.
Poppo, Laura (1995): Influence Activities and Strategic Coordination: Two Distinctions of Internal and External Markets. In: Management Science 41 (12): 1845-1859.
Prasad, Lakshmanan (1993): *The Etiology of Organizational Politics: Implications for the Intrapreneur.* In: SAM Advanced Management Journal 58 (3): 35-42.
Priewe, Jan (2001): *Vom Lohnarbeiter zum Shareholder?* In: PROKLA. Zeitschrift für kritische Sozialwissenschaft 31 (1): 103-122.
Prisching, Manfred (2000): *Alte und neue Unternehmer.* In: Wirtschaftspolitische Blatter 47 (1): 23-32.
Reiss, Michael (2000): *Interpreneure - Unternehmertum in Netzwerken.* In: Frankfurter Allgemeine Zeitung, 09.10.2000: 33.
Reitz, H. Joseph (1998): Intrapreneurs and Market-based managers: Pirates and gamblers or Knights and saints? In: Business Horizons 41 (6): 49-61.
Ross, Joel E. (1987): *Intrapreneurship and Corporate Culture.* In: Industrial Management 29 (1): 22-27.

Schmierl, Klaus (1999): Erosion oder Wandel? Industrielle Beziehungen im transnationalen Produktionsverbund. In: WSI-Mitteilungen 52 (8): 548-557.
Schumpeter, Joseph Alois (1928): *Unternehmer* (Hg.): Handwörterbuch der Staatswissenschaften, Achter Band: Tarifvertrag bis Zwecksteuern. Jena: Gustav Fischer Verlag: 476-487.
Schumpeter, Joseph Alois (1997 (1911)): Theorie der wirtschaftlichen Entwicklung. Eine Untersuchung über Unternehmergewinn, Kapital, Kredit, Zins und den Konjunkturzyklus. Berlin: Duncker & Humblot.
Sennett, Richard (2002): Der flexible Mensch. Die Kultur des neuen Kapitalismus. Berlin: Berlin Verlag.
Sharma, Pramodita/James J. Chrisman (1999): *Toward a Reconciliation of the Definitional Issues in the Field of Corporate Entrepreneurship.* In: Entrepreneurship: Theory & Practice 23 (3): 11-27.
Shays, E. Michael/Franck de Chambeau (1984): *Harnessing entrepreneurial energy within the corporation.* In: Management Review 73 (9): 17-21.
Sinclair, Upton (1983 (1937)): *Am Fließband. Mr. Ford und sein Knecht Shutt.* Berlin: März-Verlag.
Sombart, Werner (1954): *Die deutsche Volkswirtschaft im neunzehnten Jahrhundert.* Darmstadt: Wissenschaftliche Buchgesellschaft.
Sombart, Werner (1967): *Liebe, Luxus und Kapitalismus.* München: dtv.
Sorge, Arndt (1993): *Arbeit, Organisation und Arbeitsbeziehungen in Ostdeutschland.* In: Berliner Journal für Soziologie 3 (4): 549-567.
Southon, Mike/Chris West (2005): *Insider knowledge.* In: Director (June): 25.
Tullius, Knut (2001): *Internal Contractualisation and supervisory control.* In: Revised version of a paper presented by the author at EGOS 17th Colloquium, July 2001, Lyon, France.
Välikangas, Liisa (2001): *Internal Markets – Emerging Governance Structures for Innovation.* In: Paper presented at the Strategic Management Society, 21st Annual International Conference, San Francisco.
von Hayek, Friedrich August (1976): *Law, Legislation, and Liberty, Vol. II: The Mirage of Social Justice.* Chicago: University of Chicago Press.
Voß, G. Günter/Hans J. Pongratz (1998): *Der Arbeitskraftunternehmer. Eine neue Grundform der Ware Arbeitskraft?* In: Kölner Zeitschrift für Soziologie und Sozialpsychologie 50 (1): 131-158.
Voß, G. Günter/Hans J. Pongratz (2000): *Vom Arbeitnehmer zum Arbeitskraftunternehmer. Zur Entgrenzung der Ware Arbeitskraft* In: Heiner Minssen (Hg.): Begrenzte Entgrenzungen. Wandlungen von Organisation und Arbeit. Berlin: Edition Sigma: 225-247.
Wieland, Josef (1997): *Die Neue Institutionenökonomik. Entwicklung und Probleme der Theoriebildung* In: Günther Ortmann, Jörg Sydow und Klaus Türk (Hg.): Theorien der Organisation. Die Rückkehr der Gesellschaft. Opladen: Westdeutscher Verlag: 35-66.
Windolf, Paul, Ulrich Brinkmann und Dieter Kulke (1999): *Warum blüht der Osten nicht? Zur Transformation der ostdeutschen Betriebe.* Berlin: Edition Sigma.
Zahra, Shaker A., Anders P. Nielsen und William C. Bogner (1999): *Corporate Entrepreneurship, Knowledge, and Competence Development.* In: Entrepreneurship: Theory & Practice 23 (3): 169-189.
Zahra, Shaker A./John A. II Pearce (1994): *Corporate entrepreneurship in smaller firms: The role of environment, strategy and organization.* In: Entrepreneurship, Innovation and Change 3 (1): 31-44.

Walther Müller-Jentsch

Kapitalismus ohne Gewerkschaften?

I.

Nach mehr als zweihundert Jahren historischer Erfahrung mit dem industriellen Kapitalismus drängt sich im beginnenden 21. Jahrhundert eine Frage auf, die lange Zeit für obsolet gelten konnte: Ist der Kapitalismus auch ohne Gewerkschaften vorstellbar? Eine Frage, die durch empirische Evidenz längst verneint worden war. Gewerkschaften schienen ebenso selbstverständlich dem Kapitalismus zugehörig wie die abhängige Arbeit. Der auf der Privatisierung und Kommerzialisierung der Arbeit, also auf freien Arbeitsmärkten basierende industrielle Kapitalismus generierte, so die historisch gesicherte Annahme, nahezu zwangsläufig Gewerkschaften als Schutz- und Verteidigungsorganisationen der Lohnarbeiter. Selbst Koalitionsverbote, Sozialistengesetze und mannigfache staatliche Repression konnten, der heroischen Lesart der Geschichte der Arbeiterbewegung zufolge, die Entstehung gewerkschaftlicher Organisationen nicht unterbinden. Der frühindustriellen Leidensgeschichte folgte, mit zeitweiligen Rückschlägen, eine beispiellose Erfolgsgeschichte: seit der Industriellen Revolution konnten die Gewerkschaften ihre Rolle in Wirtschaft, Gesellschaft und Politik sukzessive ausbauen. Wird nun das 21. Jahrhundert zum Zeitalter ihres Siechtums?

Um die im Titel aufgeworfene Frage zu beantworten, wird nach der Rolle, die Gewerkschaften in der kapitalistischen Wirtschaft spielen, gefragt. Sind sie eine dem Kapitalismus immanent zugehörige Institution oder sind sie ein marktwidriger Annex und Störfaktor, gewissermaßen ein unvermeidliches Übel? Als vorläufige Arbeitshypothese sei festgehalten: Gewerkschaften agieren mit relevanten ökonomischen Effekten in kapitalistischen, das heißt marktwirtschaftlichen Systemen, ohne aber eine genuin marktwirtschaftliche beziehungsweise systemkonforme Institution dieser Wirtschaftsform zu sein.

Wir fragen zunächst dogmengeschichtlich nach der Rolle der Gewerkschaften in den wirtschaftswissenschaftlichen Theorien des Liberalismus, Keynesianismus und der Sozialen Marktwirtschaft (II-IV), bevor wir realgeschichtlich ihre Rolle in drei distinkten Stadien des Kapitalismus, dem liberalen, fordistischen und neoliberalen, zu skizzieren versuchen (V-VII) und abschließend einige tentative Überlegungen auf ihre Zukunft anstellen (VIII).

II.

In den Wirtschaftswissenschaften ist die Rolle der Gewerkschaften, ihre „Verträglichkeit“ mit der liberal-kapitalistischen Wirtschaftsordnung, hoch umstritten. Nicht überraschend ist, dass der Mainstream des wirtschaftlichen Liberalismus, von Adam Smith bis zu Friedrich August von Hayek, keinerlei Affinitäten zu den Gewerkschaften entwickelte. Gleichwohl finden wir unter liberalen Wirtschaftstheoretikern ein breites Meinungsspektrum, das in der Tat vom Störfaktor bis zum systemfunktionalen Bestandteil reicht. Goetz Briefs (1965) hat drei wirtschaftsliberale Ansichten über die Gewerkschaften ausgemacht:

- die Gewerkschaft als ein Fremdkörper (klassischer Liberalismus),
- die Gewerkschaft als ein Hilfsorgan (u.a. Adolf Weber),
- die Gewerkschaften als ein Organ der Volkswirtschaft (Lujo Brentano).

Adam Smith, dem das Wort Liberalismus noch unbekannt war, spricht von „natürlicher" und „vernünftiger" Wirtschaftsordnung, die er dem auf den Staat zentrierten Leitbild des Merkantilismus entgegensetzt. Es ist ein verbreitetes Missverständnis, dass Smith dem Staat nur Nachtwächterfunktionen zugewiesen habe. Gewiss postulierte er, dass der Staat sich aller Eingriffe in Wirtschaftsprozesse enthalten solle, aber gleichwohl müsse er – mit Hilfe der Justiz und des Militärs – den Schutz der Freiheit, des Eigentums und des Friedens garantieren. Auch für einige klar abgegrenzte öffentliche Güter – wie Verteidigung, Verkehrswege und Bildung – hielt Smith den Staat für zuständig (vgl. das 5. Buch im „Wohlstand der Nationen"). Über gewerkschaftliche Zusammenschlüsse der Arbeitnehmer äußert er sich (im 8. Kapitel über den „Lohn der Arbeit") hingegen nur kurz. „Die Arbeiter neigen dazu, sich zusammenzuschließen, um einen höheren Lohn durchzusetzen, die Unternehmer, um ihn zu drücken" (Smith 1983: 58). In diesem Konflikt sieht er, „unter normalen Umständen", den Vorteil auf seiten der Unternehmer: „Wenn auch solche Lohnkämpfe in der Regel zugunsten der Arbeitgeber enden, so gibt es dennoch einen Satz, unter den der übliche Lohn (...) nicht gedrückt werden kann." (ebd.: 59) Den Satz für den Minimumlohn sieht Smith in den Kosten für den Unterhalt des Arbeiters und seiner Familie (Subsistenzlohn). In wachsenden Wirtschaften steige aber die Nachfrage nach Arbeitskräften, so dass auch die Arbeitslöhne über das bloße Existenzminimum stiegen.

David Ricardo, der auf der Grundlage des Malthusschen Bevölkerungsgesetzes die Grundlagen für das „eherne Lohngesetz" legte, wies den Gewerkschaften in seiner Theorie keine Rolle zu; er hielt ihre Bemühungen für nutzlos. Gleichwohl wandte er sich gegen das Verbot der englischen Gewerkschaften durch die Combinations Acts von 1799 und 1800. Darin schlug sich indessen keine wissenschaftliche Einsicht, sondern lediglich seine politisch liberale Haltung nieder: Warum Koalitionen verbieten, wenn sie wirtschaftlich ohnehin nichts zu beeinflussen vermögen?

Bei John Stuart Mill deutete sich eine Wende an. Er hielt es für möglich, dass die Gewerkschaften in einigen Gewerben bis zu einem gewissen Grad die Löhne heben könnten, sofern sie den Wettbewerb auf ihrem Markt ausschließen. Überdies verteidigte er das Recht der gelernten Arbeiter, ihren Job durch gewerkschaftliche Organisierung zu verteidigen.

Als wichtige Hilfsorgane für Wirtschaft und Gesellschaft begriff Adolf Weber die Gewerkschaften, und zwar aus folgenden Gründen: Sie helfen dem Arbeiter, die Marktmöglichkeiten besser zu nutzen und können seinen Leistungswillen stärken; überdies tragen sie zur Beschleunigung der marktwirtschaftlichen Anpassung im Konjunkturverlauf bei und beteiligen die Arbeitnehmer an den Monopolgewinnen.

Im ausgehenden 19. Jahrhundert haben einige aufgeklärte Liberale den Gewerkschaften eine integrale Rolle in der Wirtschaftsordnung zugewiesen, sie gar als ein Organ der Volkswirtschaft definiert. Zu ihnen zählen Sidney und Beatrice Webb sowie Lujo Brentano. Sie sahen im Arbeitsmarkt einen von den Kapital- und Gütermärkten differierenden, besonderen Markt und hoben die Regulierungsfunktion der Gewerkschaften für den Arbeitsmarkt als systemnotwendige hervor. Demnach ordnen und strukturieren Gewerkschaften nicht nur den Arbeitsmarkt, sondern versetzen den Arbeitnehmer in Anbetracht des üblicherweise vorherrschenden Überangebots von Arbeit in die Lage, dem Lohndiktat des über viele Arbeitsplätze gebietenden Unternehmers zu trotzen, statt sich ihm als Kuli oder hungernder Tagelöhner unterwerfen zu müssen. Erst durch den Zusammenschluss mit seinesgleichen konnte der Arbeitnehmer als gestärkter Verkäufer seiner Arbeitskraft dem Arbeitgeber gegenübertreten, mit der Gewerkschaft im Rücken, jenem Schutzgehäuse, das den unmittelbaren Angebotszwang lockert. Denn wer nicht warten konnte, war dem Lohndiktat ohnmächtig ausgeliefert.

Die Webbs betrachten die Gewerkschaft als eine Preis-setzende Agentur, die den Arbeitern, statt sie der unregulierten Konkurrenz auf den Arbeitsmärkten auszusetzen, „bargaining power“ verschaffen, indem sie an die Stelle des individuellen das kollektive Aushandeln von Löhnen und Arbeitsbedingungen setzt. In der Tat hat Beatrice Webb den Begriff *collective bargaining* geprägt. Lujo Brentano, der zwar in der Frage des Ursprungs der Gewerkschaften ein Gegenspieler der Webbs war, stimmte mit ihnen darin überein, dass erst mit der Existenz von Gewerkschaften die, wie er es nannte, „Unwahrheit des freien Arbeitsvertrages“ aufgelöst würde. Ihm zufolge fügen sich die Gewerkschaften integral in die liberale Marktordnung ein, weil sie den Arbeiter beim Verkauf seiner Ware in dieselbe Lage wie den Verkäufer anderer Waren versetzt. Gewerkschaften bilden gewissermaßen den Schlussstein im Gebäude der liberalen Marktwirtschaft.

III.

Verbreitet ist die Ansicht, dass der Keynesianismus den Gewerkschaften eine günstigere Bewertung ihrer Rolle im wirtschaftlichen Prozeß zuteil werden lässt als der Liberalismus. In der Tat verteidigen die Gewerkschaften ihre Lohnpolitik mit dem Argument der Kaufkrafterhöhung unter Hinweis auf die Keynesianische Nachfragetheorie, obwohl ihnen Keynes in seinem Theoriegebäude keine explizite Funktion zugewiesen hat.

In einem Vortrag aus dem Jahre 1926 über Liberalismus und Arbeiterpartei postulierte Keynes: „Die politische Aufgabe der Menschheit hat drei Dinge zu verbinden: Wirtschaftliche Leistungsfähigkeit, gesellschaftliche Gerechtigkeit und persönliche Freiheit.“ (Keynes 1956: 258). Das erste und dritte Ziel sah er in der liberalen Partei aufgehoben, das zweite Ziel „ist der beste Besitz der großen Partei des Proletariats“ (ebd.). Im gleichen Vortrag zählt er die einzelnen Bestandteile der Arbeiterpartei auf und nennt als erstes Gewerkschaften (neben den Kommunisten und Sozialisten). Über diese äußerte er sich wie folgt: „Die Gewerkschaftler, einst die Bedrückten, jetzt die Tyrannen, deren selbstsüchtigen, gruppenegoistischen Ansprüchen tapfer widerstanden werden muß“ (ebd.: 256). Diese Äußerung erfolgte sicherlich auch unter dem Eindruck der streikintensivsten Phase der britischen Geschichte (1919-26), welche im Generalstreik des gleichen Jahres ihre Kumulation fand. Dagegen findet sich in der zehn Jahre später erschienenen „Allgemeinen Theorie der Beschäftigung, des Zinses und des Geldes“ (1936; im gleichen Jahr ins Deutsche übersetzt) das Lob:

> „Die Arbeiter sind (…) instinktiv vernünftigere Wirtschaftler als die klassische Schule, indem sie sich gegen die Kürzung der Geldlöhne wehren (...), während sie sich einer Kürzung der Reallohne nicht widersetzen (...). Da es aber keiner Gewerkschaft auch nur im Traum einfallen würde, jedes Mal wenn die Lebenskosten steigen, zu streiken, setzen sie einer Zunahme der Gesamtbeschäftigung nicht den Widerstand entgegen, den ihnen die klassische Schule zuschiebt.“ (1936: 12f.)

Nicht zu Unrecht haben sich die Gewerkschaften immer wieder auf die in der „General Theory“ enthaltene Botschaft berufen. Da Keynes zufolge die Höhe von Produktion und Beschäftigung von der Gesamtnachfrage abhängt und höhere effektive Nachfrage zu höherer Beschäftigung führt, konnte die durch Lohnerhöhungen geschaffene Kaufkraft als eine willkommene Nachfragestütze verteidigt werden. Auch die Tatsache, dass die Nominallöhne nach unten inflexibel sind, konnte als Sperrklinkeneffekt interpretiert werden, durch den eine konjunkturelle Abwärtsspirale gebremst wird (s. das obige Zitat). Dass bei zu geringer Nachfrage schließlich der Staat mit Geld-, Finanz- und Steuerpolitik den Hebel zur Erhöhung des Beschäftigungsniveau ansetzen müsse, war und ist den Gewerkschaften eine frohe Botschaft, weniger die von dem britischen Sozialpolitiker und späteren Lord Beveridge erhobene wirtschaftspolitische Forderung, mit Hilfe eines Lohnamtes die bei Vollbeschäftigung zu erwartenden inflationären Wirkungen der Lohnpolitik einzudämmen.

Aus der Konstellation staatlich gestützter Vollbeschäftigung unter kapitalistischen Bedingungen hat der Postkeynesianer Michal Kalecki einen „politischen Konjunkturzyklus“ (1943) entwickelt, demzufolge die gestärkte Macht der Gewerkschaften inflationäre Tendenzen befördert, die den Druck des Kapitals auf den Staat erhöhen, Inflation und Gewerkschaftsmacht durch restriktive Wirtschaftspolitik einzudämmen. Ist ein Stadium der Unterbeschäftigung erreicht, gerät der Staat unter Druck der Gewerkschaften, zur beschäftigungsfördernden Politik zurückzukehren. Der Zielkonflikt zwischen Vollbeschäftigung (eine zur damaligen Zeit noch unbekannte Situation) und Geldwertstabilität wurde zu einem zentralen Thema der Keynesianer, die in der Einkommenspolitik ein notwendiges Instrument zur Lösung des Zielkonflikts sahen. Im übrigen haben auch die als Gewerkschaftsökonomen apostrophierten schwedischen Wirtschaftswissenschaftler Gösta Rehn und Rudolf Meidner derartiges empfohlen.

IV.

Die speziell in Deutschland entwickelte Konzeption der „Sozialen Marktwirtschaft“ schließt an die liberale Wirtschaftstheorie an, indem sie die Leistungen der auf den Prinzipien des privaten Eigentums und Güteraustausches auf Märkten basierenden Ökonomie estimiert, aber die ordnungspolitischen und sozialen Verwerfungen des Laissez-faire-Kapitalismus zu vermeiden sucht. Unter Einbeziehung von Elementen der christlichen Sozialethik soll die Soziale Marktwirtschaft die Mängel eines ungezügelten Kapitalismus ebenso wie die der zentral gelenkten Planwirtschaft vermeiden und statt dessen „das Prinzip der Freiheit auf dem Markte mit dem des sozialen Ausgleichs verbinden“ (Müller-Armack 1956: 390). Damit gehen die liberalen Väter der Sozialen Marktwirtschaft über den klassischen Liberalismus hinaus.

Die Neo- und Ordoliberalen (Walter Rüstow, Walter Eucken, Franz Böhm) fügten der Ideenwelt des klassischen Liberalismus das Postulat hinzu, dass dem Staat, neben der Sicherung des äußeren und inneren Friedens, auch die Herstellung und Garantie einer Wettbewerbsordnung als Aufgabe übertragen werden müsse. Die Wettbewerbsordnung – so das neoliberale Credo – stelle sich nicht spontan ein (wie noch die Altliberalen geglaubt hatten). Die Ordoliberalen Eucken und Böhm waren der Ansicht, dass schon die Wettbewerbsordnung die wichtigsten sozialen Fragen löse. In einer umfangreichen Schrift zur Mitbestimmung (1951) setzte sich Böhm mit den wirtschaftspolitischen Optionen von Nachkriegs-Sozialdemokratie und -Gewerkschaften auseinander. Sein Plädoyer lautete:

Statt den „wirtschaftsdemokratischen Weg“ einzuschlagen, sollte „die soziale Frage mit den Methoden einer *freiheitlichen Wirtschaftspolitik*, mit dem Ausbau einer echten *Wettbewerbsordnung*“ (1951: 249: Hervorh. i.O.) gelöst werden. Müller-Armack vertrat demgegenüber die Vorstellung, dass der Staat im Interesse des sozialen Ausgleichs durchaus in den Wirtschaftsprozess eingreifen solle und müsse – allerdings mit marktkonformen Mitteln: „Der Staat nimmt durch seine Wirtschaftspolitik soziale Umschichtungen, soziale Interventionen vor, die aber – und das ist, auf einen Nenner gebracht, der Grundgedanke – dadurch auf das System der Marktwirtschaft abgestellt werden, dass sie dem Grundsatz der Marktkonformität unterworfen werden.“ (Müller-Armack zit. n. Cassel 1998: 105)

In zwei wesentlichen Punkten geht folglich die Konzeption der Sozialen Marktwirtschaft über den klassischen Liberalismus hinaus:

- erstens in der Schaffung einer Wettbewerbsordnung durch den Staat (dieses Ziel stand für die „Ordo“-Liberalen im Vordergrund),
- zweitens im Bemühen um einen sozialen Ausgleich durch sozialpolitische Leistungen des Staates (insbesondere für Müller-Armack ein integraler Bestandteil der neuen Wirtschaftsordnung).

Zudem haben die Ordoliberalen von Arbeitsmärkten und Gewerkschaften andere Ansichten als ihre Altvorderen. In ihrem Theoriegebäude finden auch die Sozialpartner ihren Platz. Walter Eucken, der mit dem Postulat „Arbeit ist keine Ware“ kategorisch zwischen Sachgüter- und Arbeitsmärkten unterscheidet, wirft die Frage der „Vermachtung“ und des „Gleichgewichts“ zwischen den Sozialpartnern auf (1959: 185) und konstatiert: Neben den „staatlichen Maßnahmen zur Verbesserung der Lage der Arbeiter kommen den Gewerkschaften große Verdienste zu“ (ebd.). Er sieht in ihnen „monopolartige Organisationen, die freilich durch monopolistische Übergewichte der Unternehmer auf den Plan gerufen wurden. (...) Im Rahmen einer Wettbewerbswirtschaft können die Gewerkschaften Institutionen eines wirklichen Ausgleichs sein“ (ebd.), freilich auch „Machtkörper, die die Wettbewerbsordnung gefährden“ können (ebd.: 186).

Zumindest in der Nachkriegssituation entsprach es der Logik der Sozialen Marktwirtschaft, in der Tarifautonomie und Sozialpartnerschaft komplementäre Einrichtungen zu sehen, die als Selbstverwaltungsorgane der Sozialpartner den Ausgleich sozialer Gegensätze selbst herbeiführen.[1] Bedingt durch die Unschärfe des Begriffs, streiten sich heute die Parteien um das Erhardsche Erbe. Die einen beharren auf der Grundidee, dass der *Markt* bereits in sich sozial sei, wenn nur der Wettbewerb institutionell gesichert werde (so etwa die „Initiative Neue Soziale Marktwirtschaft“). Die anderen wollen dem *Sozialen* nachträglich noch so manche kollektivistische Einrichtung einverleiben, gar die Mitstimmung zum konstitutiven Element der Sozialen Marktwirtschaft erklären (so der Vorsitzende der IG Bergbau, Chemie, Energie[2]), obgleich zu Erhards Zeiten die Gewerkschaften der Sozialen Marktwirtschaft noch äußerst reserviert gegenüberstanden.

[1] So sinngemäß Adenauer in seiner ersten Regierungserklärung vom 20. September 1949 (vgl. v. Beyme 1979: 65).

[2] Vgl. Hubertus Schmoldt in ifo-Schnelldienst 22/2004, S. 3.

V.

Der dogmengeschichtlichen Revue können wir keine eindeutige Antwort auf die Frage nach dem Stellenwert der Gewerkschaften im Kapitalismus entnehmen. Vielleicht hilft uns die Realgeschichte weiter, die wir freilich auch nur in idealtypischer Weise befragen können. Unterscheiden wollen wir dabei zwischen drei historischen Stadien oder „Formationsperioden" des Kapitalismus: dem liberalen Kapitalismus des 19. Jahrhunderts, dem „organisierten" oder – in heutiger Terminologie – fordistisch-korporativen Kapitalismus des „kurzen 20. Jahrhunderts" (Hobsbawm) und dem neoliberalen („globalisierten", Finanz-) Kapitalismus im Übergang zum 21. Jahrhundert.

Am frühen, liberalen Kapitalismus haben nicht nur Lujo Brentano, Sidney und Beatrice Webb, Goetz Briefs und die Väter der sozialen Marktwirtschaft den Arbeitsmarkt als einen unvollständigen Markt herausgestellt, auf dem eine Ware gehandelt wird, die aus Fleisch und Blut besteht. Die Frage, wie die, von Karl Polanyi (1978) treffend als „fiktive Ware" bezeichnete *lebendige Arbeit* vor der Dynamik einer ungehemmten Marktwirtschaft geschützt werden kann, bildete den Problemkern der „sozialen Frage". Die historische Antwort auf diese – bereits diesseits von Marxismus und Sozialismus gestellte – Frage lautete: durch *Dekommodifizierung der Arbeit.* Sie erfolgte auf vielfältige Weise. Neben Arbeitsschutzgesetzen und sozialpolitischen Maßnahmen gesetzlicher oder freiwilliger Art bildeten zuvörderst die Gewerkschaften „Schutzgehäuse gegen die Kommerzialisierung der menschlichen Arbeitskraft" (Briefs 1927: 1117). Die vom frühen Goetz Briefs, einem Schüler Brentanos, auf den Begriff gebrachte Wesensbestimmung der Gewerkschaften schließt aus, dass sie eine genuine Marktinstitution sein können. Heißt doch ihre raison d'être Beschränkung und Aufhebung der reinen Marktgesetze! Nicht zu Unrecht identifizierte Christoph Deutschmann (1981) darin ein „konservatives Moment" der Gewerkschaften; gemessen an der Dynamik der Märkte und dem technischen Fortschritt, agieren sie im wirtschaftlichen Geschehen als retardierender, ja störender Faktor.

Die Gewerkschaften standen zwar nicht direkt an der Wiege des Kapitalismus, aber sie begleiteten schon früh seinen Aufstieg. Die sozialen Probleme, welche die wirtschaftliche Liberalisierung durch die Privatisierung und Kommerzialisierung der Arbeit verursachten, hatten in allen industriekapitalistischen Ländern gewerkschaftliche Organisationsbildungen zur Folge. Freilich nicht von den Ärmsten der Armen, den Elenden und Ausgepowerten unter den Lohnabhängigen gingen die ersten Initiativen zur Gewerkschaftsbildung aus; Pioniere der Gewerkschaftsbewegung waren vielmehr exponierte Gruppen qualifizierter Arbeiter (wie die Buchdrucker), die gegen ihren Statusverlust opponierten, oder (wie die Zigarrenarbeiter) um die Anhebung ihres sozialen Status kämpften. Aufgrund ihrer Qualifikationen verfügen Arbeitergruppen dieser Art über primäre Markt- und/oder Produktionsmacht[3], die sie durch sekundäre Organisationsmacht gesteigert zur Geltung bringen können.

Wer als Organisation funktional nicht in die Ökonomie passt, kann gleichwohl als Störungsmacht Beachtung finden und Zugeständnisse erzwingen. Erst die kollektive Machtentfaltung der Arbeiterbewegung machten die Gewerkschaften zu einem wirkungsmächtigen Faktor der kapitalistischen Wirtschaft. Als historische Kräfte prägten sie, im Verein mit bürgerlichen Sozialreformern und Kathedersozialisten, die Gestalt des Kapitalismus mit, indem sie dessen selbstzerstörerische Potentiale bändigten. Karl Polanyi spricht in diesem Zusammenhang vom „Selbstschutz der Gesellschaft", Jürgen Habermas von der „Konstitu-

---

[3] Wir benutzen diese Begriffe analog zu denen von Wright (2000: 962) und Silver (2005: 30f.): „marketplace bargaining power" und "workplace bargaining power".

tionalisierung der Wirtschaft“. Aus diesen historischen Kräfteparallelogrammen etablierte sich ein breites Spektrum kapitalistischer Marktwirtschaften, die heute nach rheinischen und atlantischen Spielarten (Albert 1992), nach koordinierten und nichtkoordinierten Ökonomien (Hall/Soskice 2001) typologisiert werden und den Gewerkschaften je unterschiedliche Rollen als „collective voice“ der Arbeitnehmer im wirtschaftlichen und politischen Prozeß zuerkannten.

VI.

Spätestens mit dem Ende der Weltwirtschaftskrise trat der Kapitalismus in ein neues Stadium, das die französische Regulationsschule, in Anlehnung an Gramscis Begriffsprägung, als *Fordismus* bezeichnete. Die neue Formation ist gekennzeichnet durch kapitalintensive Produktion, Großorganisationen und monopolistisch-korporatistische Regulierung. Dass die revolutionären Zuspitzungen und Klassenkonflikte eine Triebfeder für den Umbau des liberalen Kapitalismus zum fordistischen waren, ist eine plausible Annahme nicht nur der Regulationsschule, sondern auch der World Labor Group (Silver 2005). Viele nationale Gesellschaften reagierten auf die Arbeiterunruhen und passten ihre wirtschaftlichen und sozialpolitischen Einrichtungen an die gegebenen Machtverhältnisse an. Dazu gehörte auch die (neutralisierende) Integration der Gewerkschaften in die Zirkulations- und Verwertungsprozesse des Kapitals. Massenproduktion verlangte nach Massennachfrage. Die Einschränkungen, die die „institutionalisierten Kompromisse“ (Aglietta 2000: 28) dem Kapital auferlegten, wurden durch hohe Produktivitätsfortschritte kompensiert. Aglietta spricht von einer „neuen Verträglichkeit zwischen der Kapitalakkumulation und dem sozialen Fortschritt“, die die Institutionen des Fordismus“ (ebd.: 43f.) herbeiführten. (Dass mit ihnen auch die Saat des späteren Scheiterns aufging, steht auf einem anderen Blatt.)

So unterschiedlich die Strukturen und Institutionen der nationalen politökonomischen Regulierungssysteme von Schweden bis zu den USA auch waren, über einen langen Zeitraum nach dem Zweiten Weltkrieg, dem „goldenen Zeitalter des Kapitalismus“, gehörte zu ihrem Kernbestand das fordistische Produktions- und Konsummodell und zu ihrem regulativen Instrumentarium die keynesianische Wirtschaftspolitik. In den daraus hervorgegangen korporatistischen Verhandlungssystemen bildeten die Gewerkschaften einen derart festen (und scheinbar dauerhaften) Bestandteil im tripartistischen Interessenverbund, dass sie für die Sicherung des inneren Friedens und des stabilen Wachstums für unabdingbar angesehen wurden. Die trinitarische kapitalistische Friedensformel hieß: Fordismus plus Keynesianismus plus Korporatismus. Viele der damaligen Korporatismustheoretiker glaubten, lange vor Fukuyama, in diesem politökonomischen Arrangement schon das „Ende der Geschichte“ zu sehen.

VII.

Über die Ursachen, die im letzten Viertel des 20. Jahrhunderts für die weltweite Krise des fordistischen Kapitalismus ausschlaggebend waren, sind viele kluge Analysen vorgelegt worden. Die zur Erklärung herangezogenen Extrempole – internationale Finanzmärkte (Aglietta) und globale Arbeitermilitanz (Silver) – lassen viel Raum für weitere Erklärungsvariablen. Zu diesen zählen jene, die im kohärenten Zusammenspiel von ökonomischen, politischen und sozialen Institutionen den Herd jener Blockaden und Rigiditäten identifizieren, die der inhärenten Dynamik des Kapitalismus zutiefst widersprechen.

Uns interessiert hier vornehmlich, dass das neue Stadium des Kapitalismus (nennen wir es hilfsweise Shareholder-Kapitalismus) gleichsam über Nacht die Gewerkschaften zum Anachronismus stempelte. Jene tragende Rolle, die sie im fordistischen Korporatismus spielten, gehören der Vergangenheit an. Dazu beigetragen haben insbesondere zwei Entwicklungen. Zum einen passten sich Unternehmensstrukturen und Unternehmensführung (corporate governance) unter dem Druck und Zug der internationalen Finanzmärkte weltweit den Tendenzen zur Marktzentrierung und kurzfristigen Renditeorientierung an. Insbesondere neue und junge Unternehmen zählen die gewerkschaftlich vermittelte Sozialpartnerschaft nicht mehr zu ihren tragenden Säulen. Zum anderen wurde mit den zunehmenden Beschränkungen nationaler Wirtschaftslenkung die Funktion der Gewerkschaften als makroökonomisches Steuerungsinstrument obsolet.

Die Erfahrungen aus den letzten beiden Jahrzehnten zeigen, dass nun auch nationale Varianten des Kapitalismus eingeebnet werden. „Nationale Sonderwege und entsprechende Kapitalismusmodelle gibt es nicht mehr. Mit der Globalisierung der Kapital- und Finanzmärkte ist das liberale 19. Jahrhundert zurückgekehrt.“ (Plumpe 2005: 22) Rückkehr meint hier vor allem den ideologische Rückbezug auf den Hayekschen Liberalismus. Verglichen mit dem neuen kapitalistischen Marktregime erscheint der rheinische Kapitalismus als ein „Kuschelkapitalismus“[4]. Immer mehr Sektoren und Bereiche, die früher dem unmittelbaren Kommerz entzogen waren, werden nun dem Markt als dem genuin kapitalistischen Steuerungsmechanismus überantwortet. Verbreitet wird die Vorstellung, dass alles Kollektive von Übel sei, begleitet von publizistischen Attacken auf Tarifkartelle und Mitbestimmung. Evident ist: Der postfordistische Kapitalismus benötigt die Gewerkschaften als komplementäre Regelungsinstitutionen nicht mehr. Dies zeigen uns nicht zuletzt die USA und andere angelsächsische Länder. Zwar hat es den Anschein, dass in Westeuropa die Gewerkschaften noch nicht völlig abgeschrieben wurden, aber verglichen mit den Kompetenzen, die ihnen in den Hochzeiten des Korporatismus für die Regulierung von Arbeitsmarkt und Arbeitsleben zugebilligt worden waren, sind die heutigen nur noch Brosamen, die vom globalökonomischen Fladen abfallen. Sofern die institutionellen Hüllen für kollektive Regelungen bestehen blieben, sprechen deren Inhalte mittlerweile eine andere Sprache – das Flexi-Newspeak der von den Finanzmärkten getriebenen, wertorientierten Unternehmensführung.

Der Funktionsverlust der Arbeiterorganisationen geht einher mit einer schwindenden „Gewerkschaftsdichte“ in den meisten kapitalistischen Gesellschaften. Weltweit verzeichnen die Gewerkschaften, mit Ausnahme der skandinavischen Staaten, ein rapides Absinken der Mitgliederzahlen. Über deren Ursachen lässt sich trefflich streiten. Natürlich ist die zunehmende Diskrepanz zwischen dem strukturellen Wandel der Arbeitnehmerschaft („Tertiarisierung“, „Feminisierung“, „Prekarisierung“ der Arbeitsmärkte) und der traditionellen Gewerkschaftsorientierung an Strategien und Praktiken, die auf die männliche Industriearbeiterschaft abgestellt waren, eine Erklärungsvariable für die abnehmende Attraktivität der Gewerkschaften, eine weitere die gewerkschaftsaverse Umwelt der wirtschaftlichen und politischen Eliten, eine dritte die (territorial ungleich verteilte) Massenarbeitslosigkeit. Man kann es auf die Formel bringen: Die Unteren finden sich in den Gewerkschaften nicht wieder – die Oberen benötigen sie nicht mehr. Im rekursiven Prozeß schwächen

[4] Graf Lambsdorff : „Kuschelkapitalismus können Sie auch mit rheinischem Kapitalismus übersetzen.“ (Interview mit der ZEIT v. 21.07.2005)

beide Faktoren die Gewerkschaften, und deren Schwächung erhöht die Wirksamkeit beider Faktoren.

Der spätere Briefs hatte der „befestigen Gewerkschaft“ ein eigenes Gewicht (als Störungs- und Gestaltungsmacht) zugeschrieben, das „die Data des Marktes und der Gesellschaftsstruktur“ (1952: 103) als unabhängige Variable beeinflussen konnte, während die klassische Gewerkschaft als abhängige Variable der wirtschaftlichen Dynamik von Abschwung und Arbeitslosigkeit unterworfen war. Die Rückkehr des liberalen Kapitalismus, freilich in einem ungleich dichteren Netz weltweiter Konkurrenz, läutet die Rückentwicklung zum Typus der klassischen Gewerkschaft ein. Dramatisch schrumpfen die gewerkschaftlichen Mitgliederbestände in den USA und in Frankreich, wo im privatwirtschaftlichen Sektor weniger als jeder zehnte Arbeitnehmer noch Mitglied einer Gewerkschaft ist. In Deutschland ist allenfalls nur noch jeder sechste aktive Arbeitnehmer Gewerkschaftsmitglied. Straflos können Politiker in der Öffentlichkeit die geschwächten Gewerkschaften als Ballast und „Plage“ (O-Ton Guido Westerwelle) beschimpfen.

Die Haupttendenz der gegenwärtigen Kapitalstrategien zielt auf die Re-Kommodifizierung, sprich: die Vermarktlichung der Arbeit. Wir erleben heute, dass säkulare Errungenschaften rückgängig gemacht werden. Die Fesseln, die Arbeiterbewegung und bürgerliche Sozialreform dem Kapital angelegt hatten, werden gelöst, soziale Sicherungen des Sozialstaats wieder herausgeschraubt. Indessen geht es nicht völlig ohne derartige Sicherungen; das zeigen die Substitute für gewerkschaftliche Tarifpolitik, die derzeit auf dem politischen Markt gehandelt werden. Dazu gehören der Mindestlohn und der Kombilohn, das garantierte Grundeinkommen und die Gewinn- bzw. Kapitalbeteiligung. Das Krähen des Gallischen Hahns hebt immer wieder mal ins Bewusstsein, dass die Chose ohne soziale Palliative und gesellschaftlichen Kitt doch zu brisant werden könnte.

Für die Arbeitnehmer sind die Gewerkschaften als (wie immer geschwächter) kollektiver Akteur sozialer Protektion und Gerechtigkeit schwer zu ersetzen. Dass die Arbeitnehmer, inklusive die Arbeitslosen, ohne gewerkschaftliche Vertretung und Tarifvertrag besser dastünden, ist ein Gerücht, das auch dadurch nicht glaubhafter wird, wenn es sozial gut abgesicherte Theologen des Laissez-faire ad nauseam im Wirtschaftsteil ansonsten seriöser Zeitungen auftischen, auf deren Feuilletonseiten gleichzeitig feinsinnige Stilisten Attacken gegen die „neue Kultur des Kapitalismus“ reiten dürfen.

VIII.

Was kann man angesichts der geschilderten Lage von den geschwächten Gewerkschaften in der Zukunft erwarten? Werden sie eine Nischenexistenz führen? Verlieren sie ihre Funktion als allgemeines Sprachrohr der Arbeitnehmer und degenerieren zu „Verteidigungsorganisationen absteigender Gruppen“ (Dahrendorf)? Verkümmern sie zur Lobby einer in großbetrieblicher Produktion beschäftigten Klientel?

Soviel haben wir immerhin von Popper gelernt: Die Zukunft ist offen. Die gegenwärtige Schwäche der Gewerkschaften muss nicht auf ihr definitives Ende zulaufen. Natürlich kann der neoliberale Kapitalismus auf Gewerkschaften verzichten. Das konnte bereits der altliberale Kapitalismus. Aber damals verstanden es die Gewerkschaften, sich durch die Entfaltung ihrer Organisationsmacht Geltung und Einfluss zu verschaffen. Heute befinden sie sich wiederum in einer Münchhausen-Position, aus der sie sich allein durch erneute, besser: neuartige Machtentfaltung herausziehen können. Bei aller Schwerfälligkeit sind sie lern- und strategiefähige Organisationen, so dass eine Erneuerung der Gewerkschaftsbewegung keineswegs auszuschließen ist. Sie könn(t)en Allianzen mit NGOs und sozialen Bewegungen eingehen. Sie könn(t)en sich europäisieren, internationalisieren – und all ihre Rücksichtnahmen auf Wirtschaft, Wachstum und Vaterland hintanstellen.

Um zu einem revitalisierten Machtfaktor zu werden, müssten sie freilich erstens neue Mitgliedergruppen gewinnen und zweitens international aktionsfähig werden.

Zum Ersten: Neue Mitgliedergruppen wären aus den Wachstumsbranchen des Informations- und Kommunikationssektors, der unternehmens- und personenbezogene Dienstleistungen, den Transport- und Logistikbranchen sowie dem Bildungsbereich zu gewinnen. In diesen Sektoren werden bereits Arbeitskämpfe ohne gewerkschaftlichen Traditionspanzer in neuen Formen (Kampagnen, Boykotte und virtuelle Arbeitskämpfe) ausgetragen (Renneberg 2005).

Angesichts des im Arbeitsverhältnis inhärenten Konfliktpotentials ist es höchst unwahrscheinlich, dass die weitere kapitalistische Entwicklung ohne Arbeiterunruhen und Streiks verlaufen wird. Alles hängt jedoch davon ab, ob es gelingt, die originäre Markt- und Produktionsmacht neuer Arbeitnehmergruppen in Organisationsmacht zu überführen.

Zum Zweiten: Auf die Internationalisierung des Kapitals haben die Gewerkschaften noch keine adäquate Antworten gefunden. Warum kann der europäischen Aktiengesellschaft nicht die europäische Industriegewerkschaft folgen? Europäische und internationale Tarifabkommen mit Arbeitgeberverbänden wird es erst geben, wenn die Gewerkschaften die Gegenseite zu solchen vertraglichen Vereinbarungen zwingen können. Könnte hier nicht ein exemplarischer Arbeitskampf etwa in der europäischen Automobilindustrie Hebammendienste leisten? Ob sich die Gewerkschaften in den fortgeschrittenen kapitalistischen Ländern mit protektionistischen Forderungen weiterhin an den Nationalstaat ketten oder ob sie dem Internationalismus neue Impulse zu geben vermögen, bleibt offen.

***

Statt eines Abstracts wollen wir unsere Antwort auf die Ausgangsfrage wie folgt resümieren:

Erstens: Gewerkschaften sind keine genuin marktwirtschaftliche Institution; ihre sozialpolitischen „Hilfsdienste" im Kapitalismus können zu dessen störungsfreiem Funktionieren beitragen, ohne indessen ein bestandsnotwendiges Element darzustellen.

Zweitens: Den Arbeitnehmern dienen Gewerkschaften als Schutz- und Verteidigungsorganisationen auf den Arbeitsmärkten und in der Produktion. Als kollektive Stimme der Arbeitnehmer im politischen Prozeß sind sie (potentielle) Garanten sozialer Gerechtigkeit und belebendes, wenn nicht konstitutives Element der Demokratie.

Drittens: Vornehmlich durch die Entfaltung von Organisationsmacht können Gewerkschaften sich im Kapitalismus zur Geltung bringen, wobei ihre Macht primär im Mitglieder- und Mobilisierungspotential gründet.

Viertens: Gewerkschaftliche Machtentfaltung provoziert Reaktionen auf Seiten des Staates und des Kapitals. Mit Gewerkschaften, die weder zurückgedrängt noch ignoriert werden können, muss man verhandeln und sich arrangieren. Staat und Kapital werden versuchen, die Gewerkschaften mit institutionellen (Klassen-)Kompromissen und Strategien zur Befriedung und Integration für ihre Zwecke zu funktionalisieren. Im günstigsten Fall führt dies zu Positivsummenspielen. Daraus eine notwendige Funktion der Gewerkschaften für den Kapitalismus abzuleiten, beruht auf einem (verständlichen) gewerkschaftlichen Irrtum.

Fünftens: Eine Erneuerung der Gewerkschaften ist nur auf dem Wege über einen Zugewinn an organisatorischer Macht und an politischer und ökonomischer Kompetenz im internationalen Kontext zu erwarten.

Literatur

Aglietta, Michel 2000: Ein neues Akkumulationsregime. Die Regulationstheorie auf dem Prüfstand. Hamburg

Albert, Michel 1992: Kapitalismus contra Kapitalismus. Frankfurt/M.

Beyme, Klaus von (Hg.) 1979: Die großen Regierungserklärungen der deutschen Bundeskanzler von Adenauer bis Schmidt. München

Briefs, Goetz 1927: Gewerkschaftswesen und Gewerkschaftspolitik. In: Handwörterbuch der Staatswissenschaften. 4. Band, 4. Aufl. Jena: 1108-1150

Briefs, Goetz 1952: Zwischen Kapitalismus und Syndikalismus. Die Gewerkschaften am Scheideweg. Bern

Briefs, Goetz 1965: Gewerkschaften (1) Theorie. In: Handwörterbuch der Sozialwissenschaften. 4. Band. Stuttgart, Tübingen, Göttingen: 545-561

Böhm, Franz 1951: Das wirtschaftliche Mitbestimmungsrecht der Arbeiter im Betrieb. In: ORDO. Jahrbuch für die Ordnung von Wirtschaft und Gesellschaft. Vierter Band: 21-250

Cassel, Dieter (Hg.) 1998: 50 Jahre Soziale Marktwirtschaft. Ordnungstheoretische Grundlagen, Realisierungsprobleme und Zukunftsperspektiven einer wirtschaftspolitischen Konzeption. Stuttgart

Deutschmann, Christoph 1981: Das konservative Moment der Gewerkschaftsbewegung. In: Institut für Sozialforschung (Hg.): Gesellschaftliche Arbeit und Rationalisierung. Neuere Studien aus dem Institut für Sozialforschung in Frankfurt am Main. Leviathan Sonderheft 4/1981: 152-177

Eucken, Walter 1959: Grundsätze der Wirtschaftspolitik. Reinbek b. Hamburg

Hall, Peter A./Soskice, David 2001: Varieties of Capitalism. The Institutional Foundations of Comparative Advantage. Oxford

Kalecki, Michal 1943: Political Aspects of Full Employment. The Political Quarterly XIV (4): 322-331

Keynes, John Maynard 1936: Allgemeine Theorie der Beschäftigung, des Zinses und des Geldes. Berlin. 6. Aufl. 1983

Keynes, John Maynard 1956: Liberalismus und Arbeiterpartei. In: ders. 1956: Politik und Wirtschaft, Männer und Probleme. Ausgewählte Abhandlungen von John Maynard Keynes. Tübingen: 255-258

Müller-Armack, Alfred 1956: Soziale Marktwirtschaft. In: Handwörterbuch der Sozialwissenschaften. 9. Band. Stuttgart, Tübingen, Göttingen: 390-392

Plumpe, Werner 2005: Das Ende des deutschen Kapitalismus. In: Westend 2 (2): 3-26

Polanyi, Karl 1978: The Great Transformation. Politische und ökonomische Ursprünge von Gesellschaften und Wirtschaftssystemen. Frankfurt/M.

Renneberg, Peter 2005: Die Arbeitskämpfe von morgen? Arbeitsbedingungen und Konflikte im Dienstleistungsbereich. Hamburg

Silver, Berverly J. 2005: Forces of Labor. Arbeiterbewegungen und Globalisierung seit 1870. Berlin

Smith, Adam 1978: Der Wohlstand der Nationen. München (TB-Ausgabe)

Wright, Eric O. 2000: Working-Class Power, Capitalist Class-Interests, and Class-Compromise. American Journal of Sociology 105 (4): 957-1002

Sebastian Schief

Korporatismus unter Druck?

Zum Einfluss der Erweiterung der Europäischen Union auf die industriellen Beziehungen der Mitgliedsländer

1. Einleitung: Die Erweiterung der Europäischen Union als Katalysator

Der 1. Mai des Jahres 2004 kann mit Fug und Recht als ein historisches Datum in der Geschichte der Europäischen Union bezeichnet werden. An diesem Tag wurden etwa fünfzehn Jahre nach dem Fall der Berliner Mauer und der vollständigen Auflösung des so genannten Ostblocks acht mittel- und osteuropäische Länder[1] sowie Malta und Zypern Mitglied in der Europäischen Union. Dem vorausgegangen war ein nahezu ebenso langer Prozess der vermeintlichen oder tatsächlichen Heranführung der Beitrittskandidaten an die Länder der Europäischen Union. Intendiert war, eine Konvergenz der Kandidatenländer an die Gemeinschaft vermittelt durch das übereinstimmende Integrationsinteresse der Beitrittsländer und einer Heranführungsstrategie der Europäischen Union zu erzielen. Beyer (1999) hat anhand der Beispiele Außenhandel und Privatisierung sehr anschaulich gezeigt, dass der Integrationswunsch der mittel- und osteuropäischen Staaten und das von der Europäischen Union propagierte Ziel der Konvergenz innerhalb der europäischen Heranführungsstrategie paradoxer Weise zu Divergenz geführt hat. Er führt das auf die *kontra-intentionale* Wirkung der EU-Politik im Zuge des vermeintlichen Konvergenzprozesses zurück, der de facto einen *Wettbewerb um Beitrittschancen* ausgelöst hat.

Es ist demnach nahe liegend davon auszugehen, dass statt der größeren gewünschten Homogenität innerhalb der Europäischen Union mit der Erweiterung im Gegenteil eine deutlich größere Heterogenität entstanden ist, die von der Politik der EU noch befördert wurde. Was im Falle der Beispiele Privatisierung und Außenhandel gilt, kann im Falle der industriellen Beziehungen ebenso vermutet werden. Auch hier haben die Beitrittsländer versucht, durch eine eigenständige Strategie einen Vorsprung gegenüber den anderen Beitrittskandidaten zu erzielen. Die Einschätzung, ob im Bereich der industriellen Beziehungen Konvergenz oder Divergenz innerhalb der Europäischen Union zu erwarten ist, wird je nach Autor unterschiedlich beantwortet. Während zum Beispiel Crouch in der Einbettung der Länder innerhalb der Europäischen Union einen Schub in Richtung Konvergenz sieht, hält er das Klima der intensivierten globalen Konkurrenz und der Deregulierung eher für geeignet, Divergenz zu erzeugen (Crouch 1996). Ebenso ambivalent, wenn auch anders begründet, ist die Einschätzung Streecks. Streeck sieht in der Wirkung der Globalisierung auf die nationalen Systeme selbst sowohl einen Effekt der Konvergenz als auch der Divergenz. Hauptargument hierbei ist, dass Konvergenz in einem Bereich Divergenz in einem anderen auslösen kann, um Identität und Eigenständigkeit zu bewahren und um dem Wettbewerb unter Gleichen aus dem Weg zu gehen. Dies scheint dem Verfasser der Kern des

[1] Estland, Lettland, Litauen, Polen, Slowakei, Slowenien, Tschechien und Ungarn

dann folgenden Arguments der sektoralen Spezialisierung zu sein, auf die Streeck abhebt (2004).

Neben dem Wettbewerb um *Beitrittschancen* tritt und trat im Falle der industriellen Beziehungen also noch ein weiterer, der so genannte *Standortwettbewerb*. Diesem Diktum folgend, werden Sozialstaat und Sozialpolitik, die einst aus dem Wettbewerb herausgenommen waren oder sogar der Abschwächung desselben dienten, nun innerhalb des Wettbewerbsstaates (Hirsch 1995) selbst zum Standortfaktor. Nach Streeck (2004) dient Sozialpolitik so „...nicht mehr der Korrektur, sondern der Akkommodierung von Märkten - weniger der ‚sozialen Gerechtigkeit' als der Aktivierung und Qualifizierung flexibel einsetzbaren Humankapitals" (Streeck 2004). Der Autor sieht eine zunehmende Überschneidung von Sozial- und Wirtschaftspolitik, deren gemeinsames Ziel die „...Verbesserung der internationalen Marktgängigkeit der Gesellschaftsmitglieder und der Gesellschaft insgesamt" (Streeck 2004) sei. In eben dieser Sozial- und Wirtschaftspolitik der Verbesserung der Marktgängigkeit sehen nun zahlreiche Autoren (stellvertretend Chase-Dunn 1990 ; zusammenfassend Schief 2003) die Ursache eines „competing down"-Prozesses, der im gegenseitigen Unterbieten an Standards seinen Ausdruck findet. Die Gefahr einer zunehmenden Regimekonkurrenz verschärft sich nach Marginson (2006) noch mit der Absenz regulierender Maßnahmen auf EU-Ebene.

Die Frage, die dieser Beitrag zu beantworten trachtet, liegt nun in der Rolle der Erweiterung der Europäischen Union und dem daraus resultierenden Wettbewerb der Beitrittschancen im vermuteten Wettbewerb der Standorte. Durch die vollzogene Erweiterung müsste sich dieser Wettbewerb deutlich verschärfen, und zwar nicht nur zwischen den Beitrittsländern, sondern zwischen allen 25 Ländern der Europäischen Union. Wir werden unter dieser Perspektive die Systeme industrieller Beziehungen der neuen Mitgliedsländer mit jenen der alten Mitgliedsländer vergleichen, um zu prüfen, inwiefern die neuen geeignet sind, aufgrund vermeintlich oder tatsächlich höherer Marktgängigkeit vermittelt über das Instrument des Standortwettbewerbs jene Systeme der alten Mitgliedsländer unter Veränderungsdruck zu setzen.[2] Wenn dem so ist, könnte die Erweiterung der Europäischen Union als Katalysator des „competing down"-Prozesses auf dem Feld der industriellen Beziehungen fungieren.

Das folgende Kapitel operationalisiert die Typologie industrieller Beziehungen von Crouch anhand einfacher Indikatoren und überprüft ihre Gültigkeit für die alten Mitgliedsstaaten der Europäischen Union (EU 15) im Jahre 2004. Anschließend werden die neuen Mitgliedsländer anhand der Indikatoren in der Typologie verortet bzw. wird überprüft, ob neue Typen erforderlich sind. Die neue Typologie wird im Anschluss anhand ausgewählter, auf Arbeiten von Ebbinghaus (1998) beruhenden Indikatoren industrieller Beziehungen überprüft. Zum Ende wird diskutiert, welchen Einfluss die Erweiterung der Europäischen Union auf die industriellen Beziehungen der Mitgliedsländer haben könnte.

[2] Eine kurze komparative Darstellung der industriellen Beziehungen nach der EU-Erweiterung findet sich in Kohl et al. (2006). Eine sehr detaillierte Analyse der industriellen Beziehungen der 8 mittelosteuropäischen neuen Mitgliedsländer ist in der Arbeit von Kohl und Platzer (2003) zu finden.

2. Crouch's Europe sociale à quatre vitesses

Als analytisches Werkzeug der Einordnung kann uns im Weiteren Crouch's Typologie der industriellen Beziehungen dienen, die er mit *Europe sociale à quatre vitesses* (Crouch 1996: 370ff.) überschrieben hat (Tabelle 1). Danach können die Systeme industrieller Beziehungen in der alten Europäischen Union vier Typen zugeordnet werden. Die Typen, die durch Schweden und Deutschland repräsentiert werden, weisen hohe arbeitsrechtliche Standards auf. Die Unterscheidung der beiden Kategorien besteht für Crouch zum einen in einem (relativ) dezentralen Korporatismus (z.B. Deutschland, Gruppe 1) im Gegensatz zu einem zentralisierten Korporatismus, wie ihn zum Beispiel Schweden (Gruppe 2) praktiziert. Zum anderen gilt die Deutschland beinhaltende Gruppe als arbeitgebergeleitet, während die Gruppe Schwedens durch eine starke Gewerkschaftsbewegung geprägt ist. Großbritannien kann als Beispiel dienen für einen Typus, der sich durch lose und dezentralisierte Tarifverhandlungen auszeichnet, was sich im Ergebnis niedriger arbeitsrechtlicher Standards ausdrückt (Gruppe 3). Der Typus, für den z.B. Portugal in dieser Untersuchung steht, ist durch ein rudimentäres und im Grunde nicht reguliertes und arbeitgeberdominiertes System zu beschreiben. Auch dies führt letztendlich zu niedrigen arbeitsrechtlichen Standards (Gruppe 4).

Tabelle 1: Crouch's Europe social à quatre vitesses

Typ	Land*	Charakteristik
Gruppe 1	Deutschland Österreich Niederlande Belgien Teile Italiens (Norden)	Arbeitgeberdominiert, relativ dezentral, korporatistisch
Gruppe 2	Schweden Dänemark Finnland	Korporatistisch, zentralisiert, starke Gewerkschaften
Gruppe 3	Frankreich Großbritannien Irland Spanien Teile Italiens (Süden)	Schwach, dezentralisierte Tarifverhandlungen
Gruppe 4	Griechenland Portugal Teile Italiens und Spaniens Eine Randzone ärmerer Sektoren in allen Ländern	Rudimentär, unreguliertes, arbeitgeberdominiertes System

Quelle: Crouch 1996: 372
*Luxemburg wurde von Crouch nicht typologisiert, die Schweiz und Norwegen werden als Nicht-EU-Länder im Weiteren nicht berücksichtigt.

Der Kern der Typologie von Crouch liegt – zusammengefasst - in drei Dimensionen. Dimension eins kann nach unserem Verständnis als Grad der Bindungswirkung bzw. dem Gewicht von Tarifverträgen bezeichnet werden.[3] Dimension zwei unterscheidet zwischen Systemen,

[3] Eigentlich liegt es nahe, den Zentralitätsindex von Visser zu übernehmen, aber wir sind der Meinung, dass dieser nicht besser geeignet ist, um die Dimension von Crouch zu operationalisieren (Visser 2004). Gerade in Bezug auf

die eher arbeitgebergeleitet sind und solchen, die starke Gewerkschaften aufweisen. Dimension drei schließlich beinhaltet die Ausprägung der arbeitsrechtlichen Standards. Ein Versuch der Einordnung der neuen Mitgliedsländer der EU in diese Typologie macht eine Operationalisierung notwendig, die darauf Rücksicht nimmt, dass der Zugang zu und die Erfassung von Daten in diesem Bereich in den neuen Mitgliedsländern vergleichsweise schwierig ist.

Dimension eins kann mit der *tarifvertraglichen Deckungsrate* operationalisiert werden, wie sie in verschiedenen Publikationen dokumentiert ist (z.B. Carley 2003; Kohl, Platzer 2003; Schulten 2005; Van Gyes, Kohl et al. 2006). Je niedriger die tarifvertragliche Deckungsrate ist, desto niedriger ist die Bindungswirkung bzw. das Gewicht der Tarifverträge. Als Operationalisierung für Dimension zwei dient ein Vergleich des Organisationsgrades von Gewerkschaften und Arbeitgeberverbänden. Es wird die Annahme getroffen, dass die stärker organisierte Tarifvertragspartei die Führungsrolle im jeweiligen System innehat. Zur Operationalisierung von Dimension drei, den arbeitsrechtlichen Standards, wird der von Kohl et al. entwickelte *Labour rights standards index (LRS)* genutzt (Kohl, Lehndorff et al. 2006; Van Gyes, Kohl et al. 2006). Der LRS berücksichtigt individuelle sowie kollektive Arbeitsrechte und ihre Durchsetzung und Kontrolle.

Abbildung 1: Tarifvertragliche Deckungsrate* und arbeitsrechtliche Standards** für die Länder der EU 25

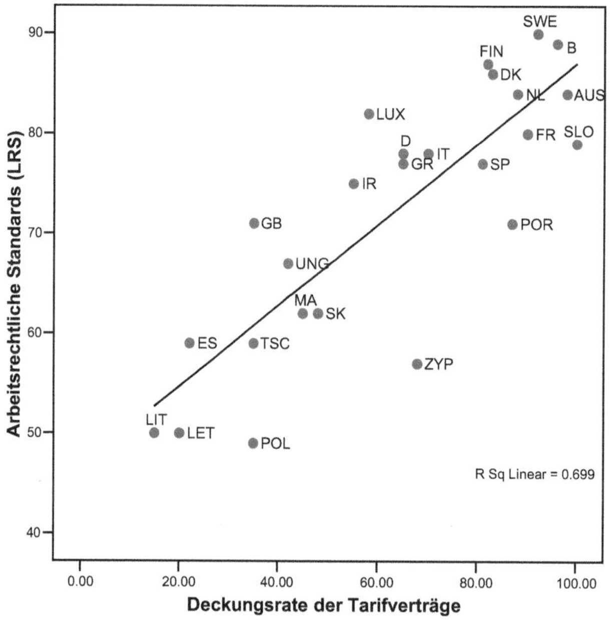

Quelle: Van Gyes, Kohl et al. 2006
* Bezogen jeweils auf ...% aller abh. Beschäftigten; neueste verfügbare Daten.
** Bewertungen für 2004/2005. Zur Konstruktion des Index siehe Van Gyes, Kohl et al. (2006) und Kohl, Lehndorff et al. (2006).

die Einschätzung Großbritanniens und Irlands würde er keineswegs das abbilden, was u.E. von Crouch intendiert ist.

Die Operationalisierung der drei Dimensionen ermöglicht uns nun eine einfache Einordnung der Länder auf der Basis dieser Dimensionen. Abbildung 1 zeigt die Länder der Europäischen Union in einem Koordinatensystem, aufgespannt von der Deckungsrate der Tarifverträge (Dimension 1) und den arbeitsrechtlichen Standards (Dimension 3).

Betrachtet man Abbildung 1, sticht unmittelbar der Zusammenhang von Deckungsrate und arbeitsrechtlichen Standards ins Auge, der zudem auch statistisch nachweisbar ist. Es hat einige Plausibilität davon auszugehen, dass in jenen Ländern, die höhere Deckungsraten der Tarifverträge aufweisen, daraus resultierend auch die arbeitsrechtlichen Standards höher sind.

Die von Crouch entworfene Typologie der westeuropäischen Systeme industrieller Beziehungen findet sich in dieser Abbildung wieder. Die korporatistischen Länder der Gruppen 1 und 2 sind mit Ausnahme Deutschlands im oberen rechten Eck der Verteilung zu finden, weisen also sowohl hohe arbeitsrechtliche Standards als auch hohe Deckungsraten auf. Im Falle Deutschlands zeigt sich der massive Rückgang der tarifvertraglichen Deckungsrate seit Mitte der neunziger Jahre. Waren laut OECD (2004: 145) im Jahre 1990 noch etwa 80 % der Beschäftigen durch Tarifverträge abgedeckt, so waren es in 2000 nur noch 68 % der Beschäftigten. Insbesondere muss hier der Einfluss der Wiedervereinigung in Betracht gezogen werden, denn die Unterschiede zwischen Ost- und Westdeutschland sind enorm. Neuere Auswertungen des IAB-Betriebspanels (Ellguth, Kohaut 2004) zeigen, dass in West-Deutschland im Jahre 2003 noch 68 % der Beschäftigten, in Ost-Deutschland aber nur noch 53 % in Unternehmen arbeiteten, die tariflich gebunden sind.

Auch die Länder der Gruppe 4 sind relativ gebündelt. Griechenland, Italien, Spanien und Portugal liegen sehr nahe beieinander, was diese Gruppe als relativ homogen erscheinen lässt. Die Gruppe 3 der Typologie der industriellen Beziehungen ist dagegen sehr breit gestreut, insbesondere auf der Dimension der tarifvertraglichen Deckungsrate. Großbritannien und Irland liegen hier mit einer sehr niedrigen Deckungsrate und etwas niedrigeren arbeitsrechtlichen Standards sehr nahe zusammen, während sich Frankreich mit einer der höchsten Deckungsraten aller Länder und höheren arbeitsrechtlichen Standards nahe der Gruppen 1 und 2 befindet. Hier zeigt sich vermutlich die Schwäche der Typologie, denn Frankreichs Tarifverhandlungen sind zwar teilweise dezentralisiert, was vermeintlich als Nähe zum britischen System interpretiert werden könnte. Die wesentliche Rolle der tripartiten und transsektoralen Verhandlungen und Abschlüsse findet aber eindeutig zu wenig Berücksichtigung innerhalb der Typologie.[4] Die Bindekraft der Tarifverträge resultiert aus dem gemischten System der Tarifverhandlungen einerseits (z.B. nationaler Metalltarifvertrag und zahlreiche Haustarifverträge) und der Rolle der Allgemeinverbindlicherklärungen der Tarifverträge durch den Minister andererseits.

Die Einordnung der neuen Mitgliedsländer anhand der Dimensionen tarifliche Deckungsrate und arbeitsrechtliche Standards fällt nun weitest gehend eindeutig aus. Acht der zehn neuen EU-Mitgliedsländer liegen in Bezug auf beide Dimensionen deutlich unterhalb der meisten der alten EU-Länder, lediglich Großbritannien ist im Bereich der Deckungsrate der Tarifverträge auf Höhe dieser Gruppe angesiedelt. Die Ausnahmen bilden Slowenien und Zypern. Während aber Zypern relativ niedrige arbeitsrechtliche Standards mit einer höheren Deckungsrate verbindet, liegt Slowenien in beiden Dimensionen etwa im Cluster

---

[4] Crouch selbst hält diese Gruppe auch für überaus heterogen (Crouch 1996). Auch Ebbinghaus kommt in seiner Typologie zu einem anderen Ergebnis, ordnet er Frankreich doch dem südlichen Typus zu, in dem auch Italien, Portugal und Spanien zu finden sind (Ebbinghaus 1998).

der Gruppen 1 und 2, ähnlich der französischen Position. In Bezug auf die hier analysierten Dimensionen sind die acht übrigen Länder am ehesten noch der Gruppe 3 mit Irland und Großbritannien zuzuordnen, allerdings ist das Niveau der arbeitsrechtlichen Standards in allen acht Fällen deutlich niedriger als in diesen beiden Ländern, jenes der Deckungsrate ist in den meisten Fällen ähnlich niedrig oder niedriger. Ungarn, Malta, die Slowakei, Estland und Tschechien können auf der Basis der untersuchten Dimensionen dem Gruppe-3-Typus zugeordnet werden. Litauen, Lettland und Polen sind strukturell auch dieser Gruppe zuzuordnen, aber insbesondere in Bezug auf die arbeitsrechtlichen Standards sind diese Länder besonders weit von den anderen Mitgliedern dieser Gruppe entfernt.

Die Analyse der noch fehlenden Dimension der Rolle von Gewerkschaften und Arbeitgeberverbänden (anhand der weiter oben beschriebenen Operationalisierung) kann weitere Klarheit bei der Einordnung der neuen Mitgliedsländer in die Typologie verschaffen. Abbildung 2 zeigt ein Koordinatensystem aufgespannt durch den Organisationsgrad der Arbeitgeber an der Horizontalen und den gewerkschaftlichen Organisationsgrad an der Vertikalen.

Abbildung 2: Gewerkschaftlicher Organisationsgrad* und Organisationsgrad der Arbeitgeber**

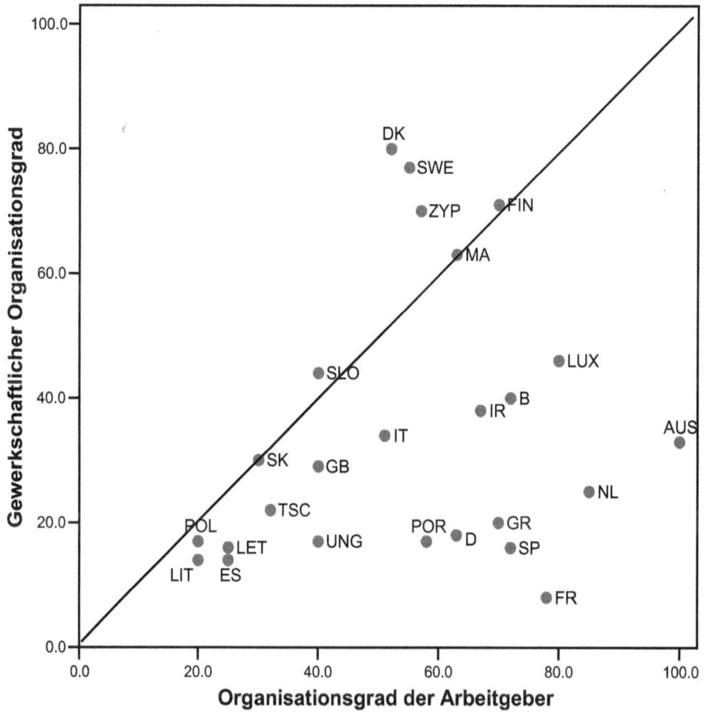

Quelle : Van Gyes, Kohl et al. 2006

* Anteil der Gewerkschaftsmitglieder (ohne Arbeitslose, Studenten oder Rentner) an allen abhängig Erwerbstätigen; Daten von 2004; GR aus 2002.

** Anteil der Beschäftigten bei Arbeitgebern, die Mitglied eines Arbeitgeberverbandes sind; letzte verfügbare Daten (bis 2004); SLO nur Mitglieder eines autonomen Verbands, nicht der Wirtschaftskammer.

Anhand der Position innerhalb des Koordinatensystems sind die arbeitgebergeleiteten von den Systemen mit vornehmlich starken Gewerkschaften deutlich zu unterscheiden. Ein Cluster beinhaltet Schweden, Dänemark und Finnland, es ist jenes der Gruppe 2 der Typologie von Crouch, das sich durch sehr starke Gewerkschaften auszeichnet. Ein zweites Cluster wird gebildet durch jene Länder, in denen die industriellen Beziehungen arbeitgeberdominiert sind. Dazu gehören Deutschland, Österreich, die Niederlande und mit Abstrichen auch Belgien als Repräsentanten eines arbeitgeberdominierten Korporatismus. Zudem sind im selben Cluster Griechenland, Portugal und Spanien sowie etwas entfernter Italien als Repräsentanten des südeuropäischen Typus (Gruppe 4) angesiedelt.

Die von Crouch etablierte Gruppe 3 der Länder mit schwachen und deregulierten Tarifverhandlungen erweist sich auch hier wieder als Achillesferse der Typologie. Während man Frankreich anhand dieser einfachen Operationalisierung eindeutig als arbeitgeberdominiert identifizieren kann, liegen Großbritannien und Irland zwar auch im Bereich der arbeitgeberdominierten Länder, sind aber bei weitem nicht so eindeutig zu verorten wie Frankreich. Bei Betrachtung aller drei Dimensionen erscheint eine Revision bezüglich der Position Frankreichs dringend notwendig.

Die neuen Mitgliedsstaaten der Europäischen Union sind in ihrer Mehrheit in der linken unteren Ecke des Koordinatensystems zu finden, d.h. der Organisationsgrad von Gewerkschaften und Arbeitgeberverbänden ist sehr niedrig. So weisen Litauen, Polen, Lettland und Estland die niedrigsten Organisationsgrade von Arbeitgeberverbänden auf und sind auch in Bezug auf den Organisationsgrad der Gewerkschaften am unteren Ende aller Länder. Drei dieser vier Länder waren auch in der Analyse der anderen beiden Dimensionen ganz am unteren Ende angesiedelt. Mit etwas Abstand folgen Tschechien und Ungarn, die Slowakei hat einen etwas höheren Organisationsgrad der Gewerkschaften. Slowenien hat den mit Abstand höchsten Organisationsgrad der Gewerkschaften innerhalb der Gruppe der mittel-osteuropäischen Länder und auch den höchsten Organisationsgrad der Arbeitgeberverbände. Hob sich Slowenien schon in der Analyse der ersten beiden Dimensionen deutlich von den anderen mittel-ost-europäischen Ländern ab, so findet sich dieses Muster auch in der dritten Dimension wieder. Slowenien kann somit in der Gesamtbetrachtung als korporatistisches System oder zumindest auf dem Weg in Richtung Korporatismus gesehen werden. Die anderen zwei neuen Mitgliedsländer aber, Zypern und Malta, haben im Organisationsgrad von Gewerkschaften und Arbeitgeberverbänden deutlich höhere Werte im Unterschied zu den anderen neuen Mitgliedsstaaten. Malta und Zypern als jene neuen Mitgliedsländer, die nicht durch eine Transformation von einer sozialistischen Plan- zu einer kapitalistischen Marktwirtschaft gingen, sind in der Region Schwedens mit hohem Organisationsgrad sowohl von Gewerkschaften als auch Arbeitgeberverbänden angesiedelt.

Revised diversity revisited: Europe sociale à cinq vitesses?

Die bisherige Analyse gibt im Lichte der empirischen Überprüfung der Dimensionen der von Crouch eingeführten Typologie Anlass, diese zum Teil zu revidieren und in Bezug auf die Erweiterung der Europäischen Union ebenfalls um (mindestens) einen Typus zu erweitern[5] (Tabelle 2):

[5] Natürlich sind Typologien immer eine sehr starke Reduktion von Komplexität, aber dennoch dienen sie als sehr gutes analytisches Werkzeug, um Unterschiede und Zusammenhänge zu verdeutlichen.

1. Es gibt einige empirische Unterstützung für eine Neueinordnung Frankreichs in Richtung der Gruppe 1 mit Deutschland, Österreich, Belgien, den Niederlanden und Luxemburg.
2. Slowenien scheint 14 Jahre nach seiner Unabhängigkeit zumindest auf dem Wege zu einem System korporatistischer Prägung.

Tabelle 2: Gegenüberstellung der alten und neuen Typologie*

Typ	Typologie Crouch	Typologie neu
Gruppe 1 „Mitteleuropäischer Korporatismus"	Deutschland Österreich Niederlande Belgien Teile Italiens (Norden)	Deutschland Österreich Niederlande Belgien Frankreich Luxemburg Slowenien
Gruppe 2 „Nordeuropäischer Korporatismus"	Schweden Dänemark Finnland	Schweden Dänemark Finnland
Gruppe 3 „Angelsächsischer Typus"	Frankreich Großbritannien Irland Spanien Teile Italiens (Süden)	Großbritannien Irland Estland Lettland Litauen Ungarn Tschechien Polen Slowakei
Gruppe 4 „Südeuropäischer Typus"	Griechenland Portugal Teile Italiens und Spaniens Eine Randzone ärmerer Sektoren in allen Ländern	Griechenland Portugal Spanien Italien
Gruppe 5 „Typus der südeuropäischen Inseln"	-	Malta Zypern

Quelle: Crouch 1996: 372, eigene Zuordnung
*Luxemburg wurde von Crouch nicht typologisiert, die Schweiz und Norwegen werden als Nicht-EU-Länder im Weiteren nicht berücksichtigt.

3. Zypern und Malta nehmen innerhalb der neuen EU-Mitgliedsländer einen Sonderstatus ein. Dies lässt sich darauf zurückführen, dass sie keine Transformation durchlaufen haben, wie das in den ost- und mitteleuropäischen neuen Mitgliedsländern der Fall war und zum Teil noch ist.
4. Die sieben restlichen neuen EU-Mitgliedsländer befinden sich nach den bisherigen Analysen strukturell in einer Gruppe mit Großbritannien und Irland, allerdings sind sie in allen Dimensionen noch deutlich hinter diesen beiden angesiedelt (niedrigere arbeitsrechtliche Standards, niedrigere Deckungsrate der Tarifverträge, niedrigere Organisationsgrade). Es stellt sich die Frage, ob man hier einen Typus eigenen Rechts, oder

aber mit Großbritannien und Irland zusammen einen gemeinsamen Typus etablieren sollte. Der Maßgabe folgend, dass diese Länder sich noch in einem beschleunigten Transformationsprozess befinden, werden diese der Gruppe 3 zugerechnet, da davon auszugehen ist, dass sie sich von diesem äußerst niedrigen Niveau ausgehend noch weiter in Richtung des angelsächsischen Typus entwickeln werden.

3. Wie selektiv ist die neue Typologie?

Die vorgenommene Einordnung der Länder zu den eben definierten Typen industrieller Beziehungen soll im Folgenden anhand einer Reihe von Indikatoren einer weiteren Überprüfung unterzogen werden. Wir werden uns bei der Wahl der Indikatoren insbesondere an der Arbeit von Ebbinghaus (1998) orientieren, der zentrale Indikatoren westeuropäischer Systeme industrieller Beziehungen benannt und überprüft hat. Ebbinghaus nutzt neun Indikatoren[6], die zum Teil auch schon bei der Etablierung der Typologie im vorherigen Abschnitt zur Anwendung kamen. Es erscheint uns sinnvoll, noch zwei weitere Indikatoren hinzuzufügen, die auch von wesentlichem Interesse für das System industrieller Beziehungen eines Landes sind: zum einen der Anteil der Beschäftigten mit gewerkschaftlicher oder ähnlicher Interessenvertretung am Arbeitsplatz, zum anderen nehmen wir auch den Index arbeitsrechtlicher Standards (LRS) mit auf. Wir verzichten dagegen im Weiteren auf den Typus des wichtigsten Arbeitgeberverbandes. Tabelle 3 zeigt die gewählten Indikatoren für die 25 Länder der Europäischen Union; diese sind nach der neu erstellten Typologie geordnet.

Die Einzelausprägungen des Organisationsgrades von Gewerkschaften und Arbeitgeberverbänden, der Deckungsrate der Tarifverträge sowie des Index arbeitsrechtlicher Standards zeigen die Datenbasis der vorhergehenden Analyse der Dimension noch einmal en detail. Die zusätzlich eingeführten Variablen können nur zum Teil die gefundene Typologie unterstützen, insofern als sie entweder innerhalb eines Typus sehr homogen sind und/oder starke Unterschiede zwischen den Gruppen existieren. Eindeutig keine weitere Selektivität kann durch die Variablen Anzahl der Dachverbände der Gewerkschaften und die Art der Organisation der Gewerkschaften erzielt werden. Hervorstechend sind hier Frankreich und Ungarn mit sechs bzw. sieben Dachverbänden, gefolgt von Zypern mit vier, alle anderen Länder weisen zwischen einem und drei Dachverbänden auf. Strukturelle Unterschiede zwischen den Typen sind in Bezug auf diesen Indikator nicht festzustellen. Eben solches gilt auch für die gewerkschaftliche Orientierung, also die hauptsächliche Organisationslogik der Gewerkschaften. Hier finden sich in Gruppe 1 sowohl solche Dachverbände, die an der Trennlinie zwischen Privatwirtschaft und öffentlichem Dienst organisiert sind, als auch politisch, beruflich und religiös getrennte Dachverbände. Einheitlichkeit ist hier nur in Gruppe 2 mit Schweden, Dänemark und Finnland zu finden, die alle anhand beruflicher Trennlinien organisiert sind.

[6] Anzahl der Dachverbände der Gewerkschaften, Organisationslogik der Gewerkschaften, gewerkschaftlicher Organisationsgrad, Typus des wichtigsten Arbeitgeberverbandes, Organisationsgrad der Arbeitgeber, Anzahl der Streiktage, Ebene der Tarifverhandlungen, Deckungsrate der Tarifverträge und Art und Existenz von Allgemeinverbindlicherklärungen.

Tabelle 3: Wichtige Indikatoren industrieller Beziehungen nach Land

Land	Anz. Dachv. Gew. (1)	Orga. Logik Gew. (2)	Gewerk. Orga. (3)	Arb.geb. Orga. (4)	Streikakt. (5)*	Ebene TV (6)	Deck.rate TV (7)	A.platzvertr. (8)	Allgemein-ver. (9)	Arbeitsrechtl. Standards (10)
Deutschland	1(2)	pr – ö	18	63	4	sek.	65	53	v	78
Österreich	1	-	33	75	81	sek.	98	61	v	84
Niederlande	3	po - r - b	25	85	11	sek.	88	64	v	84
Belgien	3	po – r	40	72	22	nat./sek.	96	66	v	89
Frankreich	6(7)	po -r –b	8	78	92	sek./bet.	90	65	v	80
Luxemburg	2(3)	po-r –b	46	80	13	sek./bet.	58	58	v	82
Slowenien	1(2)	pr – ö	44	40	23	nat./sek.	100	64	v	79
Schweden	3	b	77	55	34	sek.	92	86	f	90
Dänemark	3	b	80	52	41	sek./bet.	83	67	f	86
Finnland	3	b	71	70	49	nat./sek.	82	81	v	87
Großbritannien	1	-	29	40	31	bet.	35	47	f	71
Irland	1	-	38	67	41	nat./bet.	55	53	f	75
Estland	2	b	14	25	8	bet.	22	25	v	59
Lettland	1	-	16	25	1	bet.	20	27	v	50
Litauen	3	po – r	14	20	2	bet.	15	23	-	50
Ungarn	6	po	17	40	40	bet.	42	36	v	67
Tschechien	1	-	22	32	-	bet.	35	44	v	59
Polen	3	po	17	20	2	bet.	30	22	v	49
Slowakei	1	-	30	30	1	sek./bet.	48	48	v	62
Griechenland	1(2)	pr – ö	20	70	-	nat./sek.	65	42	v	76
Portugal	2	po	17	58	16	sek.	87	34	v	71
Spanien	2(3)	po	16	72	233	sek./bet.	81	41	v	77
Italien	3	po – r	34	51	119	sek./bet.	70	66	-	78
Malta	2	pr – ö	63	63	21	bet.	45	10	-	62
Zypern	4	po-r-b	70	57	21	sek.	68	50	-	57

Quellen: Visser 2004; Van Gyes, Kohl et al. 2006

* Slowenien, Belgien, Portugal, Luxemburg und Deutschland ohne öffentlichen Sektor und/oder Generalstreiks. Zu den schwächen des Indikators Van Gyes, Kohl et. al. (2006).

Anmerkungen: (1) Anzahl der Dachverbände der Gewerkschaften. (2) Organisationslogik der Gewerkschaften: private und öffentliche Gewerkschaften (pr-ö), politisch (po), religiös (r), beruflich (b). (3) Gewerkschaftlicher Organisationsgrad (siehe Definition Abb. 2). (4) Organisationsgrad der Arbeitgeberverbände (Siehe Definition Abbildung 2). (5) Verlorene Arbeitstage pro 1000 Beschäftigte (2000 – 2004). (7) Deckungsrate der Tarifverträge (Siehe Definition Abb. 1). (8) Anteil der Beschäftigten mit gewerkschaftlicher oder ähnlicher Interessenvertretung am Arbeitsplatz. (9) Allgemeinverbindlicherklärung: verbindlich (v), freiwillig (f) (-) keine. (10) Index arbeitsrechtlicher Standards (Siehe Definition Abb. 1).

Als ebenso wenig trennscharf erweisen sich die Streikaktivität und die Allgemeinverbindlicherklärung. Während im Falle der Streikaktivitäten keine Tendenz innerhalb der Gruppen festgestellt werden kann, so haben im Falle der Allgemeinverbindlicherklärung 17 der 25 untersuchten Länder eine verpflichtende. Nur für Gruppe 5 mit Zypern und Malta kann eine klare Unterscheidung zu den anderen Gruppen gefunden werden, haben diese beiden Länder doch keine Allgemeinverbindlicherklärung. Ein sehr einheitliches Bild innerhalb der Gruppen findet sich dagegen bei der wichtigen Variable der Ebene der Tarifverhandlungen. Dominante Ebene der Gruppen 1, 2 und 4 ist der Sektor, dominante Ebene der Gruppe 3 ist dagegen der Betrieb. In Gruppe 5 ist keine Einheitlichkeit zu sehen.

In Bezug auf die Vertretung der Beschäftigten innerhalb des Betriebes, sei es durch Gewerkschaften und/oder Betriebsräte kann eine deutliche Unterscheidung zwischen den Gruppen gefunden werden. Die stärkste Vertretung dieser Art ist in der Gruppe 2 der nördlichen Länder zu finden. Gefolgt wird diese von Gruppe 1, die im Mittel etwas weniger hohe Werte aufweist. Am unteren Ende dieser Gruppe 1 liegt Deutschland, wobei hier wiederum der nicht zu unterschätzende Einfluss der spezifisch ostdeutschen Situation beachtet werden muss. Die Gruppen 3 und 4 sind in Bezug auf die Arbeitsplatzvertretung im Mittel etwa vergleichbar, wobei die Werte Estlands, Lettlands und Litauens wie schon bei den Variablen der Typenbildung stark nach unten ausschlagen. Völlig uneinheitlich in Bezug auf diese Variable ist wiederum Gruppe 5, da Malta den geringsten Wert aller untersuchten Länder aufweist, während Zypern im Mittelfeld liegt.

In Tabelle 4 sind die ausgewählten Variablen für die fünf Typen noch einmal zusammenfassend dargestellt (Arithmetisches Mittel oder Modus). Mit einer einfaktoriellen Varianzanalyse (ANOVA) wurden die Gruppen in Bezug auf die Variablen auf ihre statistische Unterschiedlichkeit hin überprüft. Die Varianzanalyse wird nur für jene Variablen durchgeführt, die metrisches Skalenniveau aufweisen (also ohne die Variablen Organisationslogik, Ebene des Tarifvertrages und Allgemeinverbindlicherklärung). Für sechs der sieben untersuchten Variablen zeitigt die Varianzanalyse signifikante Ergebnisse, d.h. es werden signifikante Unterschiede zwischen den Typen festgestellt, lediglich die Variable „Anzahl der Dachverbände der Gewerkschaften" liefert keine statistische Unterscheidbarkeit. Die tiefer gehende Analyse der Unterschiede zwischen den Gruppen (Post-Hoc-Tests) zeigt, welche Gruppen sich in Bezug auf die analysierten Variablen unterscheiden. Zunächst fällt auf, dass in vier der sechs signifikanten Analysen die Gruppen 1 und 3, also jener korporatistische Typ Mitteleuropas und der Typ angelsächsischer Prägung unterschieden werden können.

Keine Unterscheidung zwischen diesen beiden Gruppen zeigt sich nur in der Frage der Streikaktivität und des gewerkschaftlichen Organisationsgrades. Dies erscheint nicht weiter verwunderlich, denn im Falle der Streikaktivität wird im Post Hoc Test keine Unterscheidung signifikant und wesentlich für beide Typen ist ein niedriger gewerkschaftlicher Organisationsgrad. In Bezug auf dieses Kriterium war demnach keine Unterscheidung zwischen diesen beiden Gruppen zu erwarten.

Tabelle 4: Wichtige Indikatoren industrieller Beziehungen nach Typ und Ergebnisse der Varianzanalyse

Typ	Anzahl Dachv. (1)	Orga. Logik (2)	Gewerk. Orga. (3)	Arb.geb. Orga. (4)	Streikakt. (5)	Ebene TV (6)	Deck.rate TV (7)	A.platzvertr. (8)	Allgemein-ver. (9)	Arbeitsrechtl. Standards (10)
Gruppe 1 „Mitteleurop. Korp.“	2,4	uneinh.	30,6	74,0	35,1	sektoral	85,0	61,6	v	82,3
Gruppe2 „Nordeurop. Korp.“	3	uneinh.	76,0	59,0	41,3	sektoral	85,7	78,0	v	87,7
Gruppe 3 „Angelsächs. Typ“	2,1	uneinh.	21,9	33,2	15,8	betrieblich	34,1	37,1	v	60,2
Gruppe 4 „Südeurop. Typ“	2	uneinh.	21,8	62,8	122,7	sektoral	75,8	45,8	v	75,8
Gruppe 5 „Südeurop. Inseln“	3	uneinh.	66,5	60,0	21,0	uneinh.	56,5	30,0	uneinh.	59,5
Einfaktorielle ANOVA	-	n.a.	** 1 – 2,5 2 – 1,3,4 3 – 2,5 4 – 2,5 5 – 1,3,4	** 1 – 3 3 - 1	* -	n.a.	** 1 – 3 2 - 3 3 – 1,2,4 4 - 3	** 1 – 3 2 – 3 3 – 1,2	n.a.	** 1 - 3 2 – 3,4 3 – 1,2,4 4 - 2,3

Quelle: Eigene Berechnungen basierend auf Visser 2004; Van Gyes, Kohl et al. 2006

Anmerkungen: *p<0,05, **p<0,01; Ziffern bezeichnen signifikante Unterschiede zwischen den jeweiligen Gruppen; Post-hoc-Test: Bonferroni (Var. m. Varianzhomogen.) und Tamhane (Var. o. Varianzhomogen.); (1) Anzahl der Dachverbände der Gewerkschaften. (2) Organisationslogik der Gewerkschaften: private und öffentliche Gewerkschaften (pr-ö), politisch (po), religiös (r), beruflich (b). (3) Gewerkschaftlicher Organisationsgrad (siehe Definition Abb. 2). (4) Organisationsgrad der Arbeitgeberverbände (siehe Definition Abb. 2). (5) Verlorene Arbeitstage pro 1000 Beschäftigte (2000 – 2004). (7) Deckungsrate der Tarifverträge (Siehe Definition Abb.) 1. (8) Anteil der Beschäftigten mit gewerkschaftlicher oder ähnlicher Interessenvertretung am Arbeitsplatz. (9) Allgemeinverbindlicherklärung: verbindlich (v), freiwillig (f). (10) Index arbeitsrechtlicher Standards (siehe Definition Abb. 1).

Unterscheidungen der Gruppe 2 (Dänemark, Finnland, Schweden) von den anderen Gruppen sind in Bezug auf den gewerkschaftlichen Organisationsgrad, die Deckungsrate der Tarifverträge, die Arbeitsplatzvertretung und die arbeitsrechtlichen Standards signifikant. In allen vier Kriterien haben die Länder dieses Typus besonders hohe Werte und unterscheiden sich so von den anderen Gruppen. Im Falle des Organisationsgrades der Gewerkschaften zeigen sich signifikante Unterschiede zu allen anderen Gruppen außer Gruppe 5. Tarifliche Deckungsrate und Anteil der Unternehmen mit Arbeitsplatzvertretung der Gruppe 2 unterscheiden sich signifikant von Gruppe 3, das Niveau der arbeitsrechtlichen Standards weist solche Unterschiede im Vergleich zu Gruppe 3 und 4 auf.

Gruppe 3 mit Großbritannien, Irland und sieben der zehn neuen EU Mitgliedsländer erweist sich als zentraler Kontrapunkt zu den anderen Gruppen. Keine andere Gruppe versammelt so viele signifikante Unterschiede zu anderen Gruppen auf sich wie diese. Neben den oben genannten massiven Unterschieden zu Gruppe 1 zeigt sich dies noch im niedrigen gewerkschaftlichen Organisationsgrad im Vergleich zu den nördlichen und südlichen Ländern sowie in der niedrigen Deckungsrate der Tarifverträge und den niedrigen arbeitsrechtlichen Standards im Vergleich zu den korporatistischen Ländern und jenen des Südens. Zudem ist auch der Anteil der Unternehmen mit Arbeitnehmervertretung deutlich niedriger als in den nordeuropäischen Ländern der Gruppe 2.

Die in Gruppe 4 zusammengefassten Länder des Südens sind in Bezug auf Deckungsrate der Tarifverträge und arbeitsrechtliche Standards signifikant unterschiedlich zu Gruppe 3, weisen aber zudem noch Unterschiede im Organisationsgrad der Gewerkschaften im Vergleich zur Gruppe Maltas und Zyperns auf. Zudem sind die arbeitsrechtlichen Standards signifikant höher als in Gruppe 3.

Signifikante Unterschiede im Vergleich zu Gruppe 5 konnten nur in Bezug auf den gewerkschaftlichen Organisationsgrad nachgewiesen werden. Dieser unterscheidet sich signifikant von jenen der Gruppen 1, 3 und 4. Sicherlich spielt in dieser Gruppe eine Rolle, dass mit Malta und Zypern lediglich 2 Länder diesen Typus bilden.

4. Die Erweiterung als Katalysator – aber mit welchem Resultat?

Die neue Typologie schafft Möglichkeiten, die Auswirkungen der EU-Erweiterung auf die Systeme industrieller Beziehungen einzuschätzen. Zwei Dinge innerhalb der oben gefundenen Ergebnisse sind dabei von besonderem Gewicht: Zum einen konnte gezeigt werden, dass der angelsächsische Typus im Gefüge der Europäischen Union durch die Erweiterung massiv an Gewicht gewonnen hat. Zum anderen haben die statistischen Analysen verdeutlicht, dass gerade zwischen diesem angelsächsischen Typus und dem korporatistischen mitteleuropäischer Prägung die größten Unterschiede liegen. Diese Ergebnisse bestätigen die Einschätzung von Crouch, wonach eine Konvergenz seiner vier Typen zu zweien möglich erscheint, aber ein einziges europäisches Modell unwahrscheinlich bleibt (Crouch 1996: 371f.). Größe und Kontraste der beiden oben genannten Gruppen unterstützen diese Einschätzung. Der zentrale Punkt der Erweiterung der Europäischen Union liegt nun in der massiven Verschiebung der Balance zwischen diesen zentralen Typen. Während sieben der zehn neuen Mitgliedsländer dem angelsächsischen Typus zugerechnet werden können, ist nur ein Land zum korporatistischen Typus hinzugekommen. Man kann also davon ausgehen, dass die Erweiterung der Europäischen Union statt der erhofften Homogenisierung eine – zumindest quantitativ – verschärfte Heterogenität bzw. Bipolarität befördert hat. Was von Beyer (1999) also in Bezug auf Privatisierung und Außenhandel konzediert wurde, ist ebenso für das Feld der industriellen Beziehungen nachzuweisen.

Der Schlüssel zum Verständnis des Einflusses dieser veränderten Balance auf die Systeme industrieller Beziehungen in den Mitgliedsländern der Europäischen Union liegt in der in den letzten drei Jahrzehnten immer stärker gewordenen Diskussion um die Wettbewerbsfähigkeit von Standorten. In diesem Zusammenhang kann noch einmal der Gedanke der Verbesserung der internationalen Marktgängigkeit als Ziel einer sich immer stärker überschneidenden Wirtschafts- und Sozialpolitik (Streeck 2004) ins Feld geführt werden, denn er verweist unmittelbar auf die Frage, welches institutionelle Setting, welcher Typus der industriellen Beziehungen marktgängiger ist bzw. als marktgängiger gilt. Schließlich kann mit Marktgängigkeit nur das für das ökonomische System effizienteste institutionelle Setting gemeint sein.[7]

Wenn es nun einen Diskurs derart gibt, dass betriebliche Verhandlungen für effizienter gehalten werden als sektorale oder nationale, dass sektorale Abschlüsse als starr und betriebliche als flexibel gelten, wenn hohe arbeitsrechtliche Standards als Standortnachteil und niedrige als wettbewerbsförderlich gelten, oder wenn schwache Arbeitgeberverbände und schwache Gewerkschaften als Standortvorteil gelten, dann gerät im Rahmen dieser neuen Balance innerhalb der Europäischen Union die Gruppe der korporatistischen Länder unter Druck. Die vermeintliche oder tatsächliche Drohung, die diesen Druck erzeugt, besteht im Verweis auf die günstigeren Standortbedingungen in anderen Ländern und die damit verbundene (zukünftige) Abwanderung von Unternehmen und damit Arbeitsplätzen in eben diese Länder. Das Medium, über welches Effizienz in diesem Zusammenhang ermittelt wird, sind die Kosten der Produktion oder der Dienstleistungen. Ein Diskurs dieser Art scheint – zumindest in Deutschland – im Moment hegemonial zu sein und führt dazu, dass die oben genannten Bedingungen in Frage gestellt werden, um vermeintlich marktgängiger zu werden. Das Resultat könnte in der Tat in einem „competing down"-Prozess zwischen den Ländern innerhalb der Europäischen Union bestehen, dem dann auch der viel beschworene „Acquis communautaire" der Europäischen Union in Bezug auf seine Festsetzung der Arbeitsbedingungen zum Opfer fallen könnte. Anders als in früheren Erweiterungsphasen, da es noch als eine Gestaltungsaufgabe begriffen wurde, die Erweiterung der EU mit einer Verankerung von sozialen und Arbeitsstandards auf EU-Ebene zu kombinieren, um so Regimekonkurrenz entgegen zu wirken, „fällt eine parallele politische Antwort auf EU-Ebene [in dieser Runde] vor allem durch ihre Abwesenheit auf" (Marginson 2006: 114).[8]

Der oben beschriebene mögliche Prozess der gegenseitigen Unterbietung an Standards bedeutet keinesfalls, dass dies auch der effizienteste Weg ist, auch wenn diese Einschätzung im Moment häufig zu finden ist. Im Gegenteil kann man von einer Effizienz lediglich in kurzfristiger Perspektive sprechen, wenn diese ausschließlich über das Medium der Kos-

---

[7] Es stellt sich natürlich die Frage, in welcher Form Marktgängigkeit erzielt werden soll und welcher Art der Wettbewerb sein sollte. Streeck sieht wohl in erster Linie den Produktmarkt, der wiederum durch Wirtschafts- und Sozialpolitik im weitesten Sinne beeinflusst wird. Interessanter Weise gibt es mannigfaltige Literatur, die auf das zunehmende Auseinanderklaffen von Produktmarkt und Arbeitsmarkt verweist, eine auf den Produktmärkten dieser Welt noch so wettbewerbsfähige Ökonomie kann auf dem Arbeitsmarkt eine sehr erfolglose sein. Deutschland macht dies gerade vor.

[8] Zu einigen Ansätzen innerhalb der neuen Mitgliedsländer selbst, dieser Regimekonkurrenz entgegenzuwirken vgl. Kohl und Lehndorff et al. (2006) und Kohl und Platzer (2003: 281ff.).

ten vermittelt wird. Langfristig sind aber negative Effekte auf die Produktivität der Beschäftigten möglich und wahrscheinlich, die die kurzfristigen Kosteneffekte zunichte machen. Nur der Dreiklang von Kosten, Produktivität und arbeitsrechtlichen Standards kann langfristig zu einer Einschätzung der Effizienz von Produktion und Dienstleistungen führen. Wer dies übersieht, handelt mit hoher Wahrscheinlichkeit ineffizient im Namen der Effizienz.

Literatur

Beyer, Jürgen (1999): „Integration und Transformation: Das Divergenz-Paradoxon des Beitrittswettbewerbs." Politische Vierteljahresschrift 40: 537-564.

Carley, Mark (2003): Die Entwicklung der Arbeitsbeziehungen in Europa 2002. Luxemburg, Amt für Amtl. Veröff. der Europäischen Gemeinschaften.

Chase-Dunn, Christopher (1990): Global Formation: Structures of the World Economy. Cambridge, Basil Blackwell.

Crouch, Colin (1996): Revised Diversity: From the Neo-Liberal Decade to Beyond Maastricht. Joris van Ruyssefeldt und Jelle Visser: Industrial Relations in Europe: Traditions and Transitions. London; Thousand Oaks, Sage Publications: 358-375.

Ebbinghaus, Bernhard (1998): European Labor Relations and Welfare-State Regimes: A Comparative Analysis of their „Elective Affinities._Varieties of Welfare Capitalism in Europe, North America and Japan. Max Planck Institute for the Study of Societies, Cologne.

Ellguth, Peter und Susanne Kohaut (2004): „Tarifbindung und betriebliche Interessenvertretung. Ergebnisse des IAB-Betriebspanels 2003." WSI-Mitteilungen 8/2004: 450-454.

Hirsch, Joachim (1995): Der nationale Wettbewerbsstaat. Berlin, Edition ID-Archiv.

Kohl, Heribert, Steffen Lehndorff und Sebastian Schief (2006): „Industrielle Beziehungen in Europa nach der EU-Erweiterung." WSI Mitteilungen(7): (Im Erscheinen).

Kohl, Heribert und Hans-Wolfgang Platzer (2003): Arbeitsbeziehungen in Mittelosteuropa. Transformation und Integration - Die acht EU-Beitrittsländer im Vergleich. Baden-Baden, Nomos Verlagsgesellschaft.

Marginson, Paul (2006): „Europeanisation and Regime Competition: Industrial Relations and EU Enlargement." Industrielle Beziehungen 13(2): 97-117.

OECD (2004): Employment Outlook. Paris.

Schief, Sebastian (2003): Globalisierung : Entwicklungspfade der Internationalisierung deutscher Konzerne. Frankfurt am Main [u.a.], Lang.

Schulten, Thorsten (2005): „Europäischer Tarifbericht des WSI 2004/2005." WSI Mitteilungen 7/2005: 357-382.

Streeck, Wolfgang (2004): Globalisierung: Mythos und Wirklichkeit._Working Paper. Max Planck Institut für Gesellschaftsforschung. 04/4.

Van Gyes, Guy, Heribert Kohl, Steffen Lehndorff, Sebastian Schief und Tom Vandenbrande (2006): Industrial relations profiles in the European Union, European Foundation for the Improvement of Living and Working Conditions.

Visser, Jelle (2004): Patterns and variations in European industrial relations. EU Commission: Industrial Relations in Europe 2004. Brussels, European Commission: 11-57.

Michael Nollert

Soziale Sicherheit und Exklusion im flexiblen Kapitalismus

Eine komparative Analyse und Evaluation von Flexicurity-Politiken

I. Einleitung

Spätestens seit den 1990er-Jahren befasst sich die Soziologie und Sozialpolitik gleichermaßen mit der Frage, wie sich die Flexibilisierungstendenzen im neuen Kapitalismus auf betroffene Beschäftigte und die soziale Kohäsion auswirken (z.B. Boltanski und Chiapello 1999, Castel 2000). Obwohl es ein breites Spektrum an Flexibilisierungsinstrumenten gibt, das sich von numerisch internen Formen (z.B. neue Arbeitszeitmodelle, Teilzeitarbeit), numerisch externen Formen (z.B. befristete Arbeitsverträge, Entlassungen), funktional internen Formen (z.B. Teamarbeit, flache Hierarchien, Job Rotation) bis hin zu funktional externen Formen (z.B. Outsourcing, Subcontracting) erstreckt (vgl. Goudswaard und Nanteuil 2000), stehen in der wirtschafts- und sozialpolitischen Debatte die Auswirkungen der numerischen Flexibilisierung im Vordergrund. So findet in Kontinentaleuropa zum einen das Argument Resonanz, dass sich die Langzeitarbeitslosigkeit und damit das soziale Exklusionsrisiko für die Beschäftigten nur durch eine Deregulierung der Arbeitsmärkte (z.B. Abbau des Kündigungsschutzes, Förderung von Teilzeitarbeit und befristeten Arbeitsverhältnissen) wirksam verringern lässt. Zum andern wird aber auch gemahnt, dass die numerische Flexibilisierung zwangsläufig mit einer Erosion des sozialstaatlichen Fundaments bzw. einer Verschärfung der Einkommenskluft und Exklusionsproblematik einhergeht. In diesem Sinne vermutet etwa Robert Castel (2000), dass sich mit dem Abbau des arbeitsrechtlichen Schutzes die zwischen den Zonen der Integration und Exklusion situierte, durch prekäre atypische Arbeitsverhältnisse charakterisierte *Zone der Vulnerabilität* ausbreitet, und zwar deshalb, weil sowohl exkludierte Langzeitarbeitslose als auch integrierte Normalbeschäftigte in prekäre Arbeitsverhältnisse wechseln.

Dass sich ein Abbau der Arbeitslosigkeit nur durch ein Plus an sozialer Unsicherheit, Ungleichheit und Exklusion erkaufen lässt, suggeriert u.a. auch Richard Sennett in *Der flexible Mensch. Die Kultur des neuen Kapitalismus* (1998). Demnach müssen sich die kontinentaleuropäischen Länder entscheiden, ob sie sich weiterhin eine unflexible Arbeitswelt, hohe Arbeitslosigkeit, aber geringe soziale Unsicherheit und Ungleichheit leisten, oder aber den *flexiblen Kapitalismus* nach US-amerikanischem Vorbild und damit geringe Arbeitslosigkeit, aber auch hohe soziale Unsicherheit importieren möchten: „Beide Systeme haben ihre Mängel. In der angloamerikanischen Ordnung hat es niedrige Arbeitslosigkeit, dafür wachsende Einkommensunterschiede gegeben. Die harten Fakten der Einkommensunterschiede in der anglo-amerikanischen Ordnung sind tatsächlich schwindelerregend. [...] Während sich die Schere zwischen den Einkommen in den Staaten des Rheinmodells in der letzten Generation nicht so weit geöffnet hat, ist die Arbeitslosigkeit zum Fluch geworden." (67f.)

Dass es – wie auch schon Michel Albert (1992) vermutete – nur die Wahl zwischen einer unflexiblen Arbeitswelt in Kombination mit sozialer Sicherheit, geringer Ungleichheit und Exklusion oder einer flexiblen, unsicheren, von Ungleichheiten und Exklusion geprägten Arbeitswelt gibt, wird indes vom Konzept der *Flexicurity* bestritten, verspricht es doch seit den 1990er-Jahren gleichermaßen die Forderung von Unternehmen nach flexiblen Arbeitsverhältnissen als auch den Wunsch der Beschäftigten nach sozialer Sicherheit zu realisieren. So fordert die Europäische Beschäftigungsleitlinie 13 für das Jahr 2001 von den Sozialpartnern explizit „auf allen geeigneten Ebenen Vereinbarungen zur Modernisierung der Arbeitsorganisation – auch Modelle zur Flexibilisierung der Arbeit – auszuhandeln und umzusetzen, um Produktivität und Wettbewerbsfähigkeit der Unternehmen zu steigern, ein ausgewogenes Verhältnis zwischen Flexibilität und Sicherheit zu gewährleisten und die Qualität der Arbeitsplätze zu erhöhen." (Rat der Europäischen Union 2000)

Betrachtet man die arbeitsmarkt- und sozialpolitischen Beiträge der letzten Jahre, werden vornehmlich die Niederlande (vgl. van Oorschot 2000), wo das Konzept zum ersten Mal erwähnt wird und in die politische Praxis einfloss, sowie Dänemark (vgl. Braun 2003) als Beispiele für „good practice" erwähnt (vgl. Klammer und Tillmann 2001). Geht man davon aus, dass sich die Realisierung der Forderung nach Flexicurity nicht nur anhand von Fallstudien, sondern auch anhand herkömmlicher Sozial- und Arbeitsmarktindikatoren messen lässt, drängt sich natürlich die Frage auf, ob es neben den Niederlanden und Dänemark noch weitere Länder gibt, die den Anspruch des Flexicurity-Konzepts ähnlich stark einlösen. Im vorliegenden Beitrag wird diese Frage anhand einer Reihe von Indikatoren für Dimensionen des Konzepts, die für möglichst viele Länder verfügbar sind, zu beantworten versucht.

In Ergänzung dazu bietet der Beitrag eine explorative Analyse der Auswirkungen flexibilisierter Arbeitsmärkte auf das Ausmaß der sozialen Exklusion in OECD-Ländern. Dabei wird angenommen, dass sich das Ausmaß an Exklusion vornehmlich an der Verfügbarkeit von ökonomischem *und* sozialem Kapital bestimmen lässt (vgl. Kronauer 2001). So ist auf der Basis der Befunde für Deutschland von Böhnke (2002) sowie des Vergleichs zwischen EU-Mitgliedsländern von Tsakoglou und Papadopoulos (2002) erkennbar, dass insbesondere Langzeitarbeitslose und prekär Beschäftigte bzw. Beschäftigte in atypischen, durch wirtschaftliche und rechtliche Unsicherheit geprägten Arbeitsverhältnissen, einem höheren Exklusionsrisiko ausgesetzt sind (vgl. Boltanski und Chiapello 1999, Castel 2000).

Nimmt man dabei an, dass die Deregulierung der Arbeitsmärkte zwar mit Prekarisierung verbunden ist, eine Flexicurity-Politik indes Prekarisierung zu verhindern vermag, ist zu vermuten, dass der Grad an sozialer Exklusion in Ländern mit hyperflexiblem Arbeitsrecht und geringer sozialstaatlicher Absicherung (z.B. USA) überdurchschnittlich, in Ländern mit hoher Flexicurity-Realisierung (Niederlande, Dänemark) dagegen unterdurchschnittlich sein müsste. Da bislang keine zuverlässigen Indikatoren für das Ausmaß an sozialer Exklusion in den liberalen Regimes und Nicht-EU-Ländern vorhanden sind, wird diese Hypothese anhand von Daten aus der Studie von Tsakoglou und Papadopoulos (2002) sowie der Langzeitarbeitslosigkeitsquote und der Einkommensungleichheit überprüft.

II. Dimensionen von Flexicurity

Das Konzept Flexicurity bildet eine begriffliche Synthese von flexiblen Arbeitsmärkten und sozialer Sicherheit und lässt sich daher definieren als eine politische Strategie, die einen hohen Grad an Flexibilität des Arbeitsmarkts mit einem hohen Grad an sozialer Sicherheit zu verbinden versucht (vgl. Wilthagen und Tros 2004). Dabei wird davon ausgegangen, dass sich die numerische Flexibilität vornehmlich durch eine Deregulierung der Arbeitsmärkte bzw. Liberalisierung des Arbeitsrechts erhöhen lässt. Parallel dazu wird die soziale Sicherheit durch einen hohen Grad an Dekommodifizierung bzw. Substitutierung von Einkommenseinbußen und tiefen Anspruchsschwellen bei Arbeitslosigkeit, Alter oder Krankheit institutionell verankert. Mit anderen Worten: Flexicurity impliziert idealiter, dass Beschäftigte sowohl in normalen als auch atypischen Arbeitsverhältnissen einerseits über weniger arbeitsrechtlichen Schutz, andererseits aber im Falle des Verlusts des Arbeitsplatzes über eine überdurchschnittliche soziale Absicherung verfügen.

Dieses einfache Konzept von Flexicurity wird in Beiträgen häufig um gewisse Dimensionen ergänzt. So geht z.B. das Konzept von Keller und Seifert (2000) davon aus, dass die Unsicherheit einer Arbeitsmarktflexibilisierung durch Übergangsarbeitsmärkte, beschäftigungssichernde Arbeitszeitpolitik, lebenslanges Lernen und eine materielle Grundsicherung reduziert wird. Dem Sammelband von Klammer und Tillmann (2001) zufolge verweist der Begriff auf die Flexibilität der Arbeitsorganisation und Arbeitsbeziehungen, arbeitsmarktpolitische Maßnahmen sowie die Koordination von Flexibilisierungs- und Sicherheitsmaßnahmen. Im Beitrag von Tangian (2004, 12) wird schließlich Flexicurity als arbeitsrechtliche und soziale Absicherung von atypisch Beschäftigten verstanden: „Flexicurity is the employment and social security of atypically employed, that is, other than full-time." Kurzum: Der Realisierungsgrad von Flexicurity korrespondiert demnach mit dem Dekommodifizierungsgrad atypisch Beschäftigter.

Vergleicht man die verschiedenen Konzepte, fällt einem vorab auf, dass Flexicurity nicht nur eine politische Strategie, d.h. sozialpolitische Massnahmen, die vornehmlich darauf abzielen, die sozialen Unsicherheiten flexibler Arbeitsverhältnisse zu beseitigen, sondern auch einen Zustand, d.h. ein liberales Arbeitsrecht in Kombination mit einem hohen Grad an sozialer Sicherheit für die Beschäftigten, bezeichnet. Von diesem Verständnis weicht einzig Tangian (2004) ab, betrachtet er doch explizit einen hohen arbeitsrechtlichen Schutz (employment security) als Charakteristikum von Flexicurity und vernachlässigt den Schutz der Arbeitslosen.

Von daher erscheint es zweckmäßig, den Realisierungsgrad der Forderung nach Flexicurity in einem Land daran zu messen, ob das Wohlfahrtsregime über folgende drei Elemente verfügt:

- flexibles Arbeitsrecht (geringer arbeitsrechtlicher Schutz)
- hoher sozialer Sicherheitsstandard (Anrecht auf Sozialleistungen)
- aktive Arbeitsmarktpolitik

Mit anderen Worten: Die Forderung nach Flexicurity ist demnach nur in jenen Ländern realisiert, in denen alle drei Elemente gleichermaßen zu beobachten sind.

Zahlreiche Fallstudien und Sammelbände sprechen dafür, dass die Postulate des Flexicurity-Konzepts bislang am stärksten in den Niederlanden und Dänemark realisiert sind (z.B. Vielle und Walthery 2003). Im Unterschied dazu wird Deutschland häufig als Beispiel für den alten unflexiblen, durch soziale Sicherungssysteme abgefederten „rheinischen" Kapitalismus (geringe Flexibilität kombiniert mit hoher Sicherheit) und die USA als Musterbeispiel für den flexiblen, allerdings mit gravierenden sozialen Unsicherheiten verknüpften „neoamerikanischen" Kapitalismus betrachtet (vgl. Albert 1992).

In den *Niederlanden*, dem Ursprungsland des Flexicurity-Konzepts, wurde die Frage nach der Möglichkeit, sowohl den Arbeitsmarkt zu deregulieren als auch die neu entstandenen atypischen Arbeitsverhältnisse sozial abzusichern, bereits in den 1980er-Jahren diskutiert. Anlass für diese Diskussion war der Anstieg der Arbeitslosigkeit in der ersten Hälfte der 80er-Jahre auf mehr als 10% und die damit verbundene finanzielle Belastung des Sozialversicherungssystems. In vielen Beiträgen wird das sogenannte „Wassenaar-Agreement" zwischen Arbeitgebern und Arbeitnehmern von 1992 u.a. als Basis für fundamentale Arbeitsrechtsreformen betrachtet. Dieses Abkommen zementierte die Vorstellung der Arbeitgeber, dass der Anstieg der Arbeitslosigkeit nicht zuletzt auf den vergleichsweise starken Kündigungsschutz zurückzuführen sei. Die Gewerkschaften unterstützten die Forderung nach einer Deregulierung des Arbeitsmarkts jedoch nur unter der Bedingung, dass die in atypischen Arbeitsverhältnissen beschäftigten Personen über einen ausreichenden rechtlichen Schutz verfügen würden. 1996 einigten sich die Sozialpartner in der Stiftung der Arbeit auf der Basis eines Berichts mit dem vielversprechenden Namen „Flexibility and Security" auf ein Abkommen, das mit dazu beitrug, dass die Flex-Arbeit (Zeitarbeit, befristete Beschäftigung, Werkverträge) und die Teilzeitarbeit massiv an Bedeutung gewannen. So erreicht der Anteil der Teilzeitbeschäftigten mit ca. 37% (1999) insgesamt und 67% bei den Frauen im internationalen Vergleich absolute Spitzenwerte. Ein neues Mitte der 2000er-Jahre in Kraft tretendes Gesetz vergrößert zudem die Karrierechancen von teilzeitbeschäftigten Frauen und macht es Männern leichter, von Vollzeit- in Teilzeitarbeitsverhältnisse zu wechseln.

Hinzu kommt, dass bereits in den 1980er-Jahren damit begonnen wurde, einerseits die Nettoersatzraten (replacement rate) der Sozialversicherungen massiv zu senken und andererseits die Zahl der Leistungsempfänger mittels Beschränkung des Zugangs zu Leistungen zu verringern. Dass diese Reformen ihre beabsichtigten Wirkungen nicht verfehlten, zeigt sich nicht zuletzt darin, dass die Niederlande zu den wenigen Ländern gehört, in denen sich die Sozialleistungsquote in den 90er-Jahren verringerte. Flankiert wurden dieser Abbau von sozialem Schutz durch arbeitsmarktpolitische Massnahmen zur Integration von Langzeitarbeitslosen und später auch von Sozialhilfeempfängern und Invaliditätsrentnern. Realisiert wurde auch das Ziel, die Arbeitslosigkeit zu verringern, pendelte sich die Quote doch in den letzten Jahren bei einem Anteil von Langzeitarbeitslosen von unter 30% auf einem Niveau von unter 5% ein. Kritische Stimmen monieren indes, dass dieser Erfolg zum einen nur partiell durch die Flexicurity-Politik bedingt ist und zum anderen die Schattenseiten der Aktivierungspolitik und Persistenz der verdeckten Arbeitslosigkeit verschleiert (vgl. van Oorschot 2002).

Auch in *Dänemark* war der Anlass für Arbeitsmarktreformen in erster Linie ein kontinuierlicher Anstieg der Arbeitslosigkeit seit Ende der 80er-Jahre. Dabei spielte die Flexibilisierung des Arbeitsrechts bzw. die Förderung atypischer Arbeitsverhältnisse jedoch insofern eine geringere Rolle als in den Niederlanden, als Dänemark schon in den 80er-Jahren einen vergleichsweise schwachen Kündigungsschutz aufwies. Ungleich wichtiger sind Fragen der sozialen Absicherung von Arbeitsmarktrisiken bzw. die arbeitsmarktpolitischen Reformen von 1993 und 1999. Die von der neu gewählten sozialdemokratischen Regierung lancierten Reformen von 1993 forderten vorab eine Umverteilung staatlicher Ressourcen von der passiven zur aktiven Arbeitsmarktpolitik bzw. von der Bereitstellung finanzieller Mittel für die Arbeitslosen zur Bereitstellung von Aktivierungsangeboten. D.h. Arbeitslose haben u.a. Anspruch auf einen Handlungsplan, der von den regionalen Arbeitsverwaltungen oder kommunalen Arbeitsbehörden in Kooperation mit dem Betroffenen erstellt wird, wobei sie mit Sanktionen rechnen müssen, wenn sie das Angebot (Job, Weiterbildung) nicht ergreifen. In Ergänzung dazu wurde ein Erziehungsjahr und ein einjähriger Bildungsurlaub mit Anspruch auf Arbeitslosengeld eingeführt. Seit 2002 ist überdies ein Gesetz in Kraft, das von Arbeitslosen verlangt, dass sie nach einem Jahr in eine bis zu vier Jahre dauernde Aktivierungsphase gelangen, die mit dem Anspruch und der Pflicht verbunden ist, 75% der arbeitslosen Zeit für die Beteiligung an Programmen zu verwenden.

Ähnlich wie in den Niederlanden hat auch Dänemark sein Ziel, die Arbeitslosigkeit zu reduzieren, anfangs des 21. Jahrhunderts erreicht. So sank die Quote von 9.6% (1993) bis heute bei einem Anteil von Langzeitarbeitslosen um die 20% auf ein Niveau unterhalb 5%. Genauso wie in den Niederlanden gibt es allerdings auch in Dänemark kritische Stimmen, wonach dieser Erfolg nur in begrenztem Maße auf die Flexicurity-Strategie zurückführen ist (z.B. Schwartz 2001).

III. Vergleichende empirische Analysen auf der Basis von Flexicurity-Indikatoren

Obwohl das Flexicurity-Konzept im sozial- und arbeitsmarktpolitischen Diskurs eine große Resonanz genießt, gibt es bislang kaum Versuche, den Realisierungsgrad empirisch zu erfassen. Der Index von Tangian (2004) ist zwar eine löbliche Ausnahme. Sein Index trägt indes nicht allen Dimensionen des Konzepts Rechnung und betrachtet erstaunlicherweise auch einen guten arbeitsrechtlichen Schutz als Indiz für Flexicurity.

Bevor wir diesen Index kritisch würdigen, erscheint es indes sinnvoll, die Verbreitung von Arbeitsverhältnissen zu eruieren, die vom Normalarbeitsverhältnis abweichen. Dabei gilt es vorab zu beachten, dass es neben den dominanten Formen Teilzeitarbeit, befristete Arbeitsverhältnisse und selbstständige Arbeit eine Vielzahl von atypischen Arbeitsverhältnissen gibt (vgl. Talos 1999, Böhringer 2001), die nicht statistisch erfasst sind. Immerhin ist auf der Basis von OECD-Arbeitsmarktindikatoren (OECD 2004) erkennbar, dass die Niederlande in puncto Teilzeitarbeit und Spanien in puncto befristete Arbeitsverhältnisse klare Spitzenreiter sind (vgl. Grafik 1). Dabei ist zu beachten, dass nicht in allen Ländern die atypischen Arbeitsverhältnisse kontinuierlich expandieren. So ist z.B. in Dänemark in den letzten Jahren eine Reduktion der Teilzeitbeschäftigtenquote erkennbar.

Grafik 1: Flexible Arbeitsverhältnisse in Westeuropa 2003

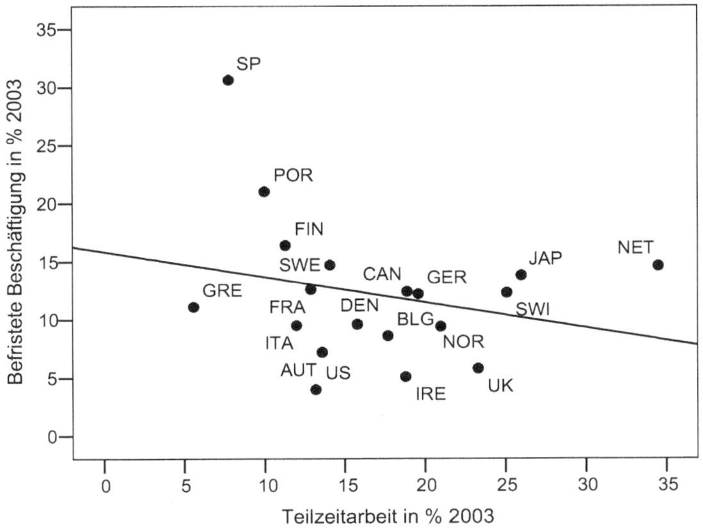

1. Der Flexicurity-Index von Tangian (2004)

Ein erster Versuch, das Konzept der Flexicurity zu operationalisieren, stammt von Tangian (2004). Ausgehend von seiner Vorstellung, dass Flexicurity dann realisiert ist, wenn atypisch Beschäftigte über ein ausreichendes Repertoire an Anrechten auf sozialstaatliche Leistungen verfügen, hat er auf der Basis einer Quantifizierung der Ansprüche auf bezahlten Urlaub und Mutterschaftsurlaub, Krankheitsurlaub sowie arbeitsrechtlicher Protektion für 16 Länder einen Flexicurity-Index und in Ergänzung dazu einen Index berechnet, der den sozialen Schutz der Normalbeschäftigten (Normsecurity) misst.

Der internationale Vergleich (Grafik 2) dokumentiert, dass im Jahre 2002 nicht etwa Dänemark oder die Niederlande, sondern *Schweden* über das höchste Flexicurity-Niveau verfügt. Während die Niederlande erwartungsgemäß zumindest Position 2 einnimmt, liegt Dänemark (im Länderknäuel zusammen mit Finnland, Schweiz, Deutschland und Belgien) aufgrund seines geringen Kündigungsschutzes hinter Norwegen (3), Finnland (4) und der Schweiz (5) sogar nur auf Position 6. Vergleichsweise hohe Werte erreichen auch Deutschland und Belgien. Kaum zu überraschen vermag, dass Normalbeschäftigte besser geschützt sind als die atypisch Beschäftigten. Die beiden Indizes korrelieren zwar relativ hoch ($r = 0.59$). Zugleich ist aber auch zu konstatieren, dass z.B. in Italien, Polen und Portugal der Protektionsvorsprung der Normalbeschäftigten besonders hoch ist.

Aus drei Gründen sind die Daten von Tangian (2004) jedoch unbefriedigend. Erstens fehlen Informationen zu Ländern außerhalb Europas. Zweitens berücksichtigt der Index neben Sozialversicherungsindikatoren auch einen Indikator für den arbeitsrechtlichen Schutz. Das ist insofern problematisch, als das Flexicurity-Konzept nicht unterstellt, dass der arbeitsrechtliche Schutz und das Ausmaß an Ansprüchen auf Sozialleistungen zwangsläufig korrelieren. Im Gegenteil: Das Beispiel Dänemarks zeigt, dass sich ein liberales Arbeitsrecht durchaus mit einer hohen Dekommodifizierung kombinieren lässt.

Grafik 2: Normsecurity und Flexicurity 2002 gemäss Tangian (2004)

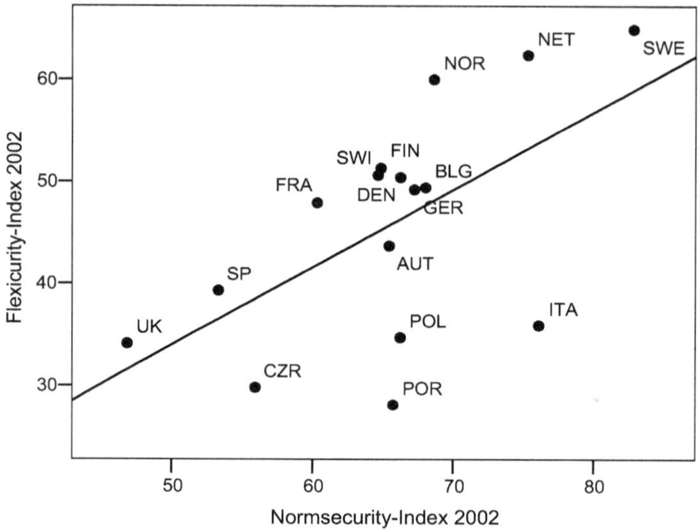

Drittens lässt der Index die beiden anderen Dimensionen des Konzepts, d.h. das Ausmaß der sozialstaatlichen Absicherung wie etwa die Arbeitslosenversicherung und die aktive Arbeitsmarktpolitik unberücksichtigt. Der Index misst folglich nur den sozialen Schutz der Beschäftigten, nicht aber die sozialstaatlichen Anstrengungen zugunsten all jener Personen, die über keinen Arbeitsplatz verfügen. Mit anderen Worten: Ein hoher Indexwert informiert nicht über das Ausmaß der sozialen Absicherung im Falle von Arbeitslosigkeit.

2. Der Index of Employment Protection Legislation der OECD (2004)

Mehr Länder, d.h. insbesondere auch die angelsächsisch geprägten Länder außerhalb Europas, werden beim Index of Employment Protection Legislation der OECD berücksichtigt (OECD 2004).[1] Dieser Index besteht aus zwei Teilindizes, einem Index, der die Protektion der Normalarbeitsverhältnisse (NAP) misst, sowie einem Index für die Regulation der befristeten Arbeitsverhältnisse (TAR), der die Möglichkeit indiziert, das Arbeitsverhältnis zu befristen und den Handlungsspielraum der Leiharbeitsbüros misst.

Grafik 3 dokumentiert die Veränderung des Niveaus und der Streuung der Indexwerte zwischen 1989 und 2003. Dabei ist vorab erkennbar, dass das Niveau der Temporärarbeits-

[1] Weitere verfügbare Datenquellen sind Nicoletti, Scarpetta und Boyleaud (1999) sowie Nicoletti und Pryor (2001). Während der Index von Nicoletti et al. praktisch identisch ist mit den Werten in OECD (2004), handelt es sich beim Index von Nicoletti und Pryor um eine subjektive Einschätzung der Arbeitsmarktregulation im Allgemeinen und des Kündigungsschutzes im Besonderen (vgl. auch Pryor 2002). Obwohl die Indizes hoch miteinander korrelieren, fällt beim Nicoletti/Pryor-Index auf, dass im Sample von 21 Ländern Dänemark gefolgt von der Schweiz, Großbritannien, Neuseeland und den USA den geringsten Kündigungsschutz aufweist. Am anderen Ende der Skala finden wir Italien gefolgt von Deutschland und überraschenderweise Schweden. Die Niederlande liegt auf Platz 11.

regulation 1989 im Durchschnitt der 20 Länder noch höher war als das Niveau der Normalarbeitsprotektion. Seit 1999 sind die Normalbeschäftigten jedoch stärker geschützt als die atypisch Beschäftigten. Nicht zu übersehen ist auch, dass die Streuung bei den Werten für die Normalarbeitsprotektion ungleich geringer ist als bei der Temporärarbeitsregulation, wobei Portugal seine Normalbeschäftigten noch immer deutlich besser schützt als die restlichen Länder. Schließlich dokumentiert die Grafik, dass die Divergenz zwischen den 20 Ländern vor allem im Bereich der Temporärarbeit kontinuierlich abnimmt.

Grafik 3: Deregulierung des Arbeitsmarkts (Niveau und Streuung) zwischen 1989 und 2003 gemäß OECD (2004)

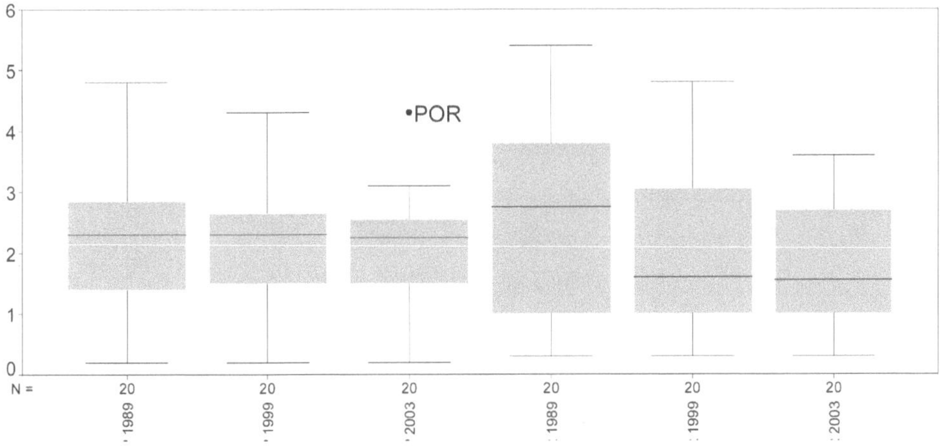

Dieser Konvergenztrend kann indes nicht darüber hinweg täuschen, dass die Entwicklungstrends in den Ländern beträchtlich variieren. Grafik 4 dokumentiert die Entwicklung der Indexwerte zwischen 1989 und 2003, wobei negative Werte einen Abbau des arbeitsrechtlichen Schutzes signalisieren. So zeigt sich, dass vorab in Italien, Schweden, Belgien und Deutschland, aber auch in Dänemark und in den Niederlanden dereguliert wurde, wogegen Frankreich das einzige Land überhaupt ist, das auf beiden Dimensionen ein substanzielles Plus an Regulation verzeichnet. Zudem ist erkennbar, dass sich in der Schweiz und in den USA (Koordinaten 0/0) keine Veränderungen beobachten lassen.

Grafik 4: Veränderung der Arbeitsrecht-Indexwerte zwischen 1989 und 2003 gemäß OECD (2004)

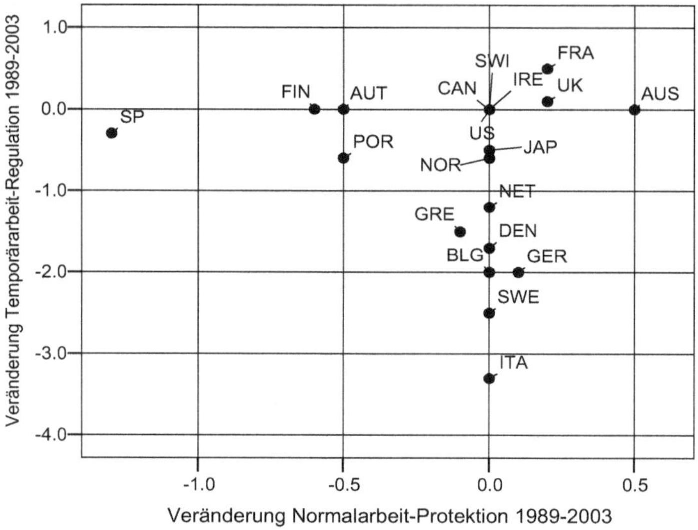

3. *Soziale Sicherheit und aktive Arbeitsmarktpolitik*

Zu beantworten ist im Weiteren die Frage, inwiefern die arbeitsrechtliche Flexibilisierung durch sozialstaatliche Leistungen und aktive arbeitsmarktpolitische Maßnahmen flankiert wird. Das Ausmaß an sozialer Sicherheit lässt sich vorab mittels der Sozialleistungsquote und/oder des Umfangs an individuellen Ansprüchen auf Sozialleistungen messen.

Grafik 5 zeigt zunächst, dass die Flexicurity-Werte offensichtlich positiv-linear mit der Sozialleistungsquote, gemessen am Anteil der Sozialausgaben am Bruttoinlandprodukt im Jahre 2001 (OECD 2005), korrelieren. Länder, die ihre atypisch Beschäftigten gut schützen, verfügen also in der Regel auch über hohe Sozialleistungsquoten. Die Lage der Niederlande und in geringerem Maße auch von Norwegen auf der einen Seite und von Dänemark auf der anderen Seite dokumentieren indes, dass die Korrelation nicht besonders hoch ist ($r = 0.56$). Von daher ist einzuräumen, dass Tangians Index offensichtlich nicht nur die sozialstaatliche Performanz misst.

Spätestens seit Esping-Andersen (1990) wird indes moniert, dass die Sozialleistungsquote per se kein valider Indikator für die soziale Absicherung von Beschäftigten ist. Vor dem Hintergrund unserer Kritik an Tangian (2004), dass sein Index nicht berücksichtigt, dass das Flexicurity-Konzept ein Auseinanderklaffen von arbeitsrechtlicher und sozialstaatlicher Protektion impliziert, macht es daher Sinn, in einem zweiten Schritt den Zusammenhang zwischen dem Grad der Dekommodifizierung und dem Ausmaß des arbeitsrechtlichen Schutzes zu analysieren.

Grafik 5: Flexicurity-Index 2002 und Sozialleistungsquote 2001

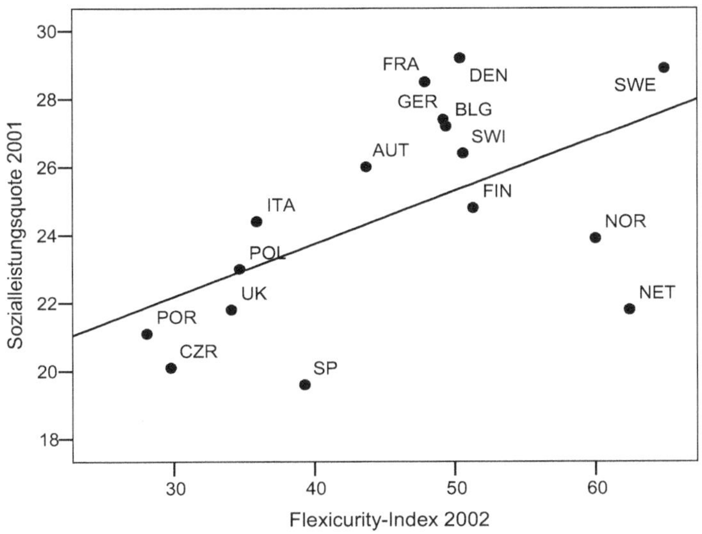

Das Streudiagramm in Grafik 6 berücksichtigt einerseits den Arbeitsrecht-Index der OECD (OECD 2004) sowie den Dekommodifizierungsindex für die soziale Protektion im Falle von Arbeitslosigkeit von Scruggs (2004). Bemerkenswert ist vorab, dass 2002 im Unterschied zu 1989 (die Befunde sind hier nicht dokumentiert) nicht mehr nachweisbar ist, dass Länder, die ihre Beschäftigten arbeitsrechtlich stark schützen, ihnen auch eine hohe Absicherung im Falle eines Arbeitsplatzverlusts gewähren. Vor allem ist aber auch erkennbar, dass Irland, die Schweiz und Dänemark am stärksten den Anspruch des Flexicurity-Konzepts auf Kombination von unterdurchschnittlicher arbeitsrechtlicher Protektion und hoher Dekommodifizierung realisieren. In der Gruppe mit den *konservativen* Ländern Österreich, Deutschland, Frankreich und Italien paart sich dagegen eine hohe arbeitsrechtliche Protektion nicht – wie etwa auf der Basis von Albert (1992) und Sennett (1998) zu erwarten wäre – mit einer hohen, sondern mit einer bescheidenen Dekommodifizierung. Somit bleibt festzuhalten, dass zwar der Zusammenhang zwischen der Protektion durch das Arbeitsrecht und der Absicherung durch die Arbeitslosenversicherung nicht mehr vorhanden ist. Zugleich ist aber auch erkennbar, dass die Arbeitsmärkte in den Musterbeispielen für Flexicurity noch immer weitaus stärker reguliert sind als in den *liberalen*, überdies – mit der überraschenden Ausnahme der USA – durch eine deutlich geringere Dekommodifizierung charakterisierten Regimes.

Grafik 6: Arbeitsrechtlicher Schutz und Dekommodifizierung 2003

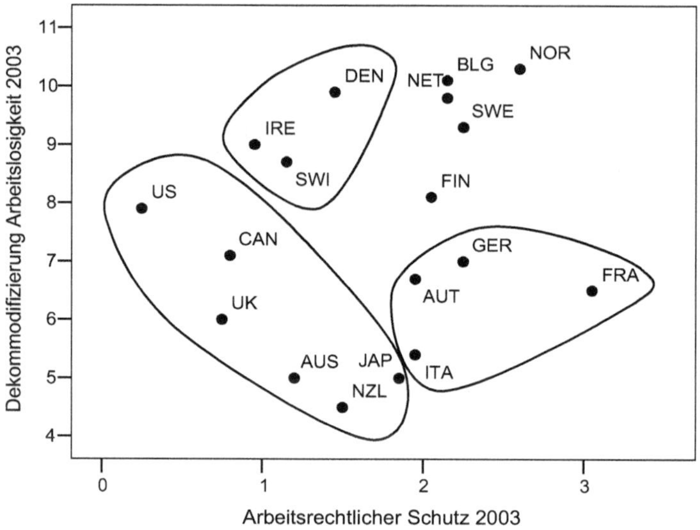

Grafik 7: Flexicurity-Index und aktive Arbeitsmarktpolitik

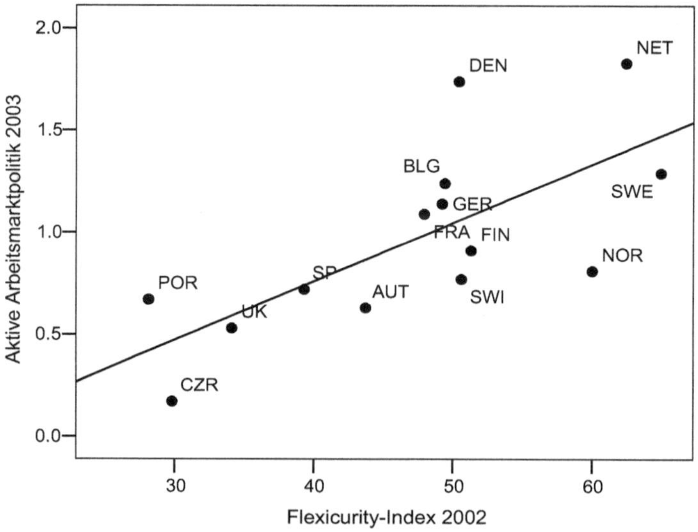

Abschließend wenden wir uns der dritten Dimension des Flexicurity-Konzepts, der aktiven Arbeitsmarktpolitik, zu. Grafik 7 zufolge investierten Dänemark, Schweden und die Niederlande, gemessen am Bruttoinlandsprodukt 2003, am meisten in arbeitsmarktpolitische

Maßnahmen[2] (OECD 2004). Im Weiteren dokumentiert die Grafik, dass zwischen dem Flexicurity-Index von Tangian (2004) und dem Ausmaß der arbeitsmarktpolitischen Anstrengungen in Übereinstimmung mit unseren Erwartungen eine positiv-lineare Beziehung besteht. So zeigt sich in der Tat, dass aktive Maßnahmen in Ländern mit tiefen Flexicurity-Werten, d.h. in Großbritannien sowie in den übrigen (nicht in der Abbildung sichtbaren) angelsächsisch geprägten Ländern und in der Schweiz, eine geringe Rolle spielen.

4. *Ein Zwischenfazit*

Vergleicht man die Indikatoren für die verschiedenen Dimensionen des Flexicurity-Konzepts, lassen sich vorläufig folgende Schlussfolgerungen formulieren:

1. Im internationalen Vergleich zeigen sich auf allen Dimensionen, d.h. atypische Arbeitsverhältnisse, Arbeitsrecht, Sozialrecht, Sozialausgaben und Arbeitsmarktpolitik, substanzielle Unterschiede zwischen den Ländern, die selbstverständlich einer Erklärung bedürfen. Vergleicht man die Positionen der berücksichtigten Länder auf den verschiedenen Flexicurity-Dimensionen liegt es auf der Hand, dass vorab der ökonomische Entwicklungsstand sowie politisch-institutionelle Variablen erklärungskräftig sind.
2. Die analysierten Korrelationen sprechen zwar für die Vermutung, dass der Zusammenhang zwischen der Protektion durch das Arbeitsrecht und der Protektion durch die Arbeitslosenversicherung zu erodieren beginnt. Indes ist nicht zu übersehen, dass die Musterbeispiele für Flexicurity zwar über eine überdurchschnittliche Dekommodifizierung und eine aktive Arbeitsmarktpolitik, im Vergleich zu den liberalen Regimes aber noch immer über vergleichsweise stark regulierte Arbeitsmärkte verfügen.
3. Obwohl die präsentierten Streudiagramme nicht eindeutig zwischen verschiedenen Ländergruppen diskriminieren, verweisen sie doch auf eine dreipolige Struktur, wobei neben einer Gruppe mit Ländern (Dänemark, Schweden und in geringerem Maße auch die Niederlande), die flexible Arbeitsverhältnisse, ausgebaute Sozialstaaten und soziale Rechte mit einem starken arbeitsmarktpolitischen Engagement verbinden, und einer Gruppe mit liberalen Ländern, die flexible Arbeitsverhältnisse mit einem schwachen Sozialstaat und bescheidener Arbeitsmarktpolitik kombinieren, eine dritte vergleichsweise heterogene Gruppe von Ländern erkennbar ist, die auf allen drei Indikatorgruppen gleichermaßen durchschnittliche Werte aufweist.

5. *Eine explorative Clusteranalyse*

Die Vermutung, dass es in der Tat eine Gruppe von Ländern gibt, die vergleichsweise viele Ansprüche des Flexicurity-Konzepts realisieren, lässt sich mittels einer Clusteranalyse überprüfen. Bei der vorliegenden Fragestellung liegt es auf der Hand, möglichst viele Dimensionen des Konzepts, nicht aber den problematischen Flexicurity-Index von Tangian (2004) zu berücksichtigen. Da die verschiedenen Indikatoren unterschiedliche Fallzahlen abdecken, werden zwei Clusteranalysen mit zwei Variablengruppen durchgeführt. Nach

---

[2] Als arbeitsmarktpolitische Massnahmen gelten: public employment services and administration, labour market training, youth measures, subsidised employment, measures for the disabled (OECD 2004).

einer Standardisierung der Originaldaten werden als Distanzmaß die euklidische Distanz und ein hierarchisch-agglomeratives Verfahren (Ward) gewählt.

Grafik 8: Clusteranalyse auf der Basis von Flexicurity-Dimensionen

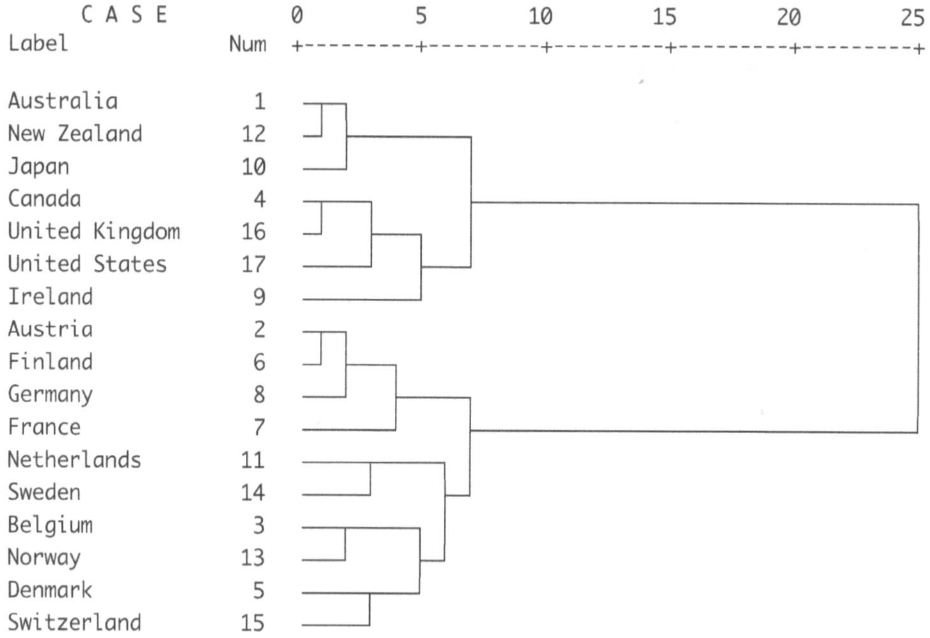

Grafik 8 dokumentiert das Dendrogramm bei Berücksichtigung der beiden *OECD-Arbeitsrechtindikatoren* (OECD 2004), der *aktiven Arbeitsmarktpolitik*, der *Sozialleistungsquote* sowie des *Dekommodifizierungsindex* für die Arbeitslosigkeit von Scruggs (2004). Bemerkenswert ist vorab, dass das Verfahren nicht im Sinne der Wohlfahrtsstaatentypologie von Esping-Andersen (1990) zwischen drei (liberal, konservativ, sozialdemokratisch), sondern zwischen zwei Hauptgruppen diskriminiert. Im ersten Cluster befinden sich vornehmlich Länder, die von Esping-Andersen als *liberal* klassifiziert werden. Sie verfügen über einen rudimentären Sozialstaat, ein arbeitgeberfreundliches Arbeitsrecht und verzichten auf eine aktive Arbeitsmarktpolitik. Im zweiten Cluster finden wir ausschließlich europäische Länder, wobei sich die *sozialdemokratischen* skandinavischen Länder nicht mehr signifikant von den konservativen Ländern unterscheiden. Am stärksten werden die Ansprüche des Flexicurity-Konzepts in den beiden Subcluster Schweden/Niederlande und Dänemark/Schweiz (vgl. auch Grafiken 5, 6 und 7) realisiert, wobei sich die beiden Subcluster in erster Linie aufgrund unterschiedlicher arbeitsrechtlicher Protektion und aktivem arbeitsmarktpolitischem Engagement voneinander unterscheiden. So verfügen Schweden und die Niederlande in puncto Protektion und Arbeitsmarktpolitik über deutlich höhere Werte als die beiden anderen Länder. Im Cluster mit Österreich, Finnland, Deutschland und Frankreich finden wir schließlich vornehmlich Länder, die hoch regulierte Arbeitsmärkte und vergleichsweise ausgebaute Sozialstaaten aufweisen.

IV. Flexicurity und soziale Exklusion

Flexicurity-Politik sollte an sich eine Erhöhung der Beschäftigungsquote und eine Reduktion der Arbeitslosigkeit bewirken. So wird vermutet, dass eine Flexibilisierung des Arbeitsrechts im Allgemeinen und eine Lockerung des Kündigungsschutzes im Besonderen Arbeitgeber dazu veranlassen, mehr Personal zu beschäftigen (vgl. dazu auch Brandt et al. 2005). Eine kompilative OECD-Analyse von Studien, die sich mit dem Effekt der Arbeitsmarktregulation auf das Niveau der Arbeitslosigkeit befasst haben (OECD 2004, Ch. 2), gelangte allerdings zum Schluss, dass sich mit dem Abbau der arbeitsrechtlichen Protektion kein substanzieller Abbau der Arbeitslosigkeit erreichen lässt.

Im vorliegenden Abschnitt fokussieren wir die Exklusionswirkungen atypischer Arbeitsverhältnisse (vgl. Castel 2000, Kronauer 2001), wobei wir die Frage zu beantworten versuchen, inwiefern sich ein Abbau von Arbeitnehmerrechten und die Flexibilisierung von Arbeitsmärkten auf zwei Exklusionsindikatoren, die Langzeitarbeitslosigkeit und die sozioökonomische Ungleichheit, auswirken (vgl. Böhnke 2002).[3]

Im sozialwissenschaftlichen Diskurs stehen sich in der Regel eine optimistische und eine pessimistische Hypothese gegenüber. So wird auf der einen Seite argumentiert, eine Flexibilisierung des Arbeitsrechts fördere die Integration von Frauen und Langzeitarbeitslosen und trage damit sowohl zum Abbau von Armut als auch von Arbeitslosigkeit bei. Auf der anderen Seite wird das Argument vertreten, dass ein Abbau des arbeitsrechtlichen Schutzes vorab zur Ausdehnung der Zone prekärer Soziallagen und des feminisierten Niedriglohnsektors (z.B. Wal-Mart, McDonalds) und damit zu einer Verschärfung der sozioökonomischen Ungleichheit beiträgt.

Berücksichtigt man überdies die Logik des Flexicurity-Konzepts, so spricht auch viel für eine dritte Alternativhypothese, wonach durch die Flexibilisierung des Arbeitsmarkts die Langzeitarbeitslosigkeit verringert und durch die Aktivitäten des Sozialstaats zugleich die flexibilisierungsbedingte Verschärfung der Einkommensungleichheit gebremst wird.

[3] Heidenreichs (2004) Vorschlag, das Ausmaß der sozialen Exklusion an der Beschäftigungsquote zu messen, vermag insofern nicht zu überzeugen, als nicht Beschäftigte nicht a priori ökonomisch benachteiligt und sozial isoliert sind. Gegen eine Berücksichtigung dieser Quote spricht vor allem auch, dass in den liberalen Ländern vergleichsweise hohe Beschäftigungsquoten mit hohen Armutsquoten und Einkommensungleichhheiten einhergehen. Kurzum: Eine Integration in den Arbeitsmarkt verhindert nicht soziale Exklusion.

Grafik 9: Arbeitsrechtlicher Schutz und soziale Exklusion

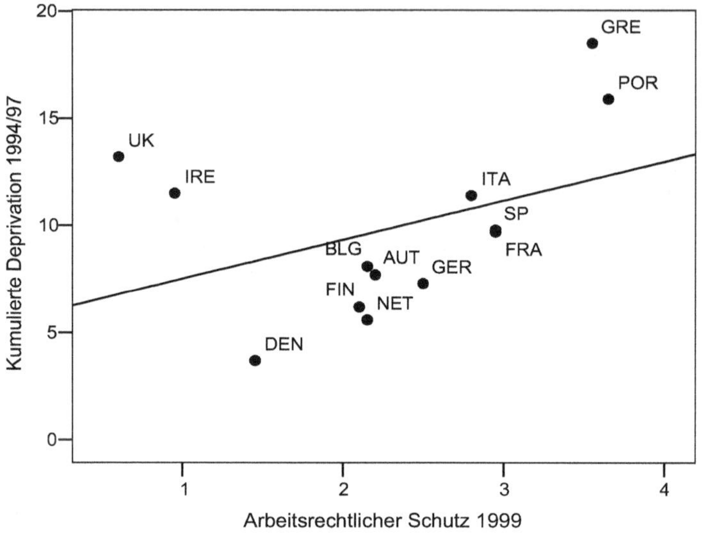

Das Streudiagramm (Grafik 9), das den Grad der Arbeitsmarktregulierung und das Ausmaß an sozialer Exklusion, gemessen an der kumulierten Deprivation (mindestens zwei Kriterien) von Tsakoglou und Papadopoulos (2002), berücksichtigt, spricht an sich gegen die Vermutung, dass eine Deregulierung soziale Exklusion fördert. Räumt man allerdings ein, dass sich die Exklusionsniveaus in den liberalen Regimes außerhalb Europas auf dem Niveau von Großbritannien und Irland bewegen und das hohe Exklusionsniveau in den Mittelmeerländern u.a. ein unterdurchschnittliches ökonomisches Entwicklungsniveau und vergleichsweise schwach ausgebaute Sozialversicherungssysteme reflektiert, ist absehbar, dass der Exklusionseffekt der Deregulierung in einem multivariaten Test erkennbar würde. Mit anderen Worten: In wirtschaftlich schwach entwickelten Ländern wie etwa Griechenland und Portugal schützt zwar das Arbeitsrecht die Beschäftigten im primären Arbeitsmarkt vergleichsweise gut vor Exklusion. Dieser Effekt wird indes durch die geringe ökonomische und sozialstaatliche Protektion der Beschäftigten im sekundären Arbeitsmarkt und der Arbeitslosen kompensiert.

Grafik 10: Flexicurity und soziale Exklusion

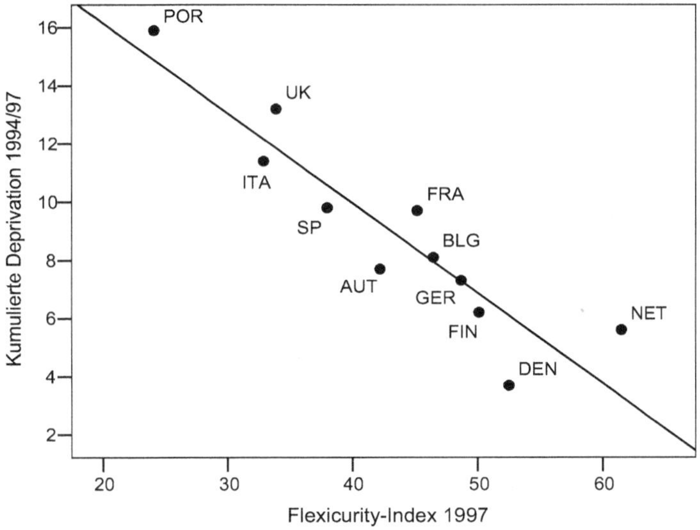

Dass nicht eine hohe arbeitsrechtliche Protektion, sondern primär ein guter sozialversicherungsrechtlicher Schutz der Beschäftigten, u.a. im Falle von Arbeitslosigkeit, die Expansion der Exklusion bremst, wird durch Grafik 10 untermauert. In der Tat korrelieren der Flexicurity-Index und das Ausmaß der sozialen Exklusion mit r = 0.92. Mit zunehmendem Schutz der Beschäftigten in atypischen Arbeitsverhältnissen sinkt offensichtlich der Prozentsatz der Bevölkerung, der von Exklusion betroffen ist.

1. Reduktion der Langzeitarbeitslosigkeit?

Der Zusammenhang zwischen dem arbeitsrechtlichen Schutz und dem Anteil der Langzeitarbeitslosen (mehr als 12 Monate) an allen Beschäftigten (Quelle: OECD 2004) in Grafik 11 spricht gegen die Vermutung, dass sich mittels Deregulierung die Langzeitarbeitsarbeitslosigkeit substanziell verringern lässt. Die Korrelation ist praktisch null, wobei die Korrelation auf immerhin r = 0.49 ansteigt, wenn die Slowakei und Polen aus dem Sample entfernt werden.[4]

[4] Noch stärker wird der Effekt indes, wenn in einem multivariaten Modell (N = 22) beide Arbeitsrecht-Indizes getrennt sowie das Ausmaß der aktiven Arbeitsmarktpolitik berücksichtigt wird. In diesem Fall ist ein vergleichsweise starker Effekt der Protektion der Normalarbeit (ß = 0.51) erkennbar, während die Effekte der Regulation der Temporärarbeit und der Arbeitsmarktpolitik vernachlässigbar gering sind.

Grafik 11: Arbeitsmarktregulation und Anteil der Langzeitarbeitslosen an allen Beschäftigten

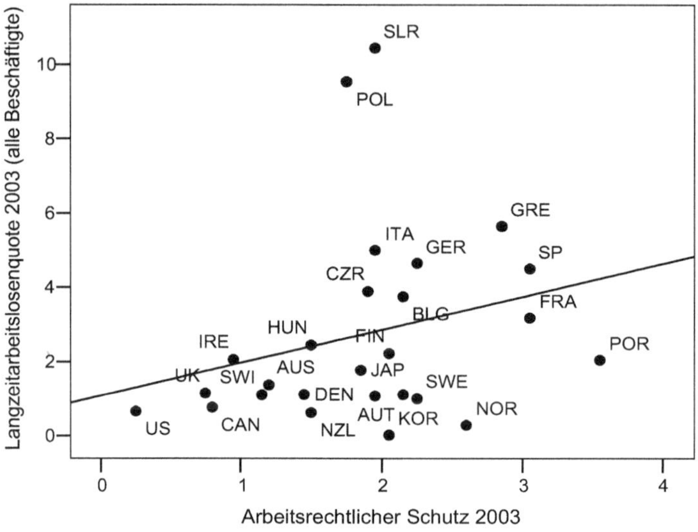

Dass kein Zusammenhang zwischen den relativen Ausgaben für die aktive Arbeitsmarktpolitik und dem Anteil der Langzeitarbeitslosen an allen Arbeitslosen existiert, wird durch Grafik 12 unterstrichen. So gelingt es nicht nur den drei Ländern mit den Spitzenwerten, sondern vor allem auch den liberalen Ländern, die Langzeitarbeitslosigkeit auf tiefem Niveau zu konservieren. Damit lässt sich resümieren, dass sich eine Deregulierung des Arbeitsmarkts und aktive arbeitsmarktpolitische Maßnahmen nicht unmittelbar in einer Reduktion der Langzeitarbeitslosigkeit niederschlägt, und zwar vornehmlich deshalb nicht, weil es sowohl den liberalen Regimes als auch den Ländern mit aktiver Arbeitsmarktpolitik und mittlerem Regulationsniveau gelingt, die Langzeitarbeitslosigkeit zu begrenzen.

Grafik 12: Aktive Arbeitsmarktpolitik und Anteil der Langzeitarbeitslosen an allen Arbeitslosen

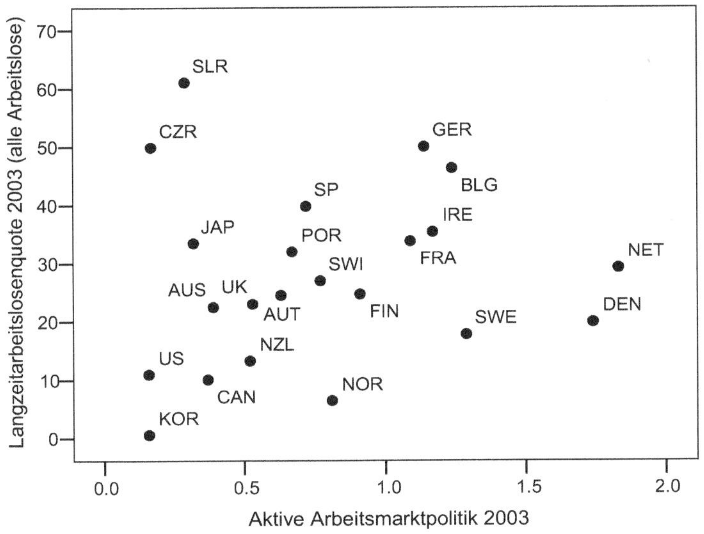

2. *Verschärfung der Einkommensungleichheit?*

Zum Schluss stellt sich noch die Frage, ob und inwiefern sich die Flexicurity-Politik in der Ressourcenverteilung niederschlägt. Auch dabei lassen sich wiederum zwei Argumente identifizieren. Auf der einen Seite lässt sich argumentieren, dass eine Flexibilisierung des Arbeitsmarkts die Kluft zwischen gut bezahlten Beschäftigten in Normalarbeitsverhältnissen und schlecht bezahlten Beschäftigten in atypischen Arbeitsverhältnissen vergrößert und damit zu einer Verschärfung der sozioökonomischen Ungleichheit führt. Auf der anderen Seite erscheint auch die Vermutung plausibel, dass der Sozialstaat in Ländern mit hoher Flexicurity-Realisierung die Ungleichheit begrenzt.

Grafik 13 dokumentiert, dass zwischen dem Grad des arbeitsrechtlichen Schutzes und dem Niveau der sozioökonomischen Ungleichheit, gemessen am Gini-Index (OECD 2005), kein linearer Zusammenhang besteht. In der linken Hälfte der Grafik sinkt die Einkommensungleichheit zunächst mit zunehmendem arbeitsrechtlichen Schutz und steigt dann in der rechten Hälfte wieder an. Etwas deutlicher wird der Zusammenhang, wenn man zwischen den beiden Arbeitsrecht-Indizes differenziert und die Effekte des wirtschaftlichen Entwicklungsstands und des Sozialstaats, gemessen am Flexicurity-Index oder der Sozialleistungsquote, kontrolliert. So zeigen (hier nicht dokumentierte) multivariate Analysen, dass ein stärkerer Schutz der Normalbeschäftigten die Ungleichheit reduziert, eine stärkere Regulation der Temporärarbeit hingegen erhöht. Wie zu erwarten war, nimmt die Ungleichheit zudem mit ansteigendem ökonomischem Entwicklungsniveau, erhöhter Sozialleistungsquote und höheren Flexicurity-Werten ab. Selbstverständlich bleibt dabei damit die Frage offen, ob sich in den drei Musterländern infolge der Flexibilisierung des Arbeitsrechts die Einkommensungleichheit nicht verschärft hat.

Grafik 13: Regulation der Arbeitsverhältnisse und Einkommensungleichheit

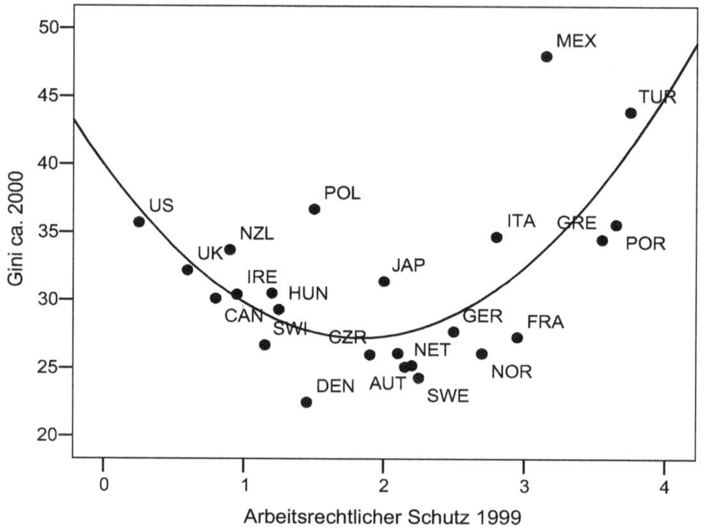

Betrachtet man die Entwicklung der Einkommensverteilung in den OECD-Staaten, lässt sich für die Niederlande und für Dänemark im Unterschied etwa zu Schweden zwar ein signifikanter Anstieg der Ungleichheit festhalten (Gustafsson und Johansson 1999, Alderson und Nielsen 2002, Atkinson 2002, Luxembourg Income Study). Dieser Anstieg ist jedoch in beiden Ländern wesentlich geringer als die Anstiege in den Ländern mit liberalen Wohlfahrtsregimes.

3. *Flexicurity und soziale Exklusion: eine Clusteranalyse*

Der zentrale Befund des zweiten Abschnitts, wonach die Kombination eines sozial abgesicherten, flexiblen Arbeitsmarktes und einer aktiven Arbeitsmarktpolitik nicht die einzige Strategie ist, um die Langzeitarbeitslosigkeit zu senken, wird durch eine weitere Clusteranalyse (euklidische Distanzen, Ward-Verfahren) untermauert, die neben den Indikatoren für die Flexicurity-Dimensionen zusätzlich die Arbeitslosenquote, die Langzeitarbeitslosenquote und die Einkommensungleichheit (Gini-Index der OECD für ca. 2000, OECD 2005) berücksichtigt. Vorab ist wiederum nicht die erwartete Dreiclusterstruktur, sondern eine deutliche Kluft zwischen den liberalen und den kontinentaleuropäischen Ländern erkennbar. Im Weiteren zeigt sich, dass die drei Länder *Dänemark, Schweden* und die *Niederlande* jetzt gemeinsam einem Cluster angehören, das eine Flexicurity-Strategie mit einer tiefen Arbeitslosigkeit, einer mittelmäßigen Langzeitarbeitslosenquote und einer geringen sozioökonomischen Ungleichheit kombiniert. Kontrastierend dazu ist das Cluster mit den Ländern USA, Kanada und Irland durch eine schwache Arbeitsmarktregulierung und Arbeitsmarktpolitik sowie eine geringe Belastung durch Arbeitslosigkeit und Langzeitarbeitslosigkeit, aber auch hoher Einkommensungleichheit charakterisiert.

Grafik 14: Clusteranalyse auf der Basis von Arbeitsmarktindikatoren und der Einkommensungleichheit

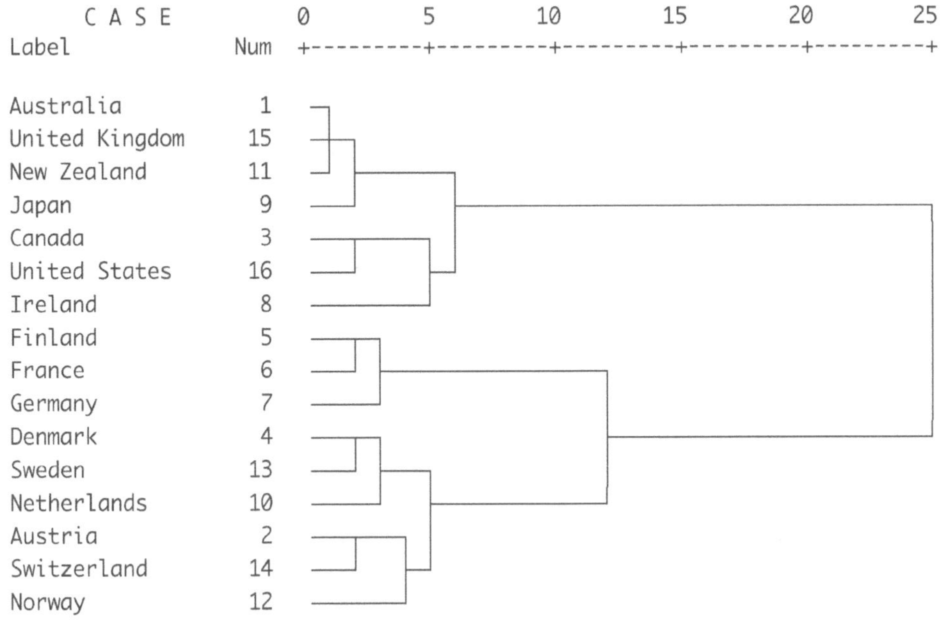

V. Schlussfolgerungen

Ausgangspunkt des vorliegenden Beitrags ist zum einen die Frage, inwiefern sich auf der Basis von komparativen Daten zum Arbeitsrecht, zur sozialen Sicherheit und zur Arbeitsmarktpolitik Länder identifizieren lassen, die die Ansprüche des Flexicurity-Konzepts bzw. die Kombination von numerischer Flexibilisierung und sozialstaatlicher Absicherung vergleichsweise stark realisieren. Ausgehend von der Literatur über Flexicurity wurde vermutet, dass die Niederlande und Dänemark diesen Ansprüchen am besten gerecht werden und daher in den Clusteranalysen derselben Gruppe zugeordnet würden. Zum anderen stellte sich die Frage, inwiefern sich eine starke Realisierung von Flexicurity in sozialer Inklusion bzw. einer geringen Langzeitarbeitslosenquote und einer geringen sozioökonomischen Ungleichheit niederschlägt.

Die Vermutung, dass *Dänemark* und die *Niederlande* in puncto Arbeitsrecht, sozialer Sicherheit und Arbeitsmarktpolitik äußerst ähnlich sind, wird jedoch erst bei Berücksichtigung der Arbeitsmarktregulation und der Arbeitsmarktpolitik deutlich. In der Tat sprechen sowohl die Streudiagramme als auch die Clusteranalysen dafür, dass Dänemark als Musterbeispiel für Flexicurity auf den verschiedenen Dimensionen größere Ähnlichkeit mit *Schweden* als mit den Niederlanden aufweist. Das ist umso überraschender als Schweden, das Musterbeispiel des sozialdemokratischen Wohlfahrtsregimes, in keinem einschlägigen Sammelband als Beispiel für Flexicurity angeführt wird.

Übersehen wird damit nicht nur, dass Schweden nicht nur die höchsten Flexicurity-Indexwerte aufweist, sondern auch in der Lage war, sowohl die Arbeitslosigkeit von 9.9% (1997) auf unter 5% (2002) als auch die Langzeitarbeitslosigkeit auf unter 20% zu senken, und zudem über ein ausgebautes arbeitsmarktpolitisches Instrumentarium verfügt, das nicht zuletzt von der Europäischen Kommission in ihrem Joint Employment Report (1997) als vorbildlich gelobt wurde.

Nur partiell unterstützt wird auf der Basis von bivariaten Analysen auch die Vermutung, dass sich die Flexibilisierung des Arbeitsrechts und eine aktive Arbeitsmarktpolitik auf das Ausmaß der sozialen Exklusion und der sozioökonomischen Ungleichheit auswirken. Auf der einen Seite ist nicht zu übersehen, dass ein geringer arbeitsrechtlicher Schutz in den liberalen Regimes und eine aktive Arbeitsmarktpolitik in den Ländern mit hoher Flexicurity-Realisierung gleichermaßen zu einer Begrenzung der Langzeitarbeitslosigkeit beitragen. Auf der anderen Seite ist aber auch erkennbar, dass die Flexibilisierung des Arbeitsrechts zu einer Verschärfung der Einkommensungleichheit beiträgt, sofern der Abbau des arbeitsrechtlichen Schutzes nicht – wie in den Ländern mit hoher Flexicurity-Realisierung – durch eine breite Palette sozialer Sicherungssysteme flankiert wird. In diesem Sinne sprechen die vergleichsweise geringen Exklusionsniveaus in den Ländern mit hoher Flexicurity-Realisierung gegen Sennetts Vermutung, dass der flexible Kapitalismus des 21. Jahrhunderts zwangsläufig zu einer Verschärfung der Einkommenskluft führt.

Literatur

Adema, Willem (2001): Net Social Expenditure 2nd Edition, Labour Market and Social Policy - Occasional Papers No 52, Paris: OECD.

Albert, Michel (1992): Kapitalismus contra Kapitalismus. Frankfurt am Main, Campus.

Alderson, Arthur S. und François Nielsen (2002): Globalization and the Great U-Turn: Income Inequality Trends in 16 Countries. American Journal of Sociology, 107, 5: 1244-1299.

Böhnke, Petra (2002): Die exklusive Gesellschaft. Empirische Befunde zu Armut und sozialer Ausgrenzung. Stefan Sell (Hrsg.), Armut als Herausforderung. Bestandesaufnahme und Perspektiven der Armutsforschung und Armutsberichterstattung. Berlin, Duncker & Humblot: 45-64.

Böhringer, Peter (2001): Die neue Arbeitswelt. Flexibilisierung der Erwerbsarbeit und atypische Arbeitsverhältnisse. Zürich, Kaufmännischer Verband.

Boltanski, Luc und Eve Chiapello (1999): Der neue Geist des Kapitalismus. Konstanz, Universitätsverlag.

Brandt, Nicola, Jean-Marc Burniaux und Romain Duval (2005): Assessing the OECD Jobs Strategy: Past Developments and Reforms. OECD Economics Department Working Paper No. 429.

Braun, Thorsten (2003): Ein neues Modell für Flexicurity – der dänische Arbeitsmarkt. WSI-Mitteilungen 2/2003: 92-99.

Castel, Robert (2000): Die Metamorphosen der sozialen Frage. Eine Chronik der Lohnarbeit. Konstanz, Universitätsverlag.

Castles, Francis G. und Deborah Mitchell (1993): Worlds of Welfare and Families of Nations. Francis G. Castles (Hrsg.), Families of Nations: Patterns of Public Policy in Western Democracies. Aldershot, Dartmouth Publishing Company: 93-128.

Esping-Andersen, Gøsta (1990): Three Worlds of Welfare Capitalism. Princeton, Princeton University Press.

European Commission (1997): Joint Employment Report. Brussels: EC.

Goudwaard, Anneke und Matthieu de Nanteuil (2000): Flexibility and Working Conditions: A Qualitative and Comparative Study. Luxemburg, EC.

Gustafsson, Björn und Mats Johansson (1999): In Search of Smoking Guns: What Makes Income Inequality Vary Over Time in Different Countries. American Sociological Review, 64: 585-605.
Heidenreich, Martin (2004): Beschäftigungsordnungen zwischen Exklusion und Inklusion. Arbeitsmarktregulierende Institutionen im internationalen Vergleich. Zeitschrift für Soziologie, 33, 3: 206-227.
Keller, Berndt und Hartmut Seifert (2000): Flexicurity - Das Konzept für mehr soziale Sicherheit flexibler Beschäftigung. WSI Mitteilungen 5/2000: 291-321.
Klammer, Ute und Katja Tillmann (2001): Flexicurity: Soziale Sicherheit und Flexibilisierung der Arbeitsverhältnisse. Düsseldorf, Hans Böckler Stiftung.
Korpi, Walter und Joakim Palme (2003): New Politics and Class Politics in the Context of Austerity and Globalization: Welfare State Regress in 18 Countries. American Political Science Review, 97, 3: 425-446.
Kronauer, Martin (2001): Exklusion. Die Gefährdung des Sozialen im hoch entwickelten Kapitalismus. Frankfurt: Campus.
Nicoletti, Giuseppe, Stefano Scarpetta and Olivier Boylaud (1999): Summary Indicators of Product Market Regulation with an Extension to Employment Protection Legislation, OECD Economics Department Working Paper No. 226.
Nicoletti, Giuseppe und Frederic Pryor (2001): Subjective and Objective Measures of the Extent of Governmental Regulations. www.aei-brookings.org/admin/authorpdfs/page.php?id=424.
Obinger, Herbert und Uwe Wagschal (1998): Drei Welten des Wohlfahrtsstaates? Das Stratifizierungskonzept in der clusteranalytischen Überprüfung. Stephan Lessenich und Ilona Ostner (Hrsg.), Welten des Wohlfahrtskapitalismus: Der Sozialstaat in vergleichender Perspektive. Frankfurt am Main, Campus: 109-135.
OECD (2004): Employment Outlook. Paris, OECD.
OECD (2005): Society at a Glance: OECD Social Indicators. Paris, OECD.
Pryor, Frederic (2002): Quantitative Notes on the Extent of Governmental Regulations in Various OECD Nations. International Journal of Industrial Organization, 20: 693-714.
Rat der Europäischen Union (2000): Ratsbeschluss über die Leitlinien für die Beschäftigungspolitik der Mitgliedstaaten im Jahre 2001, Beilage: Die Beschäftigungsleitlinien für 2001. Brüssel, Rat der EU.
Schwartz, Herman (2001): The Danish „Miracle" - Luck, Pluck, or Stuck? Comparative Political Studies: 131-155.
Scruggs, Lyle (2004): Welfare State Entitlements Data Set: A Comparative Institutional Analysis of Eighteen Welfare States, Version 1.0.
Sennett, Richard (1998): Der flexible Mensch. Die Kultur des neuen Kapitalismus. Berlin, Berlin Verlag.
Talos, Emmerich (Hrsg.) (1999): Atypische Beschäftigung. Internationale Trends und sozialstaatliche Regelung. Wien, Manz.
Tangian, Andranik S. (2004): Defining the Flexicurity Index in Application to European Countries. Diskussionspapier Nr. 122. Düsseldorf, WSI in der Hans Böckler Stiftung.
Tsakoglou, Panos und Fotis Papadopoulos (2002): Aggregate Level and Determining Factors of Social Exclusion in Twelve European Countries. Journal of European Social Policy, 12: 211-225.
Van Oorschot, Wim (2000): Soziale Sicherheit, Arbeitsmarkt und Flexibilität in den Niederlanden. WSI-Mitteilungen 5/2000: 330-334.
Van Oorschot, Wim (2002): Miracle of Nightmare? A Critical Review of Dutch Activation Policies and Their Outcomes. Journal of Social Policy, 31: 399-420.
Vielle, Pascal und Pierre Walthery (2003): Flexibility and Social Protection. Dublin, European Foundation for the Improvement of Living and Working Conditions.
Wilthagen, Ton und Frank Tros (2004): The Concept of 'Flexicurity': A New Approach to Regulating Employment and Labour Markets. Transfer, 10/2: 166-186.

Markus Pohlmann

Die Gegenwart der Zukunft: Das Management und der Wandel der Arbeitsgesellschaft

„Eigentlich bin ich ganz anders,
nur komm' ich so selten dazu."
Ödön von Horváth, 1901-1938

Eine Diagnose der Arbeitsgesellschaft und ihrer Entwicklung fällt heute nicht leicht. Zu umstritten ist es bereits, von einer Arbeitsgesellschaft zu sprechen. Nicht wenige sehen in der zunehmenden Bedeutung von Freizeit und Vergnügen hinreichende Gründe, einer Erlebnis- oder Spaßgesellschaft das Wort zu reden. Mit den historisch sinkenden Arbeitszeiten wird eine veränderte Wertorientierung verbucht und der unzweifelhaft vorhandene Hedonismus zum Anlaß genommen, das Ende der Arbeitsgesellschaft auszurufen. Und in der Tat sticht ins Auge, dass für eine Vielzahl der Menschen die zentralen Probleme darin bestehen, wo sie am besten oder billigsten einkaufen gehen können, wie sie am besten schlank, schön und fit werden bzw. bleiben, welche Mode gerade angesagt ist oder mit welchem Unterhaltungsmedium man sich am besten vergnügt. Die historische Besonderheit unserer Gesellschaftsformation ist, dass selbst diejenigen, die über wenig Geld oder Einkommen verfügen oder von der Sozialhilfe leben, an die gesellschaftliche „Versorgung" mit den Problemen einer Überflußgesellschaft angeschlossen sind. Fernsehen und Videorekorder gehören zum „Warenkorb" jedes Sozialhilfeempfängers, Aldi liefert Fit-, Schlank- und Schön-Produkte, Textilien nach den Standards der gängigen Mode. Nur die Läden unterscheiden sich noch, die Moden und das Ausmaß, indem man sich diesen „Sorgen" widmen und seine „Bedürfnisse" befriedigen kann. Zu einer Zeit, in der Adornos und Horkheimers Analysen der Kulturindustrie, Marcuses Kritik an der eindimensionalen Gesellschaft oder Riesmans Studien zur Überflußgesellschaft in der Soziologie fast gänzlich an Relevanz für ihre Diskussionen verloren haben, erweisen sich ihre Diagnosen (nicht ihre Theorien oder Schlußfolgerungen) als triftiger denn je.

Aber dennoch ist dies nur eine Seite, die Kehrseite einer Entwicklung, welche zugleich die formelle Erwerbsarbeit in ihrem Identifikationspotential verabsolutiert. Das Versprechen der Selbstverwirklichung, das sich an formelle Erwerbsarbeit knüpft, verbindet Genuß- und Arbeitsorientierung in spezifischer Weise. Der viel diskutierte Wertewandel findet bekanntermaßen nicht als Wandel hin zu einer Entwertung formeller Erwerbsarbeit statt, vielmehr steigen die Ansprüche an ihr Identifikationspotential und damit auch die Enttäuschungen, wenn sie dies nicht bietet. Die Freisetzung von formeller Erwerbsarbeit ist in der Form der Arbeitslosigkeit gesellschaftlich stigmatisiert und alle Studien zeigen darüber hinaus, dass Arbeitslosigkeit tatsächlich krank macht. Erwerbslose haben eine 2,6-fache höhere Sterblichkeit, ein doppelt so hohes Risiko bei Herz-Kreislauf-Erkrankungen, eine deutlich erhöhte Unfallgefahr und eine 20fach erhöhte Depressions- und Suizidrate. Viele fühlen sich einer zentralen *gesellschaftlichen* Identifikationsform beraubt, und damit sozialer Anerkennung und sozialer Netzwerke, fühlen sich ausgeschlossen, stigmatisiert und diskriminiert. Die Verinnerlichung einer gesellschaftlich institutionalisierten Orientierung an formeller Erwerbsarbeit läßt sich aber auch daran ablesen, dass die Zahlung von Sozialhilfe nicht zu überbordenden Mißbrauchsquoten führt. In anderen Gesellschaftsformationen wäre erwartbar, dass die Bereitstellung einer Art staatlichen Apanage, auch wenn sie nur in geringer Höhe gezahlt wird, in viel stärkerem Maße Anreize setzen würde, sich von formeller Erwerbsarbeit loszusagen, vielleicht faul, vielleicht kontemplativ sein Dasein zu fristen. Auch die Umgestaltung der Sozialhilfe mit der Einrichtung der sog. 1-Euro-Jobber zeigt an, dass Elemente von formeller Erwerbsarbeit in die Sozialleistungen integriert werden – und dies explizit auch in Form eines (mehr oder weniger therapeutischen) Erhalts von Arbeitsfähigkeit. Unschwer ist auch an der von den Medien endlos geschürten „German Angst" erkennbar, wie sehr die formelle Erwerbsarbeit noch als Gravitationszentrum der Gesellschaft dient.

Es ist dieser Punkt, an dem die folgenden Ausführungen ansetzen. Sie wollen zum einen zeigen, dass sich in den westlichen Industriegesellschaften in absehbarer Zukunft die Notwendigkeit formeller Erwerbsarbeit weiter reduziert. Dies läßt sich auch dann absehen, wenn wir keine Effekte technischer Rationalisierung mit einrechnen. Zum anderen soll deutlich gemacht werden, dass die Arbeitsgesellschaft und ihre Eliten in Deutschland darauf auf eine Weise reagieren, die aus krisenanfälligen Modernisierungskonstellationen krisenhafte werden lassen könnten. In dem Moment, in dem der Wandel der Arbeitsgesellschaft einen langsamen Abschied von althergebrachten Formen der Erwerbsarbeit ermöglicht, sich ein Zeitfenster öffnet, in dem die Karten neu gemischt werden können (auch wenn wir hier vielleicht nicht mehr in der Diktion Marcuses vom „Reich der Freiheit" sprechen wollen), zeigen sich die zentralen institutionellen Konfigurationen (auch in ihren Reformen) und die zentralen Trägerschichten so sehr an althergebrachten Mustern arbeitsgesellschaftlicher Strukturierung orientiert, dass sie die Chancen neuer gesellschaftlicher Entwicklung zu verspielen und das Risiko einer Krise zu erhöhen drohen. Meine zentrale These lautet also: Die *weltweite Industrialisierung* und der *demographische Wandel* fordern die westlichen Arbeitsgesellschaften neu heraus. Mit ihren althergebrachten Mitteln sind sie diesen Herausforderungen nicht gewachsen.

1. Weniger arbeiten und länger leben – Zur „Krise" der Arbeitsgesellschaft

Nimmt man die gegenwärtigen Prognosen in bezug auf die Entwicklung der Weltbevölkerung, der Industriearbeit und der Lebenserwartung ernst, so droht den etablierten Arbeitsgesellschaften ein recht eigentümliches Krisenszenario: Weniger arbeiten und länger leben zu *müssen*, scheint zum säkularen Fluch westlicher Arbeitsgesellschaften zu werden. Was anderen Gesellschaftsformationen in der Geschichte des Abendlandes immer als Traum der Menschheit erschien, entwickelt sich in der gesellschaftlichen Thematisierung, in der medialen Öffentlichkeit zur Katastrophe entwickelter Industriegesellschaften. Da ist auf der einen Seite vom „Age Quake" die Rede, vom „Urnenmodell" der Bevölkerungsentwicklung, immer mit Blick auf die Kostenexplosion der Renten, die in Deutschland (nach der oft verschwiegenen Plünderung der Rentenkassen) kaum mehr tragbar seien. Die politischen Reaktionen darauf sind ebenso eindeutig wie einfallslos: „Patent-Rezept: Länger arbeiten", *Süddeutsche Zeitung,* „Wieder 42 Stunden arbeiten", *Frankfurter Allgemeine Zeitung,* „CDU-Leitantrag:

Länger arbeiten – weniger Kündigungsschutz", „Die Deutschen müssen länger arbeiten – Rürup nennt Bedingungen...", *Neue Zürcher Zeitung,* „Union will, dass Arbeitnehmer länger arbeiten", *Berliner Zeitung.* Nimmt man vor diesem Panorama des „Blätterwalds" die Szenarien der weltweiten Bevölkerungsentwicklung, der Entwicklung der weltweiten Industrieproduktion, der Lebenserwartung und der Arbeitslosigkeit genauer in den Blick, scheint die Absurdität solcher medialen und politischen Thematisierungsformen vollends auf.

1.1 Die Bevölkerungsentwicklung

Beginnen wir mit der weltweiten Bevölkerungsentwicklung. An ihr können wir ablesen, wie sich der Bedarf an weltweiter Güterproduktion entwickelt, soweit er sich auf die unmittelbare Reproduktion der Gattung bezieht. Dabei sind die Antworten auf die zentrale Frage, ob die Menschheit in der derzeitigen Geschwindigkeit weiter wächst oder es ein Ende der Bevölkerungsexplosion gibt, mittlerweile eindeutig. So bekamen die Frauen 1950 weltweit im Durchschnitt noch fünf Kinder. Innerhalb von rund 50 Jahren, bis 2003 hat sich diese Zahl nach Angaben der UNO bereits auf drei Kinder (2,8) verringert. Während wir 1990 noch einen jährlichen Zuwachs von 90 Mio. Menschen weltweit zu verzeichnen hatten, sinkt dieser Zuwachs etwas mehr als eine Dekade später auf 77 Mio. Menschen. In Deutschland spielte sich – typisch für die Industrieländer – die Geburtenrate bereits 1971 unterhalb des Ersatzniveaus ein (2,1). In den Entwicklungsländern wird dies nun zum ersten Mal nach UN-Schätzungen in rund 50 Jahren, im Jahre 2050 erwartet. Betrachtet man die Länder mit einer hohen Bevölkerungsdynamik genauer, so wird diese Entwicklung handgreiflich. Die durchschnittliche Zahl der Kinder pro Frau ist in Indien von 5,7 im Jahre 1970 auf 3,0 im Jahre 2000 gefallen, in China mit seiner starken Geburtenkontrolle von 5,7 auf 1,7, in Thailand von 5,3 auf ebenfalls durchschnittlich 1,7 Geburten pro Frau. Sie spiegelt sich auch in den UN-Prognosen zur Bevölkerungsentwicklung sehr klar wider.

Abbildung 1: Projektionen der Weltbevölkerungsentwicklung für 2050 in Mrd. Menschen

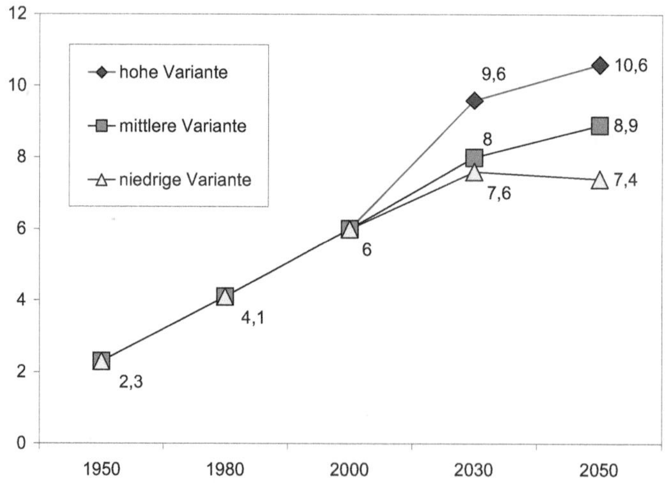

Quelle: Hauchler et al. 2003: 70

Zum ersten Mal wird in der niedrigen Variante der Projektionen zur Bevölkerungsentwicklung ein Sinken der Weltbevölkerung ab 2030 erwartet. In allen Varianten oder Szenarien verliert der Tanker der Bevölkerungsentwicklung langsam an Fahrt und rückt sein Anhalten in den Bereich des Möglichen. Die Gründe dafür sind zum einen in der stark voranschreitenden Urbanisierung und in der generellen Verbesserung der medizinischen und hygienischen Versorgung zu finden, die auch die weltweite Verfügbarkeit von Verhütungsmitteln deutlich erhöht hat. Zum anderen nahm auch die Erreichbarkeit durch globale Medien zu und sorgte zusammen mit der Urbanisierung für eine Kontingentsetzen althergebrachter Wertmuster. Nicht zuletzt hat aber auch die stark voranschreitende Industrialisierung der Entwicklungsländer, allen voran jenen Asiens, ihren Beitrag zur Entwicklung der Geburtenraten geleistet. Mit der Ausnahme Schwarzafrikas hat diese in vielen Entwicklungsländern für ein wachsendes Bruttosozialprodukt, teilweise verbesserte Maßnahmen sozialer Absicherung und in der Folge auch für den Beginn des viel beschriebenen „demographischen Übergangs" gesorgt. Mit ihr verknüpft sich aber auch unser zweites Argument: Die Zahl der Industrieproduzenten ist in den letzten drei Jahrzehnten durch die umfassende Industrialisierung Asien so stark gewachsen, dass bei einer gleichzeitig geringer wachsenden Weltbevölkerung die gesellschaftlich notwendige Zeit, die mit formeller Erwerbsarbeit verbracht werden muß, in den westlichen Industrieländern sinkt. Auch ohne Bezugnahme auf den gleichzeitig stattfindenden, in Deutschland stark voranschreitenden Rationalisierungsprozeß der Produktion deutet sich hier bereits eine säkulare Wende im gesellschaftlichen Bedarf an Arbeitskräften in den westlichen Industrieländern an, die nicht einfach ignoriert werden kann.

1.2 Die industrielle Produktion

Denn die Industrialisierung der Welt geht mit großen Schritten voran. Immer mehr Entwicklungsländer werden mit hoher Aufholgeschwindigkeit zu Industrieländern. Insbesondere der Aufholprozeß der ostasiatischen Ökonomien ist gemessen an Geschwindigkeit und Erfolg weltweit nach wie vor hervorhebenswert. Für dieselbe Industrieentwicklung, für die Deutschland und Japan noch über 80 Jahre benötigten, brauchten Südkorea und Taiwan nur noch ca. 35 Jahre. China wird aller Voraussicht nach diese Aufholgeschwindigkeit noch übertreffen. Ein Ende dieser turbulenten Entwicklungsdynamik ist trotz der asiatischen Finanzkrise nicht abzusehen. Denn wieder sind die Wachstumsraten des BIP Asiens die höchsten unter allen Weltregionen. Aber auch das BIP aller Entwicklungsländer hatte (mit Ausnahme Schwarzafrikas) im Durchschnitt im letzen Jahrzehnt sehr hohe Wachstumsraten zu verzeichnen. Bis auf eine kurze Baisse Anfang der neunziger Jahre ist deswegen die *Weltindustrieproduktion* stetig gewachsen. Immer mehr Entwicklungsländer werden mit hoher Aufholgeschwindigkeit zu Industrieländern. Dies schafft auf der einen Seite z.B. mit Indien und China große Wachstumsmärkte, die derzeit auch vom Westen aus ökonomisch erschloßen werden, auf der anderen Seite erwachsen auch eine Vielzahl neuer Industrieproduzenten, welche insbesondere die Massenproduktion in den sich industrialisierenden Entwicklungsländern vorantreiben werden. Deren Entwicklung, das zeigt sich heute bereits an China und den ostasiatischen Wirtschaften, läßt sich sicher nicht auf die Produktion arbeitsintensiver Güter beschränken. Die Innovativität, die diese Wirtschaften und mittlerweile auch China entfalten, spricht einen ganz andere Sprache. Zieht man die unterschiedlichsten

Indikatoren in der Frage von Innovationen zu Rate, die ostasiatischen Wirtschaften liegen gemessen daran weltweit sehr gut im Rennen. Japan ist in den Patentanmeldungen weit vor Deutschland zu finden und liegt nur hinter den USA zurück. Die ehemaligen asiatischen Schwellenländer, Südkorea und Taiwan, haben in den vergangenen Jahren deutlich aufgeholt und selbst China beginnt eine zunehmend wichtigere Rolle zu spielen. Nun sagen Patenterteilungen zwar nur sehr vermittelt etwas über Innovativität aus, aber auch andere Indikatoren weisen auf die gewachsene Bedeutung der ostasiatischen Wirtschaften als innovative Wirtschaften hin.[1] Schaut man auf die Bedeutung jüngerer, innovativer Industrien wie z.B. der Elektronikindustrie, so belegen Japan, Südkorea und Taiwan in diesen (gemessen an Umsatz und Export) Spitzenplätze und China begibt sich auf eine rasante Aufholjagd. Dabei ist für unsere Argumentation nur wichtig, dass in Asien bereits ein weiteres Weltwirtschaftszentrum entstanden ist, das sich nicht mehr der alten internationalen Arbeitsteilung fügt und vom Spektrum der produzierten Güter und Dienstleistungen bereits heute mit den westlichen Industrieländern mithalten kann – und damit die Konkurrenz unter den Industrieproduzenten weiter verschärft, eine Rationalisierungsdynamik weiter anheizt, die zumindest in den westlichen Industrieländern noch zu mehr Freisetzungen von Arbeitskräften führen wird.

Beide hier beschriebenen Prozesse haben schon heute Einfluß auf die Entwicklung der Modernisierungskonstellationen in den westlichen Ländern und dieser Einfluß wird sich allen Prognosen zufolge noch verstärken. Eine stark wachsende, weltweite Industrieproduktion trifft auf eine immer langsamer wachsende Bevölkerung. Zugleich aber setzen die asiatischen Entwicklungsländer mit hoher Geschwindigkeit ihre Industrialisierung fort. Die Folge für die westlichen Industrieländern ist derzeit bereits: ein säkularer Trend steigender Arbeitslosigkeit, der wohlfahrtsstaatliche Absicherungen zu einer Zeit in Frage stellt, in der sie mehr denn je benötigt werden. Doch damit nicht genug. Die Freisetzungen greifen zu einer Zeit, in der in allen Industrieländern die Lebenserwartung der Menschen stark gestiegen ist und sich ein anderer Stellenwert formeller Erwerbsarbeit für jeden Einzelnen, und auch für die Gesellschaft schon daraus ergibt. Darauf zielt unser drittes Argument.

1.3 Arbeitszeit und Lebenszeit in den westlichen Industrieländern

Bereits für die im Jahr 2025 Geborenen rechnen die Mediziner mit einer durchschnittlichen Lebenserwartung von 100 Jahren. Die Gene, die für die Alterungsprozesse bei Mensch und Tier sorgen, sind entdeckt und bei Tieren werden Möglichkeiten der Manipulation von Altersgrenzen bereits erforscht. Es ist vermutlich eine konservative Schätzung, dass die durchschnittliche Lebenserwartung der 2050 Geborenen bei 125 Jahren liegen wird. Damit würde sich die Lebensspanne jedes Einzelnen fast verdoppelt haben. Wird dies Auswirkun-

[1] So liegen die Brutto-Investitionen in Forschung und Entwicklung im Verhältnis zum Bruttoinlandsprodukt z.B. in Japan und Südkorea höher als in Deutschland und auch in der Anzahl der in der Forschung und Entwicklung tätigen Ingenieure und Wissenschaftlern pro 10000 der Erwerbstätigen ist Deutschland längst überflügelt (vgl. dazu u.a. Pohlmann 2002: 114). Taiwan und China folgen nicht weit hinter Deutschland. Ein Blick auf einschlägige Indizes für Innovationssysteme weist zugleich nur noch geringe Unterschiede zwischen dem Spitzenreiter USA und Japan, Südkorea sowie Taiwan aus. Innerhalb des Knowledge Economy Readiness Index (KERI), der Innovationen auf Unternehmensebene, Innovationsfähigkeit, Qualität der Forschung etc. ins Visier nimmt, erreicht die USA von 10 möglichen Punkten 8,3, Japan 7,5, Taiwan 7,4 und Südkorea 6,9, dicht gefolgt von China mit bereits 6,0 Punkten (Trinh 2003: 14).

gen auf die sozialen Formen menschlichen Zusammenlebens haben? Werden wir dann 100 Jahre in formeller Erwerbsarbeit zubringen können, müssen oder wollen? In bezug auf die Frage des physiologischen *Könnens* sind die Mediziner heute eher optimistisch. Sehr klar zeigen ihre Ergebnisse, dass sich unsere Lebensspanne vergrößern wird – nicht aber die Zeit von Alter und körperlicher Gebrechlichkeit. Die Ergebnisse vieler Langzeitstudien sprechen für eine *Komprimierung der Krankheits- und Behinderungslast.* Der tatsächliche Verlauf chronischer Behinderungen bei den über 65-Jährigen ist um 15% niedriger als in den Jahren von 1982-1994 jeweils vorausberechnet. Auch die subjektiven Krankheitseinschätzungen von Frauen im Zeitverlauf zeigen nach dem Mikrozensus in Deutschland, dass die Häufigkeit der Krankheitswahrnehmung im Zeitverlauf sinkend und nicht steigend ist. Während 1978 noch 41% der über 75-jährigen Frauen angaben, im Verlauf des letzten Jahres ein- oder mehrmals krank gewesen zu sein, hat sich diese Zahl 1999 auf 27% verringert. Diese Tendenz läßt sich in allen Altersklassen beobachten.

Tabelle 1: Subjektive Krankheitseinschätzungen von Frauen im Zeitverlauf (Mikrozensus BRD)

Jahr/Alter	**0-65**	**65-70**	**70-75**	**Ü75**
1978	18%	33%	37%	41%
1988	16%	23%	29%	37%
1992	14%	20%	24%	32%
1999	13%	17%	19%	27%

Länger leben und gesünder alt werden – dieser Traum der Menschheit scheint sich in den westlichen Industrieländern langsam, aber sicher zu verwirklichen. Sollten keine Seuchen oder Katastrophen ihren möglicherweise hohen Blutzoll fordern, rechnen die Mediziner damit, dass diese Entwicklung weitergeht. Der medizinische Fortschritt wird die häufigen chronischen Krankheiten zwar nicht beseitigen können, aber zu einer lebensverbessernden Dauerbehandlung beitragen können. Zugleich ist auch eine hohe Plastizität der physischen und mentalen Entwicklung erkennbar. Menschen bleiben bis ins hohe Alter lern-, präventions- und arbeitsfähig. Aber *müssen* sie noch so lange wie früher arbeiten?

Gemessen an der Lebenszeit ist heute bereits die Gesamtarbeitszeit[2] drastisch gesunken. Man kann sich dies mit einer einfachen, konservativen Rechnung vor Augen führen. Legte man eine Fünf-Tage-Woche mit acht Stunden Arbeit pro Tag zugrunde und rechnete die unmittelbare Reproduktionszeit der Arbeitskraft (ohne Freizeit) mit acht Stunden pro Tag hinzu, so würde ein durchschnittlicher Arbeitnehmer (225 Tage x 16 Stunden =) 3600 Stunden im Jahr arbeiten. Gehen wir weiter von einer durchschnittlichen Arbeitszeit von 40 Jahren aus, so wären dies 144000 Stunden. Damit machte die Lebensarbeitszeit – gemessen an einer durchschnittlichen Lebenszeit von 78 Jahren für Männer und Frauen gleichermaßen (8760 Stunden x 78 Jahre = 683280 Stunden) – rund 21% der Lebenszeit aus. Das ist nicht viel. Der tatsächliche Wert liegt aber nach der offiziellen Statistik noch sehr viel nied-

[2] Bezogen auf die formale Erwerbsarbeit, nicht auf jede Art von Arbeit oder Tätigkeit.

riger. 2003 arbeiteten die Erwerbstätigen in Deutschland rund 2722 Stunden und gingen durchschnittlich nach 38 Jahren in Rente oder Pension. Mit 103436 Stunden Lebensarbeitszeit machte diese also nur *rund 15% der Lebenszeit* aus. Bei einer erwartbaren Lebenserwartung von 100 Jahren im Jahre 2025 würde dieselbe Lebensarbeitszeit insgesamt nur noch *12% der Lebenszeit* beanspruchen. Und es ist aufgrund des vorher Gesagten wahrscheinlich, dass diese Lebensarbeitszeit vollkommen hinreicht, um im globalen Kapitalismus einen Überfluss an Güter- und Dienstleistungen zu produzieren. Zwar bleibt der Traum, dass Roboter in automatisierten Fabriken uns von der Erwerbsarbeit befreien, wahrscheinlich Utopie. Erwartbar ist aber bei fortgesetzter Rationalisierung, dass die gesellschaftlich notwendige Arbeitszeit der Menschen im 21. Jahrhundert auf 10% der Lebenszeit zurückgehen wird, also auf insgesamt – die Freizeiten eingerechnet – rund 15 Jahre Arbeitszeit in einem hundertjährigen Leben sinken kann. Diese Zeit wird aller Voraussicht nach vollkommen hinreichend sein, um in einer global agierenden Wirtschaft die Bedarfsdeckung auf hohem Niveau aufrechterhalten zu können. Nicht nur länger leben und gesünder alt werden, sondern zugleich die *Möglichkeit*, weniger Zeit mit formaler Erwerbsarbeit verbringen zu müssen, rundet diese Perspektive ab. Doch je mehr die Verwirklichung dieses Menschheitstraums (bei allen weltweiten Ungleichheiten und sozialen Verwerfungen, die mit der globalen kapitalistischen Produktion einhergehen) für die Industrieländer in greifbare Nähe rückt, desto stärker wird er gesellschaftlich als Alptraum empfunden. Weniger arbeiten und länger leben, der Traum der meisten bisherigen Gesellschaften, wird zu *der* „Problemkonstellation“ der westlichen Arbeitsgesellschaften im 21. Jahrhundert. Ein Ball paradoxe, der anzeigt, wie sehr wir uns noch in den Fängen der Arbeitsgesellschaft bewegen, wie sehr sie unser Denken noch im Griff hat.

2. Der Wandel in den Modernisierungskonstellationen der Arbeitsgesellschaft

Die neueren industrie- und arbeitssoziologischen Arbeiten haben deswegen in den letzten Jahren wieder verstärkt den Wandel der Arbeitsgesellschaft in die wissenschaftliche Diskussion gebracht. Es wurde registriert, dass die Entwicklung der industriellen Erwerbsarbeit[3] in vielfältiger Weise zum umstrittenen Terrain in modernen Industriegesellschaften wird. Von Jeremy Rifkin (2000) über Ulrich Beck (2000) bis zu André Gorz (2000) wurden weitreichende Thesen zur abnehmenden Relevanz industrieller Erwerbsarbeit entwickelt (vgl. zu dieser Diskussion auch Schmidt 1999). Nicht nur die von Hegel, Marx, Arendt und Marcuse geprägten philosophischen Leitlinien in der Beschäftigung mit Arbeit wurden wieder aufgenommen, sondern auch der Befund untermauert, dass in den westlichen Arbeitsgesellschaften industrielle Erwerbsarbeit immer mehr prekarisiert und zugleich der Abschied von den Schmalspurdiktionen formeller Erwerbsarbeit gesellschaftlich nicht gewagt wird. Zwar ist in den letzten Jahren deutlich geworden, dass diese Prekarisierung vor fast keinen Beschäftigungsgruppen (auch vor den hoch qualifizierten nicht) mehr halt macht, die Aufrechterhaltung von sog. Normalarbeitsverhältnissen immer schwerer fällt und die Vollbeschäftigung früherer Zeiten heute nicht mehr erreichbar ist. Trotz aller kon-

[3] Hinter der Bezeichnung „industrielle Erwerbsarbeit“ verbirgt sich keine Sektorenabgrenzung zwischen einem industriellen und einem Dienstleistungssektor, sondern es wird davon ausgegangen, dass „industrielle Erwerbsarbeit“ auch im Dienstleistungssektor geleistet wird, soweit diese in industrialisierter Form – also unter Bedingung einer rationalisierten, Fleiß- und Disziplin voraussetzenden, an Profit orientierten Produktion stattfindet.

junktureller Schwankungen, den Aufs und Abs in der Frage der Arbeitslosigkeit, trotz aller Unterschiede und Modifikationen der Arbeitslosenstatistiken läßt sich ein Ansteigen der Arbeitslosenraten in den wichtigen Industrieländern als säkularer Trend in der zweiten Hälfte des letzten Jahrhunderts beobachten. Es ist ein *Trend*, der nach dem kurzen Traum immerwährender Prosperität sichtbar wird, nicht mehr und nicht weniger.

Abbildung 2: Arbeitslosenraten nach ausgewählten Weltregionen in Prozent

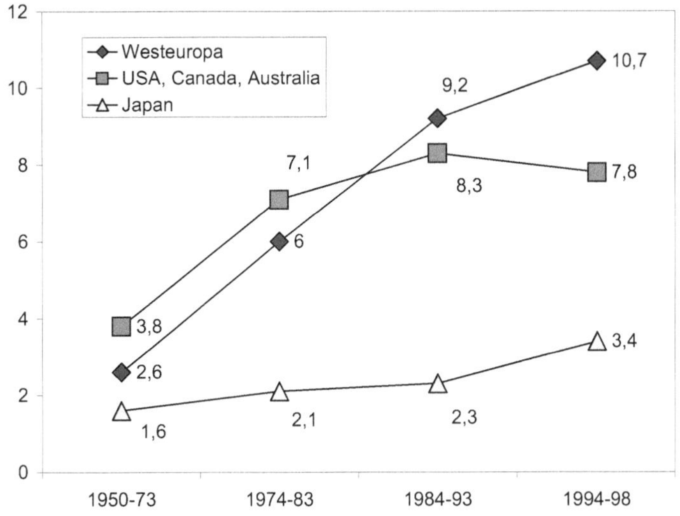

Dabei spielen nun Prozesse der „Rationalisierung" von Arbeit eine tragende Rolle – eine Rationalisierung jedoch, welche nicht nur technologisch daherkommt, sondern auch auf der Internalisierung von neuen Leistungsstandards beruht. Diskutiert wird, inwiefern heute der „Geist" selbstständiger „Arbeitskraftunternehmer" (Pongratz/Voß 2000; Voß 2002; Voß/Pongratz 2003) in den Bürohallen umgehe. Entgrenzte Arbeit jedenfalls, die sich selbsttätig normierten Leistungsstandards entzieht, wird nach vielen Befunden zum Signum industrieller Angestelltenarbeit (Schmidt 1999; Minssen 2000; Moldaschl/Voß 2003; Sauer 2004). Doch diese wird durch ihre „Selbstrationalisierung" keineswegs einer von den ökonomischen Eliten vorangetriebenen Verunsicherung der Beschäftigungsverhältnisse entzogen, sondern vielmehr zu immer weiterreichenden „Opfergaben" verpflichtet. Während die Rationalisierung der Produktion eine massive Reduktion der Produktionsarbeit erlaubt[4], ist auch die sich ausbreitende industrielle Angestelltenarbeit von der Rationalisierung nicht mehr ausgenommen. Im Gegenteil: eine neue „Ökonomie der Unsicherheit" (Sauer 2003 u.a.) trifft sie heute mit ungeahnter Wucht (vgl. für detaillierte empirische Analysen auch Pohlmann et al. 2003 dazu auch: Trautwein-Kalms/Ahlers 2003; Wagner 2003 u.v.a.). Fällt aber das Konstrukt einer legitimen „Normalleistung", sind die einen im „Hamsterrad" einer nicht enden wollenden Leistungsanforderung gefangen, das sie schnell an die „natürlichen"

[4] Hack schätzt auf Basis empirischer Befunde bereits Mitte der 80er Jahre den Anteil derjenigen, die in Großunternehmen noch in der direkten Produktion tätig sind, auf 10% bis 15% der Gesamtbelegschaft (Hack 1987).

Grenzen ihrer Leistungsfähigkeit heranführt, während den anderen ein Aufspringen immer weniger möglich wird.

Sowohl den einen wie den anderen fehlt es dabei in den westlichen Arbeitsgesellschaften immer mehr an *selbstverständlichem* kulturellen Rückhalt. Dies hatte Sennett vor Augen, als er von der „Corrosion of Character" schrieb (Sennett 1998a,b). Insbesondere das deutsche Modell einer „non liberal", bzw. „coordinated market economy" mit seinen stark korporatistischen Zügen ist nach den Analysen des neuen Institutionalismus dabei, seine Konturen zu ändern (Streeck/Yamamura 2001; Hall/Soskice 2001). Nicht, dass kollektive Organisationsformen heute ohne Bedeutung wären, aber sie haben mit der Ausbreitung eines neuen Typus industrieller Angestelltenarbeit an Selbstverständlichkeit verloren und beginnen zunehmend, ihre Funktionen zu verändern. Dies lässt sich vor allem auch an den Gewerkschaften, den Betriebsräten und der deutschen Institution der Unternehmensmitbestimmung erkennen. Die Erosion des Flächentarifvertrags, die sinkenden Mitgliederzahlen, die Probleme der Betriebsräte, die wachsende Anzahl von Industrieangestellten zu vertreten, sind ebenso Ausdruck dieser Veränderungen wie Reformbestrebungen, die auf ein deutliches Zurückschrauben der Unternehmensmitbestimmung zielen (vgl. dazu Artus 2001 u.v.a.). Dasselbe gilt für die Bedeutung der Familien als kulturellen Gegenpol einer weitergetriebenen „Ökonomie der Unsicherheit". Sie machen zwar unter allen Formen des Zusammenlebens immer noch mit Abstand den stärksten und stabilsten Kern aus, aber auch ihre *Kontingenz* hat deutlich zugenommen. Andere Lebensformen haben an kultureller Legitimation und Bedeutung gewonnen, die mit erheblich mehr Unsicherheit einhergehen (vgl. dazu u.a. Vaskowicz 2001; Geißler 2000 u.v.a.). Damit sind traditionelle kulturelle Gegenpole dieser „Ökonomie der Unsicherheit" zunehmend der Kontingenz ausgesetzt und die dafür stehenden Institutionen unter Veränderungsdruck geraten. Das Institutionengeflecht in Deutschland ist auch diesbezüglich an eine Wegscheide geraten, an der die traditionellen Institutionen ihre Konturen ändern und niemand genau weiß, ob diese Entwicklung auf eine Reform oder auf die Aufgabe des deutschen Wegs eines neokorporatistischen Kapitalismus hinausläuft (vgl. zu dieser Diskussion: Beyer 1998, 1999; Gergs/Schmidt 2002; Heinze 2001, 2002a,b; Höpner 2003, 2004, Höpner/Jackson 2001, 2002; Windolf/Beyer 1995, 2002 etc.).

Einen Beitrag zur Einschätzung dieser Entwicklung ist aber nicht dadurch zu leisten, dass nur die Institutionen der Arbeitsgesellschaft direkt untersucht werden, sondern es muß auch gefragt werden, wie zentrale ökonomische Akteursgruppen an dieser Wegscheide organisational handeln und in welche Richtung ihre Handlungsrationalitäten diese Entwicklung treiben. Denn die politischen oder ökonomischen Eliten scheinen an dieser Wegscheide der Arbeitsgesellschaft eher so zu operieren, dass alte Handlungsrationalitäten verstetigt und in ihren Auswirkungen verschärft werden (vgl. dazu ausführlich Gorz 2000: 76, 80 ff.). Noch immer wird nach den alten Mitteln gegriffen, noch immer ist der Traum von der Vollbeschäftigung der implizite Maßstab aller politischen Vernunft[5]. Damit also der Wandel der Arbeitsgesellschaft zur Etablierung jener neuen Formen der Organisation von „Tätigsein" führen kann, welche heute gesellschaftlich möglich geworden sind, müssen nach Gorz die herrschenden Ideologien durchbrochen und die herrschenden politischen und ökonomischen Eliten zu Trägerschichten dieses Wandels werden. Inwieweit die ökonomi-

[5] Dabei sei doch, so Gorz, eine neue junge Generation bereits aktiv, welche von Vollzeitbeschäftigung, Normalarbeitsverhältnis und einer eng gefassten Erwerbsarbeit mehr oder weniger unbeschwert Abschied nehme (vgl. Gorz 2000: 88).

schen Eliten dieses tatsächlich tun und wie sie die neuen Herausforderungen der Arbeitsgesellschaft „umsetzen“, ist gegenwärtig allerdings eine offene Frage.

2.1 Elitenwandel – Ökonomische Eliten als Trägerschichten?

Zur Beantwortung dieser Frage liefern die Elitesoziologie und die Sozialstrukturanalyse *auf der Akteursebene* derzeit einige erste Ansatzpunkte. Sie sagen uns etwas über die Population der ökonomischen Eliten in Deutschland, setzen aber ihre verstreuten Befunde nicht systematisch in Beziehung zu den damit einhergehenden Strukturierungsweisen von Organisation und Gesellschaft.

Zu den klaren Befunden unterschiedlicher Studien gehört, dass (a) derzeit ein Generationswechsel im Top-Management in vollem Gange ist und mit diesem neue Qualifikationen und Karrierewege an Bedeutung gewinnen (b), ohne dass jedoch die soziale Herkunft als hintergründiges Rekrutierungskriterium an Bedeutung verliert (c).

(a) Nach dem Stand der Forschung zeigt sich sowohl eine alterspezifische als auch eine qualifikationsbezogene Ablösung der „skeptischen Generation“. Bei allem Streit um diese Bezeichnung, ist sie als Formel zur wissenschaftlichen Beschreibung (und zur Selbstbeschreibung) der älteren Managergeneration schwer ersetzbar (vgl. für Zusammenfassungen zu dieser Diskussion Lütkens 1961; Bude 1987; Buckmiller 1998; Kersting 2002 u.v.a.). Auch wenn Schelsky selbst den Gegenstand seiner „Jugendstudie“ als „vorläufig“ und „etwas literarisch“ kennzeichnete, hat sich diese Bezeichnung auch deshalb durchgesetzt, weil sie historisch gefüllt werden konnte. Dies gilt sowohl für die Analyse generationaler Lagerungen in der BRD als auch in der DDR (vgl. dazu Pohlmann et al. 1996).

Die „skeptische Generation“ und ihre Nachzügler haben sich heute aus den Führungsetagen deutscher Unternehmen weitgehend verabschiedet. Der empirische Befund ist eindeutig. In der ersten Dekade des 21. Jahrhunderts zeichnet sich der anstehende Generationswechsel im Management sehr klar ab. Seriösen Schätzungen zufolge sind bzw. werden in dieser rund 700.000 westdeutsche und 360.000 ostdeutsche Unternehmen von einem Generationswechsel an der Unternehmensspitze betroffen sein (Schröer/Freund 1999: 32f.; Gruhler 1998: 6). Während in Ostdeutschland noch die 45-54-Jährigen, gefolgt von den 55-64-Jährigen die stärkste Altersgruppe darstellen, ist es nach unseren Untersuchungsergebnissen in den mittelgroßen Unternehmen Westdeutschlands bereits die Kohorte der 35-44-Jährigen, welche (gefolgt von den 45-54-Jährigen) die stärkste Altergruppe bildet. Im Top-Management der Großunternehmen vollzieht sich dieser Generationswechsel langsamer und kontinuierlicher. Die 35-44-Jährigen bilden hier die Subeliten und sind – falls sie noch nicht in den Vorstand aufgerückt sind – heute in den dafür vorgesehenen Nachrückerpositionen.

Übersicht 1: Sozialstrukturelle Merkmale und Qualifikationen von ost- und westdeutschen Managern

	Pohlmann/ Gergs 1997	Windolf 1997	Schmidt, Pohlmann, Gergs u.a. 2002	Schmidt, Pohlmann, Gergs u.a. 2002	Scheuch/ Scheuch 1995	Windolf 2000
	Top-Manager Ost	Top-Manager Ost	Top-Manager Ost	Top Manager West	Top-Manager West	"Big Linkers" West
	N=230	N = 432	N = 259	N = 383	N = 143	N = 200
	mittelgroße Unternehmen	mittelgroße Unternehmen	mittelgroße Unternehmen	mittelgroße Unternehmen	umsatzstärkste Unternehmen	umsatzstärkste Unternehmen
Erhebungszeit	1997	1997	2002	2002	1994	1999
Geschlecht (überw.)	männlich	männlich	männlich	männlich	männlich	männlich
(stärkste) Altersgruppe	45 - 54	45 - 54	45 – 54	35 - 44	50 - 60	50 - 60
mit Studium	73 %	67 %	94 %	79 %	67 %	91 %
Studienfach techn-naturw. wirtschaftsw.	 72 % 22 %	 77 %	 67 % 22 %	 37 % 43%	 15 % 50 %	 19 % 37 %

Nach den Analysen von Scheuch/Scheuch und Windolf in den 90er Jahren waren die Top-Manager der Großunternehmen in der Regel zwischen 50 und 60 Jahre alt. Dies deutet darauf hin, dass sich hier der Generationswechsel langsamer, kontinuierlicher und mit einem höheren Durchschnittsalter vollzieht. Die hier gewählte Generationsheuristik unterscheidet also die Jahrgänge der zwischen 1930 und 1940 Geborenen, der „skeptischen Generation", von jenen der zwischen 1955 und 1965 geborenen nächsten Generation. Zu diesen bisweilen als „Baby-Boomer" oder „Wirtschaftswunder-Kinder" bezeichneten Kohorten gibt es in Deutschland noch keine etablierte oder gut erforschte Generationsheuristik. Zwar gibt es insbesondere in den USA einige Arbeiten zum „Baby Boomer Blues" oder zur „Baby Boom Generation" (vgl. z.B. Collins/Clinton 1992; Paulin/Riordon 1998; Neatby 1999 u.v.a.), aber diese bewegen sich eher im belletristischen, spekulativem Bereich. In Deutschland sind diese Kohorten, insbesondere als Managerkohorten, noch weitgehend unerforscht. Dabei sind es gerade sie, die in den Startlöcher stehen, um die neuen ökonomischen Eliten zu bilden oder dies bereits getan haben. Die meisten der Subeliten rekrutieren sich aus diesen Kohorten.

(b) Seit den 90er Jahren mehren sich die Hinweise, dass sich insbesondere im Top-Management eine Verschiebung hin zu ökonomischen Qualifikationen abzeichnet. In unseren eigenen Untersuchungen (Pohlmann 1997, 2002) zeigte sich, dass dies insbesondere für die mittelgroßen Unternehmen in Westdeutschland, aber in geringerem Maße für Ostdeutschland zutrifft. Dort ist der Anteil der naturwissenschaftlich-technisch gebildeten Manager ungleich höher als in Westdeutschland, wo die Absolventen der Wirtschaftswissenschaften bereits die Dominanz der Ingenieure durchbrochen haben. Mit 43% überwiegen im Topmanagement der mittelgroßen, westdeutschen Industrieunternehmen heute ökonomische Qualifikationen deutlich. In den Vorständen der Großunternehmen sind es nach den Ergebnissen von Scheuch/Scheuch in den 90er Jahren bereits 50% und Windolf (2000) kommt in seiner Untersuchung der „big linkers", also jener Vorstände, die viele Aufsichtsratsposten auf sich vereinen und auf mehrere Großunternehmen Einfluss nehmen können, immerhin noch auf einen Anteil von 37%. Die Juristen haben hier generell an Bedeutung verloren (vgl. Hartmann 2003). Die Ökonomen gehören zu der Aufsteigergruppe der letzten Jahrzehnte. Betrachtet man die Top-100 Unternehmen, dann haben die Ingenieure in den letzten 10 Jahren zwar wieder an Bedeutung gewonnen, ohne jedoch die Wirtschaftswissenschaftler zu überflügeln (vgl. dazu Hartmann 2005). Damit lautet die Quintessenz auch für das Segment der Großunternehmen, dass wirtschaftswissenschaftliche Qualifikationen mittlerweile die zumindest quantitativ wichtigste Rolle spielen. Es zeichnet sich in den 80er und 90er Jahren ein deutlicher Wandel in den Qualifikationshintergründen der Top-Manager ab, dessen Effekte bis heute so gut wie gar nicht untersucht worden sind. Welche Handlungsrationalitäten aber eine neue Generation jüngerer Führungskräfte mit überwiegend betriebswirtschaftlichem Hintergrund vorantreibt, ist eine offene Frage.

Darüber hinaus zeigt sich in Deutschland, dass der eindimensionale, an Großunternehmen gebundene Karriereweg mit langen Betriebszugehörigkeitszeiten und einschlägigen Fachrichtungen durch andere, absichtsvoll offenere und verschlungenere Karrierepfade ergänzt wird. Aber das typische Muster der „Haus- und Kaminkarriere", in denen sich eine lange Betriebszugehörigkeit mit Spezialistenqualifikationen verbindet, gehört nicht der Vergangenheit an[6]. An diesem für Deutschland typischen Karrieremuster hat sich in den 90er Jahren auch bei der jüngeren Managergeneration generell wenig verändert, so dass der organisationalen Sozialisation nach wie vor eine große Bedeutung zukommt. Wichtig für uns ist aber auch, dass die der „skeptischen Generation" nachfolgenden Kohorten in bezug auf ihre Karrierewege ganz andere Erfahrungen mitbringen. Man kann dies am Beispiel der Promotionsjahrgänge, die Hartmann (2004) untersucht, verdeutlichen. Bereits die Promotionsjahrgänge von 1975 trafen im Vergleich zu jenen von 1965 auf besonders widrige Umstände. Das Wirtschaftswunder war unwiederbringlich vorbei und die Zahl der Spitzenpositionen in der Wirtschaft deutlich geringer. Während aus der Kohorte von 1965 aus den breiten Mittelschichten noch jeder vierte eine Spitzenposition erreichen konnte, davon jeder achte in der Wirtschaft, traf dies beim Jahrgang 1975 nach den Ergebnissen von Hartmann nur noch auf jeden siebten zu (Hartmann 2004: 146). Offen ist, welche Effekte diese zunehmend harten Bedingungen für Spitzenkarrieren in der Wirtschaft auf diejenigen hatten und haben, die sie dennoch durchlaufen haben.

(c) Darüber hinaus weisen die Arbeiten von Hartmann u.a. (2002; 2004) sehr klar darauf hin, dass bei der Rekrutierung des Managements in Deutschland die soziale Herkunft immer noch eine entscheidende Rolle spielt. Die Chance, aus großbürgerlichen Verhältnissen in das Top-Management zu wechseln, ist nach seinen Ergebnissen signifikant höher als bei einer Herkunft aus kleinbürgerlicher Familie. Beim Weg in die Vorstände sind die Söhne des gehobenen Bürgertums nach Hartmann doppelt, die des Großbürgertums sogar dreimal so erfolgreich wie die aus der breiten Bevölkerung (Hartmann 2004: 139). Hartmann erklärt dies damit, dass der klassenspezifische Habitus und die habituelle Ähnlichkeit mit denen, die diese Position bekleiden, die ausschlaggebende Rolle spielten – hat dies aber selbst nicht zum Untersuchungsgegenstand gemacht. Spannend ist darüber hinaus, wie sich die

[6] In Deutschland sind nach Windolfs Untersuchungen rund 40% der „big linkers" der Wirtschaft – Vorstandsvorsitzende großer Unternehmen oder Banken, die mehrere Aufsichtsratsposten wahrnehmen – länger als 10 Jahre im Unternehmen. In den USA liegt dieser Anteil überraschender Weise sogar bei fast 50% (nach einer Aufstellung von Windolf, 2000).

soziale Herkunft in den Einstellungen und Werthaltungen der Führungskräfte niederschlägt und daran anschließend in der organisationalen Durchsetzung ihrer Gestaltungsideen und Deutungsmuster.

Die Entwicklung, welche der institutionelle Wandel nehmen wird, entscheidet sich allerdings dort, wo das Zusammenspiel von System- und Akteursebene in gesellschaftsrelevante und wirklichkeitsmächtige Entscheidungsfähigkeit transformiert wird: auf der *Mesoebene der Organisation.* Gerade dort bieten die Industrie- und Organisationssoziologie aber noch kaum Untersuchungen, die generationale Effekte in ihrer Wirkungsweise analysieren und dem Zusammenspiel von System- und Akteursebene ein empirisches Profil geben. Dennoch sind einige der Befunde der neueren Industrie- und Organisationssoziologie instruktiv, um die hier angedeutete Perspektive zu präzisieren.

2.2 Der Wandel der Unternehmen: Ökonomisierung und Vermarktlichung?

Die Befunde der neueren Industrie- und Organisationssoziologie lassen sich in drei größeren Tendenzen zusammenfassen, die derzeit nach unterschiedlichen Untersuchungen die Entwicklung von Industriearbeit auf der organisationalen Ebene bestimmen: eine zunehmende Vermarktlichung von Organisationsprozessen (1), die Einführung von dezentralen Netzwerkformen des Produzierens (2) und eine zunehmende Flexibilisierung und Prekarisierung in der Organisation von Industriearbeit (3).

(1) Die *Vermarktlichung* von Organisationsbeziehungen ist zu einem zentralen Stichwort für die Beschreibung der Entwicklung industrieller Organisationsstrukturen geworden. Damit ist nicht nur angesprochen, dass organisationale Entscheidungen sich zunehmend nach Maßgabe von marktorientierten Kriterien und Kennzahlen rechtfertigen müssen und diese Kennziffern zur Entscheidungs- und Abteilungskoordination herangezogen werden. Sondern die Befunde deuten auch darauf hin, dass das Marktprinzip in den Unternehmen dafür sorgt, dass die Produktion selbst in Frage gestellt wird. Das heißt konkret: Dort, wo die Transaktionskosten zu hoch und/oder die Renditen zu gering erscheinen, werden organisationale Beziehung durch marktliche ersetzt, also Abteilungen, Betriebsteile oder Unternehmen abgestoßen und das Geld lieber auf dem Kapitalmarkt investiert. Grundlegend ist damit auch eine Neugewichtung ökonomischer Rationalitätskriterien angesprochen, d.h. dass z.B. die Rechtsform sowie die Differenzierung und Diversifizierung der Unternehmen sich zunehmend nach finanzwirtschaftlichem Kalkül richten und eine stärkere finanzwirtschaftliche Steuerung der Unternehmensprozesse, deren Organisation sich immer weniger an Produktions-, denn an Finanznotwendigkeiten orientiert, an Bedeutung gewinnt.

(2) Zu den Prozessen einer Relationierung klassischer Formen des Organisierens gehört auch die Betonung von *dezentralen Netzwerkformen des Produzierens.* Die zunehmende Bedeutung professionalisierter, in den Werten gewandelter, jüngerer Berufsgruppen hat partiell andere organisationale Formen notwendig gemacht (vgl. dazu z.B. Inglehart 1998 für 43 Nationen; Lash/Urry 1987; Sennett 1998a,b für die USA; Caplow/Mendras 1994 für Europa und für Ostasien Hsiao 1999; Pohlmann 2002). Sie hat sowohl die Begründungslasten für „klassische" organisationale Formen erhöht als auch die Wahrnehmung ihrer Kontingenz verstärkt. Durch die Neuschneidung und Verdichtung globaler Interaktionsketten

werden über Märkte, Wertschöpfungsketten, Netzwerke und Projekte neue Ansprüche an die Entwicklung neuer organisationaler Figurationen und ihre institutionelle Einbettung transportiert (vgl. zu einer ausufernden Diskussion nur Albrow 1996; Schmidt/Trincek 1999; Wiesenthal 1999; auf Organisationssoziologie bezogen Gergs/Pohlmann/Schmidt 2000). Zwar bleibt das Aufkommen von neuen Organisationstypen, wie z.B. den vielbeschriebenen heimatlosen globalen Unternehmen, noch die Ausnahme von der Regel, aber die sich abzeichnenden Veränderungen in den organisationalen Figurationen sind beachtlich. Netzwerkformen, organisationale Verschachtelungen, Profit- und Cost-Center-Philosophien, Dezentralisierung und die Einrichtung kleiner, beweglicher Einheiten haben sich beim Aufbau von Organisationen durchgesetzt. Auch hier steigen sowohl die Flexibilitäts- als auch die Integrationslasten von Organisationen deutlich an und finden – wie der neue Institutionalismus deutlich macht (vgl. für Zusammenfassungen Powell/DiMaggio 1991, Scott 1995, Ortmann et al. 1997, Brinton/Nee 1998, Edeling et al. 1999) – in den rein informationstechnologischen keine hinreichenden Lösungen. Das Leitbild der Modernisierung jedenfalls, das Rationalmodell der Organisation mit seinen klar geschnittenen Zuständigkeiten und Aufgaben, hat an Bedeutung verloren (vgl. für gegenläufige Trends in Ostdeutschland aber auch Pohlmann/Meinerz/Wrede 1998). Die Entwicklung moderner Organisationen hat auf der einen Seite von dieser „Desorganisation“ profitiert, auf der anderen Seite auf sie mit Unsicherheit und Offenheit reagiert. Die Desorganisationstendenzen haben nicht zu einem neuen, einheitlichen Leitbild des Organisierens, sondern, nach den Ergebnisse der Organisationssoziologie zu urteilen, eher zu einer Pluralität von Leitbildern geführt.

(3) In der sozialen Dimension werden die zunehmende *Flexibilisierung und Prekarisierung der Industriearbeit* als die Durchsetzung eines stärker an kontingenten, einfacher wechselbaren Sozialbeziehungen orientierten Handelns beschrieben. Häufiger personeller Wechsel ist nicht nur geduldet, sondern mittlerweile oft auch organisational erwünscht. Die stärkere Orientierung an der Austauschbarkeit des Personals schlägt sich auch in einer gewollten Individualisierung der innerbetrieblichen Mitbestimmungsbeziehungen und der industriellen Beziehungen nieder. Die weiter getriebene Bevorzugung kurzfristiger Beschäftigungsverhältnisse, von temporärer Arbeit, insbesondere von Leiharbeit geben davon ebenso Auskunft wie die Internationalisierungs- und Verlagerungsstrategien der Unternehmen. Zwar führt die wirtschaftliche Entwicklung zur intensiven Nutzung hochqualifizierter Arbeitskraft – Stichwort „Subjektivierung“ – und damit zu Nutzungsbedingungen, die der Austauschbarkeit und preiswerten Verfügbarkeit von Personal, der Dehumanisierung und Dekulturalisierung der Organisation, eher entgegenstehen (vgl. zu dieser Diskussion Schmidt 1999; Böhle 1999; Baethge 1999; Minssen 2000; Pongratz/Voß 2000 u.v.a.). Aber überall dort, wo der entgrenzte Einsatz der Arbeitskraft für die Unternehmen gesichert zu sein scheint, entsteht für diese ein enormer Variationsspielraum in der „Entsicherung“ oder „Prekarisierung“ der Arbeit. Insbesondere dann, wenn sich die Flexibilisierung der Beschäftigungsverhältnisse mit einer Standardisierung der Arbeitsinhalte verbindet oder mit einer konsequenten Projektförmigkeit der Organisation. In diesen Fällen kommt das Element einer einfachen Austauschbarkeit hinzu, welche die durch „Subjektivierung“ gesetzten Schranken der Kommodifizierung der Arbeitskraft unterminiert (vgl. in bezug auf Dienstleistungsarbeit z.B. Pohlmann et al. 2003).

Durch den Einzug einer neuen Generation jüngerer Führungskräfte mit überwiegend betriebswirtschaftlichem Hintergrund in die Chefetagen werden Handlungsrationalitäten vorangetrieben, die sich von jenen der „skeptischen Managergeneration" deutlich unterscheiden. Es gewinnt meiner Annahme nach ein *rein ökonomischer Kalkül* zunehmend an Wirkkraft, die *Ökonomisierung der Vernunft* wird weiter vorangetrieben. Während die Manager der „skeptischen Generation", die in viel stärkerem Maße durch die Betonung der technologischen Seite der Produktion geprägt war und eine Freisetzung der technischen Vernunft betrieben hatte, die mit dafür zuständig war, dass Deutschland zu einem High-Tech-Standort wurde, setzt die neue Managergeneration (auch dann, wenn es Ingenieure sind) dieser technischen, produktionsorientierten Vernunft Grenzen. Es sind die Grenzen eines viel stärker unmittelbar verstandenen Verwertungsinteresse des Kapitals, das sich nicht mehr produktions-, sondern marktökonomisch geriert. Während die Manager der „skeptischen Generation" sich noch von der Möglichkeit einer gleichzeitigen Steigerung von Produktivität und Humanität fasziniert zeigten und bei allen Interessengegensätzen an stabilen Sozialbeziehungen festhielt, werden für die neue Managergeneration auch Sozialbeziehungen zu einer Frage des rein ökonomischen Kalküls. Ihre Ausgestaltung wird jenem unterworfen. In idealtypischer Weise lassen sich meine Annahmen in diesem zweiten Aspekt wie folgt zusammenfassen:

(a) Die Produktion ist nicht mehr selbstverständliches Element des Wirtschaftens – wie noch bei den Ingenieuren und Naturwissenschaftlern der „skeptischen Generation" – sondern (Re-)Investitionen in die Produktion werden nach Renditekriterien *vollkommen* optional, das heißt, sie müssen sich gegenüber auf dem Kapitalmarkt erzielbaren Renditen als vorteilhaft erweisen. Die „Vermarktlichung" der Unternehmen unter der Ägide finanzwirtschaftlicher Kennziffern wird soweit vorangetrieben, wie es das unmittelbar verstandene Verwertungsinteresse des Kapitals nicht offensichtlich behindert.

(b) Im Zuge eines so verstandenen Wirtschaftens erhöhen sich die Prämien für kurzfristig erreichte Ziele weiter. Das Erreichen kurzfristiger Erfolge wird in dem Deutungsmuster der Manager wichtiger und die Betonung eines häufigeren Aufgabenwechsels sowie einer höheren Disponibilität in der selbständigen Verfügung über die eigene Arbeitszeit sind Ausdruck dieses Orientierungswandels.

(c) Das Kontingentsetzen der Produktion ist nur möglich, wenn der soziale Bezug zu den Belegschaften selbst in stärkerem Maße kontingent geworden ist. Es deutet sich eine *Ökonomisierung der sozialen Vernunft* an, da auch bezogen auf die Sozialbeziehungen sich zunehmend kurzfristige, nur rein ökonomisch rechtfertigbare Interessen durchsetzen, die eine Lockerung derselben auch um den Preis vorantreiben, dass die Kontinuität und Berechenbarkeit in der Nutzung des Humankapitals verloren gehen.

Ich gehe aber davon aus, dass sich die Deutungsmuster der neuen Generation von Führungskräften nicht einfach organisational übersetzen. Sie erweisen sich zum einen auf der organisationalen Ebene als besonders anschlussfähig, weil sie dem Code der Unternehmenskommunikation sowie organisational legitimen Vorstellungen von Profitabilität entsprechen. Zum anderen werden sie aber aus drei Gründen Durchsetzungsschwierigkeiten begegnen:

- Sie haben für die Widersprüche, die sie in diesem „Geist“ auf der Organisationsebene erzeugen und die Probleme zweiter Ordnung, die mit ihnen einhergehen, keine Antworten oder Orientierungen parat.
- Sie sind einem organisationalen Konservatismus ausgesetzt, der ökonomische Regeln selbstverständlich als soziale dechiffriert und bei zu weitreichenden Änderungen mit hinhaltendem Widerstand reagiert.
- Ihnen stehen im Umfeld der Organisation institutionelle Settings gegenüber, die sich nur langsam ändern und bei aller anders lautender Programmatik eher das klassische Modell produktions- und technikorientierten Organisierens auf Basis stabiler Sozialbeziehungen stützen.

Trotz aller Blockaden und Durchsetzungsschwierigkeiten ist es aber wahrscheinlich, dass die Ökonomisierung der Vernunft ihre deutlichen Spuren in den Unternehmen hinterlässt.

3. Hic Rhodos, hic salta – Die Gegenwart der Zukunft

Jeder Prognose wohnt ein unvermeidbares Moment der Spekulation inne[7]. Diese bestimmt nolens volens ihren Charakter, aber nicht ihre Funktion. Denn der Blick in eine mögliche Zukunft sagt uns oft mehr über ihre Gegenwart als über die Zukunft selbst. So wie man über die Vergangenheit nicht schreiben kann, wie sie wirklich war, sondern nur wie sie wirklich ist, bestimmt auch die Gegenwart die Wirklichkeit der Zukunft. Die hehrste Funktion der Prognose ist deswegen die Diagnose. Ebenso wie die Geschichtsschreibung gibt sie einer soziologischen Interpretation ihren Rahmen, ihre Such- und Fixpunkte. Betrachtet man also den Wandel der Arbeitsgesellschaft von seiner möglichen Zukunft aus, in welchem Licht erschienen dann die Strategien von Management und Unternehmen, die Optionen von Beschäftigten und Arbeitslosen? Die Antwort darauf, hat Hannah Arendt bereits vor fünfzig Jahren gegeben.

Was uns bevorsteht, so Hannah Arendt 1958, „ist die Aussicht auf eine Arbeitsgesellschaft, der die Arbeit ausgegangen ist, also die einzige Tätigkeit, auf die sie sich noch versteht. Was könnte verhängnisvoller sein?“ (Hannah Arendt, The Human Condition, 1958). Ich habe zu zeigen versucht, dass diese Prognose von Hannah Arendt fast fünfzig Jahre später mehr Aktualität hat denn je. Zu einem historischen Zeitpunkt, an dem, auch ohne vollständige Automatisierung der Produktion, die Möglichkeit in den Industrieländern in verheißungsvolle Nähe rückt, bei einem steigenden Maß an Bedarfsdeckung immer weniger Zeit mit formaler Erwerbsarbeit verbringen zu müssen, erscheint die partielle Befreiung von formaler Erwerbsarbeit vor allem für die Freigesetzten als tragisches Problem und die Arbeitsgesellschaft sich immer stärker an alte institutionelle Strukturen und Konfigurationen zu klammern. Während die Wirtschaft eine Ökonomie der Unsicherheit folgerichtig vorantreibt und die Chancen anderer industrieller Organisationsformen von Arbeit nicht zu nutzen in der Lage ist, sich also die neue ökonomische Elite in ihren Handlungsrationalitäten blind gegenüber den sich verändernden Modernisierungskonstellationen der Arbeitsgesellschaft zeigt, haken sich die staatlichen und gewerkschaftlichen Politiken in unterschied-

[7] Denn, so Max Weber, über die kausale Bedeutung der Tatsachen der Gegenwart als ‚Ursachen‘ ‚entscheidet‘ endgültig erst die Zukunft und der Übergang von rationaler zu spekulativer Kalkulation ist völlig flüssig, da keine auf die Zukunft abgestellte Berechnung von unerwarteten Zufällen objektiv gesichert ist. (Weber 1922/85: 92).

licher Weise immer stärker am institutionellen Gerüst der althergebrachten Arbeitsgesellschaft fest. Dies ist zum einen eine Reaktion darauf, dass in der Wirtschaft die Vermarktlichung der Organisation und die Kontingentsetzung der Produktion vorangetrieben, die Folgekosten weitgehend externalisiert werden und eine neue betriebswirtschaftliche sowie technische Elite eine „Ökonomisierung der Vernunft" als „Systemzwang" der globalen Wirtschaft auf den Banner ihres wirtschaftlichen Handelns hebt. Zum anderen wird der Abschied von der Illusion der Vollbeschäftigung ebenso wie von einem eng gefaßten Begriff von Erwerbsarbeit nicht gewagt, weil diejenigen, die es zuallererst betrifft, darin ihren einzigen Rettungsanker sehen. Sie sind, so möchte man mit Luhmann sagen, durch Exklusion vollends in das System der althergebrachten Arbeitsgesellschaft inkludiert. Zu einer Zeit also, indem der Wandel der Arbeitsgesellschaft bereits seine deutlichen Spuren hinterlässt und ihre institutionellen Pfeiler zunehmend „unterspült" werden, wird die Reform ihrer institutionellen Konfiguration zumindest in Deutschland nicht versucht. Zwar werden institutionell geschützte Ideen neu herausgefordert, verriegelte Strukturen aufgebrochen oder unterlaufen. Die Strömung des Neoliberalismus hat dabei ebenso ihre Spuren hinterlassen wie die am anglo-amerikanischen Modell orientierten politischen und institutionellen Reformen in Wissenschaft (Universitätsreformen), Staat (New Public Management), sozialem (Arbeitsmarkt und soziale Unterstützung) sowie Gesundheitsbereich (Gesundheitsreformen) und Wirtschaft (Unternehmensbesteuerung, Kündigungsschutz etc.). Der institutionelle Wandel erhält dadurch seine zunehmend offenen Züge. Aber seine Chancen werden gesellschaftlich nicht genutzt. Derzeit läßt sich eher erkennen, dass mit der zunehmenden institutionellen Wirksamkeit neuer, an der Ökonomisierung der Vernunft orientierter, organisationaler Strukturierungsweisen zwar aktuelle Wettbewerbsprobleme der Unternehmen angegangen werden können, aber aus krisenanfälligen Modernisierungskonstellationen krisenhafte zu werden drohen. Damit schließt sich der Kreis meiner Argumentation. Die Konsequenz ist, dass sich die Probleme, welche die westlichen Arbeitsgesellschaften mit der Verteilung von formeller Erwerbsarbeit haben, weiter verschärfen. Nicht nur der Prozess, dass ihnen diese ausgeht, beschleunigt sich, sondern auch die soziale Kluft, in der sie sich dadurch bewegen, wird tiefer. Immer mehr werden zur Arbeitslosigkeit verdammt oder zu (temporär beschäftigten, verliehenen) Randbelegschaften, während die ausgedünnten Kernbelegschaften in der (Selbst)Überforderungsspirale, in der sie sich bewegen, an Produktivität und Lebensqualität verlieren – zumal der kulturellen Rückzugsorte immer weniger werden und die „Ökonomie der Unsicherheit" ihre Spiegelbild in den sozialen Beziehungen und Lebensverhältnissen zu finden droht. Dabei sind mit der engeren Verkoppelung von Lern- und Arbeitszeiten und der daran anknüpfenden Reform der Ausbildungssysteme, mit Lernzeitkonten, Karrieresystemen, die längere Auszeiten zulassen und Familienzeiten fördern, etc. schon einige gesellschaftliche Problemlösungen oder besser: Problembearbeitungsformen in Sicht. Die Frage ist nur: Wann endlich werden wir sie zu einer grundlegenden Reform der Institutionen unserer Arbeitsgesellschaft nutzen?

Literatur

Albrow, Martin (1996): The Global Age. State and Society beyond Modernity, Cambridge: Polity Press

Arendt, Hannah (1958/1994): Vita Activa oder Vom tätigen Leben, 8. Aufl., München, Zürich: Piper

Artus, Ingrid (2001): Krise des deutschen Tarifsystems. Die Erosion des Flächentarifvertrags in Ost und West, Opladen: Westdeutscher Verlag

Baethge, Martin (1999): Subjektivität als Ideologie. Von der Entfremdung in der Arbeit zur Entfremdung auf dem (Arbeits-)Markt?, in: Schmidt, Gert (ed.): Kein Ende der Arbeitsgesellschaft. Arbeit, Gesellschaft und Subjekt im Globalisierungsprozeß, Berlin: edition sigma (29-44)

Beck, Ulrich (ed.) (2000): Die Zukunft von Arbeit und Demokratie, Frankfurt/M.: Suhrkamp

Beyer, Jürgen (1998): Managerherrschaft in Deutschland? „Corporate Governance" unter Verflechtungsbedingungen. Opladen: Westdeutscher Verlag.

Böhle, Fritz (1999): Arbeit – Subjektivität und Sinnlichkeit. Paradoxien des modernen Arbeitsbegriffs, Schmidt, Gert (ed.): Kein Ende der Arbeitsgesellschaft. Arbeit, Gesellschaft und Subjekt im Globalisierungsprozeß, Berlin: edition sigma (89-110)

Buckmiller, Michael (1998): Die „skeptische Generation" – eine kritische Nachbemerkung, in: Buckmiller, Michael, Perels, Joachim (eds.): Opposition als Triebkraft der Demokratie, Hannover: Offizin Verlag

Bude, Heinz (1987): Deutsche Karrieren, Frankfurt/M.: Suhrkamp

Caplow, Theodore, Mendras, Henry (1994): Introduction: Convergence or Divergence?, in: Langlois, Simon et al (eds.): Convergence or Divergence? Comparing Recent Social Trends in Industrial Societies, Frankfurt/M. et al: Campus (1-22)

Collins, Gary R., Timothy E. Clinton (1992): Baby Boomer Blues – Understanding and Counseling Baby Boomers and their Families, Irving/Texas: Word

Edeling, Thomas, Werner Jann, Dieter Wagner (Hg.) (1999): Institutionsökonomie und Neuer Institutionalismus. Überlegungen zur Organisationstheorie. Opladen: Leske+Budrich

Geißler, Rainer (2000): Die Sozialstruktur Deutschlands. Ein Studienbuch zur Entwicklung im geteilten und vereinten Deutschland, Opladen: Westdeutscher Verlag

Gergs, Hanjo, Markus Pohlmann, Rudi Schmidt. (2000): Organisationstheorie, ihre gesellschaftliche Relevanz und „gesellschaftstheoretische Herausforderung", Sonderheft der Soziologischen Revue „Soziologie 2000", Wiesbaden: Westdeutscher Verlag (183-195)

Gergs, Hans-Joachim / Rudi Schmidt (2002): Generationswechsel im Management ost- und westdeutscher Unternehmen. Kommt es zu einer Amerikanisierung des deutschen Managementmodells? Kölner Zeitschrift für Soziologie und Sozialpsychologie, 54, 553-578

Glaser, B. (1978): Theoretical Sensitivity, Mill Valley, Cal.: Sociology Press

Gorz, André (2000): Arbeit zwischen Misere und Utopie, Frankfurt/M.: Suhrkamp

Gruhler, Wolfram, (1998): Unternehmernachfolge im Mittelstand. Gesamt- und einzelwirtschaftliche Bedeutung, Probleme und Lösungsansätze. Köln: deutscher Institutsverlag.

Hack, Lothar (1987): Vor Vollendung der Tatsachen, Frankfurt/M.: Fischer

Hall, Peter A., David Soskice (2001) (eds.): Varieties of Capitalism. The Institutional Foundations of Comparative Advantage, Oxford, Oxford University Press

Hartmann, Michael (2002): Der Mythos von den Leistungseliten. Spitzenkarrieren und soziale Herkunft in Wirtschaft, Politik, Justiz und Wissenschaft, Frankfurt a. M.: Campus

Hartmann, Michael (2003): Juristen – Abschied aus den Vorständen der Großkonzerne, in: Machura, Stefan / Stefan Ulbrich (ed.): Recht – Gesellschaft – Kommunikation. Baden-Baden: Nomos, 118-128

Hartmann, Michael (2004): Elitesoziologie. Eine Einführung. Frankfurt a. M.: Campus

Hartmann, Michael (2005): Vermarktlichung der Eliterekrutierung?, unveröfftl. Vortragsmanuskript, Darmstadt

Hauchler et al. (eds.) (2003): Globale Trends 2005. Fakten, Analysen, Prognosen, Frankfurt/M.: Fischer

Heinze, Thomas (2001): Transformation des deutschen Unternehmenskontroll-Systems? Eine empirische Analyse zum Stellenwert der feindlichen Übernahme der Mannesmann-AG für die Unternehmenskontroll-Debatte. Kölner Zeitschrift für Soziologie und Sozialpsychologie, 53, 641-674

Heinze, Thomas (2002a): Die Struktur der Personalverflechtung großer deutscher Aktiengesellschaften zwischen 1989 und 2001. Zeitschrift für Soziologie, 31, 391-410

Heinze, Thomas (2002b): Die Frage der institutionellen Kontinuitäten im deutschen Unternehmenskontroll-System. Kölner Zeitschrift für Soziologie und Sozialpsychologie, 54, 369-372

Höpner, Martin (2003): Wer beherrscht die Unternehmen? Shareholder Value, Managerherrschaft und Mitbestimmung in Deutschland. Frankfurt a. M.: Campus

Höpner, Martin (2004): Was bewegt die Führungskräfte? Von der Agency-Theorie zur Soziologie des Managements. Soziale Welt, 55, 263-282

Höpner, Martin / Gregory Jackson (2001): Entsteht ein Markt für Unternehmenskontrolle? Der Fall Mannesmann. Leviathan, 29, 544-563

Höpner, Martin / Gregory Jackson (2002). Das deutsche System der Corporate Governance zwischen Persistenz und Konvergenz. Kölner Zeitschrift für Soziologie und Sozialpsychologie, 54, 362-368

Hsiao, Hsin-Huang Michael (ed.): East Asian Middle Classes in Comparative Perspective, Taipeh: Academica Sinica

Inglehart, Ronald (1998): Modernisierung und Postmodernisierung. Kultureller, wirtschaftlicher und politischer Wandel in 43 Gesellschaften, Frankfurt/M., New York: Campus

Kersting, Franz-Werner (2002): Helmut Schelskys „Skeptische Generation“ von 1957. Zur publikations- und Wirkungsgeschichte eines Standardwerkes, Vierteljahreshefte für Zeitgeschichte: Vol.50, No.3: 465-496

Lash, Scott, John Urry (1987): The End of Organized Capitalism, Cambridge: Polity

Luetkens, Charlotte (1961): Bemerkungen zu Helmut Schelsky: „Die skeptische Generation“, KZfSS: Vol.13, No.1: 126-140

Mannheim, Karl (1928/64): Das Problem der Generationen in: Ders.: Wissenssoziologie. Berlin/Neuwied: Luchterhand: 509-565

Minssen, Heiner (ed.) (2000): Begrenzte Entgrenzungen. Wandlungen von Organisation und Arbeit, Berlin: edition sigma

Moldaschl, Manfred, G. Günther Voß (2003): Subjektivierung der Arbeit, Mering: Hampp

Neatby, Norbert (1999): Doug Owram. Born at the Right Time: A History of the Baby Boom Generation, Historical Studies in Education, Vol. 11, No. 1: 117 ff.

Ortmann, Günther, Jörg Sydow, Klaus Türk (1997) (eds.): Theorien der Organisation. Die Rückkehr der Gesellschaft, Opladen: Westdeutscher Verlag

Pareto, Vilfredo (1968): The Rise and Fall of Elites, Bedminster: Ayer

Paulin, G., B. Riordon (1998): Making it on Their Own: The Baby-Boom Meets Generation X, Monthly Labor review, Vol. 121, No. 2: 10-21

Pohlmann, Markus (2002): Management, Organisation und Sozialstruktur – Zu neuen Fragestellungen und Konturen der Managementsoziologie, in: Schmidt, R., H. Gergs, M. Pohlmann (Hg.): Managementsoziologie. Perspektiven, Theorien, Forschungsdesiderate, Mering: Rainer Hampp Verlag

Pohlmann, Markus (2003): Der Generationswechsel und die neue „Weltklasse“ des Managements. Anmerkungen zum Zusammenhang von demographischen und gesellschaftlichen Wandel, ISO-Mitteilungen Nr. 2: 50-64

Pohlmann, Markus , Hanjo Gergs (1997): Manager in Ostdeutschland. Reproduktion oder Zirkulation einer Elite?, Kölner Zeitschrift für Soziologie und Sozialpsychologie, Vol. 49, Heft 3: 540-562

Pohlmann, Markus et al. (1996): Manager im Sozialismus, in: Pohlmann, M., Schmidt, R. (Hg.): Management in der ostdeutschen Industrie, Opladen: Leske + Budrich

Pohlmann, Markus et al. (Hg.) (2003): Dienstleistungsarbeit – Auf dem Boden der Tatsachen, Berlin: edition sigma

Pohlmann, Markus, Meinerz, Klaus-Peter, Wrede, Iris (1998): Rationale Organisation und Management. Der Prozeß „klassischer Modernisierung“ ostdeutscher Industriebetriebe, Soziale Welt, Vol. 49, No. 4: 355-376

Polanyi, Michael: The tacit dimension. Garden City, NY : Doubleday, 1966

Pongratz, Hans J., G.Günter Voß (2000): Vom Arbeitnehmer zum Arbeitskraftunternehmer – Zur Entgrenzung der Ware Arbeitskraft, in: Minssen, Heiner (ed.): Begrenzte Entgrenzungen. Wandlungen von Organisation und Arbeit, Berlin: edition sigma (225-248)
Powell, Walter W., Paul J. DiMaggio (1991) (eds.): The New Institutionalism in Organizational Analysis, Chicago, London: University of Chicago Press
Rifkin, Jeremy (2000): The End of Work, Penguin Books
Sauer, Dieter (2003): Einleitung: Arbeit, Leistung und Interessenhandeln in der „tertiären" Organisation. Dienstleistungsarbeit als Forschungsfeld in: Pohlmann, Markus et al. (eds.): Dienstleistungsarbeit – auf dem Boden der Tatsachen, Berlin: edition sigma (S. 15-26)
Sauer, Dieter (2004): Arbeit im Übergang, Hamburg: VSA
Scheuch, Erwin, K.U. Scheuch (1995): Bürokraten in den Chefetagen, Reinbek: Rowohlt
Schmidt, Gert (ed.) (1999): Kein Ende der Arbeitsgesellschaft. Arbeit, Gesellschaft und Subjekt im Globalisierungsprozeß, Berlin: edition sigma
Schmidt, Gert, Rainer Trincek (eds.) (1999): Globalisierung. Ökonomische und soziale Herausforderungen am Ende des zwanzigsten Jahrhunderts, Soziale Welt, Sonderband 13, Baden-Baden: Nomos
Schröer, Evelyn und Werner Freund, (1999): Neue Entwicklungen auf dem Markt für Übertragung mittelständischer Unternehmen. IfM-Materialien Nr. 136, Bonn
Scott, Richard W. (1995): Institutions and Organizations: Theory and Research. Thousand Oaks, Calif.: Sage
Sennett, Richard (1998a): Der flexible Mensch. Die Kultur des neuen Kapitalismus, Berlin: Berlin Verlag
Sennett, Richard (1998b): Der neue Kapitalismus, Berliner Journal für Soziologie, Vol. 8, No. 3: 305-316
Streeck, Wolfgang, Kozo Yamamura (Hg.) (2001): The Origins of Nonliberal Capitalism. Germany and Japan in Comparison, Ithaca; New York: Cornell University Press
Trautwein-Kalms, Gudrun, Elke Ahlers (2003): High Potentials unter Druck – Gestaltiung der Arbeits- und Leistungsbedingungenvon Software-experten und IT-Dienstleistern, in: Pohlmann, Markus et al. (Hg.) (2003): Dienstleistungsarbeit – Auf dem Boden der Tatsachen, Berlin: edition sigma (S. 243-294)
Trinh, Tamara (2003): Die asiatischen Tigerstaaten nach dem IT-Boom. Am Scheideweg: Anfang vom Ende oder neue Chance?, Economics, Deutsche Bank Research, 26.11.2003, No. 40: 1-16
Vaskowics, Laszlo (2001): Familiale Entwicklungsverläufe in der Multioptionsgesellschaft, in: Brosziewski, Achim et al. (eds.): Moderne Zeiten. Reflexionen zur Multioptionsgesellschaft, Konstanz: Universitätsverlag (S. 229-244)
Voß, Günter G. et al. (2002): Subjektivierung von Arbeit. Ein Überblick zum Stand der soziologischen Diskussion. In M. Moldaschl/ G.G. Voß: Subjektivierung von Arbeit. München, Mering: Hampp,
Voß, Günter G. Hans Pongratz (2003): Arbeitskraftunternehmer. Erwerbsorientierungen in entgrenzten Arbeitsformen. Berlin: edition sigma
Wagner, Alexandra (2003): Dienstleistungsbeschäftigung im europäischen Vergleich, in: Pohlmann, Markus et al. (Hg.) (2003): Dienstleistungsarbeit – Auf dem Boden der Tatsachen, Berlin: edition sigma (S. 27-68)
Weber, Max (1922/85[5]): Wirtschaft und Gesellschaft. Grundriß der verstehenden Soziologie, 5. rev. Aufl., besorgt von Johannes Winckelmann, Tübingen: Mohr
Weick, Karl E. (1969/85): Der Prozeß des Organisierens, Frankfurt/M.: Suhrkamp
Wiesenthal, Helmut (Globalisierung als Epochenbruch – Maximaldimensionen eines Nullsummenspiels, in: Schmidt, Gert, Rainer Trincek (eds.): Globalisierung. Ökonomische und soziale Herausforderungen am Ende des zwanzigsten Jahrhunderts, Baden-Baden: Nomos (503-533)
Windolf, Paul (1997): Eigentum und Herrschaft. Elite-Netzwerke in Deutschland und Großbritannien. Leviathan, 25, 76-106

Windolf, Paul, Jürgen Beyer (1995): Kooperativer Kapitalismus. Unternehmensverflechtungen im internationalen Vergleich. Kölner Zeitschrift für Soziologie und Sozialpsychologie, 47, 1-27
Windolf, Paul, Jürgen Beyer (2002): Corporate Networks in Britain and Germany, in: British Journal of Sociology, 47/2, 205-231

Dieter Kulke

Managers matter: Elitewandel und betriebliche Konflikte in der ostdeutschen Transformation

1 Elitewandel in den ostdeutschen Transformationsbetrieben

In der Diskussion um die Entwicklung des Kapitalismus spielt die Transformation in Ostdeutschland keine sehr auffällige Rolle. Es scheint, als könnten aus den Ergebnissen der Forschung zur Transformation, insbesondere der ostdeutschen, nur wenige Aussagen zur Entwicklung des Kapitalismus gewonnen werden. Einerseits scheint die Transformationsforschung sehr vorsichtig darin zu sein, ihre Forschungsergebnisse auf die Entwicklung des Kapitalismus zu beziehen. Eine der wenigen Ausnahmen stellen dabei die Arbeiten von Windolf, Brinkmann und Kulke (1999, insbes. Kapitel 3) und Brinkmann (2003) dar, die die Entwicklung in den ostdeutschen Betrieben z.B. darauf befragen, inwieweit sie Experimentierfeld für die Entwicklung von kapitalistischen Produktionskonzepten gewesen seien. Brinkmann geht dabei sogar so weit, von 'Labormäusen' zu sprechen. Aber solche Überlegungen stellen in dem breiten Feld der Transformationsforschung eher eine Ausnahme dar.

Andererseits scheint sich auch die Diskussion um die Transformation des Kapitalismus nur wenig für die Verhältnisse in den europäischen Transformationsländern zu interessieren. Unter der diskursbeherrschenden Übermacht des Themas 'Globalisierung' bleibt aus der Perspektive vieler westlicher Forscher und Forscherinnen nur wenig Raum für einen Blick in den doch so nahe liegenden Osten und auf das, was sich dort zugetragen hat.

Dies wirft die Frage auf, ob diese geringe gegenseitige Beachtung berechtigt ist, oder ob es nicht doch einzelne Aspekte geben könnte, in denen sich die beiden Themenbereiche befruchten könnten. Hierfür könnte es zunächst sinnvoll sein, den Blick auf die Bedeutung einzelner Akteure und speziell einen Personenkreis zu lenken, der in beiden Diskussionen eine Rolle spielt: die Manager. Von allen Akteursgruppen nehmen sie sicherlich eine besondere Rolle ein, sind sie es doch, die einerseits maßgebend die Privatisierung der ostdeutschen Unternehmen betrieben und die andererseits auch in der Kapitalismusdiskussion einen hohen Stellenwert haben. In letzterer ist der Bezugsrahmen der dominierenden Diskurse der Managerkapitalismus und der Stand seiner Entwicklung (siehe z.B. Beyer 1999, Höpner 2004). In der Transformationsforschung dominieren Themen wie die Zirkulation managerialer Eliten, ihre sozialstrukturelle Zusammensetzung, ihre Eignung für marktwirtschaftlich arbeitende Unternehmen und ihre Einstellungen zu verschiedenen Aspekten kapitalistischer Gesellschaften (Gergs und Pohlmann 1998, Kulke 2005, Martens und Michailow 2003, Schreiber et al. 2002).

Für den vorliegenden Beitrag soll an eine der zentralen Fragestellungen der Transformationsforschung, nämlich die Rolle und den Wandel des Managements in der ostdeutschen Transformation, angeknüpft werden, um sie auf ihre Bedeutung für die Privatisierung und für die Entwicklung des Kapitalismus zu hinterfragen. Hierfür ist es wieder interessant zu sehen, welche konkreten Folgen das Management für die Betriebe und deren *performan-*

ce hatte. Das ist ein Aspekt, der bisher bei der Bearbeitung solcher wie der im letzten Absatz genannten Aspekte des Managements bisher vernachlässigt wurde.

Als ein wesentliches Kriterium der betrieblichen Entwicklung in der Privatisierung kann gelten, wie stark die gesetzten Ziele der Privatisierung erreicht wurden und wie diese Zielerreichung durch betriebliche Konflikte beeinträchtigt wurde. Angesichts der Reaktionen von Gewerkschaften und Belegschaften auf Prozesse der Deindustrialisierung und auf angekündigte Massenentlassungen im Westen Deutschlands ist höchst bemerkenswert, wie friedlich die Privatisierung der meisten ostdeutschen Betriebe vor sich ging, und das in einem sich radikal wandelnden und von extremen Unsicherheiten geprägten Umfeld.

Einen ersten Hinweis auf eine Erklärung findet man bei Windolf (1996). Demnach wäre es eine Koalition aus Managern und Eigentümern gewesen, die die Hauptverantwortung für den Verlauf der Transformation auf der betrieblichen Ebene gehabt hätte (Hoffman-Lange 2000, Windolf 1996). Diese These verdient durchaus eine nähere Betrachtung, rückt sie doch die Manager und die Frage nach dem Elitewandel in der Transformation stärker in den Fokus der Betrachtung. Angesichts des Wandels des Managements, der in den einzelnen Betrieben je nach Ausgangsbedingung und weiteren Faktoren ganz unterschiedlich verlief, stellt sich die Frage, unter welchen Bedingungen und von welchen Managern die Transformation eines ostdeutschen Betriebes relativ friedlich und konfliktfrei über die Bühne gebracht werden konnte. Wenn es tatsächlich sie gewesen sind, die Konfliktpotentiale entschärfen und sich die Legitimation und Akzeptanz der weiteren relevanten Akteure einholen konnten, dann gewannen sie dadurch in der Tat eine enorme Bedeutung.

Dies legt die Frage nahe: Wer waren die Manager in der ostdeutschen Transformation, waren es die alten Leiter oder waren es Neuzugänge, und wenn letztere: aus dem Osten, aus dem Westen oder gar dem Ausland? Und welche Bedeutung hatte dies für die Befriedung der Transformationsbetriebe? Lassen sich daraus Schlussfolgerungen für die Entwicklung des Kapitalismus in Ostdeutschland ziehen und vielleicht weiter verallgemeinern? Kapitalismus ist wie jede andere Wirtschaftsordnung auch auf die Durchsetzung seiner Imperative auf der betrieblichen Ebene angewiesen. Dies ist - im Sozialismus wie im Kapitalismus - Aufgabe der Manager, deren Herrschaft *im Betrieb* unangefochten geblieben war, und deren Bedeutung gerade in solchen Umbruchsituationen wie der ostdeutschen Transformation zugenommen haben könnte. Zusammenhänge zwischen unterschiedlichen Transformationsverläufen der einzelnen Unternehmen und bestimmter Merkmale der dafür verantwortlichen Manager könnten vorsichtige Hinweise darauf geben, wie durch Personalauswahl und die Einsetzung geeigneter Führungskräfte Herrschaftsansprüche im Betrieb durchgesetzt werden konnten. Dadurch könnte unser Verständnis von kapitalistischen Herrschaftspraktiken bei der Unternehmensexpansion durch Inkorporation von Unternehmen in einem anderen historischen und kulturellen Kontext erweitert werden.

Im Folgenden soll mit vergleichenden Analysen nach einer Erklärung für den überraschend häufig friedlichen Verlauf der Konflikte in den Transformationsbetrieben gesucht werden. Bei der Analyse des Managements spielt seine Zusammensetzung nach ostdeutschen und westdeutschen Managern eine zentrale Rolle. Im Zentrum stehen dabei zwei Fragen: Wie lässt sich - erstens - die zwischen Betrieben unterschiedlich starke Reproduktion und 'Verwestlichung' der managerialen Elite erklären und welche Rolle spielen dabei innerbetriebliche Konflikte? Und wie lässt sich - zweitens - deren Auftreten oder deren Ausbleiben, also ein friedlicher Transformationsverlauf, erklären. Diesen Fragen soll mit der Analyse empirischer, quantitativer und qualitativer Daten aus einem von Paul Windolf geleiteten Projekt nachgegangen werden (Windolf, Brinkmann und Kulke 1999).

2 Ostdeutsche und westdeutsche Manager in den Transformationsbetrieben

Elitewandel in der Transformation

Die ostdeutsche Transformation stellte sicherlich eine besondere historische Gelegenheit für einen radikalen Wandel der gesellschaftlichen Eliten dar. Dabei nahm der Elitewandel in den verschiedenen gesellschaftlichen Sektoren ein ganz unterschiedliches Ausmaß an (Derlien 2001, Schreiber et al. 2002), je nachdem wie stark die Aufgaben der Elite politisch-ideologisch durchdrungen waren. Der industrielle Sektor war dies zwar weniger, allerdings stellte bei ihm die Privatisierung des Produktivvermögens eine besondere und sektorspezifische Möglichkeit dar, Führungspersonal aus den westdeutschen Bundesländern zu rekrutieren. Der Anlass hierfür war weniger die politische Orientierung der alten Leiter als vielmehr die Notwendigkeit zu einer durchgreifenden Erneuerung der Produktionsverfahren und zur Anpassung der Organisationsstrukturen an kapitalistisch-marktwirtschaftliche Verhältnisse (Schmidt 2001).

Das entscheidende Merkmal, an dem sich ein Wandel der managerialen Elite in den ostdeutschen Betrieben feststellen lässt und nach dem gegebenenfalls die Betriebe unterschieden werden können, ist die Herkunft der Manager aus dem Osten oder dem Westen. Aus dem Westen kommende Manager gehören uneingeschränkt einer neuen Elite an und sind somit eindeutig einer Elitezirkulation zuzurechnen. Kommen sie aber aus Ostdeutschland, kann es sich sowohl um alte Leiter, die schon in der DDR entsprechende Positionen inne hatten, als auch um neue Manager handeln, die erst im Laufe der Transformation in die betriebliche Führungselite aufgestiegen sind. Fokussiert man aus einem elitetheoretischen Gesichtspunkt auf das Ausmaß des Elitewandels in der Transformation (Derlien 2001, Kulke 2005, Solga 1996), dann ist diese Unterscheidung zwischen *alten* und *neuen* Eliten innerhalb der aus der DDR stammenden Eliten wesentlich; richtet man den Blick auf die Bedeutung für das innerbetriebliche Geschehen, dann ist diese Differenz weniger hilfreich[1].

Dementsprechend kann auf der betrieblichen Ebene als zentrales Kriterium des Elitewandels der Anteil der aus Ostdeutschland stammenden Manager angesehen werden. Ihr Anteil in den von uns befragten Unternehmen variiert stark zwischen 0% und 100%[2]; sie stellen auch den weitaus größten Anteil der Personen im Management; im Durchschnitt der befragten Betriebe liegt ihr Anteil bei 81,5%. Und 89,2% der Unternehmen haben ein Management, in dem mindestens die Hälfte der Personen aus Ostdeutschland stammt[3]. Je höher dieser Anteil ist, als desto größer ist die Elitereproduktion anzusehen. Dabei ist anzumerken, dass diejenigen ostdeutschen Manager, die erst im Lauf der Transformation in

[1] Dann greift dieses Merkmal etwas kurz, weil es innerbetrieblich in der Gruppe der aus dem Osten stammenden Manager vor allem auf jeden Einzelfall, seine Biographie in der DDR und seine Akzeptanz in der Belegschaft ankam. Dies wird weiter unten an den sehr unterschiedlichen Reaktionen in der Belegschaft auf die alten Leiter deutlich.

[2] Dieser Wert ist mit denen anderer Untersuchungen vergleichbar. Für einen frühen Überblick siehe Gergs und Pohlmann (1998).

[3] Die Standardabweichung beträgt .210 bei n=111. - Die Anteile von Ost- und Westmanagern wurden in der Betriebsbefragung direkt abgefragt

diese Position gekommen sind, nur bedingt für eine Reproduktion der Elite stehen, die aus dem westlichen Ausland stammenden Manager dagegen unbedingt für eine Zirkulation der Elite.

Unterschiede zwischen ostdeutschen und westdeutschen Managern

Die Herkunft der Manager in den ostdeutschen Betrieben hat aber nicht nur Bedeutung für die Bewertung der Transformation unter einem elitetheoretischen Blickwinkel, sie kann auch zu einem besseren Verständnis des betrieblichen Geschehens in der Transformation beitragen. Schließlich sind ost- und westdeutsche Manager in der Regel sowohl beruflich als auch betrieblich ganz unterschiedlich sozialisiert worden. Diese Unterschiede sind so groß, dass es überraschend wäre, zeitigte die Herkunft aus Ost und West nicht auch Folgen für das Verhalten gegenüber der Belegschaft und für die dem zugrunde liegenden Einstellungen und somit schließlich auch für die gewählten Managementstrategien.

Und in der Tat zeigen und zeigten sich zwischen ost- und westdeutschen Managern deutliche Unterschiede (Martens und Michailow 2003). Charakteristisch für das ostdeutsche Management im Vergleich zu westdeutschen Managern waren nach Untersuchungen aus den 90er Jahren relativ hohe Werte auf solchen Konstrukten wie allgemeinem Autoritarismus, Rigidität oder Dominanzbedürfnis (Utsch, Frese und Rothfuß 1998) oder Abhängigkeit und Konvention (Schultz-Gambard und Altschuh 1993). Diese und ähnliche Befunde, die in einer Vielzahl von Untersuchungen gefunden wurden (Alt und Lang 1998, Hentze und Lindert 1992, Lang 1994, Lungwitz und Preusche 1999, Pohlmann, Meinerz und Wrede 1998, Schultz-Gambard und Altschuh 1993, Utsch, Frese und Rothfuß 1998), verdichten sich zu einem Bild ostdeutscher und in Ostdeutschland sozialisierter Manager, das geprägt ist von der Dominanz autoritär-patriarchalischer, kontroll- und anweisungsbetonter Führungseinstellungen.

In diesem Bild haben aber auch paternalistische und fürsorgliche Elemente ihren Platz. Und der erweist sich als relativ unangefochten und stabil. Auch in der Untersuchung von Martens und Michailow (2003), die sich auf 2002 erhobene Daten bezieht, finden sich noch eindeutige Belege für ein auf soziale Fürsorge zielendes patriarchalisches Führungsverständnis bei ostdeutschen Managern. Als weiteren Befund zeigt diese Studie aber auch eine Tendenz zur stärkeren Ausbildung bestimmter gesellschaftspolitischer Einstellungen, auf die gut der Begriff 'neoliberal' passt. Der Widerspruch, der sich schon bei den Untersuchungen in den 90er Jahren abzeichnete und der sich durch den Gegensatz zwischen einer fürsorglichen Einstellung einerseits und einem autoritären Verständnis andererseits beschreiben ließ, verschiebt sich etwas. Mittlerweile sind die ostdeutschen Manager eindeutig im Kapitalismus angekommen und erwecken beinahe den Eindruck, die mit diesem Wirtschaftsmodell verbundenen Erwartungen übererfüllen zu wollen. Sie befürworten signifikant stärker als eine westdeutsche Vergleichsgruppe die Dominanz der Eigentümerinteressen gegenüber anderen Interessen und zeigen Einstellungen, die insgesamt einen Konsens „über eine 'wirtschaftsdarwinistische' Funktion von Marktkonkurrenz" (Martens und Michailow 2003: 40) erkennen lassen. Sie zeigen eine signifikant stärkere Tendenz zu einer Orientierung, die man als eigentümer- und leistungsbezogen bezeichnen könnte[4]. Auch

[4] Dies wird deutlich an der signifikant stärkeren Zustimmung ostdeutscher im Vergleich mit westdeutschen Managern bei der Zustimmung zu solchen Items wie "Ziel eines Unternehmens muss es sein, maximalen Profit zu

wenn sich hier ein Generationeneffekt derart zeigt, dass unter den jüngeren Befragten diese Tendenzen stärker sind, so kann man doch annehmen, dass diese Einstellungsmuster auch schon in der Transformation virulent gewesen sein dürften: Zwischen den Erhebungszeitpunkten von Martens und Michailow (2003) und unserer eigenen Erhebung liegen nur ca. sechs Jahre. Die Manager sind auf jeden Fall so alt, dass sie noch zu einem Gutteil ihre berufliche Sozialisation in der DDR erfuhren. Umso erstaunlicher ist diese sehr marktwirtschaftliche und eigentümernahe Haltung. Sie korrespondiert mit einem eher direktiven und autoritären Führungsstil, der eine direkte Befolgung von Anweisungen durch die Mitarbeiter und fachliches Wissen als Kriterium für die Anerkennung von Vorgesetzten beinhaltet (Martens und Michailow 2003: 52). Erstaunlich ist weiterhin, dass dieses Einstellungsmuster immer noch durch die nach wie vor paternalistische Grundhaltung der Manager gebrochen wird. Die Zustimmung dazu, dass Beschäftigte vom Vorgesetzten Unterstützung auch bei privaten Problem erwarten können sollten, ist bei den ostdeutschen Managern signifikant größer als bei den westdeutschen.

Diese Befunde scheinen auf den ersten Blick recht widersprüchlich (Schirmer 2003), so dass sich auch hinsichtlich der Bedeutung für die Privatisierung ein unscharfes Bild ergibt. Zwar bestehen und bestanden signifikante Unterschiede zwischen ostdeutschen und westdeutschen Managern bei Eigenschaften und Einstellungen, die höchst führungsrelevant sind und größte Bedeutung für das Management der Privatisierung gehabt haben dürften. Die konkrete Wirkung ist allerdings unklar, die patriarchalisch-fürsorglichen Eigenschaften ließen eher auf einen kooperativen Umgang mit der Belegschaft und auf eine Befriedung des Betriebes in der Transformation schließen; die eigentümer- und marktorientierten Einstellungsbestandteile andererseits könnten Konflikte in den Betrieben eher wahrscheinlicher werden lassen. Umso interessanter ist das Ergebnis der empirischen Analysen.

Bevor weiter unten das Auftreten von Konflikten in der Privatisierung erklärt werden soll, sollen zunächst die Determinanten einer starken Elitezirkulation im Sinne eines geringen Anteils westlicher bzw. eines hohen Anteils ostdeutscher Manager auf der betrieblichen Ebene analysiert werden. Damit soll der Forschungsfrage auf den Grund gegangen werden: Welche Faktoren können die Zusammensetzung des Managements mit einem hohen Anteil an ostdeutschen Managern und damit eine höhere Elitereproduktion erklären? Und in welchem Zusammenhang steht damit ein wesentlicher Aspekt der Privatisierung des Unternehmens, nämlich ob sie frei von Konflikten über die Bühne ging oder nicht?

3 Strukturelle Einflüsse auf die Zusammensetzung des Managements nach Ost-West-Herkunft

Herkunft des neuen Eigentümers

Größte Bedeutung für die Zusammensetzung des Managements und das Ausmaß der Elitezirkulation dürfte die Herkunft des neuen Eigentümers des Unternehmens haben. Für einen Zusammenhang zwischen diesen beiden Merkmalen sind mehrere Mechanismen denkbar und empirisch nachweisbar, die allesamt in die Richtung weisen, dass bei Unternehmen in

machen", "Wer im Unternehmen nicht genug Leistung bringt, muss entlassen werden" und "Die Interessen der Eigentümer sollten bei Zielkonflikten des Unternehmens eindeutig im Vordergrund stehen" (Martens und Michailow 2003: 40).

westlichem Eigentum der Anteil westlicher Manager größer ist als bei Unternehmen in ostdeutschem Eigentum. Die wichtigsten Argumente sind folgende: Westliche Eigentümer wie auch westliche Manager bewerten die Eignung und Kompetenzen der ostdeutschen Manager im Allgemeinen schlechter als ostdeutsche Manager (Brinkmann 1996). Ostdeutsche dürften daher *ceteris paribus* bei Einstellungen oder Beförderungen eher Ostdeutsche, Westdeutsche eher Westdeutsche bevorzugt haben. Ein weiteres Argument zielt darauf, dass westliche Eigentümer über mehr soziale Beziehungen, private wie geschäftliche, zu westdeutschen Kollegen und Kolleginnen verfügen. Zwar hatten einige ostdeutsche Betriebe schon zu DDR-Zeiten Kontakte in den Westen unterhalten, es dürfte aber auf der Hand liegen, dass westliche Eigner über mehr und vielfältigere soziale Beziehungen zu westdeutschen Managern verfügen als die ostdeutschen Manager und Eigner. Angesichts der Bedeutung von Beziehungen im Karriereprozess und des hohen Anteils der Rekrutierung von Managern über soziale Beziehungen kommt diesem Argument große Bedeutung zu (Boxman, De Graaf und Flap 1991, Runia 2002). Und nicht selten gab es in der Transformation den Fall, dass es sich bei den neuen Eigentümern um Privatpersonen handelte, die bisher schon als Manager gearbeitet hatten und in dem neu erworbenen Unternehmen auch für sich selber ein Einsatzfeld für eine Tätigkeit, dann vor allem in der Geschäftsführung, sahen und diese Chance nutzten.

Diese Argumente treffen im Grunde gleichermaßen auf Eigentümer zu, die aus Westdeutschland und aus dem westlichen Ausland kommen. Trotzdem liegen Unterschiede vor. Zum Beispiel ist in unserem Datensatz kein Fall enthalten, in dem aus dem westlichen Ausland stammende Privatpersonen ein Unternehmen erwarben und dort selber arbeiten. Auch hinsichtlich des sozialen Kapitals dürften Unterschiede derart bestehen, dass ausländische westliche Eigner zwar ebenfalls über mehr Beziehungen zu Managern aus ihren Heimatländern verfügen; da aber für diese der Schritt nach Ostdeutschland noch zusätzlich durch sprachliche und mögliche kulturelle Hemmnisse[5] größer sein dürfte, würden ausländische Eigner wohl eher Ostdeutsche im Management beschäftigen als dies bei westdeutschen Eignern der Fall sein dürfte. Insgesamt dürften die Argumente für den Einfluss der Herkunft des Eigentümers auf die Zusammensetzung des Managements bei ausländischen Eignern also eine etwas geringere Bedeutung haben.

Größe des Unternehmens

Neben der Herkunft des neuen Eigentümers dürfte auch die Größe des Unternehmens einen wesentlichen Einfluss auf die Reproduktion und Zirkulation der managerialen Elite gehabt haben. Auch hier gibt es mehrere Argumente, die in die Richtung weisen, dass größere Unternehmen tendenziell eher westdeutsche Manager beschäftigen. Je größer das Unternehmen ist, über desto mehr Ressourcen verfügt es, die es für westdeutsche Führungskräfte als Arbeitgeber interessant erscheinen lassen. Größere Unternehmen sind in der Regel finanzstärker und konnten eher den hohen Gehaltsforderungen westdeutscher Manager ent-

[5] In einem von einem italienischen Familienunternehmen übernommenen Werkzeugmaschinenfabrik wird explizit auf die unzureichenden Fremdsprachenkenntnisse der Beschäftigten hingewiesen (43gl; hier wie im Folgenden bedeutet einen Abkürzung *gl oder *br den Hinweis auf ein Interview in einem bestimmten Unternehmen in unserer Erhebung).

gegenkommen[6]. Größere Unternehmen haben in der Regel auch häufiger geschäftliche Beziehungen, über die westdeutsche Führungskräfte erreicht werden können; sie sind bekannter als kleinere Unternehmen und von daher eher in dem Blickfeld potenzieller Führungskräfte. Größere Unternehmen waren noch häufiger als kleinere in die organisatorischen Strukturen der neuen Eigentümer eingebunden. Darüber stand nicht nur ein in der Regel großes und zusätzliches Reservoir an westlichen Managern zu einem möglichen Einsatz in Ostdeutschland zur Verfügung, nicht selten wurden die neu erworbenen ostdeutschen Unternehmen gezielt in die Personalpolitik des Mutterunternehmens eingebunden. So kam es vor, dass Manager 'zur Bewährung' auf Zeit in ein ostdeutsches Tochterunternehmen versetzt wurden. Ein Argument richtet sich allerdings gegen einen positiven Zusammenhang zwischen der Unternehmensgröße und dem Anteil westdeutscher Manager, und zwar sind das interne Arbeitsmärkte. In größeren Unternehmen bewegen sich Karrieren eher innerhalb einer Organisation. Dies würde bedeuten, dass für die Besetzung von Managementpositionen eher Unternehmensangehörige, und das wären dann in aller Regel Ostdeutsche, rekrutiert worden wären. Allerdings ist es mehr als fraglich, ob - erstens - bestehende interne Arbeitsmärkte unter den neuen Eigentumsverhältnissen überhaupt weiter bestehen konnten, und ob - zweitens - diese auch Managementpositionen mit eingeschlossen hätten.

Umstrukturierungen der Unternehmen und Personalabbau

In den ostdeutschen Betrieben und Unternehmen wurde eine Vielzahl von Umstrukturierungen vorgenommen. Umstrukturierungen können auf ganz unterschiedlichen Ebenen ansetzen; zum einen kann damit die Veränderung, die Auflösung oder Schaffung von Funktionseinheiten, Zuständigkeiten und Prozessen zwischen Funktionseinheiten gemeint sein, es können darunter aber auch grundlegende Veränderungen wie die Einführung neuer Organisationsstrukturen oder Arbeitsweisen gefasst werden. Solche grundlegenden Umstrukturierungen wie beispielsweise von einer hierarchischen Organisation hin zu einer Matrixorganisation oder zu einer projektbezogenen Organisation fanden in aller Regel nicht statt (Brinkmann 1996, Windolf, Brinkmann und Kulke 1999, insbes. Kapitel 7). Alle befragten Unternehmen hatten an einer klassischen hierarchischen Organisationsstruktur fest gehalten. Änderungen fanden also vor allem innerhalb bestehender Grundstrukturen statt. Dabei können aber auch ganze Abteilungen weggefallen sein (z.B. die früheren Kaderbereiche sofern sie nicht klassische Personalbereichsaufgaben durchgeführt hatten). Die Bereiche Forschung und Entwicklung sowie Marketing und Vertrieb wurden bei konzernangehörigen Unternehmen häufig vollständig abgebaut, weil diese Aufgaben bei der Konzernmutter oder einem anderen konzernzugehörigen Unternehmen angesiedelt wurden. Andere Abteilungen, wie v.a. der Rationalisierungsmittelbau, wurden im neuen marktwirtschaftlichen System, in dem man Ausrüstungsgegenstände und andere Investitionsgüter schnell und unkompliziert über Märkte erhalten konnte, nicht mehr benötigt. Das Ausmaß der Umstrukturierungen war also erheblich und vor allem waren sie mit einem massiven Personalabbau verbunden. Dieser Personalabbau, der sich über mehrere Jahre hinzog und relativ gleichermaßen alle

[6] Die Einkommensunterschiede zwischen ost- und westdeutschen Managern waren ganz beträchtlich (Kulke 2005: 154f.).

Führungsebenen der Unternehmen erfasste (Glotz und Ladensack 1996), war das eigentlich einschneidende Merkmal der ostdeutschen Transformation.[7]

Aber wie können diese beiden Merkmale, der Personalabbau und das Ausmaß der Umstrukturierung, in einen sinnvollen Zusammenhang mit dem Elitewandel in Ostdeutschland gebracht werden? Beide Merkmale können aufgrund ihrer grundsätzlichen Unabhängigkeit voneinander unterschiedliche, wiederum eigenständige Bedeutung für die Reproduktion und die Zirkulation des Managements haben. Bei Umstrukturierungen ist ein wichtiger Aspekt, inwieweit sie auch mit dem Aufbau neuer Abteilungen verbunden waren bzw. inwieweit die Unternehmen auch neue Aufgaben übernahmen. Neue, in der DDR nicht bekannte oder vollständig anders ausgefüllte Aufgaben wie Rechnungswesen, Marketing oder Controlling wurden häufiger von westlichen Managern übernommen, weil hierfür spezifisches Fachwissen erforderlich war, über das die ostdeutschen Manager gar nicht oder seltener verfügten als westdeutsche[8]. Je stärker die erforderlichen Wissensressourcen an die Berufserfahrung in schon länger kapitalistisch arbeitenden Unternehmen gebunden sind, desto höher müsste dann der Anteil der westdeutschen Manager ausfallen. Dies trifft gleichermaßen auf die Leitungs- und Managementfunktionen in diesen Bereichen zu, die ebenfalls von entsprechend erfahrenen Managern übernommen wurden, die diese Abteilungen häufig erst in der Transformation aufbauten[9].

Umstrukturierungen, die eher mit dem Abbau bestehender als dem Aufbau neuer Strukturen verbunden waren, konnten dagegen von ostdeutschen wie westdeutschen Managern gleichermaßen durchgeführt werden. Hierfür war weniger systemspezifisches Wissen erforderlich, zumal die in Ostdeutschland vielfach eingesetzten Unternehmensberatungen Blaupausen für den Personalabbau geliefert hatten. Wenn es allerdings weiter um die Organisation und Reorganisation von Unternehmensprozessen ging, dann waren westliche Manager wiederum im Vorteil, hatten sie doch stärker Erfahrung mit den im Westen und anderen kapitalistischen Ländern üblichen Organisationsstrukturen und konnten diese dann leichter auf ostdeutsche Unternehmen beziehen und anwenden.

Wenn - wie in den meisten Fällen - die Umstrukturierung mit einem starken Personalabbau verbunden war, kamen noch weitere Aspekte zum Tragen. Der gewaltige Personalabbau in den ostdeutschen Industriebetrieben wirft die Frage nach der Sicherung des Betriebsfriedens im Transformationsprozess auf. Wenn man sich vergegenwärtigt, welche Unruhen in der Belegschaft in westlichen Ländern durch weit weniger einschneidende Maßnahmen hervorgerufen werden und wie heftig die Reaktionen auf solche Maßnahmen teilweise waren und sind[10], dann ist der friedliche Verlauf der betrieblichen Transformationen erstaunlich. Insbesondere stellt sich die Frage, ob es aus Ostdeutschland oder sogar aus

---

[7] Auch wenn in der ostdeutschen Transformation wie in der aktuellen betrieblichen Praxis Umstrukturierungen in der Regel mit einem Personalabbau verbunden sind, ist dies keineswegs zwingend. Es ist - nicht nur für Zwecke der multivariaten Datenanalyse - sinnvoll diese Aspekte getrennt zu halten. Umstrukturierungen können ebenso auch mit einem Personalwachstum verbunden sein; und ein Personalabbau kann vollständig innerhalb der bestehenden Organisationsstrukturen eines Unternehmens stattfinden.

[8] Am Beispiel des Rechnungswesens zeigen Albach und Schwarz (1994) eindrücklich, wie unterschiedlich bestimmte, in sozialistischen und kapitalistischen Wirtschaftsunternehmen gleichermaßen notwendige Funktionen ausgefüllt wurde, so dass auch hier eine grundsätzliche Neueinrichtung dieser Abteilungen notwendig wurde.

[9] Zum Beispiel wurde in einem Pharmaunternehmens unseres Samples die Leitungspositionen im Marketing, im Controlling und in der Forschung mit Westdeutschen besetzt. Dabei handelt es sich genau um die drei von 37 Führungskräften, die aus dem Westen kamen; die restlichen 34 kamen aus Ostdeutschland (10br).

[10] Dies zeigte und analysierte Windolf eindrücklich am Beispiel der französischen Automobilindustrie (Windolf 1984).

dem jeweiligen Betrieb stammenden Managern besser gelang, in der Belegschaft Vertrauen zu finden und diese in der ostdeutschen Transformation immer knapper werdende 'Ressource Vertrauen' (Brinkmann und Seifert 1998) erfolgreicher für die Legitimierung und Durchsetzung des Beschäftigungsabbaus und der Auflösung von Abteilungen einzusetzen als aus dem kapitalistischen Westen kommenden Führungskräften. In diesem Fall könnte sich sogar ein positiver Zusammenhang zwischen dem Ausmaß des Beschäftigungsabbaus und dem Anteil der ostdeutschen unter den Managern ergeben.

Freilich lässt sich hinsichtlich des Zusammenhangs der Reproduktion der wirtschaftlichen Elite mit dem Personalabbau auch ein anderer, entgegengesetzter Mechanismus vermuten. Eine hohe Reproduktion und ein hoher Anteil ostdeutscher Manager könnten aus guten Gründen auch zu geringeren Personalreduzierungen geführt haben. Sollten ostdeutsche Führungskräfte sich nicht eher für ihre Kollegen eingesetzt und alles in ihrer Macht stehende unternommen haben, um möglichst vielen Beschäftigten den Arbeitsplatz zu erhalten? Auch hier müsste man gar nicht mit Solidarität argumentieren, allein schon der Hinweis auf die im Vergleich zu Westdeutschen bessere, höhere Bewertung ostdeutscher Mitarbeiter durch Ostdeutsche wäre ein hinreichender Grund dafür, dass ostdeutsche Manager stärker an dem - in aller Regel ostdeutschen - Personal fest gehalten und weniger Personal abgebaut hätten.

Angesichts der oben beschriebenen, weit verbreiteten Einstellungen ostdeutscher Manager könnten somit viele von ihnen in der Transformation deutliche innere Konflikte durchlebt haben, Konflikte zwischen einer starken Orientierung, ja - wie oben deutlich wurde - fast schon Überanpassung an *shareholder value*-Prinzipien einerseits und einer an der Wertschätzung und Pflege des Humankapitals in den Betrieben orientierten Haltung andererseits.

Innerbetriebliche Konflikte

Der sozialstrukturelle Wandel und die Einschnitte in die Wirtschaftsstruktur waren in der ostdeutschen Transformation so durchgreifend, dass sich viele Ursachen, Anlässe und Gelegenheiten für Konflikte in den Betrieben ergeben hatten. Und in der Tat traten in den Betrieben auch Konflikte auf, angesichts der Umwälzungen blieben sie aber doch relativ selten. Nur in 20% der von uns befragten Unternehmen wurde von betrieblichen Konflikten im Laufe der Transformation berichtet, und das über einen Zeitraum von fast sechs Jahren[11]. Sie äußerten sich in ganz unterschiedlichen Formen, vor allem in Streiks, aber auch in Demonstrationen und in einem der von uns untersuchten Betriebe in einem *sit in* bei der Treuhandverwaltung in Berlin, um gegen den geplanten Verkauf an den neuen Eigentümer zu demonstrieren.

Die zentrale Ursache von betrieblichen Konflikten waren Entlassungen, vor allem wenn sie in größerem Stil durch die Stilllegungen von Unternehmen, Betrieben oder Betriebsteilen erfolgen sollten. Als Anzeichen möglicher in diese Richtung deutender Entwicklungen wurden häufig die Entscheidungen über den neuen Eigentümer angesehen. Eine weitere wichtige Rolle spielten auch Personalentscheidungen auf Managementebene, hatten doch die Betriebsräte und die Beschäftigten häufig genaue Vorstellungen darüber, wer die

[11] Genauer: In 20% der befragten Unternehmen antwortete der Betriebsrat auf die Frage, ob es in der betrieblichen Transformation zu nennenswerten Konflikten gekommen sei, mit 'ja'.

entsprechenden Erfahrungen, Kompetenzen und Interessen hatte, um das Unternehmen mit möglichst wenig Belastungen für die Unternehmensangehörigen durch die Transformation zu führen, und wem diese - zu Recht oder zu Unrecht - abgesprochen werden durften. Und tatsächlich konnten zu Beginn der Transformation die Führungskräfte erheblichen Einfluss auf die Privatisierung und deren weiteren Verlauf nehmen, sei es z.B. dass sie schon früh Kontakte zu möglichen neuen Eigentümern aufbauten, dass sie geschickt mit der Treuhandanstalt und den neuen Eigentümern verhandelten oder dass sie schlichtweg gut qualifiziert waren. An den Fragen, wer die Verantwortung für die betriebliche Transformation übernehmen sollte und wem die Belegschaft das Vertrauen dazu schenken wollte, daran entzündeten sich in der Transformation zahlreiche Konflikte.

Diese Personalfrage fokussierte auf einige konkrete Aspekte. Ein besonderes Gewicht hatte dabei die Frage, ob die Leiter aus DDR-Zeiten in ihren Positionen verbleiben sollten. In einigen Fällen bezog die Belegschaft eindeutig Stellung dazu und forderte das Ausscheiden bestimmter Personen, z.B. wenn ihnen die Eignung abgesprochen wurde oder wenn sie aufgrund ihres Verhaltens im Betrieb zu DDR-Zeiten ihre Legitimation in der Belegschaft verloren hatten. Letzteres war z.B. der Fall, wenn sie versucht hatten, zum Erreichen der Planvorgaben die Produktivität zu steigern und dafür unangemessenen Druck auf die Belegschaft ausgeübt hatten, also den Solidarpakt mit der Belegschaft nicht geschlossen hatten. Ein anderer Grund lag auch in einer 'Übererfüllung' politischer Zugeständnisse. Wer politisch und ideologisch sehr stark engagiert gewesen war, dessen Ansehen nahm in der betrieblichen Transformation eher Schaden als das desjenigen, der als 'Mitläufer' eingestuft wurde oder sich politisch gar nicht engagiert hatte[12]. Da die alten Leiter fast ausnahmslos Mitglied in einer politischen Partei in der DDR gewesen waren, waren die Konflikte über den Wandel der managerialen Elite stark von möglichen Differenzen über die Bedeutung der Systemloyalität in der DDR durchdrungen.

Dabei gab es in den einzelnen Betrieben ganz unterschiedliche Konstellationen. Z.B. war in einem Betrieb die Belegschaft über den ausbleibenden Wechsel an der Führungsspitze sehr unzufrieden. Sie hätte gerne gesehen, wenn die alten Leiter ihre Tätigkeit aufgegeben hätten. So berichtet ein Betriebsrat aus diesem Betrieb: „An den Schaltstellen auf der Leitungsebene haben sich keine gravierenden Veränderungen vollzogen. Die exponierten Mitarbeiter von früher sind auch heute noch an diesen Stellen tätig. Dies ruft den Unmut vieler an der Basis hervor. Dabei sollten die nur das notwendige Vertrauen in die Personen entwickeln. Man sollte diesbezüglich nur nach Fähigkeiten und nicht nach parteipolitischen Präferenzen entscheiden. Ich denke, dass die meisten der früheren Parteimitglieder nur Mitläufer waren, sich ins System eingeordnet haben und deshalb auch nicht bestraft werden sollten. Denn kann man es den Menschen vorwerfen, dass sie auf der Welle mit schwimmen wollen und den Mund gehalten haben?"(18br).

Die Erfahrungen aus vielen Betrieben sprechen dafür, dass die *Reproduktion* der alten Elite für Konfliktstoff sorgte. Es gibt aber auch Transformationsverläufe mit betrieblichen Konflikten aufgrund einer *Zirkulation*, eines Austauschs der alten Eliten. In einem Betrieb

[12] Aus dem Interview mit einem Betriebsratsmitglied auf die Frage, ob Neubesetzungen nötig waren: "Ja. Es war notwendig. Der Kaderleiter ... musste ersetzt werden, da er politisch vorbelastet war" (101br). - Und der Betriebsratsvorsitzende eines anderen Unternehmens engagierte sich stark für die Entlassung alter Ost-Leiter und riet schon im März 1991 der Geschäftsleitung, die Führungskräfte auszutauschen. "Ich wollte die ganzen politischen Altlasten abservieren, was mir aber nur z.T. gelungen ist. Die Wessis dachten immer nur, dass im Osten alle zusammengehalten hätten". In diesem Interview (16br) unterscheidet der Interviewte zwischen Mitläufern und "150%igen".

wollten sich diese nicht mit der Situation abfinden und versuchten angesichts der sowieso schon angespannten Stimmung in der Belegschaft, diese gegen die neue Betriebsleitung und die Eigentümer zu mobilisieren. Ein Betriebsrat berichtet: „Die Konflikte bei den Entlassungen auf der Geschäftsleitungs-Ebene kann man nur mit 'Krieg' bezeichnen. Es hat üble verbale Konflikte gegeben, auch weil der Betriebsrat die Entlassungen mit betrieben hat. Ich habe nachts immer das Telefon ausgestöpselt, da wir anonym bedroht wurden.“ (16br).

Konflikte standen also durchaus in einem Zusammenhang mit dem Wandel des Managements, manchmal wurden sie direkt durch ihn ausgelöst, manchmal wurden sie durch ihn verhindert. Wie an den Beispielen deutlich wird, ist der Zusammenhang zwischen der Reproduktion des Managements und dem Auftreten von Konflikten nicht eindeutig. Es kam im Zweifelsfall eben sehr darauf an, wem die Belegschaft vertraute und für kompetent hielt, und das konnten im Einzelfall sowohl die alten Leiter sei als auch, aus verschiedensten Gründen, diese gerade nicht. Weil die Umstände in den Betrieben und die Biographien der Leiter sehr facettenreich und individuell waren, greift die Unterscheidung zwischen alter und neuer Elite bei den aus Ostdeutschland stammenden Managern etwas kurz.

Bedeutender und eindeutiger könnte deswegen die Unterscheidung zwischen ostdeutschen und westdeutschen Managern sein. Die aus den westlichen Länden stammenden Manager sind nämlich uneingeschränkt einer neuen managerialen, zirkulierten Elite zuzurechnen. Sie hatten generell in den Belegschaften einen wesentlich schwereren Stand als die ostdeutschen Manager. Diese genossen häufiger das Vertrauen der Belegschaft und konnten den Beschäftigten die soziale Anerkennung vermitteln, die diese in ihrer Verunsicherung über die Qualität ihrer Arbeit benötigten. Da die Verweigerung dieser sozialen Anerkennung häufig Ursache innerbetrieblicher Konflikte war (Schmidt 1996), konnte diese Konfliktursache von ostdeutschen Managern besser eingedämmt werden als von westdeutschen Kollegen. In ostdeutschen Managern konnten viel leichter Verbündete gesehen werden, denen ähnliche Interessenlagen, vor allem ein Interesse am Fortbestehen des Betriebes, unterstellt werden konnten. Dies dürfte auch ein zentraler Grund dafür sein, dass die mentale Distanz ostdeutscher Betriebsräte zu westdeutschen Gewerkschaftsfunktionären größer war als zu den ostdeutschen Managern (Schwarzer 1996: 459). Westdeutschen Managern dagegen wurde häufig nicht nur Kompetenz abgesprochen (Schreiber et al. 2002: 203f.), auch ihre Interessenlage wurde als grundsätzlich andere wahrgenommen. Wobei die Annahme, dass westliche Manager an einer radikalen Sanierung des Betriebes über Personalabbau interessiert seien, noch zu den freundlicheren gehörte. Häufig wurde ihnen auch unterstellt, zusammen mit den Eigentümern vor allem an den Immobilien interessiert zu sein und schon deswegen Betriebsstilllegungen zu betreiben.

Wenn Konflikte ausblieben, hatte also oftmals das ostdeutsche Management seinen Anteil dazu beigetragen – häufig vielleicht einfach aus dem Grund, dass sie aus Ostdeutschland oder vielleicht richtiger: *nicht* aus dem Westen kamen. Insofern wäre zu erwarten, dass innerbetriebliche Konflikte eher in den Betrieben und Unternehmen mit einem geringeren Anteil ostdeutscher Manager stattgefunden haben.

Zeitpunkt der Privatisierung

In der ostdeutschen Transformation spielte Zeit eine wichtige Rolle. Durch das Zusammentreffen mehrerer einschneidender Maßnahmen ergaben sich relativ starke Dynamiken im Transformationsverlauf[13]. Diese führten beispielsweise zu einer besonderen, erfolgversprechenden Gelegenheitsstruktur auf dem ostdeutschen Arbeitsmarkt in einem bestimmten Zeitfenster. Dieses *window of opportunity* begann direkt mit der Transformation und klang in den Jahren 1992 und 1993 aus[14]. Es bezog sich in erster Linie auf den *ostdeutschen* Arbeitsmarkt und bedeutet, dass in dieser Zeit und parallel zu dem Beschäftigungsabbau geeignete ostdeutsche Führungskräfte diese Gelegenheitsstrukturen genutzt haben und auf die entsprechenden Positionen gelangt sein könnten. Nach Ausschöpfung dieses Arbeitskräftepotenzials könnten dann verstärkt westliche Manager in den ostdeutschen Unternehmen eingesetzt worden sein und vor allem für diejenigen Positionen, für die sich keine geeigneten ostdeutschen gefunden hatten. Angesichts der sehr großzügigen Vorruhestandsregelung, die sehr vielen alten Leitern das Ausscheiden aus dem Erwerbsleben ermöglichte, ist es durchaus nicht unplausibel, von Anzeichen einer 'Markträumung' für geeignete ostdeutsche Manager auszugehen (Kulke 2005: 157).

Ein weiterer damit korrespondierender Zeiteffekt ergibt sich aus der schieren Menge der über 12 000 zu privatisierenden Unternehmen in Ostdeutschland, die aus den ca. 8 500 Volkseigenen Betrieben entstanden waren (Müller 1993). Der Markt für Unternehmenskontrolle war nicht so aufnahmefähig, dass alle Unternehmen relativ zügig eine neuen Eigentümer fanden. Die Privatisierungen verliefen nach dem Muster, dass aussichtsreiche Privatisierungen relativ zügig erfolgten und weniger erfolgversprechende Unternehmen - wenn überhaupt - erst später erfolgreich privatisiert werden konnten (Lutz und Grünert 2001, Schmidt 2001). Auch wenn es für eine spätere Privatisierung verschiedene Gründe gab, wie z.B. die Klärung offener Eigentumsfragen, so spielte doch die fehlende 'Marktfähigkeit' der zu privatisierenden Betriebe und Unternehmen die entscheidende Rolle. Hier gestaltete sich die Suche nach einem geeigneten Eigentümer häufig sehr aufwändig; das Unternehmen musste durch Abspaltungen, Stilllegungen von Betriebsteilen oder Entlassungen erst marktfähig gemacht werden; all dies benötigte Zeit und verzögerte die Privatisierung. Welche Bedeutung hat dies für den Managementwandel? Solche schwer zu privatisierenden Unternehmen dürften von der Treuhandverwaltung eher als Unternehmen angesehen worden sein, in denen westliches Managementwissen und Beziehungen in den Westen zur Bewältigung der dafür notwendigen Maßnahmen notwendig gewesen sind. Auch dies dürfte tendenziell zu einem höheren Anteil von Westdeutschen in der Unternehmensleitung geführt haben.

Abhängigkeit des Unternehmens

Ein weiteres Merkmal das den Elitewandel in Ostdeutschland deutlich beeinflusst haben könnte, ist die Abhängigkeit des in Ostdeutschland erworbenen Unternehmens vom Mut-

[13] Wie gerade die ungenügende Berücksichtigung von Zeit, die Gleichzeitigkeit von Ungleichzeitigem die gesamte Transformation erschwert hat, hat schon sehr früh Offe gezeigt (Offe 1994).

[14] Siehe zu der zeitlich begrenzten besonderen Gelegenheitsstruktur in den Jahren zu Beginn der Transformation z.B. Solga, Diewald und Goedicke (1999) oder Windzio (2001).

terunternehmen bzw. vom neuen Eigentümer. Die Unternehmen in Ostdeutschland wurden ganz unterschiedlich in die Mutterunternehmen und die Konzernstrukturen eingebunden. Eine Typologie zur Unterscheidung der verschiedenen Betriebs- und Unternehmenstypen in Ostdeutschland stammt von Windolf, der drei Typen identifiziert, die verlängerte Werkbank, das Experimentierfeld und den autonomen Standort (Windolf 1996). Diese Typologie legt nahe, dass die Notwendigkeit zum Einsatz von Managern aus dem Mutterunternehmen ebenfalls ganz unterschiedlich war. Vor allem der Betrieb als Experimentierfeld, beispielsweise für die Einführung neuer Arbeitszeitmodelle oder Produktionskonzepte, erfordert eine engere Anbindung an das Mutterunternehmen als die anderen Typen. Die Art der strukturellen Einbindung hat also ganz deutliche Auswirkungen auf die Chancen zur Elitereproduktion in Ostdeutschland.

Als zentrales Kriterium kann dabei die Abhängigkeit vom Mutterunternehmen betrachtet werden. Dieses Merkmal kann auf mehreren Dimensionen abgebildet werden, als Abhängigkeit bei der Produktentwicklung, beim Einkauf, beim Vertrieb, aber auch bei allen unternehmensinternen Entscheidungen, wie zum Beispiel bei Organisations- und Personalentscheidungen. Einer der besten Wege, die Abhängigkeitsbeziehung zwischen zwei Unternehmen zu sichern, ist sicherlich der über die Entsendung von Managern aus dem Mutterunternehmen in das abhängige Unternehmen. Ein hoher Anteil von westdeutschen Managern in Schlüsselpositionen wäre ein geeignetes personalpolitisches Instrument, um die Interessen des Mutterunternehmens durchzusetzen und die Kontrolle über das neu erworbene Unternehmen direkter und zuverlässiger auszuüben.

4 Ergebnisse multivariater Analysen

Im Folgenden sollen die bis hierher entwickelten Thesen empirisch überprüft werden. Die Daten dazu wurden im Rahmen des Projekts 'Manager in Ostdeutschland - Die Transformation der ostdeutschen Betriebe' unter der Leitung von Paul Windolf erhoben (Windolf, Brinkmann und Kulke 1999). Im Rahmen dieses Projektes wurden sowohl Leitfadeninterviews jeweils mit der Geschäftsführung/Personalleitung sowie dem Betriebsrat ostdeutscher Betriebe als auch eine standardisierte Befragung von Führungskräften in diesen Betrieben durchgeführt. Es wurden dafür Betriebe ausgewählt, die folgende Bedingungen erfüllten:

1. Der Betrieb existierte schon vor 1989.
2. Der Betrieb befand sich unter der Verwaltung der Treuhandanstalt.
3. Die Privatisierung des Betriebes war zum Erhebungszeitpunkt abgeschlossen.
4. Es handelt sich um Betriebe mit mindestens 50 Beschäftigten in den Bundesländern Sachsen, Thüringen und Brandenburg.

Die Erhebungen selber wurden von 1995 bis Januar 1996 durchgeführt. Zu diesem Zeitpunkt war die Privatisierung der ostdeutschen Betriebe fast vollständig abgeschlossen, so dass dieser Zeitpunkt relativ günstig war, um die sich durch den Transformationsprozess ergebenden Umbrüche in den Betrieben zu erfassen. Insgesamt konnten in 136 Betrieben Leitfadeninterviews zur Geschichte des Betriebs durchgeführt werden. Zentrale Angaben aus diesen Interviews wurden vercodet und für quantitative Analysen in eine maschinenlesbare Form gebracht.

Verwendete Variablen und deskriptive Statistiken

Für die quantitative Analyse wurden folgende Variablen gebildet. Die zugrunde liegenden Angaben wurden alle in den Interviews mit der Geschäftsführung bzw. dem Betriebsrat erhoben.

1. Das Ausmaß der managerialen Reproduktion wird gemessen als Anteil der Führungskräfte, die vor Januar 1990 in Ostdeutschland lebten.
2. Die Herkunft des neuen Eigentümers wird danach unterschieden, ob der neue Eigentümer aus der alten DDR, der alten BRD oder aus dem Ausland kommt.
3. Die Unternehmensgröße wird als Anzahl der Beschäftigten erhoben.
4. Der Zeitraum bis zur Privatisierung wird als Anzahl der Jahre von 1990 bis zur erfolgten Privatisierung des Unternehmens operationalisiert.
5. Das Ausmaß der Umstrukturierung wird durch den Beschäftigungsabbau und durch die Anzahl der stillgelegten sowie die Anzahl der neu eingerichteten Abteilungen erfasst. Der Stellenabbau definiert sich als Verhältnis der Beschäftigtenzahl im Jahr 1990 zu der zum Befragungszeitpunkt.
6. Das Vorliegen betrieblicher Konflikte in der Transformation wurde durch eine direkte Frage an den Betriebsrat erhoben, ob es in der betrieblichen Transformation zu „nennenswerten Konflikten gekommen" sei. Die Antwortvorgaben waren 'ja' und 'nein'.
7. Die Abhängigkeit des Unternehmens wurde in dem Interview mit dem Betriebsrat auf einer 10er-Skala mit dem Nullpunkt 'unabhängig' und dem Wert 10 für 'abhängig' direkt abgefragt.

Die Ergebnisse sind folgende: Der Anteil der Führungskräfte aus Ostdeutschland streut relativ breit, er reicht von 0% bis 100%, im Durchschnitt liegt er mit 81,5% relativ hoch. In 26,1% der Unternehmen liegt die Leitung ausschließlich bei Ostdeutschen. Allgemein gut belegt ist, dass der Anteil Ostdeutscher mit höherer Führungsebene abnimmt (Pohlmann und Gergs 1997). Bei der aus dem Projekt resultierenden Personenbefragung lag der Anteil der Westdeutschen auf der ersten Führungsebene bei 27% und auf der zweiten Ebene bei nur noch 16% mit deutlich abnehmender Tendenz. Die ostdeutschen Unternehmen wurden überwiegend von westdeutschen Unternehmen erworben, 60,2% der Eigentümer kommen aus Westdeutschland. Ausländische Eigentümer und ostdeutsche Eigentümer halten sich mit 20,3 bzw. 19,5% die Waage. Im Durchschnitt hatten die Unternehmen zum Zeitpunkt der Befragung 462 Beschäftigte. Die Privatisierung der untersuchten Unternehmen war durchschnittlich nach knapp zwei Jahren erfolgt. Eine sehr weite Spanne findet sich beim Beschäftigungsabbau. Sie reicht von 0,4 bis über 100 gemessen als Verhältnis der Zahl der Beschäftigten vor der Transformation zur Zahl der Beschäftigten zum Befragungszeitpunkt. Einige, sehr wenige Unternehmen haben sogar an Beschäftigten dazu gewonnen, die meisten aber viel bis sehr viel Personal abgebaut. Der Mittelwert dieser Variable beträgt 11,7, was einem durchschnittlichen Personalabbau von 88% entspricht. Dass die Umstrukturierungen in der Privatisierungsphase durchaus auch 'konstruktiven' Charakter haben konnten, wird daran deutlich, dass die durchschnittliche Anzahl der neu hinzugekommenen Abteilungen immerhin knapp über zwei liegt. Trotz allem ist dies ein sehr viel geringerer Wert als die durchschnittlich fünf entfallenen Abteilungen. Konflikte von nennenswerter Bedeutung gab es in knapp 20% der Unternehmen. Die Abhängigkeit wurde mit durchschnittlich 4 Punkten auf der 10er Skala als eher gering bewertet.

Erklärung der Erneuerung des Managements durch Westdeutsche

Zur Überprüfung des Einflusses dieser strukturellen Variablen der Privatisierungsgeschichte auf die Zusammensetzung des Managements wurden multivariate lineare Regressionen durchgeführt. Als abhängige Variable wurde der Anteil der ostdeutschen unter allen Führungskräften verwendet[15]. Eine multivariate Analyse erscheint hier angemessen, um die Einflüsse der verschiedenen Variablen zu kontrollieren.

Für die Analysen wurden mehrere Modelle gebildet. Modell 1 enthält folgende unabhängige Variablen: die Herkunft des Eigentümers, die Unternehmensgröße, die Anzahl der Jahre bis zur Privatisierung, den Beschäftigungsabbau, die Anzahl entfallener Abteilungen sowie die Abhängigkeit des Unternehmens[16]. In Modell 2 sind nur die Variablen aufgenommen, die in Modell 1 ein Signifikanzniveau von unter .050 hatten[17]. Zum einen sollten damit weniger erklärungskräftige Variablen ausgeschlossen werden und zum anderen kann damit die Zahl der gültigen Fälle deutlich erhöht werden. In Modell 3 schließlich wurde zu den Variablen aus Modell 2 noch das Vorliegen eines 'nennenswerten' innerbetrieblichen Konfliktes hinzugefügt[18].

Die Modelle sind alle in der Lage, einen hohen Anteil der Varianz des Anteils der Ostdeutschen unter den Managern zu erklären. Alle Modelle erklären über 30% der Varianz der abhängigen Variable, das korrigierte r^2 reicht von .2572 bis .3188. Modell 2 erklärt mit nur drei Variablen (mit dem Verlust von vier Freiheitsgraden) über 30% der Varianz. Die Modelle sind also insgesamt relativ erklärungskräftig und die Effekte relativ stabil.

Folgende Effekte zeigen sich: Wenn sich das Unternehmen in westlichem Eigentum befindet, sinkt der Anteil der aus dem Osten stammenden Führungskräfte signifikant, was gleichbedeutend mit einem steigenden Anteil westlicher Manager ist. Dieser Effekt ist für Unternehmen in westdeutschem Besitz größer als für solche in ausländischem Besitz. Diese Effekte bestätigen zum einen die These, dass es für westliche Unternehmen offensichtlich viel mehr Wege und Möglichkeiten gab, Personen aus dem Westen in den Neuen Bundesländern einzusetzen. Wenn man unterstellt, dass ein Großteil davon aus dem eigenen Stamm-Unternehmen kam, dann könnte sich der geringere Effekt für die ausländischen Unternehmen so erklären, dass die kulturelle und räumliche Distanz für Manager aus den

---

[15] Da diese Variable einen Wertebereich von 0 bis 1 hat, wurde sie transformiert, damit der Wertebereich theoretisch von - unendlich bis + unendlich reicht Als Transformationsfunktion wurde eine inverse Logitfunktion verwendet: $f(x)=\ln((x+c)/(1-x-c))$. Die Konstante c mit dem Wert .01 wurde hinzugefügt, um definierte Werte für x=1 zu erhalten, also für den Fall, dass alle Manager in einem Betrieb aus Ostdeutschland sind.

[16] Die Anzahl der neu geschaffenen Abteilungen wurde nicht mit aufgenommen, da diese Variable extrem rechtssteil verteilt ist und zudem relativ viele fehlende Werte hatte.

[17] Ausnahme ist hier die Herkunft des Eigentümers aus dem Ausland, die aber wegen der weiteren höchst signifikanten Ausprägung 'Herkunft aus Westdeutschland' mit enthalten bleiben muss.

[18] Modell 3 hat dadurch eher einen explorativen Charakter, da der kausale Zusammenhang zwischen dem Elitewandel und dem Auftreten von Konflikten nicht eindeutig ist. Oben wurden vor allem Beispiele für die Provozierung von Konflikten durch die Besetzung von Elitepositionen angeführt. Sieht man aber auch das Nicht-Eintreten von Konflikten als möglicherweise ursächlich für personelle Kontinuitäten oder zumindest einen hohen Anteil Ostdeutscher im Management an, weil z.B. dadurch Anlässe für eine Managementerneuerung wegfielen, dann kann es sinnvoll sein, betriebliche Konflikte als unabhängige Variable zu betrachten. Die Variable ist dann tatsächlich dichotom, so dass der Einfluss - mit umgekehrtem Vorzeichen - als Ausbleiben eines Konfliktes interpretiert werden kann.

ausländischen Mutterunternehmen größer war und diese nicht so leicht für einen Einsatz im Osten zu gewinnen waren.

Die Unternehmensgröße hat ebenfalls einen starken negativen Effekt auf den Anteil der Ostdeutschen im Management. Je größer das Unternehmen ist, desto geringer ist der Anteil ostdeutscher Manager. Etwas schwächer sind die Effekte des Zeitpunkts der Privatisierung und des Personalabbaus. Spät privatisierte Unternehmen haben einen höheren Anteil Westdeutscher im Management. Dieselbe Wirkung hat ein stärkerer Personalabbau. Für die Anzahl der entfallenen Abteilungen zeigt sich aber kein signifikanter Effekt. Dies ist nachvollziehbar, findet sich doch der damit verbundene Personalabbau als eigenständiger signifikanter Effekt in dem Modell. Etwas überraschend ist, dass - vereinfacht gesprochen - ostdeutsche Manager nicht mehr Personal gehalten haben als westdeutsche. Offensichtlich war es eher so, dass in bereits stark geschrumpften Unternehmen der Bedarf an westlichen Führungskräften zur weiteren Privatisierung und Sanierung als nicht so erforderlich angesehen wurde. War der Betrieb bereits durch ostdeutsche Manager, gleich ob es die alten Leiter oder neu in der Transformation aufgestiegene Manager waren, erfolgreich zurecht geschnitten, restrukturiert, saniert und personell 'verschlankt', dann bestand weniger Notwendigkeit für einen Einsatz westlicher Manager und deren Methoden.

Die Abhängigkeit vom Mutterunternehmen wird - wider Erwarten - nicht signifikant. Bivariat besteht allerdings ein signifikanter negativer Zusammenhang: Je abhängiger das Unternehmen, desto geringer ist der Anteil ostdeutscher Manager. Dass sich ein entsprechender Effekt in den multivariaten Analysen nicht wieder findet, bedeutet, dass der Einfluss nicht unabhängig von den anderen Merkmalen ist. Und in der Tat zeigen sich einige signifikante Zusammenhänge zwischen der Abhängigkeit eines Unternehmens und anderen Merkmalen: Unternehmen in westdeutschem Eigentum, größere Unternehmen und solche mit einem geringeren Personalabbau sind tendenziell abhängiger vom Mutterunternehmen[19]; insofern ist es plausibel, dass der Effekt der Unabhängigkeit in dem multivariaten Modell nicht mehr erklärungskräftig ist, da die Wirkung der Abhängigkeit von den anderen Einflüssen überlagert wird.

Das Modell 2 mit den ausschließlich signifikanten Variablen bestätigt im wesentlichen die Ergebnisse aus Modell 1 und belegt die Stabilität der Koeffizienten. Und in Modell 3 schließlich zeigt auch das Vorliegen der neu aufgenommenen Variable für den 'nennenswerten Konflikt' im Betrieb auch einen signifikanten Effekt auf die Zusammensetzung des Managements. Innerbetriebliche Konflikte korrespondierten - auch bivariat - mit einem höheren Anteil Westdeutscher im Management. Oder, anders formuliert, wenn es keine Konflikte gegeben hatte, dann war der Anteil Ostdeutscher eher höher.

[19] Die Korrelationen (Pearson's r) betragen jeweils mit dem Unternehmen in westdeutschem Eigentum r=.250, p=.011, n=103; mit der Größe r=.174, p=.075, n=105 und mit dem Personalabbau r=-.244, p=.013, n=104.

Tabelle 1: Lineare Regression des Anteils der ostdeutschen Führungskräfte

	Modell 1		Modell 2		Modell 3	
	Coef.	p	Coef.	p	Coef.	p
Eigentümer (ostdeutsch)						
• westdeutsch	-1.5999	.000	-1.7662	.000	-1.6767	.000
• anderer	-.9684	.066	-1.0685	.015	-1.0672	.014
Unternehmensgröße (Anzahl der Beschäftigten)	-.0007	.004	-.0009	.000	-.0009	.000
Anzahl Jahre zwischen Privatisierung und 1990	-.2695	.042	-.2072	.066	-.2005	.069
Beschäftigungsabbau des Unternehmens	.0464	.057	-	-	-	-
Anzahl entfallener Abteilungen	-.0681	.245	-	-	-	-
Abhängigkeit des Unternehmens	-.0019	.976	-	-	-	-
Kein nennenswerter Konflikt	-	-	-	-	.7970	.025
Konstante	4.1704	.000	4.1520	.000	3.4442	.000
n	84		106		106	
r^2	.3199		.3174		.3512	
korrigiertes r^2	.2572		.2904		.3188	

+ $p < .100$, * $p < .050$, ** $p < .010$, *** $p < .001$

Die Modellierung des Auftretens von Konflikten als unabhängige Variable (‘Kein nennenswerter Konflikt‘) wirft die Frage nach der Kausalität auf. Modell 3 unterstellt, dass aufgrund von Konflikten das Management stärker mit Westdeutschen besetzt gewesen, ja: worden, sei. Diese theoretisch denkbare These entbehrt allerdings einer gewissen Plausibilität und auch der Unterstützung durch die Leitfadeninterviews. Dort finden sich keinerlei Hinweise, dass quasi zur Konfliktschlichtung Westdeutsche als Führungskräfte eingesetzt worden seien. Der Zusammenhang in Modell 3 könnte aber auch anders erklärt werden. Eine andere Formulierung würde lauten, dass eine friedliche, konfliktfreie Privatisierungsgeschichte *nicht* zu einer 'Verwestlichung' des Managements führte. Dies impliziert, dass das Nichteintreten eines Ereignisses (eines Konfliktes) als ursächlich für einen mehr oder weniger kontinuierlichen Zustand angesehen werden kann, und wirft die inhaltliche Frage auf, ob es auch Rückwirkungen derart gegeben haben kann, dass das Management aufgrund seiner regionalen Herkunft eher dazu beitragen konnte, das Auftreten von Konflikten zu verhindern, auch wenn es unter Umständen gar nicht gezielt zu diesem Zweck ausgewählt wurde. Dieser Frage wird im folgenden Abschnitt nachgegangen.

Innerbetriebliche Konflikte und die Zusammensetzung des Managements

Im Folgenden soll nun die gerade genannte Rückwirkung, die andere Richtung des Zusammenhangs, überprüft werden: Hierfür lautet die These, dass ein Management aufgrund seiner stärkeren Besetzung mit Ostdeutschen, eher in der Lage war, Konflikte zu verhindern. Dies soll mit multivariaten Analysen überprüft werden. Die abhängige Variable ist dabei ein friedlicher Verlauf der Privatisierung und der Unternehmensgeschichte bis zum Befragungszeitpunkt, also das Nicht-Auftreten eines 'nennenswerten' Konfliktes in der Transformation. Weil diese Variable dichotom ist, bietet sich als Analyseverfahren eine logistische Regression an. Als unabhängige Variablen sollen diejenigen verwendet werden, die auch in die obigen Analysen eingegangen sind. Dadurch kann geklärt werden, welche anderen Aspekte des Betriebes und der betrieblichen Transformation den friedlichen Verlauf der Transformation unterstützten. Oder anders gefragt: Gibt es Merkmale, die erklären können, ob in der betrieblichen Transformation Konflikte im Betrieb auftraten oder nicht?

Es werden drei Modelle gebildet. Modell 1 stellt das Ausgangsmodell zur Erklärung des friedlichen Verlaufs der betrieblichen Transformation mit der Herkunft des neuen Eigentümers, der Unternehmensgröße, dem Ausmaß des Personalabbaus, der Abhängigkeit vom neuen Eigentümer, der Dauer bis zur Privatisierung sowie der Anzahl der entfallenen Abteilungen als unabhängigen Variablen dar. In Modell 2 wird die Zusammensetzung des Managements nach Ost- und Westdeutschen als weitere Variable hinzugefügt. Dies erfolgt in einem eigenen Modell, um mögliche Veränderungen erkennen zu können. In Modell 3 wird die Variable zur Zahl der entfallenen Abteilungen entfernt, weil sich dadurch die Zahl der verwendeten Fälle deutlich erhöht.

In Modell 1 wird als einzige Variable die Anzahl der entfallenen Abteilungen signifikant. Je mehr Abteilungen in der Transformation eines Betriebes entfallen sind, desto geringer war die Chance auf einen friedlichen Transformationsverlauf; der Beschäftigungsabbau wird dagegen nicht signifikant. Dies scheint plausibel, wenn man bedenkt, dass der Abbau einer Abteilung, die Stilllegung eines Betriebsteils einen sichtbareren und daher leichter greifbaren Bezugspunkt für einen innerbetrieblichen Konflikt darstellt als ein allgemeiner Personalabbau, zumal sich größere Personalentlassungen häufig auch in Stilllegungen von Abteilungen und anderen 'Restrukturierungen' niederschlugen. In Modell 2 wird der Effekt für den Anteil ostdeutscher Manager signifikant und der Einfluss der Abhängigkeit wird sicherer. Je abhängiger das Unternehmen war, desto geringer war die Wahrscheinlichkeit auf einen friedlichen Transformationsverlauf. Das Modell 3 zeigt, dass - erstens - auch bei der erhöhten Fallzahl die grundsätzlichen Effekte bestehen bleiben und dass - zweitens - die Anzahl der entfallenen Abteilungen als Ausmaß der Umstrukturierung einen wichtigen Beitrag zur Erklärung des friedlichen Transformationsverlaufs leistet. Unter Aspekten der Modellgüte sind sowohl die Anzahl der entfallenen Abteilungen als auch der Anteil ostdeutscher Manager unverzichtbar, weil nur das Modell 2 als Gesamtmodell signifikant wird.

Tabelle 2: Logistische Regression des friedlichen Transformationsverlaufs

	Modell 1		Modell 2		Modell 3	
	Coef.	p	Coef.	p	Coef.	p
Eigentümer (ostdeutsch)						
• westdeutsch	-1.5423	.201	-.7940	.541	.5554	.517
• anderer	-.5979	.655	.0703	.962	1.3552	.219
Unternehmensgröße (Anzahl der Beschäftigten)	.0000	.995	.0004	.397	.0003	.481
Anzahl Jahre zwischen Privatisierung und 1990	.2187	.422	-.1529	.601	.0235	.919
Beschäftigungsabbau des Unternehmens	.0173	.757	-.0126	.836	-.0186	.374
Anzahl entfallener Abteilungen	-.2862	.018	-.3388	.016	-	-
Abhängigkeit des Unternehmens	-.1755	.122	-.2210	.069	-.1915	.067
Anteil ostdeutscher Manager	-	-	.7478	.016	.5353	.016
Konstante	5.3470	.0002	3.9354	.040	.6234	.580
n	84		84		100	
Chi^2	13.44+		20.65**		12.22+	
Pseudo r^2	.1644		.2524		.1221	

+ $p < .100$, * $p < .050$, ** $p < .010$, *** $p < .001$

Interessant sind auch die Effekte, die nicht signifikant werden. Die Herkunft des Eigentümers spielt offensichtlich keine Rolle, die Dauer bis zur erfolgten Privatisierung, die Unternehmensgröße und der Personalabbau ebenso. Aber die oben getroffene Vermutung, dass es einen Zusammenhang zwischen der Herkunft der Manager im Betrieb und dem Auftreten bzw. Vermeiden von Konflikten in der Transformation gibt, bestätigt sich[20]. Dass dieser Effekt signifikant wird, nicht aber die Herkunft des Eigentümers, könnte bedeuten, dass entscheidender für die Befriedung des Betriebs in der Transformation weniger die tatsächlichen Eigentumsverhältnisse als deren Repräsentanz durch Personen in den Betrieben gewesen ist. Im Umkehrschluss bedeutet das, dass die Eigentümer auch durch einen geschickten Personaleinsatz zu einem friedlichen Privatisierungsverlauf beitragen konnten bzw. Konflikte vermeiden konnten.

Dieser Effekt belegt eindrücklich die Bedeutung des Managements in schwierigen Situationen eines Unternehmens. Natürlich dürfte es in den extremen Umbruchsituationen

[20] Dass dieser Effekt auch in seinem Ausmaß nicht unbedeutend war, zeigt eine Modellrechnung. Erhöht sich der Anteil der Ostdeutschen im Management von 80 auf 90%, dann erhöht sich gemäß der obigen Formel in Fn. 15 der Faktor, mit dem der Koeffizient zu multiplizieren ist, von 1.4500 auf 2.3136, und die Wahrscheinlichkeit eines friedlichen Verlaufs fast um das zweifache, da exp((2.3136-1.4500)*.7478)=1.9075.

sehr auf jeden einzelnen Manager ganz individuell angekommen sein und darauf, wie er seine Aufgabe ausfüllte. Dennoch scheint das Merkmal der Herkunft offensichtlich eine Grenzlinie der Legitimation von Managern in der betrieblichen Transformation zu beschreiben, jenseits der die Akzeptanz der Personen und der von ihnen vertretenen Maßnahmen so zurückgeht, dass betriebliche Konflikte nicht mehr so erfolgreich innerbetrieblich entkräftet werden konnten, wahrscheinlicher wurden und eher ausgetragen wurden.

Viele aus dem Westen kommenden Manager hatten im Osten keinen leichten Stand, waren sie doch aus ganz verschiedenen und teilweise der Belegschaft zweifelhaft erscheinenden Anlässen in ostdeutsche Betriebe gekommen. Das Wissen oder die Vermutung, dass ein aus Westdeutschland neu eingesetzter Manager vielleicht nur aus personalpolitischen Erwägungen heraus in dem Betrieb eingesetzt wurde, trug nicht eben zur Legitimation und zur Anerkennung der Manager in der Belegschaft bei. Und einige dieser personalpolitischen Maßnahmen, wie z.B. die Versetzung 'ausgedienter' Mitarbeiter, standen eben auch in keinem nach außen erkennbaren Zusammenhang mit der Eignung der betreffenden Person für ihre neue Aufgabe. Von solchen 'zweifelhaften' personalpolitischen Maßnahmen waren fast ausschließlich westliche Manager betroffen, ostdeutsche Manager hatten sich entweder direkt zu Beginn der Transformation von der Belegschaft legitimieren lassen oder waren - wenn sie erst in der Transformation in Managementpositionen aufgestiegen sind - aus einem großen Pool möglicher Kandidaten ausgewählt worden und zum weit überwiegenden Teil innerbetrieblich mobil gewesen. Sie hatten also eine ganz andere Legitimation als viele der 'importierten' Führungskräfte.

5 Ergebnisse der quantitativen Auswertungen

Insgesamt können also einige der oben dargestellten Thesen zur strukturellen, betrieblichen Bestimmtheit der Reproduktion und Zirkulation der managerialen Elite bestätigt werden. Den bedeutendsten positiven Einfluss auf einen niedrigen Anteil ostdeutscher Manager und damit auf eine stärkere Managerzirkulation hat die Herkunft des neuen Eigentümers. Westdeutsche Eigentümer besetzten die Managementpositionen eher mit Westdeutschen als ostdeutsche Eigentümer. Da drei der vier signifikanten Merkmale aus Modell 1 in Tabelle 1 einen positiven Zusammenhang mit der Abhängigkeit vom Mutterunternehmen aufweisen, kann dieses Merkmal, auch ohne selber in den multivariaten Modellen signifikanten Einfluss zu haben[21], bei der Interpretation der Ergebnisse helfen. Dies bedeutet doch, dass es eher große und vom Mutterunternehmen eher abhängige Unternehmen in westdeutschem Eigentum sind, die einen hohen Anteil aus dem Westen importierter Wirtschaftseliten haben. 'Personalimporte', so kann direkt gefolgert werden, halfen also, die Beziehung zum Mutterunternehmen und zum neuen Eigentümer zu stabilisieren - und eine gewisse Abhängigkeit herzustellen und aufrecht zu erhalten. Etwas überraschend ist dabei nur, dass dies nicht unbedingt die Unternehmen mit einem starken Personalabbau waren; der war in den unabhängigeren Unternehmen sogar noch stärker.

---

[21] Bivariat korrelierte es aber mit dem Anteil der ostdeutschen Manager (in der transformierten Variable) mit -.2220, p=.0242, n=103.

Besonders aufschlussreich ist der Zusammenhang mit innerbetrieblichen Konflikten. Bivariat besteht hier ein signifikanter Zusammenhang[22]. Ein Kausalzusammenhang zwischen betrieblichen Konflikten und der Zusammensetzung des Managements ist mit mehreren Erklärungsmechanismen und in beide Richtungen zu rekonstruieren und deswegen nicht eindeutig zu klären. Es spricht aber einiges dafür, dass sich die betrieblichen Konflikte weniger um alte Leiter als vielmehr um die Privatisierung selbst, dabei aber weniger um den tatsächlichen Personalabbau als um die Restrukturierungsmaßnahmen entsponnen hatten und eher unter einem westdeutschen als einem ostdeutschen Management offen zu Tage traten. Entscheidend für die Befriedung der ostdeutschen Betriebe in der Transformation wahren wohl weniger die Herkunft des Eigentümers und das Ausmaß der Veränderungen als vielmehr, von wem sie durchgeführt wurden und wie sehr das Unternehmen von dem neuen Eigentümer abhängig gemacht wurde.

Als entscheidendes Kriterium hat sich deswegen die Zusammensetzung der Manager nach ostdeutscher und westlicher Herkunft herausgestellt. Diese Unterscheidung korrespondiert nur bedingt mit derjenigen zwischen alten und neuen Eliten, da die ostdeutschen Manager sowohl einer alten als auch der neuen Elite zugerechnet werden können. Die obigen Beispiele machen deutlich, dass bei den ostdeutschen Managern weniger ihre Position vor der Wende die entscheidende Rolle spielte, als vielmehr die Anerkennung und der Respekt, den sie bei der Belegschaft genossen. Und den konnte ein Manager ebenso haben, wenn er schon vor der Wende Leiter war, wie wenn er neu ins Management aufgestiegen war; er konnte „sozial kompetenter 'Moderator' oder ... 'charismatischer Führer'„ sein (Deutschmann 2001: 78), einem westdeutschen Kollegen dagegen konnten diese Führungseigenschaften aber kaum zugeschrieben werden. Wenn wirklich Konfliktvermeidung ein wichtiger Maßstab für die Effizienz von Organisationsstrukturen ist (Titscher 1995), dann muss man konstatieren, dass unter stärker ostdeutscher Leitung die betrieblichen Strukturen auch - oder gerade - im Umbruch der Transformation effizienter arbeiteten. Auch der unter ostdeutschen Managern im Durchschnitt höhere Personalabbau in den Betrieben unterstreicht dies.

Diese Befunde können somit kaum die Vermutung entkräften, dass ostdeutsche Manager mit den neuen westlichen Eigentümern in einem impliziten Kontrakt standen, nach dem sie im Gegenzug für berufliche Erfolge für eine konfliktfreie und aus Eigentümersicht effiziente Privatisierung der ostdeutschen Betriebe sorgten. Immerhin die Hälfte der ostdeutschen Manager war in der Transformation beruflich aufgestiegen (Kulke 2004) und hatte damit berufliche Erfolge für sich verbuchen können, die angesichts der allgemein schwierigen Arbeitsmarktsituation eine gewisse Dankbarkeit, Loyalität und Verpflichtetheit gegenüber den Eigentümern und dann einen verstärkten Einsatz für deren Unternehmensziele durchaus befördert haben könnten. In den Personen der ostdeutschen Manager und ihrem Wirken konnte somit der offensichtliche Widerspruch zwischen einem friedlichen Transformationsverlauf und einem einschneidenden Personalabbau abgeschwächt werden.

[22] In den 22 Betrieben, in denen es zu Konflikten kam, lag der durchschnittliche Anteil der ostdeutschen Manager bei 75%, in den 88 anderen Betrieben bei 83%.

6 Die Bedeutung der ostdeutschen Erfahrung für den Kapitalismus: *managers matter*

Was bedeuten diese Befunde für die Diskussion um die aktuellen Wandlungen des Kapitalismus in Deutschland und Europa, die im Zentrum des vorliegenden Bandes stehen? Als ein wichtiges Ergebnis kann festgehalten werden, dass das Diktum '*management matters*' konkretisiert und auf Personen bezogen werden kann und sollte. '*Managers matter*' könnte die passende Formel für eine Betrachtungsweise sein, die in der ostdeutschen Transformation ebenso hilfreich ist wie sie ansonsten in der Forschung mit der dominanten Betrachtung des Managements als Prozess oder Institution vernachlässigt wird. Die obigen Ergebnisse zeigen, dass eine personenbezogene Analyse des Managements interessante und unser Verständnis der ostdeutschen Transformationsprozesse vertiefende Ergebnisse liefern kann. Es wurde deutlich, dass gerade in den Personen der Manager Momente liegen können, die wichtige innerbetriebliche Prozesse entscheidend beeinflussen können. Dabei muss es sich gar nicht um eine bewusst gewählte Management-Strategie handeln. Es könnte auch sein, dass sich die unterschiedlichen Erfolge in der Befriedung der Belegschaft zwischen ost- und westdeutschen Managern alleine durch - zugeschriebene oder tatsächliche - Eigenschaften in den Personen der Manager und durch den mit der Belegschaft gemeinsamen sozialen und kulturellen Hintergrund erklären lassen.

Es sind also keineswegs ausschließlich anonyme Markt- oder sonstige Triebkräfte, die in den ostdeutschen Betrieben zugange waren und die die zu privatisierenden Betriebe befriedeten und Belegschaften disziplinierten, sondern es sind ganz konkrete Personen mit angebbaren Eigenschaften, die dies leisteten. Dies alleine schon widerspricht den gängigen und vorherrschenden Deutungen des sich entwickelnden Kapitalismus, die eine „Anonymisierung von Herrschaft“ diagnostizieren und vor allem marktzentrierte Kontroll- und Herrschaftsmechanismen in den Vordergrund stellen (Dörre 2003: 18f.). Dass diese Strategien von Personen umgesetzt werden müssen, die dabei unterschiedlich erfolgreich sein können, wird dann leicht übersehen. Die Bedeutung individueller Akteure in der ostdeutschen Transformation wird noch dadurch unterstrichen, dass sich Neue Managementkonzepte im direkten Gefolge der Transformationsvorgänge zunächst dort so gut wie nicht etablieren konnten (Brinkmann 1996). Dies passt gut zu der stärkeren Bedeutung von Merkmalen von Personen bzw. Managern, spielen diese doch gerade weniger in markt- sondern mehr in macht- und autoritätsgesteuerten Organisationsformen eine größere Rolle.

Kann nun die ostdeutsche Erfahrung sinnvoll zur Kapitalismusdiskussion beitragen? Sieht man mit Dörre (2003) seit Ende der 90er Jahre einen *rollback* in der Entwicklung arbeitspolitischer Konzepte und eine Abkehr von partizipatorischen Leitlinien, dann könnten die Weichen in diese Richtung in Ostdeutschland gestellt worden sein. Insofern war der Osten vielleicht weniger die „Labormaus des Westens“ (Brinkmann 2003) in einer kontrollierten quasi-experimentellen Versuchsanordnung als vielmehr ein Ort der Rückbesinnung auf eine Zeit vor dem Nachfordismus. Als Rückkehr zum Fordismus kann diese Entwicklung aber nicht gedeutet werden, zu groß sind die Unterschiede in den ökonomischen und sozialen (Um-)welten der Betriebe. Die nahezu uneingeschränkte Markmacht der Unternehmenskäufer, die hohe Arbeitslosigkeit, die Ohnmacht der Beschäftigten, die Erosion des Flächentarifvertrages und schließlich der alles überwölbende neoliberale Diskurs stellen Rahmenbedingungen dar, die in Ostdeutschland vorlagen und die von der fordistischen Konfiguration abweichen.

Und dass die ostdeutsche Entwicklung so möglich wurde, ist nicht zuletzt dem Mitwirken der dort tätigen Manager zu verdanken, die den dort über Jahre hinweg im Zentrum der betrieblichen Entwicklungen stehenden Personalabbau (Brinkmann 2001, Pawlowsky und Willkens 2001) erstaunlich reibungslos durchführen konnten.

Weil die ostdeutschen Manager bei den friedlich über die Bühne gehenden Umstrukturierungen und Entlassungen offensichtlich erfolgreicher waren als ihre westdeutschen Kollegen bleibt als wesentlicher relevanter Befund für die Entwicklung kapitalistischer Wirtschaftsunternehmen, dass die Personen der Manager eine nicht zu unterschätzende Rolle spielen. Die widersprüchlichen Einstellungsmuster der ostdeutschen Manager werfen die Frage auf, was genau es an ihnen war, dass unter ihrem Management die Privatisierung konfliktfreier verlief. Unterschiede in den oben diskutierten führungsrelevanten Eigenschaften können im Grunde nicht ursächlich dafür sein, da die ostdeutschen Manager im Unterschied zu westdeutschen sogar Eigenschaften zeigen, die betriebliche Konflikte mit der Belegschaft eher befördern dürften. Es mag sein, dass andere, in der Forschung bisher nicht heraus gearbeitete Führungseigenschaften und -stile dafür verantwortlich sind, es ist aber auch gut vorstellbar, dass es schlichtweg die kulturelle und soziale Nähe zu den Menschen in den ostdeutschen Betrieben war, die gemeinsame Geschichte und Herkunft, die das für innerbetriebliche Prozesse so wichtige Vertrauen erst entstehen lassen konnte und die Belegschaft befriedete. Etwas verallgemeinernd könnte man dann vermuten, dass einheimische Manager offensichtlich besser als 'importierte' Manager in der Lage waren und sind, manche Ziele der Organisation und der Eigentümer durchzusetzen. Und diese Feststellung wiederum würde die Vermutung stärken, dass es sich bei der ostdeutschen Transformation doch um so etwas wie eine Kolonisierung mit der Etablierung einheimischer Herrscher im Sinne einer *indirect rule* gehandelt haben könnte.

Literatur

Albach, Horst und Rainer Schwarz (1994): Die Transformation des Humankapitals in den ostdeutschen Betrieben. Berlin: WZB.

Alt, Ramona und Rainhart Lang (1998): Wertorientierungen und Führungsverständnis von Managern in sächsischen Klein- und Mittelunternehmen. S. 247-271, in: Rainhart Lang (Hrsg.): Führungskräfte im osteuropäischen Transformationsprozeß. München und Mering: Rainer Hampp.

Beyer, Jürgen (1999): Unternehmensverflechtungen und Managerherrschaft in Deutschland. Leviathan 27: 518-536.

Boxman, Edward A. W., Paul M. De Graaf und Hendrik D. Flap (1991): The Impact of Social and Human Capital on the Income Attainment of Dutch Managers. Social Networks 13: 51-73.

Brinkmann, Ulrich (1996): Magere Bilanz: Neue Managementkonzepte in transformierten ostdeutschen Betrieben. S. 215-248, in: Markus Pohlmann und Rudi Schmidt (Hrsg.): Management in der ostdeutschen Industrie. Opladen: Leske + Budrich.

Brinkmann, Ulrich (2001): Von der Kaderabteilung zum Human Resource Management. S. 73-105, in: Peter Pawlowsky und Uta Wilkens (Hrsg.): Zehn Jahre Personalarbeit in den neuen Bundesländern. Transformation und Demographie. München und Mering: Rainer Hampp.

Brinkmann, Ulrich (2003): Die Labormaus des Westens: Ostdeutschland als Vorwegnahme des Neuen Produktionsmodells. S. 250-269, in: Klaus Dörre und Bernd Röttger (Hrsg.): Das neue Marktregime. Konturen eines nachfordistischen Produktionsmodells. Hamburg: VSA.

Brinkmann, Ulrich und Matthias Seifert (1998): Zum Stellenwert von Vertrauen und Mißtrauen im ostdeutschen Transformationsprozeß. S. 355-380, in: Rainhart Lang (Hrsg.): Führungskräfte im osteuropäischen Transformationsprozeß. München und Mering: Rainer Hampp.
Derlien, Hans-Ulrich (2001): Elitezrikulation zwischen Implosion und Integration. S. 53-76, in: Hans Bertram und Raj Kollmorgen (Hrsg.): Die Transformation Ostdeutschlands. Berichte zum sozialen und politischen Wandel in den neuen Bundesländern. Opladen: Leske + Budrich.
Deutschmann, Christoph (2001): Führungskräfte der Wirtschaft: Entzauberung einer Elite? S. 69-82, in: Jörg Abel und Hans Joachim Sperling (Hrsg.): Umbrüche und Kontinuitäten. Perspektiven nationaler und internationaler Arbeitsbeziehungen. Walther Müller-Jentsch zum 65. Geburtstag. München und Mering: Rainer Hampp.
Dörre, Klaus (2003): Das flexibel-marktzentrierte Produktionsmodell - Gravitationszentrum eines „neuen Kapitalismus“? S. 7-34, in: Klaus Dörre und Bernd Röttger (Hrsg.): Das neue Marktregime. Konturen eines nachfordistischen Produktionsmodells. Hamburg: VSA.
Gergs, Hans-Joachim und Markus Pohlmann (1998): Manager in Ostdeutschland. Peproduktion oder Zirkulation einer Elite. S. 87-128, in: Rainhart Lang (Hrsg.): Führungskräfte im ostdeutschen Transformationsprozeß. München und Mering: Rainer Hampp.
Glotz, Peter und Klaus Ladensack (1996): Ostdeutsches Management im Wandel. KSPW Graue Reihe 96 - 06.
Hentze, Joachim und Klaus Lindert (1992): Manager im Vergleich. Daten aus Ostdeutschland und Osteuropa. Arbeitssituation, Anforderungen und Orientierungen. Bern: Haupt.
Hoffman-Lange, Ursula (2000): Elite West - Elite Ost? Eliten in den alten und den neuen Bundesländern. Der Bürger im Staat 50: 203-210.
Höpner, Martin (2004): Was bewegt die Führungskräfte? Von der Agency-Theorie zur Soziologie des Managements. Soziale Welt 55: 263-282.
Kulke, Dieter (2004): Politisches Kapital, soziales Kapital und Humankapital in Ostdeutschland. Politisches Kapital, soziales Kapital und Humankapital der managerialen Elite in der Transformation der ostdeutschen Betriebe. Universität Trier. Trier.
Kulke, Dieter (2005): Politisches Kapital, soziales Kapital und Humankapital in Ostdeutschland. Die Bedeutung individueller Ressourcen und struktureller Einflussfaktoren für den Wandel des ostdeutschen Managements in der Transformation. München und Mering: Rainer Hampp.
Lang, Rainhart (1994): Führungskräfte in Ostdeutschland. Forschungsbericht zum Projekt SOKULT 92. Chemnitz und Zwickau: Technische Universität Chemnitz.
Lungwitz, Ralph und Evelyn Preusche (1999): Vom Mängelwesen zum Macher? Manager in Ostdeutschland als Gestalter einer leistungsfähigen Unternehmens- und Arbeitsorganisation. Arbeit 8: 341-356.
Lutz, Burkart und Holle Grünert (2001): Beschäftigung und Arbeitsmarkt. S. 133-162, in: Hans Bertram und Raj Kollmorgen (Hrsg.): Die Transformation Ostdeutschlands. Beiträge zum sozialen und politischen Wandel in den neuen Bundesländern. Opladen: Leske + Budrich.
Martens, Bernd und Matthias Michailow (2003): Ost- und westdeutsches Management im Vergleich. S. 13-56, in: Bernd Martens, Matthias Michailow und Rudi Schmidt (Hrsg.): Managementkulturen im Umbruch. Jena: SFB 580. Gesellschaftliche Entwicklungen nach dem Systemumbruch. Diskontinuität, Tradition und Strukturbildung.
Müller, Jürgen (1993): Auswirkungen der Privatisierung. S. 374-408, in: Wolfram Fischer, Herbert Hax und Hans Karl Schneider (Hrsg.): Treuhandanstalt. Das Unmögliche wagen. Forschungsberichte. Berlin: Akademie Verlag.
Offe, Claus (1994): Der Tunnel am Ende des Lichts. Erkundungen der politischen Transformation im Neuen Osten. Frankfurt am Main und New York: Campus.
Pawlowsky, Peter und Uta Willkens (Hrsg.) (2001): Zehn Jahre Personalarbeit in den neuen Bundesländern. Transformation und Demographie. München und Mering: Rainer Hampp.
Pohlmann, Markus C., Klaus-Peter Meinerz und Iris Wrede (1998): Rationale Organisation und Management. Der Prozeß „klassischer Modernisierung“ ostdeutscher Industriebetriebe. Soziale Welt 49: 355-374.

Pohlmann, Markus und Hans-Joachim Gergs (1997): Manager in Ostdeutschland. Reproduktion oder Zirkulation einer Elite. Kölner Zeitschrift für Soziologie und Sozialpsychologie 49: 540-562.

Runia, Peter (2002): Das soziale Kapital auf dem Arbeitsmarkt. „Beziehungen“ in Stellensuche, Personalrekrutierung und Beförderung. Frankfurt am Main: Peter Lang.

Schirmer, Frank (2003): Kommentar zu den Vorträgen. S. 57-59, in: Bernd Martens, Matthias Michailow und Rudi Schmidt (Hrsg.): Managementkulturen im Umbruch. Jena: SFB 580. Gesellschafliche Entwicklungen nach dem Systemumbruch. Diskontinuität, Tradition und Strukturbildung.

Schmidt, Rudi (2001): Restrukturierung und Modernisierung der ostdeutschen Industrie. S. 163-193, in: Hans Bertram und Raj Kollmorgen (Hrsg.): Die Transformation Ostdeutschlands. Beiträge zum sozialen und politischen Wandel in den neuen Bundesländern. Opladen: Leske + Budrich.

Schmidt, Werner (1996): Betriebliche Sozialordnung und ostdeutsches Arbeitnehmerbewußtsein im Prozeß der Transformation. München und Mering: Rainer Hampp.

Schreiber, Erhard, Matthias Meyer, Thomas Steger und Rainhart Lang (2002): Eliten in „Wechseljahren“. Verbands- und Kombinatsführungskräfte im ostdeutschen Transformationsprozess. München und Mering: Rainer Hampp.

Schultz-Gambard, Jürgen und Eva Altschuh (1993): Unterschiedliche Führungsstile im geeinten Deutschland. Zeitschrift für Sozialpsychologie 24: 167-175.

Schwarzer, Doris (1996): Arbeitsbeziehungen im Umbruch gesellschaftlicher Strukturen. Bundesrepublik Deutschland, DDR und neue Bundesländer im Vergleich. Stuttgart: Franz Steiner.

Solga, Heike (1996): Der Elitenimport nach Ostdeutschland. Transformationstypen und Veränderung in der Elitenrekrutierung. S. 89-109, in: Martin Diewald und Karl Ulrich Mayer (Hrsg.): Zwischenbilanz der Wiedervereinigung. Opladen: Leske + Budrich.

Solga, Heike, Martin Diewald und Anne Goedicke (1999): Ostdeutsche Erwerbsverläufe nach 1989: Die Verwertbarkeit individueller Handlungsressourcen. Vortrag auf der Tagung „Die unvollendete Einheit: Soziale Ungleichheit und Erwerbsbiographien in Ostdeutschland“ in Berlin

Titscher, Stefan (1995): Konflikte als Führungsproblem. Sp. 1329-1337, in: Alfred Kieser (Hrsg.): Handwörterbuch der Führung. 2., neugestaltete Auflage. Stuttgart: Schäffer-Poeschel.

Utsch, Andreas, Michael Frese und Rainer Rothfuß (1998): Ost- und westdeutsche Unternehmer im Vergleich. S. 149-158, in: Michael Frese (Hrsg.): Erfolgreiche Unternehmensgründer. Psychologische Analysen und praktische Anleitungen für Unternehmer in Ost- und Westdeutschland. Göttingen: Verlag für angewandte Psychologie.

Windolf, Paul (1984): Streik und Betriebsbesetzung bei Talbot (Peugeot). Die französische Industriepolitik in der Krise. WZB discussion papers IIMV 84 - 16. Berlin: WZB.

Windolf, Paul (1996): Die Transformation der ostdeutschen Betriebe. Berliner Journal für Soziologie 6: 467-488.

Windolf, Paul, Ulrich Brinkmann und Dieter Kulke (1999): Warum blüht der Osten nicht? Zur Transformation der ostdeutschen Betriebe. Berlin: edition sigma.

Windzio, Michael (2001): Organisationsökologie und Arbeitsmarktmobilität im sozialen Wandel. Zeitschrift für Soziologie 30: 116-134.

Karoline Krenn

Der Porsche-Einstieg bei VW und das „Modell Deutschland“ – Leben Totgesagte länger?

Einleitung

Durch Veränderungen an den Produktmärkten unter dem Druck internationaler Kapitalmärkte wandeln sich die Leitbilder erfolgreicher Unternehmensführung weg von einer Wachstumsorientierung hin zu einer Profitorientierung (Windolf 2005). Dieser global beobachtbare Prozess wird als Siegeszug des Shareholder-Value betrachtet. Streckenweise erscheint es, als würde die im 20. Jahrhundert vollzogene Trennung zwischen Eigentum und Kontrolle (Berle/Means 2002 [1932]) rückgängig gemacht. Neue „Eigentümer“ bedienen sich „alter“ institutioneller Steuerungsmechanismen, das „old boys network“ der Manager verliert am Markt für Unternehmenskontrolle an Einflussmöglichkeit.

Die Institutionen des Kooperativen Kapitalismus in Deutschland bleiben davon nicht unberührt. Die Zunahme internationaler Anleger auf deutschen Kapitalmärkten in den letzten Jahren ließ Stimmen lauter werden, die von einer Hybridisierung (Yamamura/Streeck 2003) oder gar Abwicklung der Deutschland AG sprechen (Streeck/Höpner 2003). Dies habe vielfältige Ursachen und habe sich nicht als radikaler Strukturwandel, sondern vielmehr als schleichender Wandel von Institutionen vollzogen. Zusammenhängend damit wird von der Erosion bestehender Koordinations- und Steuerungssysteme gesprochen. Angeführt wird unter anderem der Rückzug der Großbanken aus der Unternehmensfinanzierung. Die Banken lassen sich immer weniger für öffentliche Ziele instrumentalisieren. Daraus wird der Schluss gezogen, dass Deutschlands Sonderweg globalen Kräften nicht standhalten kann und nationale gesellschaftliche Interessen als Verlierer hervorgehen. Beispielsweise erklären Streeck/Höpner (2003) den Rückzug von Deutscher Bank und Allianz, dem Zentrum der deutschen Unternehmensverflechtung, mit der Tatsache, dass sich „in den internationalen Produkt- und Finanzmärkten der Gegenwart die Bedingungen einzelwirtschaftlicher Profitabilität für Finanzunternehmen andere geworden sind und ein Festhalten an der traditionellen Politik strategischer Beteiligungen den Übergang zu neuen, profitableren Kerngeschäften erschweren würde“ (Streeck/Höpner 2003: 42). Diese Diagnose wird auch auf andere Sektoren übertragen. Es wird eine Ablösung der interorganisationalen Form der Unternehmenskontrolle durch die externe Kontrolle des Finanzmarktes angenommen. In Anlehnung an Berle/Means (2002 [1932]) Formel der Trennung von Eigentum und Kontrolle charakterisiert Windolf die Unternehmensstrategien von Großaktionären als autonom und als nicht den Turbulenzen der Aktienmärkte unterworfen. Aktien von Unternehmen im Mehrheitsbesitz werden zu einem geringeren Anteil frei gehandelt. Investmentfonds indes sind keine Mehrheitsaktionäre, als Kollektiv jedoch strategische Akteure mit einem gemeinsamen Ziel: Profitmaximierung. Die zentrale These Windolfs ist nun, „dass die ‚neuen‘ Eigentümer der großen Aktiengesellschaften der operativen Logik der Finanzmärkte folgen müssen und daher versuchen, diese operative Logik in die Strategien des Management und in die internen Kontrollformen der Unternehmen zu transferieren" (Windolf 2005: 32).

Zugleich mit neuen Anreizsystemen (Gewinnbeteiligungen, Vorzugsaktien etc.) entstehen durch die Gewinnorientierung neue Kontrollmechanismen für das Management. Am Markt für Unternehmenskontrolle sind feindliche Übernahmen ein Drohmittel unter anderen, das die Gewinnerwartungen der Aktionäre erfüllen soll. Die Reorganisation des Streubesitzes in Fonds führt zu einer Neubündelung von Eigentum und Kontrolle (vgl. Deutschmann dieser Band).

Der globale Konvergenzdruck hat nachhaltige Konsequenzen auf die nationale Spielart des Kapitalismus (Hall/Soskice 2001). Nationale politische Vorstöße untermauern die Entwicklung und legitimieren die neue Machtverteilung über die Rechtsordnung.[23] Eine zentrale These lautet, dass die mit der Kapitalmarktorientierung einhergehende Freisetzung der Unternehmen von gesellschaftlichen Verpflichtungen ein irreversibler Prozess sei (Streeck/Höpner 2003). Mit dem Shareholder-Value ist eine Verschiebung der Ausrichtung von langfristiger Wachstumsorientierung hin zu kurzfristiger Gewinnmaximierung verbunden. Damit ist konsequenterweise auch eine Abwendung von der Workholder-Orientierung verknüpft. Die Belegschaft wird zunehmend unter Einsparungsgesichtspunkten und nicht mehr in erster Linie als Humankapitalträger betrachtet. Löhne konkurrieren global nach unten. In Anlehnung an die These von der Faktorpreisangleichung bedeutet das, dass die Nachfrage nach unqualifizierter Arbeit in den Hochlohn-Staaten sinkt (Freeman 1995). Dies hat je nach Regulierungsgrad des Arbeitsbeziehungssystems unterschiedliche Auswirkungen. In stark regulierten Systemen kommt es zu einem deutlichen Anstieg der Arbeitslosigkeit, da Arbeit, die einen geringen Qualifikationsgrad voraussetzt, in Niedriglohnländer verlagert wird. Komplementär dazu sinken die Löhne in weniger regulierten Nationalstaaten, was zu einer Lohnspreizung zwischen hoch und niedrig Qualifizierten und damit zu mehr sozialer Ungleichheit und Verarmung führt (empirische Belege hierfür finden sich beispielsweise bei Hall/Gingerich 2004: 22f).

Den Zwängen komparativer Kosten- und Leistungsvorteile begegnen die Stakeholder des Modells Deutschland spätestens zu dem Zeitpunkt, zu dem die diversifizierte Qualitätsproduktion allein nicht mehr wettbewerbsfähig genug ist, mit Entdiversifizierung, der Rückbesinnung auf das Kerngeschäft, der Auslagerung von Zulieferproduktion und nicht zuletzt, der Standortverlagerung (Jürgens 2004). Die Automobilbranche ist davon als eine der arbeitsintensivsten Branchen stark betroffen. Institutionelle Gegensteuerungsmaßnahmen wie u.a. die 1993 bei Volkswagen eingeführte 28h Woche stellten bereits damals einen Versuch dar, einen Mittelweg zwischen Wachstums- und Profitmotiv zu finden. Das Argument der Standortsicherung im Kontext der globalen Konkurrenz ist jedoch oft nur ein Instrument um Konzessionsbereitschaft zu erzielen und unbequeme Entscheidungen zu legitimieren. Auch auf der Ebene der Mitbestimmung bleibt das nicht ohne Auswirkungen. Dem offensichtlichen Widerspruch zwischen Kapitalmarktorientierung und Unternehmensmitbestimmung beispielsweise wird von Wirtschaftseite gehäuft mit der Infragestellung letzterer begegnet.

Das Interessante am Fallbeispiel der Porsche Beteiligung an Volkswagen ist nun gerade, dass dessen Analyse nicht in den Chor der Auflösungspropheten Miteinstimmen lässt.

[23] Beispielsweise sind hier die Veränderungen im deutschen Unternehmensrecht mit dem Gesetz zur Kontrolle und Transparenz im Unternehmensbereich (KonTraG, BGBl Teil 1/24 vom 30. April 1998, Artikel 1 S. 787 § 134 sowie Artikel 11 S. 793 § 5) zu nennen, welche die Möglichkeit für Stimmrechtsbeschränkungen begrenzen.

Wie auch an anderer Stelle argumentiert, ermöglichen Fallbeispiele „ein tieferes Verständnis der Logik und Dynamik von Zusammenhängen“ (Streeck/Höpner 2003: 34). Obgleich sich die Typizität oder Repräsentativität eines untersuchten Falles immer in Frage stellen lässt, werden darin Prozesse und Bewältigungsstrategien nachgezeichnet, die eine historische Kausalität haben. Kann auch nicht mit Sicherheit vorausgesagt werden, dass Einzelfälle neue Aggregatzustände schaffen, so helfen sie die Dynamik eines Feldes zu verstehen. Dies gilt insbesondere für Netzwerkstrukturen[24] wie in Deutschland, wodurch die Akteure sehr transparent füreinander agieren.

Das Volkswagen Modell repräsentiert das, wofür die Deutschland AG steht, wie kein anderes Unternehmen. Und vor der Folie des diagnostizierten Strukturwandels entwirft dieses Fallbeispiel eine positivere Sicht auf die zu erwartenden Veränderungen. Im weiteren Verlauf des Artikels wird hierzu zunächst die institutionelle Architektur des Kooperativen Kapitalismus skizziert, im Anschluss die Sonderrolle der Automobilbranche und insbesondere von Volkswagen dem Rahmen entsprechend kurz beschrieben, bevor die Ereignisse rund um die Porsche Beteiligung einer tiefer gehenden Darstellung und Analyse unterzogen werden. Der Artikel schließt mit einer Bewertung im Hinblick darauf, ob die bisherigen Anzeichen für das Ende des Kooperativen Kapitalismus zu vorschnellen Diagnosen verleitet haben oder wir nur Zeitzeugen des letzten Aufbäumens dieser Spielart des Kapitalismus sind.

Der Geist des Kooperativen Kapitalismus

Der Kooperative Kapitalismus, wie er hier in Anschluss an Windolf/Beyer (1995) verstanden wird, setzt sich aus einem Bündel ineinander verzahnter Institutionen zusammen, die einer übergreifenden Logik der Marktregulierung folgen (u.a. Schmoller 1906; Windolf/Beyer 1995). Kapitalverflechtungen mit hoher Bankbeteiligung, Personenverflechtungen über Aufsichtsratmandate und ein auf Mitbestimmung beruhendes Arbeitsbeziehungssystem ermöglichen den Stakeholdern hohe Koordinations- und Steuerungsfähigkeit. Streeck/Höpner (2003: 38) bezeichnen das deutsche System auch als „Unternehmenskontrolle auf Gegenseitigkeit“. Kapital- und Personenverflechtungen überlappen sich, was eine gezielte wechselseitige Kontrolle und Koordinationsfähigkeit nach sich zieht. Mehr noch, die Unternehmen folgen einer Logik loyaler Kooperation an der Stelle von Konkurrenz. Auch die Industriellen Beziehungen sind nach dem Kooperationsprinzip geregelt. Der Interessensausgleich der korporatistischen Akteure wird im Rahmen staatlich legitimierter Institutionen kollektiv abgewickelt. Tarifvertragsvereinbarungen, Betriebsräte und Unternehmensmitbestimmung sind schließlich die Säulen des deutschen Arbeitsbeziehungssystems. Auf diesem durchgehenden Prinzip der wechselseitigen Verpflichtung beruht die Bezeichnung Kooperativer Kapitalismus.

Ein für das vorliegende Fallbeispiel weiteres zentrales Merkmal der „Deutschland AG“ ist eine stark konzentrierte auf Mehrheitsbesitz basierende Eigentümerstruktur. Im internationalen Vergleich weist Deutschland den mit Abstand größten Anteil von Unter-

[24] Unternehmensnetzwerke in Form von Personal- und Kapitalverflechtungen sind ganz zentrale Koordinationsmechanismen des deutschen Produktionsregimes und funktionale Äquivalente zum Markt für Unternehmenskontrolle (Windolf/Beyer 1995; Hall/Soskice 2001).

nehmen unter der Kontrolle eines Mehrheitsaktionärs auf (Windolf 2002), wie aus folgender Übersicht ersichtlich wird.

Tabelle 1: Eigentumskonzentration an größten nationalen Unternehmen (Mitte der 1990er Jahre)

Aktienanteile im Besitz	Verteilung (%)					
	G	**F**	**US**	**UK**	**CH**	**NL**
- 4.9	9.5	37.3	95.0	48.6	17.8	23.7
5-9.9	7.8	14.2	3.5	31.0	17.6	30.0
10-24.9	17.8	15.1	1.4	10.5	17.9	9.6
25-49.9	13.9	9.4	0.1	2.6	15.6	10.1
50-74.9	12.9	8.1.	-	2.4	8.0	6.8
75+	38.1	15.8	-	4.9	23.1	19.7
N=100%	*821*	*1224*	*5925*	*1859*	*614*	*603*

Quelle: Windolf (2002: 38).

Von den 821 größten Unternehmen Mitte der 1990er Jahre befinden sich 38, 1% im Besitz eines Aktionärs, der 75% und mehr Unternehmensanteile hält. Über die Hälfte aller Unternehmen haben einen Eigentümer mit 50% Aktienanteilen und mehr, fast 70% der Unternehmen einen Mehrheitsaktionär mit 25% und mehr Aktienanteile. Zum Vergleich, in den USA sind 95% aller Unternehmen im Aktienbesitz von Eigentümern, die unter 5% Unternehmensanteile halten.

Deutschland unterscheidet sich von anderen kapitalistischen Systemen nicht nur hinsichtlich der Eigentumskonzentration, sondern insbesondere auch hinsichtlich der Eigentümertypen. Die anteilsmäßig häufigsten Eigentümer sind (nationale) Unternehmen und Finanzinstitute, gefolgt von Familienaktionären. Internationale Kapitalverflechtungen, Fonds und entgegen der geläufigen Auffassung auch der Staat spielen zum Zeitpunkt der Untersuchung Mitte der 1990er Jahre eine untergeordnete Rolle. Im internationalen Vergleich zeigt sich darüber hinaus, dass der Gegensatz zur US-amerikanischen Eigentümerstruktur am Ausgeprägtesten ist (Windolf 2002). In den USA werden 71.5% der Aktien der 1225 größten Unternehmen von Fonds kontrolliert. In Deutschland sind es gerade einmal 2,8%. Großunternehmen, Großbanken und Familienkapitalisten nehmen als Eigentümer gesellschaftliche Verpflichtungen und Steuerungsfunktionen wahr, werden resp. bei Versagen durch staatliche Interventionen daran erinnert. Stärker noch als Deutschland (und Frankreich) ist die Schweiz das Mekka der Familienkapitalisten. Gut ein Drittel aller Unternehmensanteile befinden sich dort im Besitz von Familien und Privatpersonen.

Tabelle 2: Eigentümertypen an Unternehmen

	G	F	US	UK	CH	NL
Privatpersonen	18.9	18.0	1.8	10.1	31.1	8.3
Unternehmen						
national	36.1	17.0	0.1	7.3	18.4	11.8
international	11.7	16.0	0.5	7.0	12.9	20.8
Finanzunternehmen						
Banken	10.8	16.3	20.4	10.2	9.0	8.0
Versicherungen	10.6	10.4	5.7	18.8	2.8	28.9
Fonds	2.8	8.4	71.5	44.6	18.3	18.3
Öffentlich	9.1	7.5	-	2.0	7.5	4.1
Eigenkontrolle	-	2.7	-	-	-	-
Arbeitnehmer	-	3.7	-	-	-	-
N= 100%	*821*	*1224*	*5925*	*1859*	*614*	*603*

Quelle: Windolf (2002: 39).

Aus Tabelle 1 und 2 wird deutlich, dass die Eigentumskonzentration, das Übergewicht von Mehrheitsaktionären gegenüber in Streubesitz befindlichen Unternehmensanteilen, ein spezifisch deutsches Merkmal ist. Verbunden mit der Kopplung von Kapital- und Personalverflechtungen wird durch diese Logik der institutionellen Herrschaftsabsicherung ein weiteres Koordinationsproblem gelöst. Streubesitz gilt als „Einfallstor für feindliche Übernahmen“ und damit die Eigentumskonzentration als Schutzwall gegen unerwünschte Fremdkontrolle (Windolf 1994: 82). Feindliche Übernahmen werden in Abgrenzung zu angelsächsischer Unternehmenskultur nicht als marktbereinigende Kräfte und damit als wünschenswert, sondern als Bedrohung für den nationalstaatlichen Regulierungsrahmen betrachtet. Abwehrmaßnahmen gegen feindliche Übernahmen erfahren daher politische und gesellschaftliche Legitimation.

Im Mittelpunkt der vorliegenden Untersuchung steht eine kritische Auseinandersetzung mit der Ankündigung eines sich abzeichnenden fundamentalen Wandels in der Eigentümerstruktur deutscher Unternehmen, ausgelöst durch eine neue Stufe evolutionäre Entwicklung hin zu einem globalen Finanzmarkt-Kapitalismus (Windolf 2005). „Neue Eigentümer“ (Investmentfonds, Kapitalgesellschaften etc.) zwingen demzufolge „alte“ kooperative Steuerungsmechanismen zu einer Übernahme der operativen Logik der Finanzmärkte. Als Prognose formuliert:

> (1) Die Eigentümerstrukturen verschieben sich zugunsten institutioneller Anleger und es ist ein Rückzug von Mehrheitsaktionären beobachtbar. Die Logik der Kooperation wird von einer Profitlogik abgelöst.

Alternative Erklärungsansätze für institutionelle Wandlungsprozesse des Kapitalismus gibt es im Rahmen der Corporate Governance-Forschung (vgl. Lütz in diesem Band). Betrachtet man Produktionsregime als Resultat Institutionen bündelnder Entwicklungspfade, und die bisherigen Ausführungen über den Kooperativen Kapitalismus legen diesen Schluss nahe, so lassen sich darin nicht ohne weiteres Mechanismen einbauen, die einer gegensätzlichen Logik folgen. Selbst unter der Annahme, dass eine Orientierung am Proftitmotiv unausweichlich wird, sind pfadabhängige Entwicklungen wesentlich empfänglicher gegenüber inkrementellen Veränderungen, in welchen funktionell äquivalente Strukturen zum Zuge kommen. Hieraus lässt sich für die Entwicklung der Eigentümerstruktur in der Deutschland AG folgende alternative Prognose ableiten:

> (2) Es werden funktionelle Äquivalente zur „operativen Logik der Finanzmärkte" innerhalb bestehender Eigentümerstrukturen ausgebildet. Und die Profitlogik wird in eine Logik der Kooperation integriert.

Diese zwei Thesen bilden die Folie, vor welcher die Veränderungen in der Automobilbranche und insbesondere die Porsche Beteiligung an Volkswagen nun im Folgenden interpretiert werden sollen.

Die Automobilbranche. Ein Musterfall des Modells Deutschland

Die Automobilbranche galt für das Modell Deutschland lange Zeit hinweg als Beispiel par excellence. Dies kann auf dreierlei Ursachen zurückgeführt werden (Jürgens 2004). Zum ersten hatte die Branche eine Vorreiterrolle in Bezug auf Organisationsstrukturen und Produktstrategien. Hierauf beruht auch die treffende Bezeichnung als diversifizierte Qualitätsproduktion (Sorge/Streeck 1988). Zum zweiten hatte die deutsche Automobilindustrie bezogen auf ihren Anteil an Umsatz und Beschäftigen eine herausragende Bedeutung für die Volkswirtschaft. In keinem anderen Land waren diese Anteile vergleichsweise hoch. Noch im Jahr 2000 sind 11,7% aller Beschäftigten in der Fertigung in der Automobilbranche tätig. Ferner wird dort 18,2% des Umsatzes in der Fertigung erwirtschaftet. Gemessen am Umsatz hat in Deutschland die Automobilbranche im internationalen Vergleich das größte Gewicht, jedoch auch die höchsten Lohnkosten. Nur ein Bruchteil der Unternehmen sind Aktiengesellschaften (24 von knapp 3700), und acht aus diesen 24 erwirtschaften 90% des Umsatzes (VDA 2001).

Als drittes Argument für den Modellcharakter der deutschen Automobilindustrie ist deren gemessen an Wachstum und Beschäftigung international einmalige „Erfolgsgeschichte" zu nennen (Jürgens 2004). Die deutschen Automobilhersteller sind die Vorzeigeunternehmen der Deutschland AG. Sie demonstrieren, dass hohe Löhne und starke Gewerkschaften sich unter dem Schutz konzentrierter Eigentümerstrukturen in nationale Wettbewerbsvorteile transformieren lassen.

Vor der Folie des japanischen Systems, das die Kriterien diversifizierter Qualitätsproduktion auf ähnlich hohem Niveau nur unter ungleich günstigeren Kostenbedingungen erfüllt, entwickeln sich die Produktionskosten zu Beginn der 1990er Jahre jedoch zum zentralen Angriffspunkt. Nunmehr setzen sich Lean Production Konzepte im Management deutscher Automobilhersteller durch. Und folglich kommt es zu deutlichen Beschäftigungsrückgängen im Sektor (vgl. Jürgens 2004: 417). Dies trifft in erster Linie Auszubildende und ungelernte Arbeiter, der Anteil der Hochqualifizierten kann hingegen einen weiteren

Anstieg verzeichnen. Zugleich setzt sich die Diversifizierung von Produktvarianten weiter fort. Outsourcing international nicht wettbewerbsfähiger Produktionsprozesse bei gleichzeitiger Spezialisierung auf Produktentwicklung und Vermarktung beschreibt eine branchenübergreifende Unternehmensstrategie in den entwickelten kapitalistischen Staaten dem fortschreitenden Druck der Globalisierung zu begegnen. Auch das Herz des Modells Deutschland, die Automobilbranche, bleibt davor nicht verschont.

Die Grundausrichtung der Unternehmenspolitik im Kooperativen Kapitalismus liegt bislang im Unternehmenswachstum und in Beschäftigungssicherung anstatt im Profitabilitätswachstum. Für die Automobilbranche und insbesondere Volkswagen als Modell ist die Workholder Orientierung ein Schlüsselkonzept. Das Fundament ihrer industriellen Produktion ist die hochqualifizierte Facharbeiterschaft. Die neo-korporatistische Regulierung der Arbeitsbeziehungen hat Mitte der 1990er Jahre ihre erste kritische Bewährungsprobe zu bestehen (Jürgens 2002). Wachstumseinbußen, Konjunkturflauten einerseits sowie Strukturveränderungen im kapitalistischen System andererseits setzen die Automobilindustrie unter Druck. Eine stärkere Orientierung am Shareholder-Value wird angesichts der Bedrohung durch feindliche Übernahmen für Unternehmen mit einer niedrigen Kapitalausstattung zu einer Frage des Überlebens. Hohe Aktienanteile in Familien- bzw. Staatsbesitz haben die Autohersteller bisher vor unmittelbarem Kapitalmarktdruck bewahrt. Doch die wachsende Kritik an der Corporate Governance Policy der Unternehmen insbesondere von Seiten institutioneller Anleger hat diesen Druck verstärkt. Diese Entwicklung folgt soweit der angedeuteten Hinwendung zum Finanzmarkt-Kapitalismus. Ein von Ulrich Jürgens unternommener Vergleich der Unternehmensstrategien vier europäischer Automobilhersteller (Fiat, PSA, Renault und VW) überrascht indes mit dem Ergebnis, dass nicht die Shareholder-Value Orientierung die Unternehmen zu Gewinnen zwingt, sondern, umgekehrt, die Unternehmen mit einer höheren Wertentwicklung weniger unter dem Druck der Finanzmärkte stehen (Jürgens et al. 2002: 79). Im diesem Ranking steht Volkswagen bei der Shareholder-Value Orientierung an letzter, bei der Wertentwicklung an erster Stelle.

Die nun folgende Gegenüberstellung der sechs traditionellen deutschen Automobilhersteller betrachtet die Entwicklung derer Eigentümerstruktur zwischen 1995 und 2005. Die Unternehmensdaten wurden den Handbüchern der deutschen Aktiengesellschaften entnommen (Hoppenstedt 1995; Hoppenstedt 2000; Hoppenstedt 2005). Von den sechs Unternehmen sind zwei, Audi und Opel, (beinahe) 100%ige Tochterunternehmen anderer Automobilhersteller. Bei Porsche sind alle stimmberechtigten Aktien im Familienbesitz. BMW hat erst für das Vergleichsjahr 2005 eine transparente Aktionärsstruktur veröffentlicht, so dass nur die Volkswagen AG und Daimler Chrysler für einen Vergleich bleiben.[25] Beide Unternehmen haben seit 1995 ihre in Streubesitz befindlichen Unternehmensanteile um die Hälfte reduziert.

[25] Im Falle von BMW blieb eine diesbezügliche Kontaktaufnahme mit dem Unternehmen ohne Ergebnis.

Tabelle 3: Eigentümer an Automobilherstellern - Deutschland 2005

Automobil-Hersteller	Industrie-Unternehmen	Finanz-Unternehmen	Familien, Privat-personen	Staat	Institutionelle Investoren	Streubesitz
	Vergleich in % Aktienanteilen					
VW	32%* (davon 13% Selbstkontrolle)	-	-	18%	11%	40%
BMW		2%	47%			51%
DaimlerChrysler		10%		7%	53%	29%
Porsche	-	-	100%	-		-
Audi	99% °					1%
Opel	100% °°	-	-	-	-	-

* Davon entfallen seit 09.2005 in etwa 18,5% auf die Porsche AG, 13% werden von der Volkswagenbeteiligungsgesellschaft in Selbstkontrolle gehalten. Vor der Porsche Beteiligung waren 58% der VW Aktien in Streubesitz.
° Audi ist zu 99% eine Tochtergesellschaft von Volkswagen.
°° Opel ist zu 100% eine Tochtergesellschaft von General Motors.
Quelle: Hoppenstedt 2005.

Die Eigentumsverhältnisse entwickeln sich im Einzelnen sehr heterogen. Deutsche Automobilhersteller sind nach wie vor zum überwiegenden Teil im Mehrheitsbesitz. Die Entwicklung weist in Richtung einer verstärkten Bündelung von Unternehmensanteilen. Bei Daimler Chrysler sind es institutionelle Anleger, die das Ruder übernehmen, bei gleichzeitigem Rückzug der Deutschen Bank (deren Aktienanteil schrumpft von 24% auf 10% seit 1995), es kommt zu einer Öffnung in Richtung der Finanzmärkte. Im Falle der Porsche Beteiligung an Volkswagen kommt es zu einer Kapitalverflechtung innerhalb der Branche, damit also zu einer Fortsetzung der „traditionellen Politik strategischer Beteiligungen“.

Tabelle 4: Eigentümer an Automobilherstellern - Deutschland 1995

Automobil-Hersteller	Industrie-Unternehmen	Finanz-Unternehmen	Familien, Privatpersonen	Staat	Institutionelle Investoren	Streubesitz
	Vergleich in % Aktienanteilen					
VW	-	-	-	19%	-	81%°°°
BMW	-	-	ca. 50%	o.A.	o.A.	o.A.
Daimler		24%		13%		63%
Porsche	-	-	100%	-		-
Audi	99% °					1%
Opel	100% °°	-	-	-	-	-

° Audi ist zu 99% eine Tochtergesellschaft von Volkswagen.
°° Opel ist zu 100% eine Tochtergesellschaft von General Motors.
°°° Zu diesem Zeitpunkt wurden Unternehmensanteile unter 5% unter Streubesitz gereiht. Eine weitere Aufschlüsselung war auch im Zuge telefonischen Nachfragens nicht möglich.
Quelle: Hoppenstedt 1995.

Vergleicht man im Weiteren die Entwicklung von Umsatz- und Beschäftigtenzahlen im selben Zeitraum (siehe Tab. 5), zeigt sich, dass nur VW, Audi und Porsche eine kontinuierliche Wachstumstendenz aufweisen. Dies sind jene Unternehmen, die sich in Mehrheitsbesitz befinden. Der auffallende Anstieg bei Daimler Chrysler erklärt sich durch den Zusammenschluss von Daimler-Benz mit Chrysler im Jahr 1998. In Verbindung mit den Veränderungen in der Eigentümerstruktur ist die aktuelle Entwicklung bemerkenswert. Sie weist in Bezug auf Wachstum in eben jene Richtung, die Jürgens angedeutet hat (Jürgens et. al. 2002). Es emanzipieren sich jene Automobilhersteller vom Druck institutioneller Anleger, die deren Vorgaben erfüllen könnten.

Tabelle 5: Wachstumszahlen 1995 -2005 (Konzern)

	Umsatzhöhe	**Beschäftigtenzahl**	**Aktienkapitalhöhe**
VW	*+ 196%*	*+ 29%*	*+ 31%*
BMW	*+ 186%*	*+ 44%*	*+ 49%*
Daimler°	*+ 179%*	*+ 1%*	*+ 105%*
Porsche	*+ 357%*	*+ 67%*	*+ 30%*
Audi*	*+ 200%*	*+ 40%*	*+ 2%*
Opel	*+ 13%*	*+ 59%*	*+ 40%*

* Es stehen Unternehmensdaten und keine Konzerndaten zur Verfügung.
° Der Anstieg im Wert erklärt sich u.a. durch den Zusammenschluss von Daimler und Chrysler im Jahr 1998.
Quelle: Hoppenstedt 1995 und 2005.

Als weitere Größe kann die Kapitalintensität, also der Kapitaleinsatz je Beschäftigtem, herangezogen werden. Diese verdeutlicht das Einsatzverhältnis der Produktionsfaktoren Kapital und Arbeit. Eine niedrige Kapitalintensität ist ein Beleg für eine arbeitsintensive Produktion. Im globalen Wettbewerb ist sie daher die offene Wunde der deutschen Automobilhersteller. Insbesondere trifft dies auf Volkswagen zu. Der größte europäische Automobilhersteller weist kontinuierlich die niedrigste Kapitalintensität auf. Im Zusammenhang mit der hinter den Erwartungen zurückbleibenden Profitabilität wird daraus die Notwendigkeit der Reduktion der Produktionskosten abgeleitet. Trotz Gewinnsteigerungen im Jahr 2005 bleiben die Kapitalrendite von 2,6% und die Umsatzrendite von 2,9% von Volkwagen deutlich unter den Renditezielen. Und Unternehmen mit geringer Profitabilität sind am Kapitalmarkt willkommene Übernahmekandidaten.

Abbildung 1: Kapitalintensität deutscher Automobilhersteller 1995 -2005

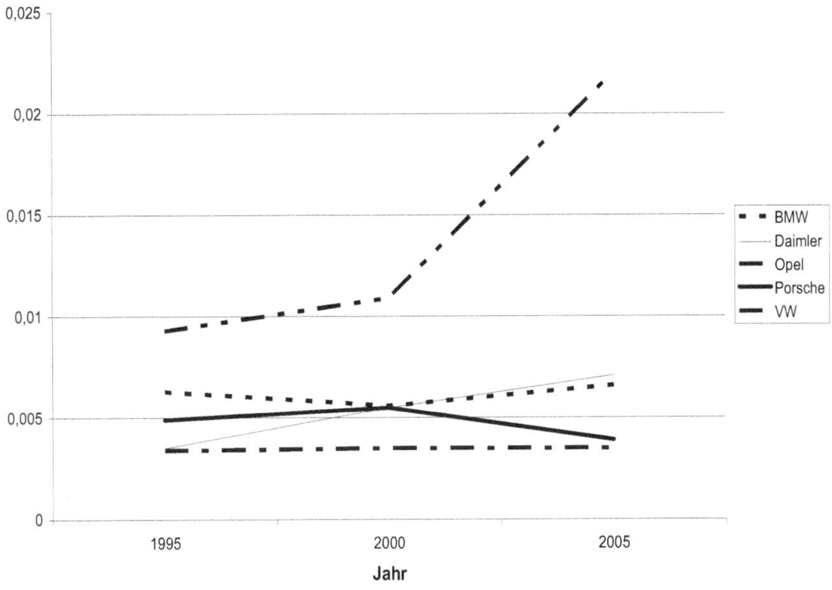

Datenquelle: Hoppenstedt 1995-2005.

Die höchste Kapitalintensität unter den deutschen Automobilherstellern weist Opel auf. Das Tochterunternehmen von General Motors hat sein Aktienkapital im Untersuchungszeitraum über 40% erhöht, während der Anteil der Beschäftigten um denselben Wert zurückging. Porsche hingegen, der im Augenblick weltweit profitabelste Automobilhersteller, hat sein Aktienkapital von € 35 Millionen auf € 45, 5 Millionen, also etwa um 30% erhöht und parallel dazu die Beschäftigtenzahl um mehr als 60% über den Ausgangswert gesteigert. Die sinkende Kapitalintensität von Porsche spiegelt damit auch eine klare Workholder Orientierung wider. Und sie weist darauf hin, dass sich letzteres und Profit, zumindest in diesem speziellen Nischensegment, nicht ausschließen müssen.

Volkswagen und die Porsche Beteiligung

Strategische Zusammenschlüsse und Allianzen von Automobilherstellern sind sowohl national als auch international nicht außergewöhnlich (vgl. BMW und Rover 1994, Daimler-Benz und Chrysler 1998, Renault und Nissan 1999, Fiat und General Motors 2000 u.a.). Bemerkenswert ist allerdings, dass mit Porsche und Volkswagen zwei Unternehmen eine Allianz eingehen, die in Wachstums- und Workholder-Orientierung bisher eine diametrale gegensätzliche Richtung dazu einschlagen, worüber Mutmaßungen über die Abwicklung der Deutschland AG spekulieren lassen.

Unter den deutschen Automobilherstellern nimmt Volkswagen nochmals eine Sonderrolle ein. Die Volkswagen AG ist nicht nur der größte europäische Automobilhersteller und eines der bekanntesten deutschen Traditionsunternehmen des 20. Jahrhunderts, das

Volkswagen-Modell steht repräsentativ für die Deutschland AG. Das Verhältnis zwischen Vorstand, betrieblichen und gewerkschaftlichen Arbeitnehmervertretern und Landespolitikern ist eng und am verbindlichen Interessensausgleich ausgerichtet. Mit einem Haustarifvertrag 20% über Branchenniveau, über 95% Organisationsgrad der Arbeitnehmer in der IG-Metall und mit IG Metall Chef Jürgen Peters als Arbeitnehmervertreter im Aufsichtsrat ist das deutsche Mitbestimmungsmodell par excellence beschrieben. Kooperation ist dabei ein Prinzip ersten Ranges.

Die Eigentümerstruktur von Volkswagen ist wesentlich durch das VW-Gesetz von 1960 geregelt, in welchem die Volkswagenwerk GmbH in eine Aktiengesellschaft umgewandelt wurde. Darin wurde ferner als Schutz vor potentiellen Übernahmen des Unternehmens, das schon damals[26] eine ausgeprägte und wohlgemerkt unter dem Nazi-Regime äußerst fragwürdige Identifikationsrolle für Deutschland einnahm, eine Höchststimmrechtsbeschränkung festgelegt (BGBl. I 1960, S. 585 §2).[27] Kein Aktionär, gleichgültig wie hoch sein Aktienanteil ist, darf danach mehr als 20% der Stimmrechte ausüben. Bis Herbst 2005 war VW im Mehrheitsbesitz des Landes Niedersachsen, welchem die Entsendung zweier Aufsichtsratsmitglieder gesetzlich zugesichert ist. Gegen die Rechtmäßigkeit des VW-Gesetz gab es bereits mehrfach rechtliche Anfechtungen, seit März 2005 liegt dazu eine Klage beim EuGH vor.

Welche Auswirkungen die zunehmende Bedeutung der Kapitalmärkte und Shareholder-Value Orientierung auf die Unternehmensverfassung von VW haben, diese Frage stellt sich bereits am Übergang der Ära Piëch zur Ära Pischetsrieder im Jahr 2002 (Jürgens 2002). Jürgens gelangt zu der Auffassung, dass damals dieser Wandel keine fundamentalen Veränderungen der Corporate Governance Struktur von VW ausgelöst hat. Dass nun die Porsche AG, kleinster deutscher und weltweit profitabelster Automobilhersteller, der größte Anteilseigner an Volkswagen ist, das kommt allerdings mehr als überraschend, insbesondere deswegen, weil dieser Schritt gegenläufig zum prognostizierten Trend der Kapitalmarktentwicklung verläuft.

Die Beteiligung

Volkswagen ist im Frühsommer 2005 kontinuierlich mit negativen Schlagzeilen und Enthüllungen der Korruptionsaffäre um Tarnfirmen und Lustreisen von Betriebräten in der Presse präsent. Als durch eine Vorabmeldung des Spiegels der konspirativ vorbereitete Coup des Einstiegs von Porsche bei Volkswagen als Mehrheitsaktionär am 24. September 2005 vorzeitig in die Öffentlichkeit dringt, ist die Überraschung groß.

Politiker wie der damalige Bundeskanzler Schröder sowie Niedersachsens Ministerpräsident Wulff begrüßen die Entwicklung und sehen darin eine erfolgreiche Sicherung des Unternehmensstandortes Deutschland (Hawranek 2005). Gewerkschaftsvertreter schließen sich diesem Standpunkt an. Im Lichte der unmittelbaren Reaktion auf Bekanntwerden der Beteiligung erscheinen alle Stakeholder darüber miteinander überein zu stimmen, dass es

[26] Der VW-Käfer galt lange Zeit hinweg als *das* Symbol für das deutsche Wirtschaftswunder.

[27] „§ 2 Stimmrecht, Stimmrechtsbeschränkung: (1) Gehören einem Aktionär Aktien im Gesamtnennbetrag von mehr als dem fünften Teil des Grundkapitals, so beschränkt sich sein Stimmrecht auf die Anzahl von Stimmen, die Aktien im Gesamtbetrag des fünften Teils des Grundkapitals gewähren."

sich bei diesem Schritt um eine globale Stärkung des Modells Deutschlands handeln muss. Die Deutschland AG gibt folglich wieder Herztöne von sich.

In Presseberichten versichern Porsche Vertreter, dass der Einstieg bei VW eine strategische Entscheidung bei einer hohen Gewinnerwartung gewesen ist (so Wiedeking im SZ Interview, siehe Hawranek/Mahler 2005: 21). Die Personalverflechtung durch die Person Ferdinand Piëchs', dem langjährigen Vorstandsvorsitzenden und nunmehrigen Aufsichtsratvorsitzenden von VW und zugleich Enkel des Porsche Gründers und VW-Käfer Konstrukteurs Ferry Porsche und Miteigentümer am Familienunternehmen, und die Produktverflechtung (in Bezug auf die Modelle Touareg und Cayenne) zwischen Porsche und Volkswagen werden erweitert um eine Beteiligung. Ein zentraler Ausschlagspunkt sind für Porsche Synergieeffekte im technischen Know How. Wendelin Wiedeking bezeichnet die „geordnete Zusammenarbeit mit VW" als „Systemsprung", der die Konkurrenten im Luxusmarktsegment beunruhigen soll. Gegenüber der Porsche Hauptversammlung am 27. Januar 2006 verteidigt er den Schritt mit den gewaltigen Einsparpotenzialen für die Bereiche Technologie und Entwicklung und den gemeinsamen Einkauf. Die bestehenden Kooperationen zwischen VW und Porsche seien durch die mit der zu erwartenden Aufhebung des VW Gesetzes durch den EuGh verbundene Drohung feindlicher Übernahmen von VW gefährdet gewesen.[28]

Die nach außen getragenen Motive von Porsches Vorstandsvorsitzendem Wiedeking weisen jedoch nicht nur in Richtung strategischer Entscheidungen und rationalen Kalküls der Investitionskontrolle, sie entspringen, so erscheint es kontinuierlich, dem Geist eines Kooperativen Kapitalismus. Im Spiegelinterview (Hawranek/Mahler 2005) nennt Wiedeking jene zentralen Merkmale als Beweggründe, durch die weiter oben die Deutschland AG charakterisiert wurde: eine industrielle Logik der vertrauensbasierten Kooperation und des *joint development*, keine Logik des Finanzmarktes. Aussagen wie „Wir stehen für den Standort Deutschland" und der Verweis auf eine „deutsch-deutsche industrielle Lösung" signalisieren ein Bekenntnis zu eben jenem kooperativen Kapitalismus, der bereits in Abwicklung befunden wurde (Streeck/Höpner 2003). Die Haltung zu feindlichen Übernahmen und ihre Abwehr als sich selbsterklärende Legitimation passen hervorragend in dieses Bild.

> **Wiedeking:** Es ist etwas passiert, was man normalerweise nicht erwartet – David steigt bei Goliath ein und nicht umgekehrt. Aber uns geht es zurzeit gut. Die anderen haben eine Schwächephase. Das Zeitfenster am Kapitalmarkt war ideal. Da haben wir eben zugeschlagen. Wir waren bei vielen doch gar nicht auf dem Radarschirm. Garantiert haben wir einigen Investmentbankern einen möglichen Deal zerschlagen. Als wir kauften, haben viele andere auch gekauft, und zwar in großem Umfang und zu Preisen, die wir nie hätten zahlen wollen.
> **Spiegel:** Sie meinen, dass andere gerade dabei waren, bei VW feindlich einzusteigen?
> **Wiedeking:** Ganz sicher war das so. Das haben wir verhindert. Herr Wulff und der gesamte Aufsichtsrat sowie der Vorstandsvorsitzende Pischetsrieder waren seit Jahren damit beschäftigt, große Investoren zu finden, um sich vor einer feindlichen Übernahme zu schützen.
> (zitiert nach Hawranek/Mahler 2005: 86)

In seiner Rede auf der Porsche Hauptversammlung richtet sich Wiedeking insbesondere an die Finanzinvestoren. Der Vorstandschef des weltweit profitabelsten Automobilherstellers spricht sich gegen eine Erklärung der Profitorientierung zum kategorischen Imperativ aus. Jene sei nicht ausreichend, um die Rolle eines Unternehmens in der Gesellschaft zu veran-

[28] Vgl. Spiegel-Online 2006, URL: http://www.spiegel.de/wirtschaft/0,1518,397590,00.html

kern. Im Weiteren kritisiert Wiedeking große Unternehmen die Millardenprofite einfahren und zugleich den Abbau tausender Arbeitsplätze verkünden (die Anspielung auf die Deutsche Bank ist augenscheinlich). Der Einstieg bei Volkswagen sei vom Verantwortungsgefühl für Deutschland geleitet gewesen. „Wir stehen zum Standort Deutschland, denn hier hat unser Unternehmen seine Wurzeln, haben unsere Mitarbeiter ihre Heimat."[29] Er fügt letzterem eine noch allgemeinere Kritik am Shareholder-Value Modell an. Die Kapitalmarktorientierung stehe Phantasie und Kreativität im Investment entgegen. Diese Aussagen werfen ganz fundamentale Fragen auf. Ist dies nur als Übernahmerhetorik zu deuten? Oder lassen sich daraus Auswirkungen auf die weitere Unternehmensstrategie von Volkswagen ableiten?

Strategien und Allianzen

Monate nach der Beteiligung tobt ein Machtkampf um die Unternehmenskontrolle zwischen den zentralen Akteuren. Es tun sich nicht nur fundamentale Interessenskonflikte auf, die zentrale Frage nach dem Verhältnis von Eigentum und Kontrolle wird neu aufgerollt. Volkswagen war ein jahrzehntelang von Staat und Land dominiertes Unternehmen. Sobald klar wurde, dass Porsche sich nicht nur am Unternehmen beteiligen, sondern Mehrheitsaktionär werden wollte, rückte eine Frage ins Zentrum der Diskussion: Wer wird VW in Zukunft kontrollieren?

Durch die Beteiligung ist Porsche durch Wiedeking selbst seit Ende Januar 2006 im nunmehr erweiterten Präsidium des Aufsichtsrates von VW vertreten, seit der Hauptversammlung im Mai 2006 mit ihm Holger Härter, Finanzvorstand bei Porsche. Ferdinand Piëch bleibt vorerst in der Doppelrolle des Aufsichtsratsvorsitzenden und Aktionärs. Er hat jedoch seinen Rückzug vom Vorsitz für 2007 angekündigt, will dem Gremium aber als einfaches Mitglied weiter angehören. Formiert sich der Aktionärskapitalismus (Dörre 2003) im deutschen Produktionsregime als neuer Familienkapitalismus?

Weitere Indizien, die für diesen Schluss sprechen, können durchaus beobachtet werden. Die Allianzen bei Volkswagen verlaufen zeitweise quer zu den erwartbaren Interessen. Beispielsweise verbündet sich der Aufsichtsratvorsitzende mit den Arbeitnehmervertretern im Aufsichtsrat gegen den Vorstandsvorsitzenden, sehr zum Missfallen der Vertreter der Kapitaleigner im Aufsichtsrat, darunter Niedersachsens Ministerpräsident Wulff. Beispielsweise setzt Ferdinand Piëch im Konflikt um die Wahl des neuen Personalchefs außerhalb der Tagesordnung Horst Neumann, den ehemaligen Personalvorstand der VW-Tochter Audi, als Nachfolger von Peter Hartz als Personalchef und Wunschkandidaten der IG Metall durch. Diese Allianz wird erst vor der Folie VW-Affäre im Sommer 2005 erklärbar. Wulff hatte im Kontext des Betrugsskandals den mächtigen VW Betriebsrat öffentlich angegriffen. Piëch hatte er durch die Beauftragung eines Gutachtens bei der amerikanischen Investmentbank J.P Morgan verärgert, in welchem diesem aufgrund von Interessenkonflikten (mit dem Vorwurf der verdeckten Gewinnausschüttung auch durch die Produktverflechtung) der Rücktritt als Aufsichtsratsvorsitzender nahe gelegt wurde.

Überraschend ist überdies, wie der Konflikt um die Wiederwahl Pischetsrieders als Vorstandsvorsitzenden ausgetragen wird. Ferdinand Piëch stellt die Wiederwahl Bernd

---

[29] Vgl. SWR-Nachrichten 2006, URL: http://www.swr.de/nachrichten/bw/-/id=1622/nid=1622/did=1034500/y9bofi/index.html

Pischetsrieders Januar 2007 mit Verweis auf die Arbeitnehmervertreter öffentlich in Frage, bis zu seiner Vertragverlängerung Anfang Mai bewegt sich der Vorstandsvorsitzende auf dünnem Eis.

Im Vordergrund der Porsche Beteiligung steht die substantielle Frage nach Eigentum und Kontrolle. Diese Problematik der Unternehmenskontrolle zerfällt in zwei Stränge: Zum einen ist es eine der Eigentümerstruktur und damit der Unternehmensfinanzierung, zum anderen die Ausformung der Arbeitsbeziehungen zwischen AG und AN. Die Gefahr der Übernahme ist durch die Porsche Beteiligung vorerst gebannt. Nach der Genehmigung einer Aufstockung der Beteiligung auf 25,1 % durch die Kartellbehörde ist Porsche gerade dabei eine aktienrechtliche Sperrminorität zu erzielen, und könnte damit zukünftig für den Fall, dass das VW-Gesetz vom EUGH als unzulässig verworfen wird, einen noch stärkeren Einfluss auf die Unternehmensentscheidungen bei Volkswagen nehmen. Welche Veränderungen der Unternehmensstrategien sind nun in Folge der neuen Eigentumsverhältnisse zu erwarten? Folgt man den aus der „Varieties of Capitalism“ Debatte bekannten Argumenten für den Einfluss institutioneller Komplementaritäten, die hinter dem Mehrheitseigentumsverhältnis eine Logik der Außerkraftsetzung von Profitabilitätszwängen und hinsichtlich Löhnen und Arbeitsplatzsicherheit eine Logik der verbindlichen und langfristigen Vereinbarungen sehen (Hall/Gingerich 2004: 16), so spräche in der Entwicklung bei Volkswagen und zwischen Volkswagen und Porsche viel für die Beibehaltung des kooperativen Prinzips.

Rückblickend sind in den Jahren unter Ferdinand Piëch (1993 – 2002) die Unternehmensziele bereits stärker auf Gewinnorientierung hin ausgerichtet, so bleibt doch die grundsätzliche Workholder Orientierung dominant. Die Logik der Kooperation wird selbst im Krisenjahr 1993 nicht aufgegeben. Anstatt der Streichung von 20 000 Arbeitsplätzen verhandelt der Vorstand mit der IG Metall eine 20%ige Reduktion der Arbeitszeit bei gleichzeitigen Einkommenseinbußen aus. Was charakterisiert die aktuelle Situation bei Volkswagen? Derzeit stehen die damaligen Beschlüsse erneut zur Disposition, das Management fordert die Rückkehr zur 35h Woche ohne Lohnausgleich und treibt den langfristig angekündigten Personalabbau von 20 000 Mitarbeitern mit hohen Abfindungsangeboten voran. Seit der Porsche Beteiligung wird der Ruf nach konsequenten Restrukturierungsmaßnahmen in verstärktem Maße laut. Eine zu niedrige Auslastung und zu hohe Arbeitskosten verlangen nach beschäftigungsflankierenden Maßnahmen, so Personalvorstand Neumann. Wie der Büchse der Pandora wurde Bernd Pischetsrieders' Vorschlägen im Arbeitnehmerlager begegnet. Die Forderungen nach dem Abbau von Arbeitsplätzen und der Rückkehr zur 35h Woche sowie die Infragestellung des VW-Haustarifes[30] kommen, wie zu erwarten, nicht nur vom Management, sondern insbesondere von den Kapitaleignern. Und unter diesen sind es gerade die Mehrheitsaktionäre, welche die Restrukturierungsmaßnahmen vorantreiben.

Schlussfolgerungen

Die These der radikalen Konvergenz der institutionellen Strukturen des Kooperativen Kapitalismus hin zum globalen Finanzmarkt-Kapitalismus wird durch die vorliegende Fallstudie

[30] Die Forderung nach erfolgsabhängigem Lohn wird meist in Gegenüberstellung der profitabel wirtschaftenden, aber flächentariflich entlohnten Audi-Mitarbeiter eingebracht.

nicht gestützt. In der deutschen Automobilindustrie gibt es ihn noch, den Mehrheitsaktionär. Die Übertragung der operatorische Logik der Finanzmärkte auf die internen Operationen der Unternehmen, wie es Windolf (2005: 25) für den Finanzmarktkapitalismus prognostiziert, kann wie im Fall der Porschebeteiligung an Volkswagen institutionell abgewehrt werden. Diese Beteiligung ist nicht als eine Reaktion auf eine unmittelbare Bedrohung zu betrachten, sondern folgt der Antizipation einer unerwünschten Entwicklung. Finanzmärkte transformieren Unsicherheit in Risiko (Luhmann 1978). Beispielhaft für die Risikoaversität der Institutionen der deutschen Wirtschaft, sind Abwehrmechanismen gegen diese Transformation von Unsicherheit in Risiko durch die Finanzmärkte feststellbar.

Die Porsche Beteiligung ist aber darüber hinaus noch ein Bekenntnis zur Stakeholder Orientierung, seltsam eigenwillig gepaart mit dem gleichzeitigen Drängen auf die Kompromissbereitschaft gegenüber den Zwängen des Kapitalmarktes. Die Paradoxie hierbei ist, dass die institutionelle Kontrollmöglichkeit des Kapitalmarktes bewusst ausgeschalten wird, doch in unternehmensinternen Debatten noch innerhalb dieser Profitlogik argumentiert wird. Die „neuen“ Mehrheitsaktionäre stehen nicht unter dem Zwang der Finanzmärkte, sie verinnerlichen indes Teile derer „operatorischen Logik“. Welcher Organisationslogik folgen sie damit?

Es sollte vielleicht nicht überraschen, dass gerade Porsche und Volkswagen zu einem Zusammenschluss gefunden haben. Beide Unternehmen nehmen unter den deutschen Automobilherstellern eine Sonderrolle ein. Das Beispiel der Porsche AG zeigt, dass Wachstum und Profitabilität sich in dessen spezifischem Nischensegment alles andere als ausschließen müssen. Ferner die Volkswagen AG ist ein Wachstumsunternehmen mit nach wie vor starker Workholder Orientierung. Vieles spricht daher dafür, dass vor unseren Augen eine neue Organisationslogik im Entstehen begriffen ist. Mit Sicherheit handelt es sich hierbei um eine institutionelle Anpassung an die Bedingungen unter einem globalen Finanzmarktkapitalismus (Windolf 2005). Die Mehrheitsaktionäre verschwinden allerdings nicht, sie werden zu Katalysatoren einer inkrementellen Anpassung an das Profitorientierungsmotiv. Der institutionelle Schutz durch strategische Beteiligungen endet nicht, er wird zur Plazenta einer Synthese zwischen kooperativen und kompetitiven Organisationslogiken. In diesem Fallbeispiel zeigen sich demnach die Innovationspotentiale eines pfadabhängigen Institutionengefüges wie des deutschen.

Die Porsche Beteiligung an Volkswagen zeigt also, dass die deutsche Variante des Kapitalismus den globalen Herausforderungen unter Rückbezug auf bewährte Organisationsstrukturen mit deutlich gestärktem Selbstbewusstsein begegnet. Sie ist damit ein Fallbeispiel dafür, dass der Geist des Kooperativen Kapitalismus deutscher Prägung nach wie vor aufrecht ist. Die traditionelle Abschottung nach außen durch strategische Unternehmensbeteiligung wird widersprechend den Prognosen (Streeck/Höpner 2003 u.a.) fortgesetzt, wenn auch unter anderen Vorzeichen und mit einer klaren Orientierung an internationalen Erfolgsbewertungen. Deutsche Automobilhersteller übernehmen damit einmal mehr die Rolle von Banken und Staat. Der schrittweise Rückzug der Deutschen Bank aus der Beteiligung an Daimler Chrysler um ein Beispiele aus einer Vielzahl herauszustreichen sprechen nicht grundlegend gegen diese These, sie veranschaulichen im Grunde nur die Ambivalenz der Entwicklung.[31]

[31] Einen Beleg hierfür geben die Spekulationen über eine mögliche Kapitalüberkreuzverflechtung zwischen VW und Daimler Chrysler im Herbst 2005.

Es erweist sich neuerlich, dass es die „goldene Regel“ für das richtige Produktionsmodell auch auf nationaler Ebene nicht gibt (Jürgens 2004: 422). Verheißt die Entwicklung bei Volkswagen also noch keine langfristige stabile Lösung, so spricht sie doch ganz klar gegen das Ende des Kooperativen Kapitalismus. Denn wie argumentieren Streeck und Höpner (Streeck/Höpner 2003: 37), wenn auch unter anderen Vorzeichen, „Fallstudien über Akteure, die im Zentrum eines Netzwerkes stehen, sind zugleich Studien über das Netzwerk als Ganzes“.

Literatur

Berle, Adolf A./Gardiner C. Means (2002 [1932]): *The Modern Corporation and Private Property*. New Brunswick: Transaction Publishers.

Dörre, Klaus (2003): Kampf um Beteiligung. Arbeit, Partizipation und industrielle Beziehungen im flexiblen Kapitalismus. Wiesbaden: Westdeutscher Verlag.

Freeman, Richard B. (1995): *Are Your Wages Set in Bejing?* In: Journal of Economic Perspectives 9: 15-32.

Hall, Peter A./Daniel W. Gingerich (2004): 'Spielarten des Kapitalismus' und institutionelle Komplementaritäten in der Makroökonomie - Eine empirische Analyse. In: Berliner Journal für Soziologie 2004/1: 5-32.

Hall, Peter A./David Soskice (2001): *An Introduction to Varieties of Capitalism* In: Peter A. Hall/David Soskice (Hg.): Varieties of Capitalism. The Institutional Foundations of Comparative Advantage. Oxford: Oxford University Press: 1-68.

Hawranek, Dietmar (2005): *„Umstrittene Doppelrolle“*. Der Spiegel. 40/2005: 92-95.

Hawranek, Dietmar/Armin Mahler (2005): *Interview mit Wendelin Wiedeking „Da haben wir eben zugeschlagen“*. Der Spiegel. 44/2005: 86-92.

Hoppenstedt (1995): *Handbuch der Großunternehmen 1995*. Darmstadt: Hoppenstedt Verlag.

Hoppenstedt (2000): *Handbuch der Großunternehmen 2000*. Darmstadt: Hoppenstedt Verlag.

Hoppenstedt (2005): *Handbuch der Großunternehmen 2005*. Darmstadt: Hoppenstedt Verlag.

Jürgens, Ulrich (2004): An Elusive Model - Diversified Quality Production and the Transformation of the German Automobile Industry. In: Competition & Change 8 (4): 411-423.

Jürgens, Ulrich, Yannick Lung, Guiseppe Volpato und Vincent Frigant (2002): *The Arrival of Shareholder Value in the European Auto Industry. A Case Study Comparison of Four Car Makers*. In: Competition & Change 6 (1): 61-80.

Jürgens, Ulrich (2002): Corporate Governance, Innovation and Economic Performance - A Case Study on Volkswagen, Veröffentlichungsreihe der Abteilung Regulierung von Arbeit des Forschungsschwerpunktes Technik-Arbeit-Umwelt des Wissenschaftszentrum Berlin für Sozialforschung, Berlin: WZB.

Luhmann, Niklas (1978): *Temporalization of Complexity* In: R. F. Geyer/J. van der Zouwen (Hg.): Sociocybernetics. Leiden: 95-111.

Schmoller, Gustav (1906): *Das Verhältnis der Kartelle zum Staate*. In: Verhandlungen des Vereins für Socialpolitik 116: 237-271.

Sorge, Arndt/Wolfgang Streeck (1988): *Industrial Relations and Technical Change: the Case for an Extended Perspective* In: Richard Hyman/Wolfgang Streeck (Hg.): New Technology and Industrial Relations. Oxford/New York: Blackwell: 19-47.

Spiegel-Online (27. Januar 2006): *Wiedeking kämpft um Plazet für VW-Einstieg*: http://service.spiegel.de/digas/servlet/find/ON=spiegel-397590.

Streeck, Wolfgang/Martin Höpner (Hg.) (2003): *Alle Macht dem Markt? Fallstudien zur Abwicklung der Deutschland AG*. Frankfurt a.M.: Campus Verlag.

SWR-Nachrichten (27. Januar 2006): *„Wiedeking verteidigt Einstieg bei VW"*: http://www.swr.de/nachrichten/bw/-/id=1622/nid=1622/did=1034500/y9bofi/index.html.
VDA (2001): *Tatsachen und Zahlen*. Frankfurt a.M.: Verband der Automobilindustrie.
Windolf, Paul (1994): Die neuen Eigentümer. Eine Analyse des Marktes für Unternehmenskontrolle. In: Zeitschrift für Soziologie 23/2: 79-92.
Windolf, Paul (2002): *Corporate Networks in Europe and the United States*. New York: Oxford University Press.
Windolf, Paul (2005): *Was ist Finanzmarktkapitalismus?* In: Paul Windolf (Hg.): Finanzmarktkapitalismus. Wiesbaden: VS Verlag für Sozialwissenschaften
Windolf, Paul /Jürgen Beyer (1995): *Kooperativer Kapitalismus. Unternehmensverflechtungen im internationalen Vergleich*. In: Kölner Zeitschrift für Soziologie und Sozialpsychologie 47: 1-36.
Yamamura, Kozo/Wolfgang Streeck (Hg.) (2003): *The End of Diversity? Prospects for German and Japanese Capitalism*. Ithaca: Cornell University Press.

Autorinnen und Autoren

Jürgen Beyer, geb. 1964 in Hockenheim, Dr., Prof. für Soziologie an der Universität Hamburg. Schwerpunkte: Wirtschafts- und Organisationssoziologie, Vergleichende Analyse von Gegenwartsgesellschaften. E-Mail: juergen.beyer@uni-hamburg.de

Ulrich Brinkmann, geb. 1967 in Gladbeck, Dr., Dipl. Pol., Hochschulassistent an der Friedrich-Schiller-Universität Jena. Schwerpunkte: Organisations- und Wirtschaftssoziologie, industrielle Beziehungen, Internetsoziologie. E-Mail: ulrich.brinkmann@uni-jena.de

Jennifer Choo, Ph.D. Studentin im Department of Sociology an der University of California, Berkeley. Schwerpunkte: Politische Soziologie, Rechtssoziologie, Soziale Bewegungen und China. E-Mail: jchoo@berkeley.edu

Christoph Deutschmann, geb. 1946 in Stuttgart, Dr., Dipl. Soz., Prof. für Soziologie an der Universität Tübingen, Deutschland. Schwerpunkte: Managementsoziologie, industrielle Beziehungen, Industrie- und Wirtschaftssoziologie. E-Mail: christoph.deutschmann@uni-tuebingen.de

Klaus Dörre, geb. 1957, Professor für Arbeits-, Industrie-. und Wirtschaftssoziologie an der Friedrich-Schiller-Universität Jena. Aktuelle Schwerpunkte: Soziologie des Ökonomischen, Prekarisierungsforschung, Rechtsextremismusforschung. E-Mail: klaus.doerre@uni-jena.de

Neil Fligstein , Professor am Department of Sociology an der University of California und Direktor des Center for Culture, Organizations and Politics. Schwerpunkte: Wirtschaftssoziologie, Organisationssoziologie und Sozialstruktur. E-Mail: fligst@berkeley.edu

Hans-Willy Hohn, geb. 1953 in Bonn, Privatdozent, Dr. rer.soc., Dipl. Soz., Senior Researcher am Forschungsinstitut für Öffentliche Verwaltung bei der Deutschen Hochschule für Verwaltungswissenschaften Speyer. Schwerpunkte: Wissenschafts- und Techniksoziologie, Organisationssoziologie, Nationale Produktions- und Innovationssysteme. E-Mail: hohn@foev-speyer.de

Richard Hyman, Professor für industrielle Beziehungen an der London School of Economics and Political Science (LSE) und Gründungsherausgeber des *European Journal of Industrial Relations*. Schwerpunkte: industrielle Beziehungen, Tarifverhandlungen, Gewerkschaften, Arbeitskonflikte. E-Mail: R.Hyman@lse.ac.uk

Karoline Krenn, geb. 1977 in Salzburg/Österreich, MA, Wissenschaftliche Mitarbeiterin an der Universität Trier. Schwerpunkte: Organisationssoziologie mit Schwerpunkt auf Netzwerkforschung, Unternehmensverflechtung und Corporate Governance, ferner Soziale Ungleichheit und Kultursoziologie. E-Mail: krenn@uni-trier.de

Dieter Kulke, geb. 1963 in Schwabach/Mittelfranken, Dr. rer.pol., Dipl. Sozialwirt, Leiter der Stabsstelle Sozialplanung und Controlling im Landratsamt Böblingen. Schwerpunkte: Sozialplanung, Arbeitsmarkt- und Organisationssoziologie, soziale Mobilität. E-Mail: dieter.kulke@web.de

Susanne Lütz, geb. 1963 in Essen, Prof. Dr., Dipl. Sozialwiss., Professorin an der FernUniversität in Hagen, Deutschland. Schwerpunkte: vergleichende politische Ökonomie und Politikfeldanalyse, moderne Staats- und Steuerungstheorien, Regulative Politik, Finanzsysteme und Corporate Governance. E-Mail: susanne.luetz@fernuni-hagen.de

Walther Müller-Jentsch, geb. 1935 in Düsseldorf, Prof., Dr., Dipl. Soz. Emeritierter Universitätsprofessor an der Ruhr-Universität Bochum. Schwerpunkte: industrielle Beziehungen; Arbeits-, Betriebs- und Industriesoziologie; Organisationssoziologie; Soziologie der Kunst. E-Mail: w.mueller-jentsch@rub.de

Michael Nollert, geb. 1960 in Zürich/Schweiz, Prof. Dr. assoziiert an der Universität Freiburg, Schweiz. Schwerpunkte: Wirtschaftssoziologie, Arbeitsmarkt, Konfliktforschung, Wohlfahrtsproduktion, Soziale Ungleichheiten, Soziale Netzwerke. E-Mail: michael.nollert@unifr.ch

Markus Pohlmann, geb. 1961 in Weil a. Rhein, Prof. Dr., Professur für Soziologie an der Ruprecht-Karls-Universität Heidelberg, Schwerpunkte: Industrie-, Organisations- und Wirtschaftssoziologie, Managementforschung und Kapitalismusanalyse, insbesondere Deutschland, USA, Ostasien. E-Mail: markus.pohlmann@t-online.de

Sebastian Schief, geb. 1968 in Starnberg, Dr., Dipl. Soz. Oberassistent an der Universität Freiburg, Schweiz. Schwerpunkte: international vergleichende Forschung zu Arbeitsmarkt, Arbeitszeit, industriellen Beziehungen und Arbeitsorganisation, Organisations- und Wirtschaftssoziologie und Globalisierung. E-Mail: sebastian.schief@unifr.ch

Bibliographische Verweise

Ulrich Brinkmann/Klaus Dörre:
Eine frühe Version des Beitrags entstand im Rahmen des von der Europäischen Union im 6. Forschungsrahmenprogramm geförderten Forschungsprojekts "Disocuri - Eastern Enlargement - Western Enlargement. Cultural Encounters in the European Economy and Society". Die Autoren bedanken sich insbesondere beim Leiter des Forschungsverbundes Janos Matyas Kovacs sowie beim Institut für die Wissenschaften vom Menschen (www.iwm.at) für die vielfältige Unterstützung.

Richard Hyman:
Der vorliegende Betrag erschien zuerst als:
'Structuring the Transnational Space: Can Europe Resist Multinational Capital?' in Anthony Ferner and Javier Quintanilla, eds, Multinationals, Institutions and the Construction of Transnational Practices, London: Palgrave Macmillan, 2006

Neil Fligstein/Jennifer Choo:
Der vorliegende Betrag erschien zuerst in:
"Law and Corporate Governance". In: The Annual Review of Law and Social Science 2005. 1:61–84

Die Herausgeber bedanken sich für die Überlassung der Rechte zum Abdruck der vorliegenden Versionen.

FSC
www.fsc.org
MIX
Papier | Fördert gute Waldnutzung
FSC® C083411

Kolibri 360 GmbH
Ferdinand-Jühlke-Straße 7
99095 Erfurt, Deutschland
produktsicherheit@kolibri360.de